《国家哲学社会科学成果文库》
出版说明

为充分发挥哲学社会科学研究优秀成果和优秀人才的示范带动作用，促进我国哲学社会科学繁荣发展，全国哲学社会科学规划领导小组决定自2010年始，设立《国家哲学社会科学成果文库》，每年评审一次。入选成果经过了同行专家严格评审，代表当前相关领域学术研究的前沿水平，体现我国哲学社会科学界的学术创造力，按照"统一标识、统一封面、统一版式、统一标准"的总体要求组织出版。

全国哲学社会科学规划办公室
2011 年 3 月

Contents

第 一 章
导 论

第一节 问题的提出

近半个世纪以来，企业并购和产业整合是经济学家和政策制定者最为关注的研究领域之一。早期做出奠基性贡献的是产业经济学派。从产业整合绩效与社会福利层面研究企业并购效应的代表人物主要有斯蒂格勒和威廉姆森。但由于企业并购的福利效应在理论研究上的复杂性和结论上的非收敛性，出现了大量关于企业并购效应的实证研究文献。对企业层面并购效应的研究，多是采用事件研究法和会计资料法。对企业并购社会效应的研究，主要从不同并购模型[1][2]、不同并购类型[3]、并购政策的影响[4]等方面展开，取得了一些原创性的研究成果。与中国的企业并购浪潮相对应，关于企业并购的理论与实证研究在近 20 年发展迅猛，成为显学。大量文献集中在企业层面，很多学者利用事件研究法、会计资料研究法研究企业并购的整合机制及其微观效应；在企业并购与产业市场结构层面，高峰等[5]、范从来等[6]、刘毅[7]、文海涛[8]进行了有益的探索。

企业并购作为一种存量资源配置方式，是镶嵌在一定制度环境中的。在转型经济条件下，政府行为尤其是政府竞争是影响企业并购及其产业整合的关键因素。从地方政府干预角度，李善民[9]分别对并购重组、多元化并购等价值问题进行了研究；潘红波[10]等对并购重组的掏空、支持效应进行了实证和规范研究。冯兴元[11]、周业安等[12]运用政府竞争理论范式对中国地方政府竞争的生成、演进及对经济增长、区域经济发展的正负效应进行了研究。

　　总的来看，既有的关于企业并购与产业整合的研究，在理论上大都基于主流经济学的理论框架，遵从完全市场假设。在实证研究方面，对企业并购效应的分析多局限于微观层面。有关产业市场结构角度的并购研究多是将产业和市场结构作为外生的变量，分析其对企业并购行为及时机的影响。本书从地方政府竞争的视角重新审视企业并购的产业本质，在此基础上构建地方政府竞争范式下企业并购的产业整合理论模型和分析框架，并就转型期企业并购整合的一系列问题进行深入探讨，其研究成果不仅会丰富和完善企业并购理论的相关文献，而且针对政府竞争理论及其产业经济效应和区域经济效应进行深入的实证研究，具有重要的学术价值。

　　自 20 世纪 90 年代以来，伴随着中国经济从"增量改革"过渡到"存量改革"，企业并购成为持续的社会经济热点。尤其是 2009 年以来国务院及各地方政府密集出台了十大产业调整振兴规划，企业并购作为产业整合、优化市场结构的手段从政策层面和操作层面凸显了其重要作用。政府推动下的"产业集中"导向成为新一轮中国企业并购的重要特征。但与此相关的一个不争事实是，我国转型期政府竞争导致地方保护、市场分割[13][14]，企业并购出现地域"同属化"、产业"逆集中化"现象[15][16]。那么，经济转型背景下，政府行为尤其是政府竞争介入企业并购的发生动因和过程机制是怎样的，其产业整合路径及其在市场结构与产业结构调整中的作用机理与效应如何？如何才能实现资源配置的合理化甚至最优化？对这些问题的经验实证探索，对于深入理解政府与市场在资源配置过程中的作用机制与效应，匡正地方政府的竞争行为具有现实意义，也可以为现有制度条件下的企业成长廓清方向，为转变经济增长方式提供实证参考。

第二节　主要概念的界定

一　政府与地方政府

　　从经济学角度来看，政府源于理性人假设。以斯密为代表的学者，把人解释为追求自身利益最大化的理性经济人。虽然这一假设基本可以反映人类行为的原理，但也存在重大缺陷。新制度主义在此基础上对经济主体的假设进行了修正，将完全理性的行为假设修正为有限理性假设，使得经济主体的行为前提更加合理。后来，公共选择理论将修正后的理性人假设用于解释政府行为，认为政府作为公众利益的代理人，其政府本身与官员个人也在一定程度上满足追求自我利益最大化的行为假设。其中，尼斯坎南[17]通过研究政府官员的行为动机以及外部环境问题，建立了垄断官僚经济理论，得出政府追求预算最大化的命题。他认为政府在社会活动过程中也同样扮演着经济人的角色，只不过政府不仅仅是一个人，而是包含多个利益主体的行为主体。由此，政府"公共选择"的结果如同企业行为一样是各个利益主体之间博弈的结果。与公共选择理论不同，古典经济理论将政府比喻为一个"黑匣子"，认为政府是市场经济的"守夜人"，是纠正市场成本为零的"万能慈善机构"，是全体人民与社会利益的总代表，没有自己独立的利益目标，是一种"天堂模型"。制度经济学派采用公共选择理论的观点，将政府看作一个追求自身利益最大化的理性人，将政府从天堂请到了地上，强调政府行为的目标是寻求自身利益最大化。

　　本书立足制度经济学视角下的政府概念。政府作为经济组织，其行为目标是寻求自身利益最大化。但与一般经济组织不同的是，其目标函数具有多元性。地方政府作为政府体系中的重要组成部分，同样也有自身的利益，包括地方的公共利益、政府的部门利益以及政府官员的个人利益等。换言之，政府代表的不仅仅是公共利益，而且在公共利益中还有层级之分，也有着不同的价值取向。同时，随着政府行为的约束条件以及激励机制的改变，地方政府行为的目标函数也会做出相应的调整。

二　政府竞争

　　政府竞争理论最早可以追溯到 Tiebout 等[18]的用脚投票假说。Breton[19]提出竞争性政府的概念，Oates[20]进一步提出怪兽模型。何梦笔[21]构建了"竞争型政府分析范式"，把政府竞争分析的条件框架归纳为三个，即初始结构条件、政治体制及文化和对外经贸关系，并指出政府竞争还包括横向竞争与纵向竞争，即地方政府与其上级政府之间在资源与控制权方面是存在相互竞争的，而且同一层级的政府机构之间也存在着竞争。

　　沿着何梦笔竞争型政府分析范式，冯兴元[11]指出，政府间的竞争在很大程度上表现为制度竞争，是不同政府对有形资源与无形资源的争夺。德国学者柯武刚与史漫飞[22]从制度角度对跨国界的政府竞争问题进行了研究，他们认为制度竞争的概念强调了一个国家的内在规则体系与外在规则体系，这对于一个国家的成本水平以及国际竞争水平都有着重要的影响。德国学者Apolte[23]也提出政府竞争是一种制度竞争的观点。他认为政治选票竞争中存在很多的问题，居民希望能够通过制度竞争增加一些针对选票竞争的补充机制，以加强对执政者有效接受本辖区居民的监督；制度竞争的动力，一方面来自本辖区居民的监督压力，另一方面来自其他辖区的竞争压力。

　　杨虎涛[24]研究了政府竞争对制度变迁的影响，具体将政府竞争区分为三种。第一，政府之间的竞争是为了争夺稀缺的有效资源而展开的。第二，政府竞争是"联邦制"下地方政府对待外地资本与服务的态度以及为提升自身优势而采取的规制措施，由于难以准确地计量市场准入政策及实际税负水平，这种类型的政府竞争也被称为"隐形政府竞争"。第三，政府竞争是一个政区的居民利用其他政区的政策信息，对自己所在政区的政策进行比较评估，并由此获得对当地政府绩效的综合评价，这一过程会影响到居民的迁移并能够激励政治家做得更好，这种类型的政府竞争也就是Breton的政府竞争概念。

　　以上从不同角度对政府竞争的内涵进行了归纳总结。本书所采用的政府竞争概念，是指不同国家的政府之间或一个国家内部的各地方政府之间，为了吸引资本、技术、人才等生产要素以及提供公共物品或公共服务，而在投资环境、政府效率、制度创新等方面开展的跨国界、跨区域的竞争。在我国转型经济框架中，地方政府竞争是受到中央政府以制度供给方式提供的财政激励和政治激励的驱动而出现的区际竞争行为，通常主要围绕资源展开。具体表现为两种方式：一是吸引要素流入，二是防止本地要素流出。

　　由于政府竞争是一个互动的概念，本书基于考察问题角度的转换或者受实证数据所限，部分章节会使用更为宽泛的"政府干预"或"政府行为"概念。关于政府干预的定义，学术界给出的解释不尽相同。《新帕尔格雷夫经济学大词典》将英文"Regulation"译为管制，将它的反义词"Deregulation"译为放松规章限制或放松管制[25]。在经济学的经典词书中，政府规制指政府为控制企业的价格、销售和生产等决策而采取的各种行为，比如对定价水平的控制、产品和服务质量标准的制定等。本书立足于中国的现实情况，提出政府干预行为可被认为是在以市场机制为基础的市场经济条件下，政府主要以宏观间接调控和微观直接干预为手段，利用法律、政策等载体，规范经济主体行为，以矫正、改善和补充市场缺陷的活动的总称。从理论上讲，凡是能够影响经济主体行为的政府行为，都属于政府干预的范畴。

三 企业并购

企业并购是现代市场经济中的一种经济现象。它首先出现在资本主义市场经济的运行过程中，是资本集中的最主要的经济形式。马克思最早预见了资本集中趋势和资本主义企业必然会发生并购活动：社会总资本这样分散为许多单个资本，或它的各部分间互相排斥，使它又遇到各部分间的相互吸引的反作用。这是不同于积累和积聚本来意义的集中[26]。

从微观（企业）层面来看，并购是企业外部成长方式[27]。企业并购具体包括兼并和收购两种类型。收购是指一家公司通过购买某目标公司（被收购公司）的部分或全部股份以控制该目标公司的法律行为。依据收购对象不同，收购分为股权收购和资产收购。兼并是指任何一项由两个或两个以上的实体形成一个经济单位的交易。兼并与收购的共同点是最终形成一个经济单位。二者的不同在于，兼并是由两个或两个以上的单位形成一个新实体，而收购则是被收购方被纳入收购方公司体系之中，很少有被收购方进入后原有收购方不发生重大结构变化的，所以人们往往把收购也看成一种兼并。由于收购和兼并有着共同动机和逻辑，而收购又是兼并的一种重要形式和手段，所以人们常常把收购与兼并放在一起研究，并把收购与兼并简称为"并购"（Mergers and Acquisitions，M&A）。

从宏观层面看，企业并购是存量资本再配置，也是资本在区域维度和产业维度流动的过程，因此企业并购整合具有区域经济效应和产业经济效应。

本书融合企业并购的微观视角和宏观视角，一方面研究企业层面并购发生机制及其影响因素；另一方面探索企业并购的产业整合与区域经济效应。后者为本书的重点和创新之处。

四 产业整合

相对于对企业并购的诸多深入研究，学者们对产业整合的研究较少。迄今为止，理论界对产业整合的含义还未达成统一。吕拉昌认为，产业整合是指按照产业发展的规律，通过对企业跨区域、跨所有制的生产要素重新配置，形成以大企业和企业集团为核心的优势主导产业及相应产业结构，以期实现一种长期的竞争优势的过程[28]。杨建文则认为，产业整合是指以分工和专业化为重要内容，通过合作型竞争，促使产业内大型企业与中小企业之间形成有效协同，从而提升产业核心竞争能力与国际竞争力[29]。从上述定义可以看出，产业整合的目的都是获取一种竞争优势，只是路径不同，一个是通过生产要素的重新配置，另一个是通过企业间的协同作用实现。

一般意义上的产业整合是指产业从分散到集中的过程，包括两个层面。一是中观层面，产业整合是实现产业优化、升级和资源重新配置的过程。具体体现为两个维度：区域维度和产业维度。二是微观层面，产业整合是一个企业实现其内部资源有效配置的过程。这两个层面相辅相成，结合在一起，才是对产业整合比较全面的界定。

结合本研究的逻辑和经验路线，本书侧重从中观层面使用产业整合概念，将产业整合定义为特定产业在某一时段并购数量大规模发生并引致产业结构优化和升级的现象，产业由分散走向集中。在实证分析中，基于比较分析的需要，本书会观察企业层面的产业整合（并购）绩效。

第三节 研究思路与主要内容

本书基于政府竞争范式，从转型期我国企业并购的本质问题切入，以"企业并购浪潮的存在性—政府竞争下的企业并购发生机制—政府竞争下的产业整合过程—企业并购的微观绩效与宏观绩效"为逻辑主线，揭示政府竞争范式下企业并购对产业经济与区域经济演进的作用机理与效应。同时以"政府竞争动因—政府竞争行为—政府竞争效应"为隐线，考量政府竞争的变迁路径及其影响机制。政府竞争的相关分析体现在企业并购与产业整合的逻辑框架中。本书具体包括八部分内容（见图1-1）。

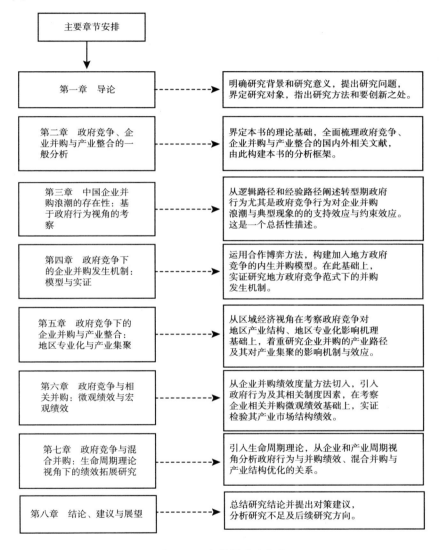

图 1-1 本书的内容框架

第一章是导论。提出研究问题，界定基本概念，并明确研究总体内容框架和研究方法，指出本书的创新与价值。

　　第二章是政府竞争、企业并购与产业整合的一般分析。本章从界定本书的理论基础切入，基于梳理评析政府竞争、企业并购与产业整合的国内外相关文献，构建本书的分析框架。该章为后面各章提供理论框架与铺垫。

　　第三章是基于政府行为视角对中国企业并购浪潮存在性的考察。本章从逻辑路径和经验路径阐述转型期政府行为尤其是政府竞争行为对企业并购浪潮与典型现象——地方国企民营化、地方国企对接央企、壳资源交易的支持效应与约束效应，或者说是对企业并购的政府行为动因的研究。该章是一个总括性描述，为以后各章提供背景描述。

　　第四章是构建政府竞争条件下企业并购发生机制的模型，并进行实证分析。企业并购行为本质上是并购双方以定价和并购策略为中心进行的博弈。首先，本章基于古诺模型，运用合作博弈方法，建立引入政府行为的并购模型。在此基础上，进一步构建加入地方政府竞争的国有企业内生并购模型，阐释地方政府行为对地方国有企业并购发生的影响机制。其次，构建地方政府竞争范式下的外生并购模型，分别从税收竞争、支出竞争以及规制竞争角度，运用计量方法对影响并购发生的因素进行定量识别与检验。

　　第五章是从区域经济视角研究政府竞争背景下企业并购的产业整合效应。首先基于扩展的标尺竞争模型考察政府竞争与区域产业结构的关系，阐释政府竞争对地区专业化的影响机制。在此基础上，重点分析国有企业并购的产业路径及其市场结构效应与产业结构效应，并以制造业为例实证研究企业并购与产业集聚的关系机理。

　　第六章是对政府竞争与相关并购的微观绩效与宏观绩效的研究。本章立足于相关并购，从企业并购绩效度量方法切入，引入政府竞争行为及其相关制度因素。首先，将产业或市场结构作为外生变量，考察相关产业既有市场结构条件下的企业并购绩效及其影响因素，这是静态的微观绩效分析。其次，着重从市场化进程视角研究制度环境对相关并购绩效的影响机理。这是对影响微观绩效的宏观因素的考量，也是为宏观绩效分析进行铺垫。最后，将产业集聚问题内生化，立足政府视角，以产业地区集中度为宏观绩效度量指标，考察政府竞争下的企业并购对产业市场结构演进的影响，这是动态的宏观绩效分析。

　　第七章是基于生命周期视角对政府竞争与混合并购的绩效进行拓展研

究。本章引入生命周期理论，从企业周期视角切入，分析政府干预与企业并购绩效的关系，进而重点从产业周期视角研究政府竞争框架下企业混合并购对产业结构优化升级的影响机制，并以战略性新兴产业为例进行实证分析。这是对企业并购绩效进行的拓展考察。

第八章是结论与建议。总结前面的理论与实证研究结论，提出政府参与企业并购、促进市场结构优化的政策建议，并指出本书的不足之处和未来研究方向。

第四节　本书的创新与价值

一　基于转型期政府竞争视角构建了企业并购的产业整合理论分析新框架，研究视角和框架新颖

既有的关于企业并购与产业整合研究，在理论上大都基于主流经济学的理论框架，遵从完全市场假设。在实证研究方面，对企业并购效应分析多是局限于微观层面。有关产业市场结构角度的并购研究多是将产业和市场结构作为外生的变量，来分析其对企业并购行为及时机的影响。鲜有从政府竞争视角研究企业并购与产业市场结构演进的国内外文献。而经济转型期政府是经济发展的重要行为主体，因此我们构建了转型期政府竞争条件下企业并购的产业整合理论分析框架。基于地方政府竞争视角，从转型期我国企业并购的本质问题切入，以"企业并购浪潮的存在性—政府竞争下的企业并购发生机制—政府竞争下的产业整合过程—企业并购的微观绩效与宏观绩效"为主线，揭示政府竞争范式下企业并购对产业经济结构与区域经济结构演进的作用机理与效应。同时以"政府竞争动因—政府竞争行为—政府竞争效应"为隐线，考量政府竞争的变迁路径及其影响机制。政府竞争的相关分析体现于企业并购与产业整合的逻辑框架中。

二　构建了引入政府行为的并购博弈模型，进行了研究方法创新

企业并购行为本质上是并购双方以定价和并购策略为中心的博弈。本书基于古诺模型，运用合作博弈方法，构建加入地方政府竞争的内生并购模

型，研究市场达到预期均衡时的市场结构。在此基础上，构建地方政府竞争范式下的外生并购模型，分别从税收竞争、支出竞争以及规制竞争角度，运用计量方法对影响并购发生的因素进行定量识别与检验。此外，不同于已有文献关于"政府掠夺之手理论"和"政府支持之手理论"的截面分析，本书从生命周期角度探索的时序分析方法丰富和拓展了法与金融理论框架下的政府干预理论。

三　推进或拓展了既有研究，提出并论证了一些新的观点

本书的核心观点是，中国经济转型的制度变迁逻辑内生决定了地方政府竞争及其对企业并购和产业整合的作用机制。在中国转轨经济背景下，由财政激励和政治激励共同驱动的地方政府，具有市场上厂商的诸多特征，其追求自身利益最大化和区域利益最大化的目标取向内生决定了彼此之间的竞争关系。地方政府竞争的基本着力点是资本流动的区域性分割——吸引资本流入和限制资本流出。而企业并购与产业整合作为存量资源的配置机制，取决于市场因素和政府行为因素的共同作用。首先，政府竞争作为中国市场化发展路径的必然构件，是企业并购和产业整合发生的宏观动因；其次，地方政府竞争作为渐进式改革的关键性制度因素，与市场环境因素相互耦合，共同决定企业并购行为与产业整合机制，进而影响企业并购与产业整合绩效。政府竞争的产业整合效应因政府竞争方式和路径不同而呈现差异性。

另外，提出了如"中国企业并购浪潮是由市场因素、经济因素和制度因素共同驱动生成的周期性经济现象"，"国有企业民营化过程中，地方政府控制权转移呈现二元动因，并出现由经济动因向政治动因过渡的趋势"，"地方政府竞争对地区专业化和区域间的市场整合具有双刃效应"，"政府干预下的企业并购及其产业整合绩效呈现生命周期差异"等观点，并采用理论实证与经验实证方法验证了上述命题。

四　基于大样本实证研究，度量政府产业政策的实施绩效，具有现实参考价值

2009年中央和各地方政府将企业并购作为产业整合、优化市场结构的手段，出台了十大产业调整振兴规划。为实证检验这一政策的产业绩效，本

书从两个角度着手。一是立足制造业，从国有企业并购视角，考察了并购对产业集聚和产业绩效质量两个方面的影响；二是立足战略新兴产业，从混合并购视角，考察比较发展规划出台前后，进入新兴产业的社会资源配置变化。这些扎实、系统的实证研究，对于政府部门和微观企业具有现实参考价值。

参考文献

[1] P. Barros, "Endogenous Mergers and Size Asymmetry of Merger Participants," *Economic Letters* 1 (1990): 113 – 119.

[2] Yoshio Kamijo, Yasuhiko Nakamura, "Stable Market Structures from Merger Activites in Mixed Oligopoly with Asymmetric Costs," *Economic Journal* (1998): 1 – 24.

[3] Julia Porter Liebeskind et al., "Corporate Restructuring and the Consolidation of US Industry," *The Journal of Industrial Economics* 44 (1996): 53 – 68.

[4] R. S. Khemani, D. M. Shapiro, "An Empirical Analysis of Canadian Merger Policy," *The Journal of Industrial Economics* 41 (1993): 161 – 177.

[5] 高峰等：《中国企业并购的理论与实证研究》，中国财政经济出版社 2001 年版。

[6] 范从来等：《成长性、成熟性和衰退性产业上市公司并购绩效的实证分析》，《中国工业经济》2002 年第 8 期。

[7] 刘毓：《国有上市公司横向并购的市场结构效应研究》，《证券市场报》2008 年第 5 期。

[8] 文海涛：《基于产业演进视角的企业并购绩效研究》，博士学位论文，北京交通大学，2010 年。

[9] 李善民：《多元化并购能给股东创造价值吗》，《管理世界》2006 年第 3 期。

[10] 潘红波：《政府干预、政治关联与地方国有企业并购》，《经济研究》2008 年第 4 期。

[11] 冯兴元：《论辖区政府间的制度竞争》，《国家行政学院学报》2001 年第 6 期。

[12] 周业安等：《地方政府竞争模式研究——构建地方政府间良性竞争秩序的理论和政策分析》，《管理世界》2002 年第 12 期。

[13] 周业安：《地方政府竞争与经济增长》，《中国人民大学学报》2003 年第 1 期。

[14] 白重恩等：《地方保护主义以及产业的地区集中度的决定因素和变动趋势》，《经济研究》2004 年第 4 期。

[15] 焦国华：《中国钢铁工业的规模偏好与逆集中化现象研究》，博士学位论文，中南大学，2009 年。

[16] 王凤荣等：《政府干预、治理环境与公司控制权市场的有效性——基于地方国有

上市公司并购的经验证据》,《山东大学学报》2011 年第 11 期。

[17] Niskanen, W. A. , *Bureaucracy and Representative Government*, Chicago: Aldine, Atherton, 1971.

[18] Tiebout, Charles, "A Pure Theory of Local Expenditure," *Journal of Political Economy* 64 (1956): 35 – 41.

[19] Breton, *Competitive Governments*: *An Economic Theory of Politics and Public Finance*, New York: Cambridge University Press, 1996.

[20] Oates, W. E. , "An Essay on Fiscal Federalism," *Journal of Economic Literature* 3 (1999): 37 – 45.

[21] 何梦笔:《政府竞争:大国体制转型理论的分析范式》,《天则内部文稿系列》 2001 年第 1 期。

[22] 柯武刚、史漫飞:《制度经济学——社会秩序与公共政策》,韩朝华译,商务印书 馆 2000 年版。

[23] Thomas Apolte, Die ökonomische Konstitution eines föderativen Systems, Mohr Siebeck, Tübingen, 1999.

[24] 杨虎涛:《论政府补贴的有效性》,《淮南工业学院学报》(社会科学版)2002 年 第 4 期。

[25] 布雷耶尔、麦卡沃伊(Breyer, MacAvoy):《管制和放松管制》,《新帕尔格雷夫 经济学大词典》(第四卷),经济科学出版社 1992 年版。

[26]《资本论》第一卷,人民出版社 2004 年版。

[27] 王凤荣:《金融制度变迁中的企业成长》,经济科学出版社 2002 年版。

[28] 吕拉昌:《关于产业整合的若干问题研究》,《广州大学学报》(社会科学版)2004 年第 8 期。

[29] 杨建文:《产业经济学》,上海社会科学院出版社 2008 年版。

第 二 章
政府竞争、企业并购与产业
整合的一般分析

中国经济转型的制度变迁，内生决定了地方政府竞争行为。企业并购与产业整合作为资源配置方式，表征着市场化进展程度，同时受制于政府干预导致的行政壁垒和市场分割。本部分首先梳理相关文献及其发展脉络，并建立了度量政府竞争力的指标体系。在此基础上，创新性构建了基于政府竞争视角的企业并购与产业整合分析框架。

第一节　经济转型与政府竞争

经济转型本质上是一个制度变迁的过程。制度变迁的参与主体，包括了中央政府、地方政府以及企业等非政府制度主体，参与主体之间的利益关系以及由此形成的利益格局演变贯穿于经济转型过程。因此本部分从经济转型这一制度背景出发，阐释政府竞争的内涵与外延、政府竞争的手段及度量，为后续研究进行理论铺垫。

一　经济转型中的政府行为

（一）经济转型的内涵

经济转型在一定程度上同义于"过渡经济"，聚焦处于改革开放进程中的中国，其核心内涵主要指中国由计划经济走向市场经济的进程[1][2]。目前，相对经典的定义是热若尔·罗兰的观点，转型即一种大规模的制度变迁过程，或者说经济体制模式的转换[3]。另外，"新兴市场经济" 与经济转型属于等同概念，所谓新兴市场经济国家一般就是指处于经济转型过程中的国家。

国外较多学者对经济转型的理解不仅仅局限于经济体制的范围。Sacks等指出，经济发展的根本在于存在一个制度核心，而经济转型则是后社会主义国家制度与全球资本主义国家制度趋同的一个过程，即这个过程并不注重制度的创新。经济转型在长期必须建立在政治理论中 "宪政" 的基础上，否则其成果是不牢固的，暂时将政治远离市场的经济转型在长期并不一定会成功[4]。科尔奈则认为经济转型是一个系统的、多元的、复杂的概念，仅简单的计划主导与市场主导间的变更对于经济转型而言不具有解释力。生活方式、文化等非正式制度以及政治治理、法律法规等正式制度必须纳入分析框架[5]。

徐睁、权衡，认为学者们对我国经济转型的理解主要有五种，具体包括：体制转型论、经济形态论、经济体制与社会形态转型的结合论、传统社会主义阶段向社会主义初级阶段的转型论、经济增长方式与体制转型的结合论[6]。洪银兴进一步提出，经济转型不仅包括市场化转型，还包括了现代化转型与全球化转型，这都是转型经济学的重要研究内容[7]。张良则认为经济转型必须以技术的进步为基础，需要辩证地看待两者间的互动关系，中国经济转型是以经济发展与制度跃迁作为主干的复杂系统[8]。王曙光从制度主义的视角提出，经济转型应该从不同层面的经济行为进行考察，并注重经济转型的长期性[9]。在此过程中，新的制度安排则是转型成功的关键，市场经济不仅要求政府管制的自由化与产权的私有化，还要求完善的制度架构来支撑市场经济的正常运行。

综上所述，不难看出在对经济转型的解释上，国内与国外学者的脉络不同：国外学者强调经济转型的目的性，即最终实现国家的政治体制与全球资本主义制度的趋同，因此将经济转型看作经济、政治的全方位的革命；而我国学者则更强调经济转型的动态性——从制度变迁视角来进行考察，强调经济体制与社会形态的结合性。为权衡协调两个不同的定义，本书界定的 "经济转型" 是以制度变迁为主的多层面的经济发展过程，其中包括了徐睁、权衡所归纳的五种理解。

（二）　中国经济转型的路径与特征

在计划经济体制向市场经济体制转型的过程中，我国已取得了举世瞩目的成就。学者们从不同角度对经济转型的演化历程进行了研究，关注了转型阶段的划分以及转型路径演化的趋势。这有助于我们能够更好地利用经济转型的共性，与此同时从细节掌握经济转型的复杂性与多样性。

赵旻提出经济转型过程的四阶段论。第一阶段，改革探索和扩张供给阶段（1978—1991年），该阶段面临着传统观念束缚与商品供应短缺的突出问题，其最主要的解决方法就是"解放思想、放权让利"。第二阶段，社会主义市场经济体制框架建设和经济高速成长阶段（1992—1997年），该阶段的政策背景是邓小平同志南方谈话以及党的十四大的召开，在这一阶段明确了"社会主义市场经济体制"的改革目标，为经济转型的推进指明了方向。第三阶段即改革攻坚和经济结构全面调整阶段（1998年开始的10—15年）。这一阶段又可以进一步划分为前期和后期两个小阶段，在前期经济快速成长带来的相关制度安排问题、经济结构问题以及其他历史遗留问题会集中暴露，后期则是利用从根本方面取得改革的突破来消除这些已经暴露的问题以及阻碍社会主义市场经济发展的主要体制障碍，从制度上维持经济的高速增长。在第四阶段，相关制度安排已经建立并完善，因此应该致力于相关制度与社会经济的协调与融合[10]。

国家发改委宏观经济研究院课题组对中国加速转型期的若干发展问题进行了研究，将我国经济转型大致划分为三个时期：自发启动时期（1978—1991年）、自觉推进时期（1992—2000年）和全面加速期（从世纪之交开始）[11]。

张慧君提出经济转型进程的三个重要转折点：转型正式启动点、市场化进程不可逆转点和转型完成点。根据这三个转折点，又将我国经济转型进程划分为三个历史阶段：经济转型的准备阶段（1978—1991年），经济转型的启动和正式推进阶段（1992—2000年）、经济转型的深化与完善阶段（从世纪之交开始）[12]。

中国社会科学院经济体制改革30年研究课题组将我国经济转型的进程分为以下四个阶段：第一阶段是改革的起步阶段（1978—1984年），该阶段以计划经济为主、市场调节为辅；第二阶段是改革的展开阶段（1984—1992

年），该阶段建立有计划的商品经济；第三阶段是改革的推进阶段（1992—2002 年），该阶段初步建立社会主义市场经济体制；第四阶段是改革的深化阶段（2002 年至今），该阶段重点完善社会主义市场经济体制。直到 1992 年邓小平同志南方谈话才明确了建立社会主义市场经济体制的目标，开启了新经济体制的建设征程[13]。

综上学者的不同观点，并结合我国经济转型的实际情况，我们认为中国社会科学院经济体制改革 30 年研究课题组的观点更为合理，因此将我国经济转型划分为改革起步阶段、改革展开阶段、社会主义市场经济体制初步建立阶段和社会主义市场经济体制完善阶段。

30 多年的改革开放开启并推进了中国经济转型，呈现以下基本特征。

（1）转型阶段性

转型进程的阶段性是我国经济转型的典型特征。这一特征既是我国经济改革实践的真实写照，也是经济转型逻辑的实际体现。改革与转型在不同的阶段有着不同的目标和重点，而且经济改革目标会根据改革过程的需要进行不断调整。对于阶段性转型的不足与失误，会在下一阶段得到纠正和改善。因此，改革阶段之间既相互独立又密不可分。中国的这种阶段性的转型方式能够较好地"解决市场经济体制的层次性安排和改革的次序性要求在改革速度、局部改革和全面改革上的转型难题，实现了最佳的改革组合"[14]。同时，阶段性的转型特征进一步使得我国经济转型呈现渐进性。渐进性的制度变迁模式有效地避免了经济过渡时期传统体制的复归与经济矛盾长期累积而发生经济体系的全面危机[15]。因此，从总体上来看，我国的阶段性改革在推进新体制的建立完善的同时也有助于提高经济效益。

（2）区域差异性

在幅员辽阔的中国，各区域间的发展速度及资源禀赋均存在着较大差异。因此，我国的经济转型过程会呈现独特的区域差异性。从较大的地域范围来看，珠江三角洲、长江三角洲、环渤海地区以及东北老工业基地等都存在着较大的经济转型差异；从较小的地域范围来看，同处于长江三角洲的"温州模式""昆山模式"等也呈现转型路径的不同[16]。同时，由于我国各区域的历史、政治及经济基础存在差异，各个区域的经济转型政策也明显不同，从而直接影响到区域经济的发展模式与发展速度。

我国经济转型过程中呈现的区域差异性，使得我们不能简单地对所有地区的经济转型一概而论。只要各区域的转型政策符合其自身要求，能够支持其经济发展，则属于合意的制度安排。因此，经济转型过程中区域路径选择的差异性不仅是我国经济发展的现实，也是影响我国经济转型成功与否的重要因素。

（3）政府主导性

尽管不断完善健全的市场经济体制是推动制度变迁的重要力量，但在具有中国特色的经济转型道路中，政府作为制度变迁的参与主体，一直都发挥着关键性作用。强有力的政府推动，使得我国的经济与社会转型都呈现明显的政府主导性。首先，在我国自下而上的渐进式经济转型中，政府是转型决策的制定者与转型进程的控制者。在改革过程中，很多政策制度先由民众自发提出，经过地方政府认可，最终经中央政府筛选而作为国家政策得以推广。可见，经济转型的顺利完成离不开政府的决策与指导。其次，政府还掌握着改革总体方向的决定权。我国的经济转型是一个不断解放思想与更新观念的过程，是多方利益博弈和动态均衡的过程。要打破原有的利益格局，需要政府自上而下的顶层制度设计与实施。在我国经济转型的每一阶段，政府都扮演着至关重要的角色。

（三）中国经济转型中的政府角色

在我国经济转型的过程中，政府到底扮演着怎样的角色，这一直都是学者们所关注的热点问题。本书将从两个角度来探讨转型期我国的政府角色问题，其一是从政府在长期经济运行中所具备的职能来分析，其二是从政府对地方经济增长产生的影响来分析。在这两个维度的分析中，政府分别扮演着不同的角色，下面进行具体阐述。

1. 管理者与所有者

我国历史背景具有特殊性，从政府在长期的经济运行中所具备的职能来分析，政府一直扮演着双重角色——管理者与所有者。一方面，政府是经济活动的管理者，保障着宏观经济的健康运行；另一方面，政府又是国有微观经济主体的所有者，推动着国有经济的高效发展。

政府作为市场秩序和公众利益的维护者，有权对社会经济活动进行监管，以保持宏观经济的稳定发展。赵元华认为，即使在较为完善的市场经济制度中，由于信息不对称、外部效应、垄断及公共物品的存在等原因，市场仍会出现失灵现象[17]。而且，我国目前尚处于社会主义发展的初级阶段，市场经济体系仍不够成熟与完善，其发达程度还远不及西方国家。由此，市场失灵给我国经济所带来的问题将较西方国家表现得更为复杂与特殊，除了外部性、公共物品供给不足等常见问题外，还存在产权关系不清晰、企业内部人控制严重等问题。所以，政府以宏观经济管理者的身份参与经济活动，在我国就显得尤为重要。对于经济活动中不符合规则的行为，政府有权对其进行指导，并引导其进入正常、规范的轨道，以解决市场所不能解决的问题。企业并购作为市场经济活动中的重要组成部分，必然也要求政府的参与。梁克俭认为政府适当参与企业并购活动，可以从全局出发使企业资产重组符合国家与地方的产业政策，提高资源的利用效率，确保各公司的产业结构得到不断优化，充分发挥政府的宏观调控作用[18]。孙亚忠也同样提出，政府拥有丰富的政治资源，特别是经济资源的配置权，现代市场经济需要政府干预市场运行，纠正市场失灵，提高资源配置效率[19]。因此，政府作为宏观经济管理者有动力也有必要参与经济活动，以促进与规范市场的健康发展。

政府作为国有资产的所有者，参与国有企业的经济活动是提高国有经济控制力以及实现国有资产保值、增值的有效措施。在经济体制转轨时期，现代企业制度尚未完全建立，国有企业还不是独立、完整的市场主体，仍需要政府直接或间接参与或主导其经济活动。赵元华认为国有资产与其他性质的资产一样，通过并购重组等经济活动将有利于实现其保值、增值，而且国有企业的所有者也有追求高效资产利用率与实现财产收益最大化的目的。[17]那么，企业并购作为实现国有资产合理配置的有效途径之一，政府也会积极参与其中。董富华指出，政府通过参与企业并购等经济活动，将有效促进国有企业实现服从于经济改革的更迭，实现与私营经济的和谐共存[20]。刘绍勇认为政府作为国有资产的所有者，还可以有效地协调国有企业并购过程中各方的关系，降低并购成本，实现资源的优化配置[21]。尤其对于跨地区、跨行业的综合性国有企业来说，政府参与所带来的协调效应将更为明显，这在一定程度上会提高国有企业的整体效率，内生地为国有经济的主导地位提供支撑。此外，政府还可以根据国家的产业政策与国有经济的战略部署，有针对性地对相关大型国有企业的经济行为进行鼓励或限制，以引导国有资产向高效益的优势领域流动，优化国有资产的配置，扩大与增强国有资本对社会资本的控制力和影响力，促进整个国民经济的持续健康发展，实现政府双重角色的结合。

可见，无论是作为宏观经济的管理者还是国有资产的所有者，政府都有动力参与企业的经济活动。而且，在当前的市场转轨期内，若是想要市场经济规律真正发挥作用，就必须依赖于国有经济从竞争性行业退出，但国有经济从竞争性行业的退出又必须依赖于国有企业民营化的深入发展。由此，在转轨期的较长一段时间内，政府间接或直接地参与微观经济活动都是有必要的。

2. 支持者与掠夺者

在当前的经济转型期，既然政府作为管理者与所有者，必定会对微观经济活动进行直接或间接的干预，那么在参与过程中，政府将对地方经济增长产生怎样的影响也是我们所关心的问题。从这一角度出发，根据政府的竞争模式，我们把政府的角色定位为支持者与掠夺者。

长期以来，政府行为对地方经济增长的影响在学术界并没有得到足够的重视，而且在经济转型期内形成的中央与地方政府之间的特定的制度安排，导致地方的经济发展出现了严重的不均衡。由此，从结构层面来看，我国的经济增长并不具有内在的一致性。周业安、赵晓男对我国地方政府竞争模式进行了研究，分析比较了经济发达程度不同地区的地方政府行为，并将地方政府行为在竞争层面上分为进取型、保护型和掠夺型三类[22]。进取型的地方政府致力于从质上推进地区经济发展，因此会偏好合理规划本地资源、积极实现制度创新与技术创新。掠夺型地方政府致力于实现自身而非辖区的效用最大化，因此会通过赋税等隐蔽手段从辖区内掠夺财富。而保护性政府则介于两个极端假设之间。根据周业安对政府行为的这三种分类，我们把政府在经济增长中的角色定义为支持者与掠夺者。如果地方政府都采用进取型的行为方式，那么在当地经济增长的过程中，地方政府将发挥促进与支持的作用，我们称之为支持者；如果地方政府采用保护型或掠夺型的行为方式，则可能导致地区之间的恶性竞争，而阻碍了当地经济的增长，我们称之为掠夺者。

学术界在对政府行为效应的研究分析中，一部分学者较为强调政府在制度创新与技术创新中的积极作用，认为多数情况下政府扮演着支持者的角色。尤其是，在财政分权体制实施以来，地区经济增长与地方政府官员的晋升相结合，形成了地区经济增长与政府官员自身利益的内在一致性，由此地方政府参与及支持地区经济发展的积极性被大大提高，地方政府官员拥有了推动经济增长的强大动力。在这种动力的激励下，各地政府积极进行制度创新与技术创新，推动当地经济的快速发展，成为中国经济体制变迁与经济增长的支持者。

杨瑞龙强调我国制度变迁中来自地方政府的积极作用。他强调从制度供给角度来分析制度变迁，并根据我国改革过程中地方政府所扮演的重要角色，提出了我国制度变迁方式转换的三阶段假说。即制度变迁是供给主导型变迁、中间扩散型的制度变迁以及需求诱致型制度变迁三个阶段的递进，而在中间扩散型的制度变迁阶段中必须注意来自地方政府的行动，只有把地方政府理解为第一行动集团，才是解开诺斯悖论的重要基础。因此，由地方政府主导或参与的制度创新是一种帕累托改进[23]。周业安基于演化论的视角，来分析中国制度变迁的过程，认为我国制度变迁是内在规则与外在规则不断冲突与协调的过程，在该过程中地方政府扮演制度企业家的角色，而中央政府相当于习惯法中的法官。地方政府可以通过规则竞争来实现其潜在收益，而中央政府则主要通过内在规则合法化的判断及外在化来引导改革进程[24]。

刘君德、舒庆对行政区经济进行了研究，认为行政区经济在中国经济转型时期发挥了重要的积极作用[25]。科学合理的行政区划一方面为地区经济快速发展、维持社会和谐稳定提供了有力的物质基础；另一方面明晰了行政区"产权"，强化了地区企业竞争，有效维护了市场。钟晓敏认为，自我国实行分税制改革以来，各地区为了进行财政竞争，一方面加大了税收竞争的力度，另一方面也逐步将竞争领域转向了提供优质的公共产品与公共服务上来[26]。尤其在发达地区，财政支出竞争的作用愈加明显，这也在一定程度上说明政府促进了地区发展。张军等认为地方政府间的竞争活动强化了地方政府的"援助"行为，使其更注重长期服务于当地经济的基础设施建设，而四通八达的高速路网建设正是地方政府建设基础设施的一个缩影[27]。通过大力的基础设施建设，地方政府提高了当地公共服务水平，增强了当地经济承载力，因此外地资源能更快在本地形成生产力，为本地经济快速增长提供推动力。同时，政府间的竞争也会形成对地方政府的预算约束，减少地方政府在非生产性资源上的浪费行为。上述文献普遍强调了地方政府在中国经济转轨过程中所发挥的积极作用，也就是扮演着支持者的角色。而另一部分学者则持有不同的观点，他们更加关注地方政府所导致的重复建设、地方保护等不合理现象，认为地方政府行为也给地区经济增长带来了不同程度的阻碍作用，即扮演着掠夺者的角色。

魏后凯认为重复建设问题背后的推手是地方政府盲目的竞争行为。地方政府的 GDP 偏好会刺激其盲目批准过多同类生产企业建设而导致生产能力过剩[28]。因而重复建设问题的实质是政府干预市场导致的市场失灵，只有放下项目审批权才能从根本上避免这一困境。然而不合理的重复建设则来自投资体制的不完善，其内在的体制性因素是地方政府发展本地经济的潜在要求，该过程正是在我国地方政府竞争模式下发展而来的，其根源也是地方政府干预所造成的。张可云认为地方的重复建设问题具有传递性，一家地方政府的产业错配可能会引起其他地方政府的有意趋同[29]。产生错配的地方政府在进行第一步行动时会盲目地追逐产业原材料，因此刺激其他地方政府对原材料的追逐行为，而当原材料相同导致产业产出相同时，地方政府又会在市场分割方面耗费大量资源。当有理性的地方政府出现时，又会凭借其比较优势压低产业产出品的价格。最终，地方政府间的利益争夺将导致其陷入"囚徒困境"，没有人能在该竞争中获利。曹建海的研究观点是，我国重复建设问题来源于行政干预，在现有政策背景下，反垄断措施会弱化地方政府的干预冲动，从而有效降低地方政府的重复建设概率[30]。周黎安则指出，地方政府官员的竞争不仅表现为 GDP 和利税方面的竞争，同时还表现为"官场"上晋升的竞争，而政治晋升竞争则会导致各种没有效率的重复建设问题，甚至产生"恶性竞争"[31]。

除了重复建设问题，地方保护及市场分割也受到学术界的关注。银温泉、才婉茹认为地方保护的根源在于地方政府的惰性，地方政府通过动员资源实现经济发展后，企图使用较少资源维护其发展地位，因此对地方市场采取保护的措施[32]。这一做法会形成全国层面上的资源浪费，并在结构上形成更大的市场失灵，使来自国家政府的政策无法落实、市场的调控也会大打折扣。因此不难看出，地方保护与市场分割可能在初期给地方政府带来短暂的收益，但在长期无疑会给地方政府甚至是全国经济带来持续的负面影响。这主要表现在以下三个方面，即市场信号失真、阻碍资本自由流动、逆经济全球化。进一步的研究显示地方保护问题可能比想象中更为尖锐。王小龙、李斌认为地方保护的坚决拥护者是落后地区地方政府，因为对于市场竞争而言，落后地区不具有优势，由此可能演化为一种恶性循环[33]。陆铭等从微观层面考察落后地区地方政府行为，认为市场分割对于某些企业而言可以为其形成一定的发展缓冲期，使企业在实力薄弱阶段免受其他企业的挑战，这可能会刺激地方政府的市场分割冲动[34]。

二　经济转型期的政府竞争行为与度量

在前文对政府竞争概念进行界定的基础上，本部分侧重对政府竞争的类型、手段及其竞争力的度量进行阐释。

（一）政府竞争的类型

从政府竞争的类型来看，政府竞争又可以分为纵向竞争与横向竞争。纵向政府竞争主要是由集权与分权问题衍生而来，具体可分为上下级政府之间的竞争与上下级政府职能部门之间的竞争；横向政府竞争主要是政府间围绕可流动性生产要素及产品市场的争夺而展开的，具体可分为不同国家政府之间的竞争、国家内部同级地方政府之间的竞争、同级政府职能部门之间的竞争。可见，任何一级的政府机构都同时存在与上级政府间的纵向竞争以及与同级政府间的横向竞争。

1. 纵向竞争

总体上，纵向政府竞争可以细分为两种：上下级政府间的竞争、上下级政府职能部门间的竞争。

纵向政府竞争主要源于权力的配置，即集权与分权体制。在传统的计划经济体制下，地方政府与中央政府之间仅存在行政隶属关系，地方政府只是行政系统里的一级组织，没有自主的经济管理权，也没有相应的社会资源可以控制，因此地方政府在权力和利益方面都只能服从于中央政府。可见，在集权体制下，一切重大决策都是由中央政府制定，地方政府只是传导与实施决策的一个行政组织，只是按照中央政府赋予的权力去实现国家整体利益。此时，地方政府与中央政府之间不存在利益博弈，也就不存在竞争。随着我国市场化改革的不断深入以及民主自治的不断发展，与传统计划经济体制相适应的集权型政府体制已经不能适应我国经济发展的需求，分权制改革便得以实施。在分权体制下，地方政府被赋予了一定的相对独立的经济管理自主权，进而地方政府可以自主决定与处理其所管辖区内的一系列事务。由此，地方政府的利益主导地位在区域经济发展过程中日益凸显，使得地方政府在更多方面为中央政府分担了调控压力，同时也细化了中央政府的经济决策，提高了地方经济发展的科学性，有效推动了全国经济"一盘棋"式发展。所以，在经济转型期中央政府与地方政府关系中，地方政府虽然还没有成为合法的市场主体，但在相当大的程度上已经摆脱了传统的行政隶属关系，成为实际上的经济主体。一般来说，中央政府与地方政府之间的根本利益是一致的。但中央政府是考虑国家整体利益最大化，而地方政府则考虑地区利益最大化，于是在有些情形下，中央政府会为了实现整体利益而忽略了地方政府的局部利益，同样地方政府也可能为了其地区利益而损害了整体利益。因此，中央政府与地方政府之间便产生了利益矛盾，两者间的纵向政府竞争也就应运而生。

通常来看，纵向政府竞争中的政治与经济资源的配置、权力划分以及财政转移支付等都是竞争的突出表现，这些方面的动力来自市场参与者以及选民的压力，他们需要得到政府提供的一些资源、公共物品以及相关政策支持。地方政府必须提供技术平台与系统平台，以满足市场参与者和选民的需求。市场参与者和选民是地方政府存在与发展的基础，也是地方政府权力的来源。一方面，地方政府的权力既然来自管辖范围内的市场参与者及选民，就必须受到他们的约束与监督，同时地方政府的行为还要能够反映他们的意愿；另一方面，地方政府吸引的各种资源和要素越多，那么其可控制的资源和要素就越多，地方政府相应的实际权力与政治影响力也就会越大。由此，当地方政府通过提供相应的技术平台和系统平台，吸引更多生产要素流向其管辖地区，进而创造财富并促进地区经济发展，同时当地市场参与者和选民也获得了他们各自所需的各种非市场供给的公共产品和公共服务。那么在此条件与前提之下，地方政府行为与当地的市场参与者及选民利益是相互一致的，地方政府也可以获得相应的政治权力与经济利益。

然而无论是中央政府与地方政府之间纵向竞争关系，还是上级政府与下级政府之间的纵向竞争关系，都会由于受到行政力量的干预而产生扭曲，使得纵向政府竞争关系缺失了应有的公平性与规范性。即使是在联邦制的西方国家中，其纵向政府竞争关系也是会或多或少的受到行政关系的约束。Breton 认为，纵向政府竞争关系是非常微弱的，主要是由于地方政府被剥夺了与中央政府进行公平竞争的条件[35]。国家的行政体制决定了地方政府在与中央政府的纵向竞争关系中，长期处于弱势地位，从而导致纵向政府竞争关系也相对微弱。因此，顾全大局且兼顾局部是纵向政府竞争的基本方式，也是地方政府与中央政府间竞争的基本原则，一般不会出现极端情况。当然，如果地方政府在处理社会整体利益与地方局部利益矛盾的过程中，采用了极端措施，那么很可能就会导致地方政府的威信下降，进而影响到管辖区域社会经济发展目标的实现，最终危及中央政府的利益。因此，地方政府所拥有的自主管理权力与财政权力越大，地方政府与中央政府间的纵向政府竞争关系也就会越激烈。

此外，对于地方政府之间的横向竞争来说，地方政府与中央政府间的纵向竞争也将对其横向政府竞争产生非常重要的影响，甚至是决定性的影响。在一般情况下，如果某一地方政府相比其他同级地方政府能够从中央政府手中赢得的利益越多，或者是争取的权限与政策空间越大，那么该地方政府则越有可能在横向政府竞争中获取优势。可见，地方政府和中央政府间的纵向政府竞争与其横向政府竞争是相互联系、相互影响的，纵向政府竞争的结果将直接影响横向政府竞争的状态，反之，地方政府间横向竞争的结果也将有效影响其在纵向政府竞争中的地位。所以，地方政府与中央政府间的纵向竞争也可以被看作地方政府间横向竞争的一种手段和方式。

2. 横向竞争

横向政府竞争主要是指不同国家的政府之间以及无隶属关系的两个或多个地方政府之间，围绕可流动生产要素及产品市场而展开的争夺。横向政府竞争具体又可以分为不同国家政府之间的竞争、国家内部同级地方政府之间的竞争、同级政府职能部门之间的竞争。一般情况下，我们所指的横向政府竞争是国家内部同级地方政府间的竞争。

　　总的来看，横向政府竞争是以纵向政府竞争为基础的，各个地方政府在既有的权力条件下进行的区域资源优化配置。对于同一国家内部的地方政府来说，政府服务的需求方有权自由选择在不同地区获得政府服务，政府服务的供给取决于当地政府的融资能力，而融资能力又很大程度上依赖于当地的税收。在此前提条件下，地方政府之间将会为争夺可流动生产要素以及产品市场展开竞争，以期获取区域经济利益最大化，实现区域发展目标。那么，具体分析地方政府间横向竞争产生的内在动因，主要可归纳为三个：地方政府追求自身利益最大化；地方政府追求得到中央政府的认可；地方政府追求得到地方社会主体的认可[36]。

　　对于地方政府追求自身利益最大化这一动因，古典政治经济学派与理性学派都做出了相应的解释。古典政治经济学派认为，政府代表着统治阶级的利益需求，要为统治阶级赢得更多的政治及经济利益，以维持统治阶级的主导地位。而在社会主义国家中，人民是根本的利益主体。根据这一理论，我国的政府应该代表人民的利益，为人民而赢得政治和经济利益。那么，政府应该追求社会公共利益最大化，而不是追求它们自己的利益。然而，社会公共利益与政府利益之间还是具有一定差异的。理性学派则运用理性经济人假设对横向政府竞争问题进行了分析，他们发现，政府仍然会在代表公众进行决策和实施公共管理的过程中，将自己的利益加入其中，社会主义国家的政府也存在同样的情形而不是完全的利他主义。可见，地方政府为了实现自身的利益最大化，会与其他同级的地方政府展开竞争，进而形成了横向政府竞争。

　　地方政府追求得到中央政府的认可，也是横向政府竞争产生的动因之一。在改革开放之前，我国还处于计划经济体制时期，当地政府是地方经济和社会管理机构，只能按照中央政府的决策对管辖区域进行组织管理，没有自主的决策权。

　　因此，在计划经济体制下，地方政府之间不存在横向政府竞争关系。改革开放后，随着市场经济改革的不断深入，当地政府的职能正在逐步改变，而且地方政府的绩效考核机制以及考核标准也都发生了变化。在这个阶段，地方政府绩效的考核指标主要是管辖区域的 GDP。因此，得到中央政府的认可是地方政府官员实现晋升目标的前提，进而也是地方政府间横向竞争的最大动力。为了能够在辖区内创造优异的政绩，得到较高的地位和声望，并获得中央政府的肯定，实现官员的晋升目标，地方政府可能会为了快速发展本地经济而损害整体利益，并与其他同级地方政府进行恶性竞争，不择手段地争夺资本、技术等可流动生产要素。基于这一目的的竞争，往往会导致地方政府间的恶性竞争，进而损害了社会整体福利。

地方政府追求得到地方社会主体的认可，是形成横向政府竞争的另一个动因。随着市场经济改革的深化，当地政府的职能也在发生着变化，地方政府不再是简单地服从于上级政府，也不是单纯的地方管理者，而是逐渐演变为管辖区域的社会服务者。因此，地方政府在服务于中央政府的同时，还服务于地方社会主体，地方政府必须努力满足地方社会主体的各项公共需求。地方政府有责任促进该地区的经济发展，提供有吸引力的社会福利和公共服务。如果地方政府在这些领域没有得到地方社会主体的认可，则会面临地方社会主体所施加的各种压力，而使得自身的公信力下降，行政决策的实施受阻，进而会增加管理成本，影响地区经济发展。因此，为了得到地方社会主体的认可，地方政府必须努力发展本地经济，加强基础设施建设，提高公共服务水平。那么，地方政府为了快速发展地区经济，就可能会采用各种手段来促进经济发展，而与其他地方政府展开竞争，进而形成地方政府间的横向竞争。

此外，不同国家政府之间的竞争也是横向政府竞争的一种。与国家内部同级地方政府之间的竞争相比，不同国家政府之间的竞争内容则更为广泛，既有经济方面的竞争，也有政治与文化方面的竞争。国家内部同级地方政府之间的竞争主要表现在经济竞争方面，所以不同国家政府之间的经济竞争同样备受关注。虽然国际经济学并没有明确提出国际政府竞争的概念，但是国际贸易领域的学者已对不同国家政府在经济方面的竞争进行了相关研究[37]。总的来看，不同国家政府在经济方面的竞争与地方政府间的经济竞争类似，有所不同的是，国家间政府的经济竞争更为激烈，而且竞争的形式与手段更为多样化。

在分析国家间政府竞争方面，诺贝尔经济学奖获得者 D. 诺斯在《西方世界的兴起》《经济史中的结构与变迁》《制度、制度变迁与经济绩效》等一系列著作中提出了自己的观点。诺斯认为，国家间政府在经济绩效方面的竞争，归根结底是制度层面的竞争。因此，政府的作用主要体现在它能够提供一种更有效率的组织经济活动的制度安排以及激励机制[38]。后来，新制度经济学的两位新锐人物柯武刚和史漫飞则在诺斯的基础上对其思想做了进一步的发展。柯武刚、史漫飞认为，一个国家的制度体系是由内在规则体系与外在规则体系所构成的。其中，内在规则体系是在群体内随着经验演化而生的规则，外在规则体系是在群体外被设计出来的，而且外在规则体系主要是靠政治行为强加于社会的规则[39]。那么，在推动制度演化的因素中，除了各国政府对国际贸易及流动性生产要素的被动反应外，还有各国政府对制度的主动调整，这些最终都使得本国在国际市场份额的扩大以及生产要素的竞争中占有优势地位。而且，经济全球化的不断深入，直接加剧了国家间政府竞争的激励程度，制度体系又对国家的成本水平有着举足轻重的影响，由此制度竞争就成了国家间政府竞争的一个重要方面。

关于国家间政府竞争的方式，也有学者对此进行了分析研究。孙宛永认为，当前各国政府间的竞争方式已经由以武力竞争为主转向以和平竞争为主[40]。在资本主义制度确立之后的较长时间内，国家间的政府竞争都是以武力方式为主，而以和平谈判的方式为辅，这种极端而粗暴的竞争方式给人类带来了极大的摧残。惨痛的历史教训让各国政府逐渐意识到武力竞争的破坏性，从而和平谈判的竞争方式开始被它们所采纳。尤其世界贸易组织（WTO）以及世界银行的建立与运作，为各国政府创造了解决国际经济纠纷与政治纠纷的平台，对促进世界各国的公平竞争与和平发展发挥了极其重要的作用。国家间政府竞争方式的改变不仅促进了各国的社会经济发展，也有效改善了国际政治关系。各国政府竞争方式由迷信武力竞争到崇尚和平谈判的改变是人类文明进步的必然结果。世界贸易组织（WTO）规则的建立使得各国政府间的竞争成了一个具有公平性、公正性、公开性规则的博弈。由此，世界贸易组织禁止各国政府对本国企业进行过度保护，而是应对各国企业实行国民待遇，否则将会受到法律与经济制裁。同时，在市场经济体制下，政府的过度保护将会扼杀企业的创新能力，进而对企业竞争能力的提升起到反作用。此外，在崇尚文明的当代社会，更是不允许依靠掠夺他国财富而实现本国经济利益的行为存在。亚当·斯密曾在《道德情操论》中指出，人虽然是利己的，但在商业社会中，他的自利必须通过"光明正大"的方式才能够得到实现[41]。那么，这里所提到的"契约"就是国际组织所制定的一系列法规准则、国际惯例以及游戏规则等约束性条款。

（二）政府竞争的手段

在我国实行财政分权体制后，中央政府将一部分决策权力下放给地方政府，使得各地政府拥有了一定的经济管理与利益自主权。此时，地方政府作为管辖区域的社会服务者也必须更多地考虑本地区的利益。由此，各个地方政府便开始为实现地方利益而在各个领域及各个层面展开激烈竞争。虽然地方政府还不具有运用货币政策、汇率政策等充足的政策手段权限，但在实际中，地方政府所运用的竞争手段要比我们想象得更为多样化。其中，财政政策是地方政府进行横向竞争最常用的政策手段之一，具体可以通过财政补贴、税收优惠、贴息、担保等方式实现。随着我国市场经济体制的不断完善与健全，提供优质公共物品及公共服务的竞争手段将被更加广泛的使用，并将会逐渐取代以税收优惠为主的税收竞争，进而成为最主要的财政政策手段。此外，地方政府还可以通过法律法规的形式对微观经济活动进行管理、协调与制约，即采用一些直接影响企业生产经营与要素流动的非财政类手段进行竞争。可见，地方政府可以采用的竞争手段还是丰富多样的。相对于地方政府间的竞争手段，各个国家政府间的竞争方式与手段就更为复杂与多元化了，这里就不再对此做详细的分析。下面主要对地方政府竞争的手段做进一步探讨，并按照其特点将多种竞争方式归纳与简化为以下三类：税收与补贴竞争、规制竞争、公共物品与服务竞争。

1. 税收与补贴竞争

税收与补贴竞争是地方政府间财政竞争的主要内容，也是理论界研究政府竞争手段所关注的重点。狭义上，地方政府间的税收竞争是指通过降低纳税人的税收负担来吸引有价值经济资源的流入，以税率税制方面的竞争为主。广义的税收竞争则不仅包括税率税制的竞争，还包括财政补贴的竞争[42]。

在我国，税收竞争与财政体制是密切相关的，因此在不同的财政体制下，税收竞争的表现也不尽相同。在中央集权的财政体制下，由中央政府统一规划财政收支规模，实现统收统支，而地方政府所拥有的财政自主权非常有限，其税收竞争的表现形式主要有隐性税收竞争和显性税收竞争两种。其中，隐性税收竞争是指在遵守各级政府财权分配的统一规制下，地方政府通过支付一定的成本费用而夺取其他辖区所应得的政府收入；显性税收竞争则是指地方政府除了按照中央的统一规则获取部分财政拨款外，还通过积极游说中央政府，争取获得额外收入。但改革开放以后，在财政分权的体制下，地方政府的财政自主权有了很大的提高。由于中央财政的转移支付是相对固定的，而且地方财政危机日益严峻，因此各个地方政府在利益的驱动下，为吸引更多的资本和生产要素，展开了以税收为主要手段的竞争。在我国 20世纪 80 年代至 90 年代中后期，受制于当时的制度环境、法律环境以及经济发展格局，税收竞争成为我国地方政府实现地区竞争的主要途径[43]。虽然我国地方政府还不具有独立的税收立法权和税种开征权，但是中央政府与地方政府之间因信息不对称而存在着监督困难与监督成本高等各种问题，由此地方政府便可以在税法和税收政策的执行过程中采用多种手段进行变相的税收竞争，如税率、税基、税收减免等征收管理方面的自由裁量手段[44]。这些手段既包括大量制度规范下的正式税收竞争手段，也包括非正式制度下甚至是游离在正式制度之外的税收竞争工具。对各种税收竞争手段进行归纳总结，大致可分为三类：税收优惠、先征后返、豁免部分费用。其中，税收优惠是地方政府在税收竞争中经常使用的一种方式。各个地方政府为了吸引更多的资本和可流动生产要素，竞相通过减免税或降低税率等税收优惠方式提高本地区的竞争力，这里既有法律授权的制度内税收优惠，也有超越法律授权的制度外税收优惠。税收的先征后返也是我国地方政府间的一种税收竞争方式，通常地方政府的做法是将原有征收入库的一部分税收收入，通过奖励等形式返还给特定的纳税人，这种方式已经逐渐成了税收优惠的替代手段。此外，地方政府还经常通过增加相关配套措施、豁免部分费用来吸引资本的流入。比如地方政府为了支持特定投资项目的建设，会将一般性的税收收入用于该项目的基础设施改善，甚至免费提供土地等。因此不难看出，我国地方政府的税收竞争制度仍有待进一步完善。

在实行联邦制的西方国家中，地方政府一般都具有一定的税率调整权，因此地方政府吸引资本和可流动性生产要素的重要竞争手段就是调整税率。总的来看，西方国家的税收竞争手段可以归纳为四种：整体税负竞争、税收激励竞争、税种竞争、税负输出竞争[45]。其中，整体税负竞争是指地方政府通过采取降低本地区可流动性要素的整体税负而在同级地方政府中取得竞争优势的一种税收竞争。税收激励竞争是指地方政府为了发展管辖区域的经济而采取的一种特定的税收激励手段与其他地方政府展开税收竞争，如税收减免等方式。税种竞争是指地方政府在某一类税种上进行的竞争，如商品税、所得税等；或者是在某一个税种上进行的竞争，如个人所得税等。税负输出竞争是指地方政府为了减轻本地税负，而将税负转移到管辖区域之外，让非本地居民或企业承担实际税负的一种税收竞争。

税收竞争确实会影响生产要素的流动，进而影响一个国家或地区的财政收入以及利益分配关系。但是税收竞争的影响到底如何，学术界对此问题的看法不一。西方税收竞争理论大致有"降低效率说"和"增进效率说"两种观点[46]。既有学者认为若将政府看作追求公民福利最大化的服务者，那么出于人民利益的首位考虑，并没有必要通过税收竞争来提高政府效率；然而，也有学者认为应该将政府看作追求自身利益最大化的理性人，因此税收竞争就能够对它们形成约束，从而提高政府效率。那么，在我国的实际情况中，税收竞争的影响到底如何，是积极还是消极的，还要看税收竞争是不是一个有秩序且有约束的竞争。如果税收竞争在一定范围内是良性竞争方式，那么它更可能会给当地经济发展带来促进作用。也就是说，税收竞争的积极作用只有在满足一定约束的条件下才能实现。当税收竞争超出了所规定的约束条件时，就会产生消极的影响，而有悖于税收公平的原则，导致税收成本增加，使得逃税漏税者实现自身利益，却有损地区经济发展。因此，在地方政府竞争过程中，所采用的税收竞争手段必须是有约束、有秩序的，这样才能保证地方政府竞争目标的实现。

关于税收竞争对政府行为的影响，吴强从三个方面对其进行了分析综述[47]。在公共物品供给方面，学者们对竞争地区数量与政府公共物品提供水平之间的关系持有不同观点。Hoyt 认为随着竞争区域数量的提高，公共物品的供给水平会单调下降[48]；然而，Ihori 和 Yang 在研究地方政府间税收竞争和区内政治竞争对公共物品最优供给的影响时发现，当考虑政治竞争时，竞争地区数量与公共品供给的关系并非单调的，并且地方政府税收竞争和区内政治竞争的相互影响可能会导致公共物品的最优供给[49]。在税收优惠的时间一致性方面，各个地方政府为了吸引流动性资本与生产要素，会对外资企业承诺一定的税收减免和优惠期限。若是本国政府违反了原始承诺，当外资企业投资本地并形成一部分固定资产之后，政府又提高税率，就会产生税收优惠的时间一致性问题。Janeba 认为税收竞争会对政府承诺问题予以一定程度上的解决[50]。如果一个企业对多个国家进行投资，虽然生产能力会超过市场需求，但是，由于各国政府基于税收竞争会将税率降到很低，由此企业不但会使其额外生产得到补偿，还可应对政府的失信问题。在转移支付方面，税收竞争使得政府将过多的收入投入经济发展，而将较少的部分用于转移支付，转移支付与地区经济发展的综合作用呈现无效率；而且，Matsumotoa 认为由于过度的投资，公共支出的总水平会超额[51]。可见，税收竞争手段在帮助地方政府实现其利益目标的过程中，还会对政府的其他行为产生重要影响，这也是政府在运用该手段时应该注意的问题。

此外，在对于财政补贴的相关研究中，沃尔科夫运用模型分析了政府为企业发放补贴的合理性与有效性。沃尔科夫认为，在具有长远发展目标的区域，地方政府通常也具有较高的财政协调能力，地方政府一般会采用技术改造、技术研发等支持性财政政策来提高自身竞争能力[52]。为了吸引更多更好的企业留在本地，地方政府之间常会在财政补贴的手段上展开竞争。但由于政府与企业间存在一定的信息不对称，企业比政府更了解自身的情况，在一定程度上政府并不能掌握企业真实且全面的资料。因此，政府在发放财政补贴时，企业与政府双方都处在一个博弈过程中，双方都致力于追求自身利益最大化，无论是否符合条件的企业都在争取得到政府补贴。如果政府无法对企业进行有效辨认，那么其对所有企业提供适度补贴才是其占优策略，以保证企业留在本地。但实际上，很多地方政府会为了实现本地经济发展的目标，根据企业的性质、行业特征以及发展前景为一些重点企业发放补贴。尽管倾斜性的政府补贴在一些情况下是不可避免的，但沃尔科夫认为，由于行业发展前景以及企业搬迁的不确定性，倾斜性的政府补贴手段并非理性的策略。

2. 规制竞争

规制是指政府以法律法规形式对经济活动进行的管理、协调与制约[53]。其存在的理论渊源是对市场失灵的一种补救[54]。

日本学者植草益将规制划分为间接规制与直接规制两类。间接规制是指通过制定与完善相关法律法规对垄断等不公平竞争行为进行制约。直接规制又可以细分为社会性规制与经济性规制两种形式。社会性规制，主要是指环境、健康与安全规制，并不是针对某些特定的企业，而是要求任一产业内的任何一个企业都必须遵守国家有关污染治理、产品质量、工作场所健康安全的法律规定；经济性规制则是针对诸如垄断性产业、公共服务产业与涉及国家安全的产业等一系列特殊产业的规制。传统的经济规制领域有公用事业、交通运输、金融等行业，而规制的方法主要是对价格、进入和服务质量等方面进行控制。对经济规制的内容进行归纳总结，大致可分为四个方面，一是价格规制。即通过规制者直接干预市场定价，对产业产品以及服务的价格进行以最高限价与最低限价为价格区间的指导，并根据具体情况灵活安排价格指导的窗口期。二是进入和退出市场规制。政府规制者为了获得产业的规模经济，会对产业的新进入者进行限制，提高产业进入壁垒；同时，政府规制者为了保证供给的稳定性，还会对行业的企业退出进行相应的限制。三是投资规制。投资规制具有两层含义：首先是指地方政府出台引资投资政策，直接正向干预企业的投资决策；其次是指从宏观上把握投资决策的主导权，对投资项目进行审慎的监管，以避免重复投资问题，并推进实现更高层次的经济发展目标。四是质量规制。由于对于很多产业的产品和服务而言，其质量是难以观测或衡量的。因此，在一些被规制的产业中，政府规制者往往是将质量与价格联系起来，而不是单独进行质量规制。可见，在所有规制工具中，价格规制与市场规制最具有实践的可行性，因此被视为常用规制工具。

在现实经济活动中，政府规制往往会对要素所有者、生产者以及消费者的选择起到极为重要的影响作用。因此，政府规制行为会普遍影响到微观经济活动主体的行为、约束、风险与收益[55]。在不同的规制条件下，微观经济主体可以采用"用脚投票"的方式，选择规制成本较低的地区，以实现自身利益，同时这样也会影响到当地的经济发展水平。因此，在地方政府竞争过程中，规制竞争同样具有理论与实践的可行性，成为地方政府竞争的有力工具。

规制竞争作为制度竞争的一种表现形式，也受到了各经济学派的关注。传统经济学派在对经济增长问题进行研究时，将制度因素视为外生变量，认为制度是不会发生变化的，与经济增长无关，而主要通过各种生产要素的变化来说明经济增长问题，把制度因素排除在外。但是，事实证明，在生产要素不发生变化时，经济同样会呈现增长效应。因而，制度经济学派便对传统经济学派的研究变量做出了改进，将制度作为经济增长的内生变量，分析了制度变迁以及创新对经济增长的重要作用，并且研究结果表明经济增长取决于制度安排。经济组织的效率性会内生决定经济增长的效率性，如果经济组织的效率低下，即使经济出现名义上的增长，其背后的成本也可能高于其收益。那么，若要保证一个经济组织有效率，就必须进行合理的制度安排，以激励个人将其经济努力变成个人收益率与社会收益率相近的活动。可见，有效率的经济组织以及制度创新是一个国家或地区实现经济发展的基本动力。制度安排与制度变迁的不同，将导致经济活动的不同绩效，即一个国家的制度将会对经济活动的效益起到决定性作用。而且，在对产业竞争进行研究时，也应将制度环境考虑在内，要在整个制度安排和构造中解决一个国家或地区的产业问题。因为一个国家或地区的制度变迁，将会决定该地区的产业结构变化，而制度变迁又与规制竞争的激烈程度紧密相关。由此，一个国家或地区的产业结构优化，是制度竞争的结果，而不是单纯由经济增长而导致的。在制度竞争中，政府是制度创新的第一行动集团，即政府在制度变迁与制度创新的过程中起到了不可替代的作用。同时，制度是政府拥有持久竞争力的源泉，制度创新是影响政府竞争优势的重要变量。制度资源是否丰富，对于政府竞争力能否提高以及经济目标能否实现是至关重要的。那么，当原有的制度失去激励作用时，政府就应该积极进行制度创新。政府规制作为制度竞争的另一种表现形式，也必定对政府目标的实现有着重要影响。

在我国，地方政府间的规制竞争不仅与正式制度实现结合，也透过非正式制度发力，二者共同强化着竞争格局。各地政府对资本及生产要素的流入与流出实行着不同的规制，并同时存在着直接规制与间接规制竞争。我国各地方政府间的规制竞争很大程度上表现为地方保护主义。地方政府为了实现本地区经济利益，对主要资源的流入与流出进行限制，具体表现为通过"红头文件"、"办公纪要"、"设卡"、"打招呼"、技术壁垒以及费率控制等方式限制本地资源流出或限制外地资源流入。自1980年10月起，我国中央政府曾几次出台关于禁止地方保护主义行为的条例规定，但由于条例规定相对法律而言没有足够的威信性，因而并没有得到很好的贯彻实施。而且，我国《反不正当竞争法》在目前的法制环境下具有实践上的盲区：如果地方政府的竞争行为超过了合法的范围，那么它只会受到上级政府的批评，而不会被行政起诉[56]。2001年我国出台的《国务院关于禁止在市场经济活动中实行地区封锁的规定》仅强化了惩治措施，但仍未完全从制度建设上消除这一盲区[57]。据统计，20世纪80年代，我国省区间贸易比重呈下降趋势，从1978年到1989年，我国各省区间互相调入的消费品由38%降为36%，相互调出的消费品比例由47%降为38%。此外，世界银行的一份报告显示，1985年和1992年，我国外贸进出口总额年平均增长率分别为10%和17%，而国内省际贸易额的年平均增长率仅为4.8%，远远低于外贸增长速度。其主要原因就是，各省与省之间因实行地方保护主义，而存在种种贸易壁垒，阻碍了贸易自由[58]。到20世纪90年代中后期，随着各地招商引资行为的不断强化，制度竞争成为地方竞争的重点领域，其具体工具为"弱化规制"，以宽松的制度约束来吸引投资。

3. 公共物品与服务竞争

公共物品与服务竞争也是地方政府间的竞争手段之一。由于公共物品与服务的水平及质量是一个地方政府形象的代表，也是提高政府吸引外来资源能力的有效方式之一。因此，为了更好地发展本地经济，各个地方政府之间便围绕着公共物品与服务的供给而展开竞争。其竞争的内容包括了各种基础设施建设，如水电气的供应、交通条件的改善等，也包括加强地区形象宣传与交流以及地方政府提供的各种行政服务等。与财政政策竞争手段相比，各个地方政府在公共物品与服务竞争中，并不是将财政资金留置于企业中，而是投放于公共建设与服务，这不仅不会直接影响企业利润率或要素收益率，而且许多生产性基础设施建设甚至可以作为投入要素进入企业生产函数中，在整体上构成企业生存与发展的重要基础。

理论界在研究公共物品与服务供给时，很多都提及了政府竞争问题。其中，居民流动性对地方政府财政支出的影响，也成为不少学者所关注的热点。辖区居民作为地方公共物品的消费者以及地方财政收入的来源者，存在着潜在的流动性，而且居民的流动也必然引起资本和生产要素的流动，从而使得居民的流动性成了地方政府公共支出的内生变量。因此，地方政府考虑到居民流动性所带来的影响，都期望能够通过提供公共物品与服务的方式从整体上来提高资源配置的效率。美国经济学家 Tiebout 等在《一个关于地方支出的纯理论》一文中揭示了地方政府为提高本地区的竞争力以及对管辖居民的吸引力，必须提供最优的公共物品和税收负担组合的"以脚投票"理论[59]。理性的居民会通过比较不同地区的公共服务及税负水平，进行有效选择以实现自身效用的最大化。那么，居民通过"以脚投票"来表现其对公共物品与税收水平组合的偏好，有效促进了公共资源的优化配置。当选择相同居住区域的居民拥有同等水平的收入以及相似的偏好时，便不需要再通过投票来确定公共物品与服务的供给问题。可见，在居民流动性的约束下，地方政府将有动力提供更好的公共物品与服务。

制度经济学派在研究公共物品与服务的供给时，则从政府自身职能角度出发，认为中央政府与地方政府之间应通过实行财政分权体制将财政分配与公共物品的供给权尽可能地"职能下属化"。即该学派主张把政府行为中的每项任务放置到级别尽可能低的政府机构，以分散政府任务，并使各地方政府通过竞争来承担不同任务。因此，在对一般性的财政制度进行设计时，应尽量不发生纵向的公共财政转移，而是让每个地方政府通过征税、收费等方式自行筹措资金，进而完成其任务。亚当·斯密在《国民财富的性质和原因研究》中也提出，由地方政府来提供地方性的公共物品与服务是最有效率的职能安排[60]。如果一项公共工程所能提供的服务仅限于某个特定区域或地方，而且又不能由自身的收入维持，那么，由中央政府来管理该项工程总不如把它交予地方政府来管理更为妥当。比如，伦敦市的照明路灯以及铺路所花费的开支，若是由中央国库的开支来维持，那么街上照明灯则很难像现在这般完善，费用也不会得到节约。而且，如果该项公共工程所耗费的开支从国家的一般收入中提供，而不是取自伦敦各个特定街坊或特定市区的居民所提供的地方税，那么整个国家中不能够享受该项公共工程所提供服务的其他居民也要为此而进行税负分担，很显然这是不公平的。

信息经济学的创始人斯蒂格利茨认为，由地方政府提供公共物品与服务，不仅能够为各个地方政府的竞争奠定基础，还可以获得 Tiebout 所强调的潜在利益。财政分权能够促进地方政府之间的竞争，并且使居民实现自身效用最大化，同时伴随着可流动性资本与生产要素的增加[61]。可见，与企业间的竞争一样，地方政府间的竞争也发挥着同样的作用，不仅确保了公共物品与服务的有效供给，在公共物品的数量与种类上也更符合公众需求。而且，地区投资环境的优良程度在很大程度上决定了地方经济的发展速度，从博弈的角度来看，地方政府若要提高本地区对外来投资的吸引力，不仅要降低本地区的税负，还要尽力改善本地区的投资环境，提供更全面的基础设施，以此来体现地方政府在整个博弈过程中的优势。

在我国，地方政府间公共物品与服务竞争的主要内容包括了两个方面：基础设施建设竞争与制度性公共物品竞争。那么，关于这两方面竞争的具体形式，下面来做进一步的解释。

在基础设施建设竞争中，各个地方政府为了改善本地的投资环境，同时也为了解决城市化滞后所带来的基础设施落后问题，都十分重视本地区的基础设施建设，这在各地方政府的基础建设投资力度上有着明确的体现。近年来，我国地方政府的公共投资规模明显大于西方国家，增长趋势也十分显著。这些投资主要用于基础建设项目，如能源、公路、通信以及相关房地产，并由地方政府主导推动[62][63]。此外，会展竞争作为基础设施建设竞争的延伸，也在我国地方政府间开展得如火如荼。地方政府通过会展形式的宣传，可以快速且有效地扩大本地声誉，吸引大量的可流动性生产要素向本地集中。因此，从 20 世纪 90 年代末期开始，展览场馆的新建、改建以及扩建热潮仍持续至今。

在制度性公共物品竞争中，良好的制度供给将对地方政府竞争力的提高以及地区的经济增长起到至关重要的作用。在地方政府竞争中，每个地方政府都有自己的比较优势与比较劣势，但是有一个比较优势可以弥补所有的比较劣势，也有一个比较劣势会使所有的比较优势荡然无存，这就是制度创新。柯武刚、史曼飞指出，制度竞争会调动技术、组织与经济等各个方面的创造性，它有助于提高政府机构的政治行政性以及司法性，从而加速生产力的增长，提高政府自身的竞争力[64]。因此，在政府竞争过程中，一些地方政府逐渐认识到制度性公共物品竞争的重要性，而且单纯依靠政策优惠很难保持竞争优势的持久性。地方政府提出对行政审批程序的改革，就充分体现了地方政府在制度竞争上所做的努力。同时，在地方政府的推动下，我国产权制度的改革也逐步深化。当然，目前我国地方政府间的制度性公共物品竞争还停留在较低的层次，有待提升。

（三）政府竞争力的度量

政府竞争是不同层级政府之间或同级政府之间的互动博弈行为，对政府博弈行为能力的刻画就构成了政府竞争力的度量问题。关于政府竞争力的定义，学术界还没有统一的定论。瑞士洛桑国际管理发展学院（IMD）的学者，在有关国际竞争力评价理论基础的论述中，给出了国际竞争力的商务性定义，即国际竞争力是国家如何创造与保持使企业维持竞争力的环境，强调国家执行的政策如何形成企业具有竞争力的环境。在一定程度上，该商务性定义更贴切于政府竞争力的定义。世界经济论坛（WEF）和世界经济合作组织（OECD）也从国家竞争力的角度对政府竞争力的定义进行了界定，WEF认为国家竞争力是一个国家能够持续保持人均GDP高速增长的能力。OECD认为国家竞争力是在保持贸易自由与市场公平以及人民实际收入长期稳定增长的条件下，一个国家在提供国际市场需要的产品和服务方面所能够达到的水平。国内学者王作成认为，所谓政府竞争力是两个或两个以上国家或地区的政府，在竞争过程中所表现出来的一种综合力，这种综合力集差距、相对优势、吸引力与收益力于一体[65]。

我们认为，政府竞争力是指一个国家或地区的政府在与其他政府相互竞争中所体现出来的，能够获得实现自身持续发展的综合素质或能力。那么，为了进一步分析政府竞争力，学者们通过构建政府竞争力评价指标体系来对其进行测度。下面就分别对现有文献中的常规性指标以及本部分所建立的创新性指标，做具体分析。

1. 常规性指标

在测量政府竞争力方面，世界经济论坛（WEF）和瑞士洛桑国际管理与开发学院（IMD）是研究国家竞争力的国际权威机构。自1996年以来，WEF和IMD每年都分别发表国际竞争力年鉴。这两家机构成立的国际竞争力的评价体系中包含着政府竞争力子系统，它们所选择的政府竞争力评价指标因年而异，但最终结论却较为统一，在激烈的政府竞争中，市场的开放性、政府的廉洁性、税率的合理性、劳动力市场的流动性与完善性、司法系统的独立性以及地区公共设施的建设水平都会促进地方政府进一步凝聚自身竞争优势。

具体到我国，也有部分学者从各个角度出发建立适用于我国地方政府的竞争力评价指标体系。李扬采用案例研究方法对我国山西古交、江苏张家港和浙江桐乡三个城市进行了实证研究[66]。

闫大卫首先分析地方政府的职责，认为我国地方政府的主要职责是在一定的税收收入基础上，为本辖区的居民以及企业提供公共产品及服务。并提出应从公共产品的生产效率和效能入手对地方政府竞争力进行评价[67]。刘超、胡伟首先给出了地方政府竞争力的定义，认为应从技术、制度、公共产品供给三方面度量地方政府竞争力[68]。任维德在分析了我国地方政府竞争的基本内容的基础上，认为应从制度、技术、公共产品提供和政府行政效率等方面度量我国地方政府竞争力的大小[69]。

纵观国内外关于地方政府竞争及地方政府竞争力的有关文献，不难看出国内外学者从竞争模式、表现形式及效应等方面进行了理论研究，也有部分学者分别从地方政府竞争力的内涵及地方政府竞争的作用机制等方面选取了一定的评价指标，但至今尚没有学者对此做出系统研究。本部分试图建立适用于我国省级地方政府的竞争力评价指标体系，并认为该评价体系可以作为现有标尺竞争评价体系①的替代性制度安排，以优化政府竞争秩序、提升经济运行质量。

2. 创新性指标

关于地方政府竞争的概念纷争不断，其中较为权威的是斯蒂格利茨给出的定义。本部分同样采取斯蒂格利茨的定义，认为地方政府之间的竞争是围绕制度、技术、公共产品与服务供给展开的，主要目的是吸引更多的可流动生产要素流入。国内学者结合斯蒂格利茨给出的政府竞争定义，认为应从制度、技术、公共产品供给及政府行政效率四个方面测算我国地方政府竞争力。因此本部分同样选取要素分析这一研究视角，认为我国地方政府竞争主要是围绕制度、技术、公共产品供给及政府行政效率四个方面展开的，选取这四个指标作为一级指标。在此基础上，构建相应的二级指标，建立了适用于我国省级地方政府的政府竞争力评价指标体系，见表2－1。

---

① 对标尺竞争的具体述评，详见本书第五章。

表 2 - 1　我国地方政府竞争力评价指标体系

	一级指标	二级指标
地方政府竞争力	制度创新效率	国家级开发区数量 减少政府对企业的干预 减轻企业的税外负担 引进外资的力度 法律制度环境
	技术创新效率	R&D 经费支出占 GDP 的比重 科技拨款占当地财政支出的比重 获国家级科技成果奖系数 万人专利拥有量 知识产权保护
	公共产品供给效率	人均财政收入 科教文卫等社会事业人均支出 一般公共服务人均支出
	政府行政效率	行政性收费占财政收入的比重 行政管理费用占财政支出的比重 缩小政府规模力度

诺斯认为制度是一系列被制定出来的规则，制度提供了人类相互影响的框架，制度建立了一种经济秩序的合作与竞争关系。经济发展史表明，制度已经成为制约经济发展的重要因素，因此制度竞争是我国省级地方政府之间竞争的主要方式，主要表现为税收竞争、补贴竞争以及规则竞争。尽管1994 年以来我国实行了财政分权改革，但是地方政府在税率和税基上尚没有自主决定权，而开发区、保税区以及税务减免政策等可变相地起到减轻税负吸引外资的作用，因此本部分选择国家级经济开发区数量以及政府减轻企业的税负及税外负担、引进外资的力度、法律制度环境等二级指标衡量地方政府的制度创新竞争力度。其中，后四个指标来源于樊纲、王小鲁《中国市场化指数：各地区市场化相对进程 2011 年报告》。

科学技术创新已经成为影响经济增长的重要因素。因此，各级地方政府纷纷加大科技投资力度，借此推动本地区的经济发展。地方政府的技术竞争主要体现为加大科研经费支出，同时加大知识产权保护力度。本部分选择研发（R&D）经费支出占 GDP 的比重、科技拨款占当地财政支出的比重、获国家级科技成果奖系数、万人专利拥有量以及知识产权保护五个指标测算地方政府的技术竞争力，其中知识产权保护指标来源于樊纲、王小鲁的《中国市场化指数：各地区市场化相对进程 2011 年报告》。

公共产品供给作为影响地方政府竞争最本质的要素之一，在度量地方政府竞争力的指标中占有重要地位。本节选取人均财政收入、科教文卫等社会事业人均支出以及一般公共服务人均支出三个指标进行衡量。

制度创新、技术创新等方面的竞争必须有廉洁有效的政府辅助。地方政府之间的效率竞争主要体现在公开政务方面，应建立开放、高效、低投入高产出的政府，因此本部分选取行政性收费占财政收入的比重、行政管理费用占财政支出的比重以及缩小政府规模力度三个指标衡量各地方政府的行政效率。

第二节　企业并购及其产业整合效应

近半个世纪以来，企业并购和产业整合一直是经济学家和政策制定者最为关注的研究领域之一，所以这一领域积累了丰富的研究成果。本部分分别从企业并购与产业整合相关的研究视角进行概括性梳理。

一　企业并购的价值创造与影响因素

企业并购一直是现实经济中的热点，相应的并购理论与实证研究也是公司金融、企业投融资理论研究的经典问题。从并购整合与绩效方面，相关研究可以分为两类，第一类是运用各种方法对企业并购能否为公司创造价值进行研究，第二类则侧重于研究影响并购绩效的因素。

（一）并购的价值创造相关研究

学术界对并购价值创造问题的研究按照研究方法不同，形成了两大体系：一类是采用事件研究法进行研究；另一类是采用会计研究法进行研究。

1. 采用事件研究法进行研究

国外学者多关注"并购能否给股东带来收益"这一问题，在研究工具上多利用事件研究法来建立计量模型进行实证研究。不同研究样本或研究期间导致不同的研究结论，如 Agrawal 等对 1955—1987 年发生的并购样本进行研究，发现并购后目标公司的累计超额收益率为负，但大多数学者的研究表明并购能带来正的超额收益[70]。Dodd 和 Ruback 通过对 1973—1976 年发生的要约收购案例进行研究发现，收购公司股东普遍获得 8% —12% 的超额收益，而目标公司股东获得 19% —21% 的超额收益[71]。Dodd 等研究发现，目标公司股东获得 13% 的超额收益，而收购公司股东获得的超额收益为负[72]。Jensen 和 Ruback 在以前学者的研究基础上，认为成功的并购活动会给目标公司股东带来 30% 左右的超额收益，而收购公司股东获得的超额收益较小[73]。由此可见，国外学者运用事件研究法进行的研究，因样本不同和时间跨度不同，会体现出不同的结果。

随着我国并购样本的增多，我国学者也运用事件研究法对我国的并购样本进行了一系列的研究。陈信元和张田余以 1997 年沪深两市发生并购重组的公司公告前后 31 个交易日为事件窗口进行事件研究，表明在公告日前后并购公司的累计超额收益率呈现上升的趋势[74]。余光和杨荣以 1993—1995 年沪深两市的并购事件为研究样本，分别计算了公告日前后 10 天、5 天及 1 天的超额收益率，发现目标公司股东可以获得正的超额收益，而并购公司的收益情况不明显[75]。李善民和朱涛对我国沪深两市发生的 1672 件并购案例进行了长期事件研究，结果显示大部分收购公司在完成收购的若干年内会面临负向的价值冲击[76]。国内学者运用事件研究法进行的相关研究也没有得到较为一致的结论。

2. 采用会计研究法进行的研究

会计研究法是选取一定的财务指标来衡量并购公司的经营业绩，在剔除其他影响因素的条件下，观察并购能否为公司创造价值。

国外学者运用会计研究法进行的研究不多。Healy 等选取了 50 笔并购交易，与同行业的未发生并购的公司进行比较，结果表明，收购公司在并购后的运营能力得到了显著提高，即并购可以为公司创造价值[77]。Parrino 和 Harris 的研究也得到了同样的结论[78]。但也有学者得到了相反的结论，如 Ghosh 的研究表明，并购对收购公司的业绩没有显著影响[79]。

国内的许多学者基于会计资料法研究了我国企业的并购绩效问题。冯根福和吴林江选取了四个财务绩效指标，对 1994—1998 年我国发生的 201 起并购案例进行了实证研究，发现并购绩效呈现先上升后下降的趋势，并且并购业绩受到并购类型和并购时间的影响[80]。李善民、朱涛等对1997—1999年发生的重组并购案例进行主成分分析法研究[81]，并没有得到一致的结论。张新分别运用事件研究法和会计研究法对并购是否创造价值进行了分析研究，结论表明并购为目标公司创造了价值，而对于收购公司则产生了负向影响，并基于此，提出了"体制因素下的价值转移与再分配"的并购动因理论[82]。邢天才、贺铟璇以2004—2007年发生的319起并购事件为研究样本，运用会计研究法考察了收购公司的长期并购绩效，结果不支持并购活动会产生长期绩效[83]。由此可见，针对我国采用会计研究法进行的研究也没有得到比较一致的结论。

（二）并购绩效的影响因素研究

学者在研究并购能否创造价值的同时，也不同程度地对影响并购绩效的因素进行了理论分析和实证研究。目前认可度比较高的影响因素有以下三点。

1. 产业效应对并购绩效的影响

最早研究产业效应对公司绩效的影响的是 Schmalensee，通过对242个行业的456家上市公司进行研究，发现产业效应在公司业绩影响因子中占据20%的比重[84]。在此基础上，许多学者将产业效应纳入并购绩效的分析中。李琼、游春的研究表明，产业效应对混合并购的绩效影响最大[85]。关于产业效应对并购绩效的研究结果还是比较一致的，学者们普遍认为，产业效应对公司并购绩效具有明显的影响。

2. 并购交易特征因素对并购绩效的影响

学者们也从支付方式、并购类型等并购交易特征角度分析了这些因素对并购绩效的影响。Singh 和 Montgomery 的研究同样表明，发生在行业内的并购股东收益明显高于行业间的并购股东收益[86]。Gordon and Yagil 的研究表明，支付方式对并购绩效也有明显影响，现金支付方式可以获得更高的超额收益[87]。

3. 产权制度因素对并购绩效的影响

众多学者从经济转型期产权制度改革的角度，关注国有企业改制对企业绩效的影响[88][89]，分析国有企业并购的制度动因，在此基础上采用市场指标或财务指标对企业并购绩效进行分析。上述研究基本是围绕所有制、产权问题展开的，即以国企并购"改制"为研究视角，将国有上市公司的并购看作"二次改制"，是制度变迁中路径依赖的结果和体现。

二　产业整合及其影响机制

（一）产业整合的基础理论阐释

产业整合是资源配置的高级形式，对此，交易成本理论和生产过剩理论分别从微观（企业）层面和中观（产业）层面进行了阐释。

20 世纪 30 年代，美国著名经济学家科斯提出了"交易成本"理论[90]。他认为，交易成本是获得准确市场信息所需要的费用，以及谈判和经常性契约的费用。在企业为何存在问题上，他的结论是通过形成像企业这样的组织，可以减少向市场转包的某些成本。同理，由企业配置的生产要素也对应有行政成本、管理成本等形式的交易费用，因此交易费用会内生推动产业中的企业进行整合集中发展，从而产生产业整合的内部需求。也就是说，企业利用产业整合的协同效应以及规模效应，通过不断地并购降低交易成本，获得更大的优势，使得企业规模不断趋于膨胀，从而使得企业在扩张的时候更加倾向于并购这种方式的产业整合。

哈佛商学院著名教授迈克尔·简森（Michael Jensen）提出了"生产过剩"理论[91]。他从产业结构变化的角度分析产业整合，认为在行业新兴阶段，行业的高回报率会吸引大量的资金进入，推动行业规模的扩大；在走向成熟后，行业会出现过剩的生产能力，高额利润消失，竞争力低的企业会被迫退出行业，而由于退出壁垒的存在，退出并不是很容易的一件事，这个时候兼并收购就变成了比较合适的退出方式，这样便实现了产业整合。在这一理论下，产业整合更多地发生在成熟产业和夕阳产业中。

（二）企业并购与产业整合的不同分析视角

1. 产业周期理论视角的企业并购与产业整合

与生命周期相关的经济理论多在产品或产业的层面上展开，产业生命周期理论也是从产品生命周期理论演变而来。Gort - Klepper（G - K）理论是产业生命周期理论的基础，该理论从时间序列分析入手，利用产业中厂商净增长量为主要标准，建立了产业经济学意义上的第一个生命周期模型。在 G - K 理论的基础上，Klepper 和 Agarwal 又分别从竞争成本和阶段长度方面进行了创新。Klepper 建立了一个自由竞争的随机过程模型，着重强调流程创新所产生的成本竞争效应[92]。Agarwal 的理论引入了保本作业率，通过分析不同阶段进入厂商的保本作业率的变化情况，研究产业内厂商进入与退出的影响机制[93]。除此之外，Klepper 等又在存活和分布分析法的基础上提出了技术效率存活的寡头进化理论[94]。他强调技术的市场内生性是该理论的特点之一，并通过厂商存活与分布分析法将研究对象锁定为寡头市场的形成，将以集中度研究为主要手段的市场结构研究扩展到对进入率、退出率和厂商分布的更细化的研究，为实证产业组织学的研究提供了新的视角。

通过对产业生命周期演变过程的分析我们不难发现，这一理论是围绕着产业内厂商数量或厂商的进入、退出机制发展起来的；而各个理论中不论是对创新、厂商分布还是对市场结构的讨论，都是以厂商个体的效率或盈利为标准的。

处在不同的产业生命周期的企业的并购重组动因与绩效具有差异性。Anand 和 Singh 针对处于衰退期的美国国防业并购进行研究，发现横向并购优于其他类型的并购，这是将产业生命周期与并购类型结合起来的最早研究[95]。Maksimovic 和 Phillips 的研究发现处于成长期产业中的多元化企业在进行收购后经营效率得到了提高，原因是多元化企业的内部资本市场缓解了产业部门的财务压抑状况[96]。黄娟、李青原研究了产业生命周期和并购类型对公司经营绩效的影响，研究发现，处于成长期产业中的公司进行纵向并购和混合并购的绩效最好，研究过程中以财务指标为基础并运用了生命周期评价原理[97]。

2. 区域经济视角的企业并购与产业整合

从区域经济视角看，产业整合体现为企业在空间上的集聚，即产业集聚。对于产业集聚，基本上是从地理和产业两个特性出发进行界定的[98]。

早期产业集聚现象更多地关注产业的相关性，忽视地理特性。管理学大师熊彼特曾经提出"创新集聚"的概念，他认为经济周期或者经济波动，除了战争、气候等外部因素外，创新集聚也是经济波动的重要因素。同时，他认为创新具有集聚效应。企业通过创新实现收益的过程会被其他企业争相模仿，这种模仿行为具有经济部门的集中性[99]。由于熊彼特的集聚定义是在经济波动背景下提出的，更多地涉及产业之间的关联性，而不考虑其地理特性，与后面的学者所说的产业集聚定义有所不同。

随着产业整合的发展，产业集聚现象越来越明显，在地理上呈现高度集中化，地理特性逐渐成为产业集聚概念的根本特征之一。另一位管理学大师波特就更加关注产业集聚现象中的地理集聚特性，认为产业集聚就是特定领域内相互关联的企业在地理上的集聚现象[100]。这种产业集聚的地理特性逐渐被认可，产业集聚被认为是同一产业中的大量企业位于同一地理区域的现象。

除地理特性外，产业集聚还可通过产业特性来体现。而产业特性作为反映产业内部不同企业以及内部不同要素之间关系的性质，其特征并不统一，因此对于产业特性的描述会存在一定差异。从产业链的角度来说，波特认为产业集聚包括一系列相关联的产业之间的集聚，如供应商、生产商和零售商。也就是说产业集聚向上游可以拓展到原材料的供应商，向下游可以扩展到产品的销售商，横向上可以是同类企业或者相关产业的企业之间的整合集聚。莱德曼将产业集聚定义为相关联的生产链在地理上的集聚，相关的生产链包括能够提高产业竞争力的基础服务机构（教育机构、基础设施等）。将产业集聚的含义扩展至基础服务机构，体现了基础服务机构在产业集聚方面的重要作用。而希尔和波任南将竞争性集聚定义为同一产业内或者不同产业间可以进行频繁交易的企业在地理上的集中现象，相互之间利用相同的技术或者分享基础设施，降低生产成本，从而给企业带来一定的竞争优势。

国内相关的学者对产业集聚进行阐述，强调产业集聚的地理特性及产业集聚带来的规模协同效应。王缉慈指出，集聚是同行业或者相关行业内企业的空间集聚现象，它既取决于本地区的历史传统，又取决于本地区企业之间竞争与合作的关系[101]。此外，集聚不只在不同企业之间，在政府、大学、相关职业培训机构也会起到非常重要的作用，这些机构可以为企业提供专门化的培训、教育和技术支持，推动产业的发展。

因此本部分所界定的产业集聚，具有地理特性和产业特性，指产业相关的所有成员企业和成员要素（包括集聚代理机构、公共服务机构）的空间集聚现象。不同企业通过集聚，共享资源，降低成本，提高企业的行业竞争优势。

第三节　基于政府竞争视角的企业并购与产业整合：一个新的分析框架

既有的关于企业并购与产业整合研究，在理论上大都基于主流经济学的理论框架，遵从完全市场假设。在实证研究方面，对企业并购效应的分析多局限于微观层面。有关产业市场结构角度的并购研究多是将产业和市场结构作为外生的变量，来分析其对企业并购行为及时机的影响。鲜有从政府竞争视角研究企业并购与产业市场结构演进的国内外文献。而经济转型期政府是经济发展的重要行为主体，因此基于政府竞争视角，我们提出企业并购与产业整合研究的新框架（见图 2 – 1）。

本书从转型期我国企业并购的本质问题切入，以"企业并购浪潮的存在性—政府竞争下的企业并购发生机制—政府竞争下的产业整合过程—企业并购的微观绩效与宏观绩效"为主线，揭示政府竞争范式下企业并购对产业经济结构与区域经济结构演进的作用机理与效应。着重研究以下问题。

（一）企业并购浪潮的存在性：基于政府行为的考察

在相关概念界定基础上，从理论逻辑路径和历史经验路径阐述企业并购浪潮的存在性，并对其宏观动因进行实证检验，探索政府行为与企业并购浪潮的内在关系。在此基础上，基于地方政府行为视角对地方国企民营化、地方国企对接央企、上市公司壳资源转让等典型现象进行了理论与实证分析。这是对企业并购宏观动因的总括性描述，为后面的研究奠定基础。

（二）企业并购的发生机制：理论模型与实证分析

首先，基于古诺模型，运用合作博弈方法，建立引入政府行为的并购模型。在此基础上，进一步构建加入地方政府竞争的国有企业内生并购模型，阐释地方政府行为对地方国有企业并购发生的作用机理。其次，构建地方政府竞争范式下的外生并购模型，分别从税收竞争、支出竞争以及规制竞争角度，运用实证计量方法对影响并购发生的因素进行定量识别与检验，着重关注政府行为对企业并购发生的影响机制。

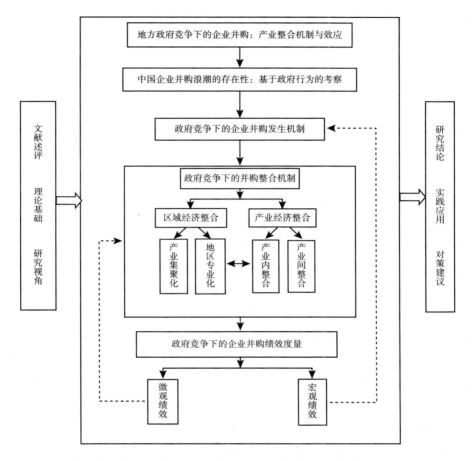

图 2 - 1　政府竞争视角的企业并购与产业整合：一个新的分析框架

（三）地方政府竞争下的并购整合机理

由财政激励和政治激励驱动的地方政府竞争，主要围绕聚集资源展开，具体有两个维度。在区域经济维度，首先基于扩展的标尺竞争模型一般考察政府竞争与区域产业结构的关系，阐释政府竞争对地区专业化的影响机制，进而考察国有企业并购的产业路径及其市场结构效应与产业结构效应，并以制造业为例实证研究企业并购与产业集聚的关系。在产业经济维度，从企业并购绩效度量方法切入，引入政府行为及其相关制度因素，在考察企业相关并购微观绩效基础上，将产业集聚问题内生化，研究政府竞争行为与相关并购的宏观绩效。引入生命周期理论，分别从企业周期和产业周期视角，分析政府干预与企业并购绩效的关系，重点考察政府竞争框架下的企业混合并购的宏观绩效，即其与产业结构优化升级的关系，并以战略性新兴产业为例进行了实证分析。现实经济中区域产业结构与产业区域布局密切相关，决定了两个维度的分析彼此关联与呼应。如区域经济视角的企业并购与产业集聚的关系立足于"条条"式（产业）考察，而在产业经济视角，地区产业集中度内生化研究则侧重于"块块"式（区域）分析。

（四）政府竞争下的企业并购绩效度量

立足企业角度，并购是企业的外部成长方式，为此本部分首先将产业或市场结构作为外生变量，考察相关产业既有市场结构条件下的企业并购绩效及其影响因素，这是静态的微观绩效分析。立足政府角度，对于具体产业（成熟产业）来说，基于效率与竞争（反垄断）权衡下的合理产业集中度是产业整合的绩效指标。因此，本部分进而将产业市场结构作为内生变量，考察企业并购对产业市场结构演进的影响；此外，基于进入壁垒以及由产业周期的产业效应而引发的企业并购行为（混合并购）对产业结构优化的影响机制，本书以新兴产业中的混合并购为例进行了实证分析。这是并购绩效的拓展考察。

最后，结合前面的理论与实证研究结论，本部分提出政府参与企业并购、促进市场结构优化的最佳路径，构建基于政府竞争范式的并购整合有效机制，并分别从政府和企业角度提出有针对性的对策建议。

参考文献

［1］盛洪：《中国的过渡经济学》，上海三联书店 1994 年版。

［2］樊纲：《渐进改革的政治经济学分析》，上海远东出版社 1996 年版。

［3］热若尔·罗兰：《转型与经济学——政治、市场和企业》，《比较》2002 年第 3 期。

［4］Sacks, J, Wing Thye Woo, Xiao kai Yang, "Economic Reforms and Constitutional Transition," *CID Working Paper* 42（2000）.

［5］雅诺什·科尔奈：《大转型》，《比较》（第 17 辑），中信出版社 2005 年版。

［6］徐珍、权衡：《中国转型经济及其政治经济学意义》，《学术月刊》2003 年第 3 期。

［7］洪银兴：《中国经济转型和转型经济学》，《经济学动态》2006 年第 7 期。

［8］张良：《经济转型理论研究综述》，《开放导报》2006 年第 6 期。

［9］王曙光：《转型经济学的框架变迁与中国范式的全球价值——纪念中国改革开放 30 周年》，《财经研究》2009 年第 5 期。

［10］赵旻：《论我国经济转轨发展的四个阶段》，《经济学动态》2003 年第 3 期。

［11］国家发改委宏观经济研究院课题组：《中国加速转型期的若干发展问题研究（总报告）》，《经济研究参考》2004 年第 16 期。

［12］张慧君：《经济转型的阶段性及其路径演化研究》，《江苏社会科学》2007 年第 3 期。

［13］中国社会科学院经济体制改革 30 年研究课题组：《论中国特色经济体制改革道路（上）》，《经济研究》2008 年第 9 期。

［14］张建君：《中国经济转型道路：过程及特征》，《当代经济研究》2008 年第 5 期。

［15］王曙光：《转型经济学的框架变迁与中国范式的全球价值——纪念中国改革开放 30 周年》，《财经研究》2009 年第 5 期。

［16］张鹏：《中国区域经济转型路径比较研究——对改革开放以来 18 个典型地区的实证分析》，博士学位论文，兰州大学，2010 年。

［17］赵元华：《上市公司并购重组存在的问题及对策研究》，博士学位论文，西南农业大学，2004 年。

［18］梁克俭：《蓝星科技买壳上市方案分析》，博士学位论文，四川大学，2003 年。

［19］孙亚忠：《经济全球化背景下的政府竞争研究》，博士学位论文，南京大学，2011 年。

［20］董富华：《政府在企业并购中的角色定位及制度创新》，《学术交流》2003 年第 9 期。

［21］刘绍勇：《我国上市公司壳资源利用模式分析》，博士学位论文，西南财经大学，2002 年。

［22］周业安、赵晓男：《地方政府竞争模式研究——构建地方政府间良性竞争秩序的理论和政策分析》，《管理世界》2002 年第 12 期。

［23］杨瑞龙：《我国制度变迁的三阶段论》，《经济研究》1998 年第 1 期。

［24］周业安：《中国制度变迁的演进论解释》，《经济研究》2000 年第 5 期。

［25］刘君德、舒庆：《中国区域经济的新视角——行政区经济》，《改革与战略》1996 年期 5 期。

［26］钟晓敏：《市场化改革中的地方财政竞争》，《财经研究》2004 年第 1 期。

［27］张军、高远、傅勇、张弘：《中国为什么拥有了良好的基础设施？——分权竞争、政府治理与基础设施的投资决定》，《经济研究》2007 年第 3 期。

［28］魏后凯：《从重复建设走向有序竞争：中国工业重复建设与跨地区资产重组研究》，人民出版社 2001 年版。

［29］张可云：《区域大战与区域经济关系》，民主与建设出版社 2001 年版。

［30］曹建海：《我国重复建设的形成机理及政策措施》，《中国工业经济》2002 年第 4

期。

[31] 周黎安：《晋升博弈中政府官员的激励与合作——兼论我国地方保护主义和重复建设问题长期存在的原因》，《经济研究》2004 年第 6 期。

[32] 银温泉、才婉如：《我国地方市场分割的成因和对策》，《经济研究》2001 年第 6 期。

[33] 王小龙、李斌：《经济发展、地区分工与地方贸易保护》，《经济学季刊》2002 年第 3 期。

[34] 陆铭、陈钊、严冀：《收益递增、发展战略与区域经济的分割》，《经济研究》2004 年第 1 期。

[35] Albert Breton, *Competitive Governments*: *An Economic Theory of Politics and Public Finance*, New York: Cambridge University Press, 1988.

[36] 彭爱杰：《地方政府竞争与统筹区域经济发展研究》，博士学位论文，贵州财经大学，2012 年。

[37] 邓大才：《论政府市场》，《山东社会科学》2004 年第 7 期。

[38] 陈瑞莲：《论区域公共管理研究的缘起与发展》，《政治学研究》2003 年第 4 期。

[39] 柯武刚、史漫飞：《制度经济学——社会秩序与公共政策》，韩朝华译，商务印书馆 2002 年版。

[40] 孙宛永：《全球化时代的政府竞争》，《广东省社会主义学院学报》2003 年第 4 期。

[41] 亚当·斯密：《道德情操论》，蒋自强译，商务印书馆 1997 年版。

[42] 唐丽萍：《我国地方政府竞争中的地方治理研究》，博士学位论文，复旦大学，2007 年。

[43] 尹冬华：《从管理到治理：中国地方治理现状》，中央编译出版社 2006 年版。

[44] 金太军、赵晖等：《中央与地方政府关系建构与调谐》，广东人民出版社 2005 年版。

[45] 何增科：《基层民主与地方治理创新》，中央编译出版社 2004 年版。

[46] 杨志勇：《财政竞争：呼唤约束和秩序》，《中国财经报》2005 年 2 月 1 日。

[47] 吴强：《税收竞争理论综述》，《经济评论》2009 年第 5 期。

[48] Hoyt, W. H., "Property Taxation, Nash Equilibrium, and Market Power," *Journal of Urban Economics* 30（1991）: 123 – 131.

[49] Ihori, T. and Yang, C. C., "Interregional Tax Competition and Intraregional Political Competition: The Optimal Provision of Public Goods. Faculty of Economics [R]," *University of Tokyo Working Paper*, 2008, No. 553.

[50] Janeba, E., "Corporate Income Tax Competition, Double Taxation Treaties, and Foreign Direct Investment," *Journal of Public Economics* 56（1995）: 311 – 325.

[51] Matsumotoa, M., "Redistribution and Regional Development under Tax Competition," *Journal of Urban Economics* 64（2008）: 480 – 487.

[52] 杨虎涛：《政府竞争对制度变迁的影响机理研究》，中国财政经济出版社 2006 年版。

[53] 唐丽萍：《我国地方政府竞争中的地方治理研究》，博士学位论文，复旦大学，

2007 年。

[54] 张紧跟：《当代中国地方政府间横向关系协调研究》，中国社会科学出版社 2006
年版。

[55] 林尚立：《国内政府间关系》，浙江人民出版社 1998 年版。

[56] 王晓晔：《竞争法研究》，中国法制出版社 1999 年版。

[57] 冯兴元：《论辖区政府间的制度竞争》，《国家行政学院学报》2001 年第 6 期。

[58] 杨雪冬等：《风险社会与秩序重建》，社会科学文献出版社 2006 年版。

[59] Tiebout, Charles M. A, "Pure Theory of Local Expenditures," *Journal of Political Economy* 5 (1956): 416 – 424.

[60] 亚当·斯密：《国民财富的性质和原因研究（下卷）》，郭大力、王亚南译，商务印书馆 1974 年版。

[61] 约瑟夫·斯蒂格利茨：《政府为什么干预经济：政府在市场经济中的角色》，郑秉文译，中国物资出版社 1998 年版。

[62] 杨虎涛：《政府竞争对制度变迁的影响机理研究》，中国财政经济出版社 2006 年版。

[63] 张雷宝：《地方政府公共投资效率研究》，中国财政经济出版社 2005 年版。

[64] 柯武刚、史漫飞：《制度经济学——社会秩序与公共政策》，韩朝华译，商务印书馆 2002 年版。

[65] 王作成：《政府竞争力理论与实证研究》，中国标准出版社 2007 年版。

[66] 李扬：《中国地方政府竞争与地方竞争力——中国地方政府间竞争研究课题简介》，《财贸经济》2001 年第 12 期。

[67] 闫大卫：《从地方政府竞争的内涵看地方政府竞争力的测算方法》，《生产力研究》2006 年第 8 期。

[68] 刘超、胡伟：《地方政府竞争力的要素分析》，《前沿》2007 年第 2 期。

[69] 任维德：《地方政府之间的竞争及其竞争力提升》，《内蒙古大学学报》2005 年第 3 期。

[70] Agrawal, Jaffe and Mandelker, "The Post – merger Performance of Acquisitions," *Journal of Finance* 7 (1992): 1605 – 1621.

[71] Dodd and Ruback, "Tender Offers and Stockholder Returns: All Empirical Analysis," *Journal of Financial Economies* (1977).

[72] Dodd, "Merger Proposals, Management Discretion and Stockholder Wealth," *Journal of Financial Economies* 8 (1980): 105 – 138.

[73] Jensen, Ruback., "The Market for Corporate Control: the Scientific Evidence," *Journal of Financial Economics* 11 (1983): 5 – 50.

[74] 陈信元、张田余：《资产重组的市场反应——1997 年沪市资产重组实证分析》，《经济研究》1999 年第 9 期。

[75] 余光、杨荣：《企业购并股价效应的理论分析和实证分析》，《当代财经》2000 年第 7 期。

[76] 李善民、朱涛：《中国上市公司并购的长期绩效——基于证券市场的研究》，《中

山大学学报》2005 年第 5 期。

[77] Healy, Palepu, Ruback., "Does Corporate Performance Improve After Mergers," *Journal of Financial Economics* 4 (1992): 135 – 175.

[78] Parrino & Harris, "Takeovers, Mansgemcnt Replacement, and Post – acquisition Operating Performance: Some Evidence from the 1980s," *Journal of Applied Corporate Finance* 11 (1999): 88 – 97.

[79] Ghosh, "Does Operating Performance Really Improve Following Corporate Acquisitions" *Journal of Corporate Finance* 7 (2001).

[80] 冯根福、吴林江:《我国上市公司并购绩效的实证研究》,《经济研究》2001 年第 1 期。

[81] 李善民、朱涛:《中国上市公司资产重组长期绩效研究》,《管理世界》2004 年第 9 期。

[82] 张新:《并购重组是否创造价值? ——中国证券市场的理论与实证研究》,《经济研究》2003 年第 6 期。

[83] 邢天才、贺钢璇:《并购特征与收购公司长期并购绩效研究》,《生产力研究》2011 年第 5 期。

[84] Schmalensee, R., "A Model of Advertising and Product Quality," *The Journal of Political Economy* (1978): 485 – 503.

[85] 李琼、游春:《产业效应对中国上市公司并购绩效和并购动机的影响》,《技术经济》2008 年第 5 期。

[86] Singh H., Montgomery C. A., "Corporate Acquisition Strategies and Economic Performance," *Strategic Management Journal* 8 (1987): 377 – 386.

[87] Gordon M. J., Yagil J., "Financial Gain from Conglomerate Mergers," *Research in Finance* 3 (1981): 103 – 142.

[88] 张维迎、栗树和:《地区间竞争与中国国有企业的民营化》,《经济研究》1998 年第 12 期。

[89] 宋立刚、姚洋:《改制对提高企业赢利能力的作用》,《审计与理财》2005 年第 6 期。

[90] 科斯:《企业的性质》,《论生产的制度结构》,1994。

[91] 迈克尔·简森(Michael Jensen):《美国金融学会年会的主席致辞》,1992。

[92] Klepper S., Cohen W. M., "The Tradeoff Between Firm Size and Diversity in the Pursuit of Technological Progress," *Small Business Economics* 1 (1992): 1 – 14.

[93] Pasqualotto F. F., Sharma R. K., Kobayashi H, et al., "Oxidative Stress in Normospermic Men Undergoing Infertility Evaluation," *Journal of andrology* 2 (2001): 316 – 322.

[94] Klepper S., Simons K. L., "Dominance by Birthright: Entry of Prior Radio Producers and Competitive Ramifications in the US Television Receiver Industry," *Strategic Management Journal* 21 (2000): 997 – 1016.

[95] Anand J., Singh H. "Asset Redeployment, Acquisitions and Corporate Strategy in

Declining Industries," *Strategic Management Journal* 18 (1997): 99 – 118.

[96] Maksimovic V., G. Phillips, "The Industry Life Cycle, Acquisitions and Investment: Does Firm Organization Matter?" *Journal of Finance* 2 (2008): 673 – 708.

[97] 黄娟、李青原:《基于产业生态周期的上市公司并购绩效分析》,《生态经济》2007 年第 5 期。

[98] 向世聪:《产业集聚理论研究综述》,《湖南社会科学》2006 年第 1 期。

[99] 熊彼特:《经济发展理论》,商务印书馆 1988 年版。

[100] 波特:《竞争论》,刘宁、高登第、李明轩译,中信出版社 2009 年版。

[101] 王缉慈等:《创新的空间:企业集群与区域发展》,北京大学出版社 2001 年版。

第　三　章

中国企业并购浪潮的存在性

——基于政府行为视角的考察

中国企业并购史是国家经济转型中的一部宏伟而又神秘的画卷。本章旨在从政府行为视角剖析这一现象，首先总体实证描述我国企业并购浪潮及其宏观动因，进而对并购浪潮的典型现象——地方国企民营化、地方国企对接央企和上市公司壳资源重组进行解构性分析，探究政府行为和制度环境对企业并购浪潮生成的作用机制。

第一节　我国企业并购浪潮的存在性与宏观动因

一　我国企业并购浪潮的实证与描述

一般意义上，并购浪潮是指一个经济体在某一时间段内集中发生企业并购事件的现象。具体而言，金祥荣、汪伟定义并购浪潮体现为某些类型的并购活动在一个特定的时点大量地、突出地增加，从而形成对工业经济产生巨大影响的事件[1]。纵观世界并购史，不难发现随着时间的推移，许多国家都会出现企业并购发生数量大规模的激增与骤减，并在一定程度上呈现周期性特征变化的现象。因此，"并购浪潮"又被许多学者用来刻画并购事件的周期性，并以此为分析对象来进一步认识并购活动。其中，较为主流的观点认为美国从第一起并购发生至今共存在五次并购浪潮。然而，对于我们更关心的问题——中国的并购浪潮，既有的文献却多语焉不详，结论也不尽相同。那么，中国是否存在并购浪潮？哪些因素会影响并购浪潮的发生与运行特征？政府部门在中国企业并购事件背后扮演着什么样的角色？理清这些问题是本章研究的内容和逻辑起点。因此，本节专门对其进行研究。

（一）理论分析与假设

国内对并购浪潮的研究并不多见，大致可分为两个脉络。一个脉络的研究多从历史背景与政策环境的视角对并购浪潮进行主观界定分析。其中具有代表性的是徐静霞对中国并购浪潮的研究。她认为中国至今共存在 3 次并购浪潮：第一次并购浪潮发生于 1984 年，即起始于中国第一起并购事件；第二次并购浪潮形成 1992 年，其政策背景形成于邓小平南方谈话；第三次并购浪潮则是源自 2001 年中国加入 WTO[2]。另一个脉络的研究则从中国总体并购数据出发进行实证检验，然后进行界定分析。如唐绍祥使用三状态马尔科夫区制转移模型对中国总体并购数据进行了经验研究，指出中国的总体并购事件符合三状态马尔科夫区制转移模型，从而认为中国总体并购事件具有周期性特征[3]。

相较于国内，国外的研究则更为充分。既有的文献中较为主流的研究方向是使用马尔科夫区制转移模型对总体并购事件进行实证研究。最早使用这一模型进行相关问题研究的是 Town，他比较了马尔科夫模型与 ARIMA 模型，认为马尔科夫区制转移模型最佳模型[4]。Barkoulas 也使用了马尔科夫区制转移模型对美国并购事件进行了研究，他们将模型设定为三个状态[5]。Gartner D. L. & Halbheer D. 对美国和英国的并购浪潮进行了实证的对比分析[6]。唐绍祥使用了这一方法进行研究，认为我国总体并购事件也具有三个状态分量，这三个分量均满足 AR（1）过程[3]。

然而需要指出的是，上述文章将存在并购浪潮的原假设等同于马尔科夫区制转移模型分离出不同的状态分量。这与我们从直观意义上了解的并购浪潮的概念有一定区别。例如，来自现实的认识是美国在 1960—2000 年共发生过三次并购浪潮，即大概是 1960—1970 年的第三次、1980—1990 年的第四次以及 1990—2000 年的第五次并购浪潮。图 3－1 和图 3－2 刻画了这三次并购浪潮中美国企业并购的数量与总交易金额，其数据来源为美国联邦贸易委员会（FTC）网站上所公布的报告。从图 3－1 和图 3－2 中能明显看出并购浪潮具有大周期的特征，而既有的利用马尔科夫区制转移模型进行分析的研究却多认为周期性分量是分散的。因此，马尔科夫区制转移模型虽能够从频域估计出真实并购浪潮中的周期性分量，但是不能从时域对并购浪潮给予周期性测定与动因分析。

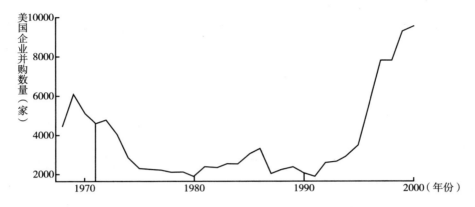

图 3 – 1　美国第三次至第五次并购浪潮中的企业并购数量

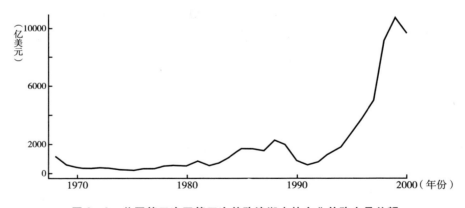

图 3 – 2　美国第三次至第五次并购浪潮中的企业并购交易总额

在国外的诸多研究中，还有一个研究方向是使用自回归模型。Shughart 等通过回归发现美国总体并购事件基本上服从随机游走模型，从而认为美国总体并购事件没有周期性特征[7]。服从随机游走模型是 AR（1）过程的一个特例，即检验用 AR（1）拟合历史数据后，在系数接近 1 的情况下检验扰动项是否服从白噪声。他们提出如果不满足随机游走模型，那么就证明并购浪潮存在周期性变动因素。Barkoulas 也认同这一点[5]。Golbe 等使用类似的方法进行回归，通过回归残差项研究了总体并购事件的周期性变化因素，提出并购的周期性不能只通过原始的数据进行判断[8]。

因此，为了测定中国总体并购事件的活动周期，本节先从大周期的并购浪潮概念入手，借鉴 Shughart 与 Golbe 的方法，对中国并购活动进行 AR（1）回归。

原假设：中国总体并购活动不服从随机游走模型，具有周期性分量。

备择假设：中国总体并购活动服从随机游走模型，不具有周期性分量。

（二）数据来源与说明

本节选取中国企业并购发生数量以及总交易额的月度数据为指标，并求得了中国企业并购的交易额均值发展趋势。既有文献与现实表明这三个指标能够很好地刻画中国企业并购活动的总体特征。本节将样本的时间区间选择为 1994 年 1 月至 2012 年 12 月，期间共有 228 个月度样本数据。中国第一起通过资本市场进行交易的并购案例发生于 1994 年，因此可以确保数据的新颖性与完整性。数据来源为 WIND 资讯数据库中的国内 1994 年至 2012 年的所有并购案例记录。

本节对原始数据进行了处理：①剔除了所有并购活动未顺利完成的案例；②剔除了并购活动中标的获得方非中国大陆企业、组织与个人的案例；③剔除了被并方非中国大陆企业的案例；④剔除了缺失并购交易总价值的少数案例；⑤对所有使用外币进行的交易案例按照当时的汇率牌价进行换算；⑥对数据进行按月加总。步骤②跟③的必要性在于并购数据包含一些有资产在华的外国公司间的并购，而其总交易金额中在华的资产的交易金额没有准确数据。

用一个 AR（1）过程来拟合中国总体并购事件，即：

$$y_t = \beta_0 + \beta_1 y_{t-1} + \varepsilon_t \tag{3-1}$$

其中 y_t 是本期企业并购的总笔数或是本期企业并购的总交易金额，而 y_{t-1} 则为上一期的历史数据。假设市场周期因素是唯一影响并购周期的因素，因此本期并购总量原则上只与上一期相关，将其他波动因素全部归入扰动项 ε_t。通过 AR（1）过程进行回归，通过检验系数 β_1 是否为 1，扰动项是否满足经典假设来检验中国总体并购事件是否服从随机游走模型，从而判断中国总体并购事件是否具有周期性特征。图 3 - 3 显示了中国企业并购数量走势（月度）。

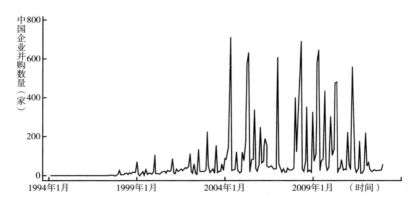

图 3 - 3　中国企业并购数量

从图 3 - 3 可见，从 1994 年到 2004 年中国企业并购数量走势较为平缓。从 2004 年开始出现大幅波动并出现第一个波峰，波动量也变化明显。从图 3 - 4 刻画的中国企业并购总交易金额走势中也不难看出这一特征。

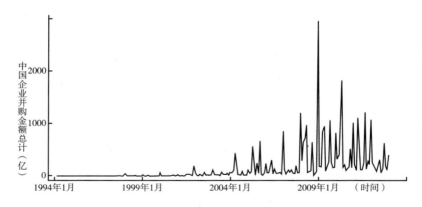

图 3 - 4　中国企业并购总交易额

然而，图 3 - 5 所刻画的中国企业并购平均交易额变化趋势明显区别于图 3 - 3 与图 3 - 4。并购平均交易额能更为真实地反映并购活动的内生需求强度。而其周期性特征并不能从图形进行直观界定，因此本节对中国并购趋势是否满足随机游走模型进行实证检验。

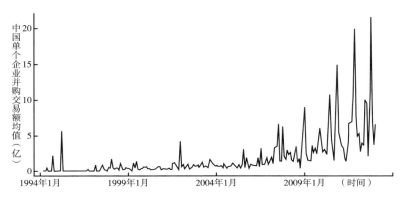

图 3 - 5　中国企业并购的平均交易金额

（三）实证检验

在进行回归分析之前，首先对三项数据进行 DF 单位根检验，结果（表3 - 1）显示三变量均为平稳序列。

表 3 - 1　三变量 DF 检验结果

变量名	T 统计量	1% 水平	5% 水平	10% 水平	检验结果
总体并购交易总额	- 11.588	- 3.468	- 2.882	- 2.572	平稳
总体并购发生数量	- 9.904	- 3.468	- 2.882	- 2.572	平稳
并购平均交易额	- 7.398	- 3.468	- 2.882	- 2.572	平稳

平稳性检验基本排除了伪回归的可能性，由于 AR（1）过程中仅有一个解释变量因此也排除了多重共线性可能。为了不失一般性，对三变量分别进行 AR（2）拟合。表 3 - 2 是三变量 AR（2）回归结果。

表 3 - 2　三变量二阶滞后自回归结果

变量名	滞后阶数	Coe	P
总体并购发生数量	L1	8.24	0.01
	L2	- 0.94	0.348

续表

变量名	滞后阶数	Coe	P
总体并购交易总额	L1	4.68	0.01
	L2	1.26	0.207
并购平均交易额	L1	13.11	0.01
	L2	1.53	0.127

　　回归结果显示，三变量均在二阶滞后时不显著，因此，使用 AR（1）过程拟合中国总体并购事件优于使用 AR（2）过程。然而，所有估计系数均不为 1 且与 1 差别较大，这说明中国总体并购活动是带有既定趋势的波动，故接受原假设。

　　考虑到稳健性，进一步检验残差项是否存在自相关。表 3 - 3 是滞后三阶的残差项自相关回归检验结果。

表 3 - 3　三变量 AR（1）回归模型残差项自相关检验

模型变量	滞后阶数	Q	P
总体并购发生数量	L1	0.04458	0.8328
	L2	0.33995	0.8437
	L3	0.34052	0.9522
总体并购交易总额	L1	0.11118	0.7388
	L2	1.9469	0.3778
	L3	4.945	0.1759
并购平均交易额	L1	0.204	0.6515
	L2	10.195	0.1061
	L3	16.967	0.0007

　　从结果来看，除并购平均交易额滞后三阶无法通过检验以外，其他变量的各滞后阶残差项均不存在自相关现象，因此本部分实证结果可靠。

（四）　中国并购浪潮的周期性特征分析

　　从历史数据来看，中国企业普遍偏好在 12 月完成并购，以实现财务报表的完整性、减少会计成本。在一些年度中，集中在 12 月 31 日的并购甚至占到了当年并购案的 1/3 以上。因此，在分析中国并购活动的真实周期前应剔除季节因素。

将发生于 12 个月的并购平滑至周边的 12 个月，即使用等式（3 - 2）：

$$y_t^f = (1/12) \times (y_{t-6} + y_{t-5} + \cdots + y_t + \cdots + y_{t+1} + y_{t+2} \cdots + y_{t+5}) \quad (3 - 2)$$

对数据进行移动平均处理。从描述性统计来看，处理后的并购数量与金额的均值并没有明显变化，而标准差则下降了约一半。其描述性统计见表 3 - 4。

表 3 - 4 平滑后的数据描述性统计

变量	样本数	均值	标准差	最小值	最大值
并购数量	228	76.01754	139.6234	0	711
并购数量（平滑）	227	75.36137	70.21997	0	209.5
并购金额	228	1564017	3325738	0	2.96E + 07
并购金额（平滑）	227	1498146	1873936	0	6151815

图 3 - 6 刻画了经过平滑处理后的中国企业并购数量走势，从中能较为明显地看出一段增长期以及两个大周期变化，但是从图 3 - 7 则难以看出明同样的周期性变化。

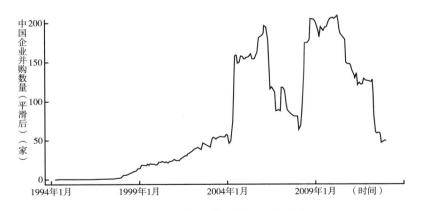

图 3 - 6 中国企业并购数量（平滑后）

为剔除低频增长分量，对平滑后的数据进行 HP 滤波。图 3 - 8 和图 3 - 9 刻画了经过 HP 滤波处理后的中国总体企业并购事件数量走势。

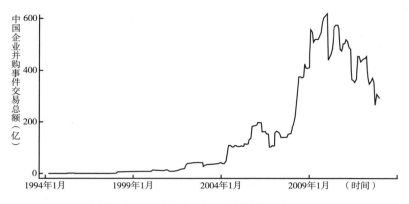

图3-7 中国企业并购交易总额（平滑后）

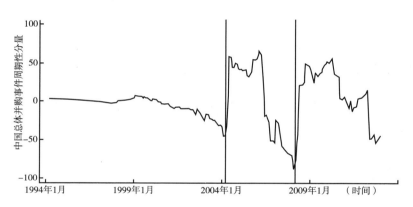

图3-8 滤波后的中国企业总体并购事件数量走势

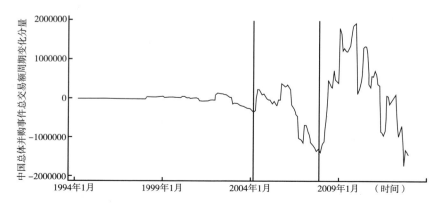

图3-9 滤波后的中国企业总体并购事件总交易额

从图 3-8 和图 3-9 中可以明显看出自 2004 年到 2008 年，中国企业总体并购事件经历了一个由波谷到波峰再到波谷的周期。两者的波谷时间非常一致，为此我们建立以下假说。

假说 H1a：2004 年中国企业总体并购事件发生过结构变动。

备择假设 H1b：2004 年中国企业总体并购事件没有发生过结构性变动。

假说 H2a：2008 年中国企业总体并购事件发生过结构变动。

备择假设 H2b：2008 年中国企业总体并购事件没有发生过结构性变动。

（五）周期测定

我们取 2004 年 1 月与 2008 年 1 月两个时间点，通过检验拟合固定增长趋势的 AR（1）模型稳定性来判断在 2004 年 1 月与 2008 年 1 月中国企业总体并购事件固定增长趋势是否发生了突变，从而推断这两个时间点是不是并购浪潮的起始点与结束点。

定义第 1 个时期为 1994 年 1 月至 2004 年 1 月；第 2 个时期为 2004 年 1 月至 2008 年 1 月；第 3 个时期为 2008 年 1 月至 2012 年 12 月。我们用三个时间段的 AR（1）过程拟合中国企业总体并购事件的增长趋势，即：

$$y_t^1 = y_{t-1}^1 \beta^1 + \varepsilon_t^1 \qquad t \text{ 满足 } 1,2,3 \text{ 时期} \qquad (3-3)$$

$$y_t^2 = y_{t-1}^2 \beta^2 + \varepsilon_t^2 \qquad t < \text{检验时间点} \qquad (3-4)$$

$$y_t^3 = y_{t-1}^3 \beta^3 + \varepsilon_t^3 \qquad t > \text{检验时间点} \qquad (3-5)$$

定义 $e'e$、$e_1'e_1$、$e_2'e_2$ 分别代表上三式估计的残差平方和，构造 F 统计量：

$$F = \frac{(e'e - e_1'e_1 - e_2'e_2)K}{(e_1'e_1 + e_2'e_2)/(n-2K)} - F(K, n-2K) \qquad (3-6)$$

另引入虚拟变量进行回归，即建立回归方程：

$$y_t = y_{t-1}\beta + \gamma D_t + \delta D_t y_{t-1} + \varepsilon_t \qquad (3-7)$$

其中 D_t 是虚拟变量，用来刻画分析的时间节点，我们在时间节点前将其赋值为 0，此后全部赋值为 1，$D_t y_{t-1}$ 是交叉项。

利用 OLS 回归，本节测算了残差平方和估计 F 统计量以及加入虚拟变量和交叉项的两变量的联合显著性，如表 3-4 和表 3-5 所示。其结果印证了 AR（1）过程对于分析中国企业总体并购事件固定增长趋势的合理性。

表 3 - 4　中国企业总体并购交易额趋势的检验

第一阶段时间窗口		分段估计的 F 统计量	虚拟变量的联合显著性	
始	止		F 值	P 值
1994 年 1 月	2004 年 1 月	19.41997	19.87	0
1994 年 1 月	2008 年 1 月	34.47042	29.92	0

表 3 - 5　中国总体并购并购数量趋势的检验

第一阶段时间窗口		分段估计的 F 统计量	虚拟变量的联合显著性	
始	止		F 值	P 值
1994 年 1 月	2004 年 1 月	12.86433	11.61	0
1994 年 1 月	2008 年 1 月	8.62382	8.14	0.004

对于分段估计的 F 统计量与检验虚拟变量联合显著性的估计值基本相同，由此说明计量结果可靠。故得到结论：2004 年 1 月与 2008 年 1 月中国企业总体并购事件产生了趋势性变化。

综上，我们可以得出结论，中国在 19 年的并购历史中共产生了一个较为稳步增长阶段以及两个较为完整的周期——并购浪潮，平稳期发生于 1994—2003 年，第一次并购浪潮发生于 2004—2008 年，第二次并购浪潮发生于 2008 年 2 月至今，具体见表 3 - 6。

表 3 - 6　中国两次并购浪潮

中国并购浪潮	时间		周期时长
	起	止	
第一次	2004 年 1 月	2008 年 1 月	48 个月
第二次	2008 年 2 月	未知	未知

然而，并购浪潮是不是纯市场周期形成的？为回答这一问题，本节考察并购周期与 GDP 周期的相关性。从国泰安数据库中得到了 1994—2012 年的中国 GDP 季度同比增长率，如图 3 - 10 所示。

从图 3 - 10 可以观测到的大周期来看最近一次完整的经济周期发生在 2001 年第四季度至 2009 年第一季度，周期约为 7 年，其波峰发生于 2007 年二季度，峰值为 14.5% 。为确定经济周期与并购周期的相关性，本节将并购活动月度历史数据进行加总得到了季度的并购数目与并购金额，然后与 GDP 增速进行各滞后 4 阶的相关性系数分析。

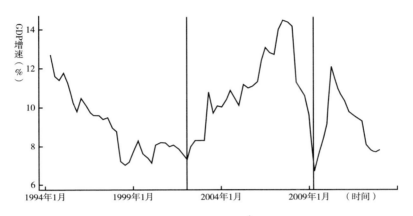

图 3 - 10　1994—2012 年中国 GDP 季度增速

从检验结果来看，所有系数均为正值，中国企业总体并购趋势同向于 GDP 增速周期。从滞后阶数来看，表 3 - 7 中最大的一项相关系数来源于滞后三阶的 GDP 与并购数目序列，达到了 0.3749；表 3 - 8 中最大的一项来源于滞后四阶的 GDP 增速与并购金额。结果表明，并购数量滞后于 GDP 增速三个季度，并购金额滞后于 GDP 增速四个季度。综上，可以认为我国企业总体并购周期约滞后经济周期 1 年。然而，这一相关性是较弱的，说明并购周期并不完全依赖于市场周期与经济周期，因此可以推断政府行为在并购活动背后充当了"另一只手"。

表 3 - 7　中国企业总体并购数与 GDP 增速相关性分析

变量	并购数	滞后一阶	滞后二阶	滞后三阶	滞后四阶
GDP 增速	0.3108	0.3091	0.3124	0.3187	0.3277
滞后一阶	0.3217	0.2857	0.2826	0.2868	0.2962
滞后二阶	0.3441	0.3006	0.263	0.2608	0.2685
滞后三阶	0.3749	0.3216	0.2766	0.24	0.2413
滞后四阶	0.3464	0.3418	0.288	0.2445	0.2115

表 3 - 8 　中国企业总体并购金额与 GDP 增速的相关性分析

变量	并购金额	滞后一阶	滞后二阶	滞后三阶	滞后四阶
GDP 增速	0.3032	0.0991	0.0482	0.0115	0.0137
滞后一阶	0.4209	0.3133	0.1021	0.055	0.0188
滞后二阶	0.4181	0.4313	0.3157	0.1082	0.0616
滞后三阶	0.4281	0.4258	0.4313	0.3196	0.1121
滞后四阶	0.4421	0.435	0.426	0.435	0.3238

（六）我国企业并购浪潮的描述性分析

来自市场方面的因素导致并购周期相关于经济周期，而纯粹的市场因素并不能很好地解释两者的趋势。在中国转型经济的制度环境中，政府行为对于并购浪潮的生成具有较大的影响。

一般认为，我国企业并购开始于 1984 年的保定和武汉。发生于这两个城市的并购活动是中国建立现代企业组织以来第一次真正意义上的并购。在此之前我国也通过对私有工商业的利用、限制和改造实行了特殊形式的产权重组，但这并不具有企业并购的一般意义，而是纯粹的政府行为。

20 世纪 80 年代初，随着经济体制改革的不断进行，我国才开启了第一次大规模并购的序幕[2]。此次大规模并购基本上以"救济型并购"为主，即将经营亏损的企业产权有偿转让给经营较好的企业，因此，这一阶段的企业并购主要是为了解决亏损问题。由于并购活动都是在国有企业和集体企业之间进行，而当时市场经济的制度环境尚未建立，因此各地政府都直接参与了企业并购活动。在这一阶段并购主要集中在同地区、同行业间。政府的行为逻辑是寻求亏损企业的破产替代机制，而非通过企业并购促进产业整合。因此，这一阶段中行政力量是企业并购活动的发起者、制定者、维持者。

较为平稳的企业并购浪潮是在 1992 年邓小平南方谈话与中央确定了市场经济体制改革目标的情况下活跃起来的。1993 年 11 月，党的十四届三中全会在《中共中央关于建立社会主义市场经济体制若干问题的决定》中提出，要明晰产权关系，让产权流动重组。此时我国资本市场刚刚建立，上市公司的股权收购逐步占主要地位，并购逐渐向规范化方向发展。这一阶段的并购中，政府由直接推动企业并购开始向为企业并购创造制度环境方面转变，我国也是从此时开始制定有关并购行为的法律规范。在这一阶段，政府不再作为并购活动的直接发起人，而是开始从制度环境方面着手。

　　由图 3 - 3 我们可以看出，1994—2002 年我国企业并购数量平稳增长，但是 2003—2004 年，并购数量突增。我国加入 WTO 后，国内企业面临更激烈的竞争，通过强强联合，不仅减少了竞争对手，而且获得了竞争对手原有的技术、资产及管理等资源，提高了核心竞争力。这一阶段，政府在并购中的角色有了很大的转变，政府不再是"红娘"，企业间基本实现了"自由恋爱"。到 21 世纪初，上市公司范围内的收购法律环境体系已基本初步形成，即以《公司法》和《证券法》为核心，以《上市公司收购管理办法》为主体，以其他的部门规章、规范性文件和操作指引作为补充，初步建立起了一个完整的上市公司并购法律体系。

　　2008 年以来，受金融危机影响，全球经济增速明显放缓。金融危机使得部分企业经营遇到困难，同时，危机也导致并购市场充满机会。2008 年 4 月 16 日，证监会发布了《上市公司重大资产重组管理办法》，这是继《上市公司收购管理办法》颁布以来，证监会完善我国证券市场基础性制度体系的又一重大举措。在此基础上，我国又于 2009 年初出台了十大产业振兴政策，希望通过企业的兼并重组推动产业结构调整，提升产业竞争力，进而转变经济发展方式，同时通过促进企业兼并重组适应世界经济的深刻变化，增强我国经济抵御国际市场风险的能力。加之我国企业抓住良好机遇，积极实施海外并购，企业并购数量在 2009 年之后开始回升。

二　我国企业并购浪潮的动因分析

（一）理论分析与假设

　　并购浪潮的发生动因可以分为宏观经济因素与政策因素，而宏观经济因素可以区分为内部宏观因素与外部宏观因素两个方面。经济学界在并购浪潮影响因素的分析中已经取得一些进展，归纳起来，主要有预期理论、经济周期理论与利率假说三种经典理论。预期理论认为，当企业对未来经济形势较为乐观时，厂商为了获取更高额的利润，通常有扩张生产能力的动力，而并购相关厂商作为扩张的一种主要途径，其发生量会大大增加。因此，乐观的经济预期会导致并购浪潮的发生。经济周期理论认为，并购的发生与经济周期联系紧密，当经济处于高涨周期时，厂商有扩张的动力，会导致并购的集中发生；而当经济处于衰退期时，厂商会采取保守策略，进行审慎经营，避免盲目扩张，并购量就会减少。总之，经济周期理论认为，并购量的波动是正常的，与经济周期同向变化。利率假说则认为，当利率处于低水平时，企业的融资成本会相对较低，厂商进行并购活动的成本会相对降低，导致并购的集中发生，即低利率导致并购浪潮。

这三种假说来自市场已经较为成熟的欧美发达国家，而在转型期的中国，对政府的行为——政策层面我们必须予以关注。2001 年 12 月 11 日，中国正式成为世界贸易组织成员，中国的改革开放进入新时期，以进出口为代表的经济数据发生了显著变化，一批制造业企业蓬勃发展，为中国带来了前所未有的发展机遇。2005 年 4 月开始的股权分置改革是我国资本市场的一项重要制度改革，通过此项改革，不可以上市流通的国有股以及一些其他形式的不能流通的股票，都可以自由通过市场进行交易，这一举措大大提升了并购的灵活性，拓宽了并购的融资渠道，降低了并购的融资成本。根据以上分析，建立以下 4 个假说。

H1：并购量与国内总产出正相关，即周期理论。

H2：并购量与利率成负相关，即利率假说。

H3：并购量与股市市值正相关，即预期理论。

H4：股权分置改革与加入 WTO 促进了并购量的增长，即政府行为推动并购浪潮。

（二）我国并购浪潮动因的实证

本节从 WIND 数据库中筛选了 1994 年第一季度到 2012 年第四季度的每一季度的国内所有宣告成功的并购案，除去了重复并购案，统计了并购总量与上市公司的并购量。GDP 季度数据、第二产业产值、第三产业产值数据来自国家统计局公布数据。利率数据来自中国人民银行公布数据。在历次的利率调整中，一年期定期贷款利率调整较为积极。沪深两股市总股市市值来自 RESSET 数据库中的月度总市值，通过加总平均的方式得到季度数据。加入 WTO 与股权分置改革是两个虚拟变量。

本节对所选用的数据进行了描述性统计分析，对波动较大的第二产业产值、股市市值、国内生产总值与第三产业产值等几项数值取对数进行了平稳性检验（见表 3 - 9）。

表 3 - 9　时间序列数据的平稳性检验

变量名称	平稳性检验	一阶差分后的平稳性检验
利率	平稳	—
股市市值	不平稳	平稳
第二产业产值	不平稳	平稳
第三产业产值	不平稳	平稳
GDP（对数）	不平稳	平稳

平稳性检验结果表明，利率变量是平稳的。而股市市值、第二产业产值、第三产业产值以及 GDP 不能通过平稳性检验，故对其进行一阶差分后，再次进行平稳性检验，检验结果表明处理后的变量都具有平稳性。

在被解释变量方面，本节选取国内企业总体并购数和国内上市公司并购数，而企业总体并购金额因为统计口径与数据可得性的问题，不列入我们的分析范围。

协整检验结果说明可以进行平稳数据的回归。设置股权分置改革与加入 WTO 两个虚拟变量后建立基本模型：

$$M\&A_t = \beta_1 GDP_t + \beta_2 RATE_t + \beta_3 SMVM_t + \beta_4 STORC + \beta_5 JWTO + \varepsilon_t \qquad (3-8)$$

其中，$M\&A_t$ 为当年并购发生数量（上市公司并购发生数量），GDP_t 为该季度名义 GDP，$RATE_t$ 为该季度利率，$SMVM_t$ 为股市市值，$STORC$ 和 $JWTO$ 分别为股权分置改革与加入 WTO 的虚拟变量。

我们使用 Stata 12.0 软件进行回归，共选取了 12 组模型，回归结果如表 3 - 10。

从回归结果可以看出，除模型（5）与模型（6）以外所有的模型中利率的变化对于被解释变量并购数（上市公司并购数）的影响均显著，且估计系数均为负值，说明利率假说在中国是成立的，即低利率提高了中国企业的并购倾向。根据模型（9）、（10）、（11）、（12）可以看出，利率对非上市公司的影响较上市公司总体来说更为显著。上市公司受利率影响相对较小，这说明中国上市公司在进行并购融资时存在其他有效渠道。随着股权置换等通过资本市场进行并购的方式的兴起，传统的、依赖于银行业进行的融资方式会得到一定程度的改变。

关于预期理论，我们实证得到的结果是其在中国并不成立。从模型（1）、（2）、（5）、（6）不难看出，股市市值的估计系数均不显著。股市的波动并不能给中国的企业并购带来稳定的影响。相较于欧美发达资本主义国家而言，中国的资本市场并不成熟，这增大了中国企业在资本市场直接融资进行并购的难度。

我们的实证结果还表明，周期理论在中国并购市场是成立的。我们的所有模型都表明GDP（第二产业产值、第三产业产值）对于并购的作用是显著的，且呈正相关关系。从系数上判断，上市公司受GDP的影响略小于所有公司，这表明，上市公司受GDP的影响小于非上市公司。这在一定程度上是因为上市公司作为中国最一流的企业，具有充足的资金链以及广阔的国外市场，所以其受GDP周期影响的程度略低于非上市公司。从显著性上判断，第二产业产值对于并购的影响最为显著。第三产业产值虽对并购数量影响显著，但是相关系数非常低。

关于股权分置改革，我们得出的结论是其显著影响了中国的并购市场，从模型（3）到模型（12），股权分置改革这一变量的所有检验均可在1%的水平显著为正。需要注意的一点是，从开启股权分置改革到改革结束、再到股权分置改革的彻底推进是一个长期的过程。基于其他已经验证的理论，股权分置改革的意义在于其作为中央政府的一个政策预期表明政府对于并购的支持态度。因此，股权分置改革在现实中对并购的推进作用可能强于市场因素，也强于统计上反映的结果。

加入WTO是中国并购史上的一件大事。从实证结果可以看出，其影响是显著的且呈正相关关系。但从模型（5）、（6）中可以看出，加入WTO对上市公司的影响是显著的，但是对于总体公司而言并不显著，说明受影响较大的是上市公司群体（见表3－10）。

表 3 - 10　并购浪潮动因分析

模型	(1)	(2)	(3)	(4)	(5)	(6)
解释变量	所有公司	上市公司	所有公司	上市公司	所有公司	上市公司
RATE	- 60.75 ***	- 36.36 ***	- 21.09 ***	- 15.81 ***	- 10.76	- 8.421
	(7.445)	(7.658)	(5.408)	(3.189)	(12.65)	(6.438)
STOCR			574.2 ***	298.7 ***	459.0 ***	220.1 ***
			67.82	35.84	89.92	45.77
JWTO					177.1	123.2 **
					106.6	54.27
GDP2					556.1 ***	267.0 ***
					196.5	100
SMVM	- 354	- 217.1			- 209.4	- 130.8
	(236.5)	(138.5)			(183.8)	(93.55)
GDP	374.9 *	204.6 *	296.2 **	162.7 **		
	220.7	110.1	137.4	69.71		
GDP3						
Constant	649.7 ***	380.6 ***	205.4 ***	148.1 ***	113.8	84.68 *
	(66.37)	(38.52)	(43.52)	(26.24)	(92.49)	(47.08)
Observations	75	75	75	75	75	75
R-squared	0.232	0.285	0.62	0.646	0.664	0.695
模型	(7)	(8)	(9)	(10)	(11)	(12)
解释变量	所有公司	上市公司	所有公司	上市公司	所有公司	上市公司
RATE	- 21.75 ***	- 16.05 ***	- 9.620 **	- 7.710 ***	- 7.645 **	- 6.769 ***
	(5.283)	(3.106)	(4.603)	(2.394)	(3.692)	(1.947)
STOCR	570.2 ***	297.2 ***	448.3 ***	213.4 ***	429.8 ***	204.3 ***
	(66.68)	(35.79)	(78.29)	(41.94)	(76.9)	(40.73)
JWTO			200.5 ***	137.8 ***	203.9 ***	139.3 ***
			58.9	33.06	58.42	32.43
GDP2	561.7 **	271.3 **	550.7 **	263.7 **		
	220.3	108.6	219.7	107.5		
SMVM						
GDP3					0.0181 **	0.00888 **
					0.00766	0.00363
Constant	201.2 ***	146.3 ***	89.13 ***	69.27 ***	89.96 ***	69.65 ***
	(42.53)	(25.72)	(31.82)	(16.72)	(25.89)	(14.61)
Observations	75	75	75	75	75	75
R-squared	0.639	0.657	0.657	0.687	0.681	0.708

注：*** 、** 、* 分别代表 1% 、5% 、10% 统计水平上显著，括号内数值为标准差。

在"新兴"加"转轨"的大背景下，中国的企业并购总有政治力量这一挥之不去的"背后之手"。相关并购经典理论的不完全成立，也在一定程度上印证了中国企业并购背后存在较强的非市场干预力量。

第二节　地方国有企业民营化：基于政府控制权转移视角

自 20 世纪 90 年代以来，中国开始推行"抓大放小"和"战略调整"的国有企业改革策略，涌现出了大批国有企业民营化的现象。我国现有证券市场的发育程度，使得敌意并购的可能性较小，控股股东对并购或者控制权转移交易有绝对的话语权。那么作为拥有终极控制权的各级政府而言，选择转移或者继续拥有对国有企业的控制权都有哪些动因？除了传统的并购动因理论以外，是否还存在着我国特有的控制权转移动因？本节从地方国有企业民营化现象切入，探究地方政府转移控制权的动因和行为机制。这对厘清我国国有企业改革具有重要意义。

一　政府转移企业控制权的动因

（一）政府转移企业控制权动因的相关研究

我国国有上市公司的控制权多数属于各级地方政府，同时，在股权分置改革以前，国有股处于禁售状态，这使得敌意并购或者市场化的控制权转移在我国的可行性较小。因此，我国控制权转移更多的是体现了作为转让方——各级地方政府的动因。当然，控制权转移作为一类比较特殊的并购行为，西方的并购动因理论也有一定的解释力，如李善民和曾昭灶通过对我国 1999—2001 年期间发生的控制权有偿转移的上市公司样本进行研究，总结出了这些公司的特征，如管理层的效率低下、资产规模相对较小等[9]。可见，传统的西方并购理论在一定程度上也可以解释我国控制权的转移动因，但本部分仅侧重于对我国控制权转移中各级政府的动因的研究进行梳理。

王红领、李稻葵等从理论角度总结了我国各级政府放弃对国有企业控制权的动因。第一是企业经济效率观，即政府放弃或者转移对国有企业的控制权是出于提高企业经营效率的动因；第二是政府财政收入观，即政府放弃或转移控制权既减轻了自身对于亏损国企的财政负担，同时也可能获得由转移以后绩效提升增加的财政收入；第三是政治博弈战略观，即政府放弃或者转移对国有企业的控制权是出于自身产业结构调整或者产业升级优化等战略目的[10]。这也是目前我国关于政府放弃控制权比较主流的三个观点。

同时，我国部分学者也开始着手对政府放弃控制权的动因进行实证研究，如夏立军、陈信元以 2001—2003 年中国地方政府控制的上市公司为研究对象，发现地区市场化进程减轻了地方政府控制公司的经济动因，而中央政府的"抓大放小"和"战略调整"的国企改革策略使得地方政府具有控制大规模公司和管制性行业公司的政治动因[11]。胡一帆、宋敏，刘小玄、李利英基于事后逻辑以及从国有企业民营化后绩效提升角度推断我国各级政府放弃控制权的经济动因[12][13]。国务院发展研究中心对我国国有企业民营化改制情况进行了实证研究，发现改制通常是政府按照部门利益最大化进行选择的结果，所以现实中更常见的是"丑女先嫁"，即将业绩较差甚至亏损的企业民营化[14]，这也体现了各级政府的经济动因。孙烨、罗党论通过对我国卖方主导的国有上市公司"壳资源"转让引发的控制权转移样本进行研究，发现地方政府倾向于将绩效好、影响力大的国有企业转让给本地民营企业，而将绩效差、影响力小的国有企业转让给外地民营企业[15]，这种带有地方保护主义色彩的干预正体现了地方政府在控制权转移中的政治动因。赵勇、朱武祥通过对我国发生控制权转移的样本进行研究，同样认为我国上市公司并购动因符合买壳上市的实际情况[16]。谭劲松等通过对 1996—2004 年深圳市属上市公司发生的重组案例进行整理，认为深圳市属上市公司经历了针对亏损企业的被动型重组和产业主导下的主动型重组两个阶段[17]。

无论是直接的理论研究，还是基于事后绩效推断事前动因的分析视角，国内学者关于我国控制权转移动因的研究结论还是比较一致的，认为我国目前的控制权转移既有传统的消除亏损、提高绩效等经济动因，同时也有我国特殊的各级政府的政治动因。

（二）地区公共治理视角下的政府控制权转移动因分析

上文对国内学者关于我国控制权转移动因的相关研究进行了梳理，不难发现，现有国内学者对政府转移控制权的动因分析缺乏明确的理论依据，作为经济转型期的我国而言，不同的制度背景必然导致传统并购动因理论解释力度的差异。本节试图结合我国地方国有上市公司所处的制度环境，以地方政府为地区管理者，基于地区公共治理角度对我国地方上市国企政府控制权转移的动因进行理论分析。

在传统计划经济体制下，我国地方政府更多的是扮演政策执行者的角色，并没有过多的政策制定权力。而 1994 年的财政分权改革，使我国地方政府成了相对独立的经济主体，拥有一部分财政收益，并且可以在一定程度上支配这些收入，同时地方政府也被赋予了更多的经济管理职能以及地区社会管理责任，开始以地区管理者身份进行本地区的公共治理，这个观点被国内外学者称为公共治理理论。因此，本部分选择公共治理理论来分析地方政府的并购决策动因。借鉴谭劲松等给出的定义，地方政府的公共治理是指地方政府在其管辖范围内发展地方经济、解决社会福利、维系社会稳定等方面的职能和责任[17]。

地方国有上市公司既是地方政府施行公共治理的对象，同时由于上市公司的公开性，其经营情况往往也会成为中央政府以及外界对地方政府公共治理效果的评价依据，因此拥有终极控制权的地方政府必然会干涉甚至影响地方国有上市公司的重大并购重组决策以及控制权转移行为。换言之，地方国有上市公司的政府控制权转移交易在一定程度上代表了拥有终极控制权的地方政府的决策以及动因，政府动因的不同导致地方政府做出的并购决策也不一样。与此同时，我国中央集权制的特殊背景，以及横向的愈演愈烈的地方政府竞争现象，使得我国地方政府在进行经济决策时，往往会受到中央政府以及同级其他地方政府的约束和制约。基于上述因素的考虑，本部分建立了公共治理分析视角下关于我国地方国有企业政府控制权转移的分析框架，见图 3 - 11。地方政府公共治理的目标大体上可以分为三类：政治目标、社会目标和经济目标，而地方政府的决策行为是在兼顾中央政府的政策约束以及横向地方政府竞争的制度环境下，综合考虑这三种目标的结果。

在公共治理分析视角下，地方政府行为必然要满足地方政府的公共治理目标。由于我国特殊的制度背景，敌意并购在我国并不适合，这使得我国地方政府，作为地方国有上市公司的终极控制人，可以决定公司的并购决策。因此，地方政府对地方国有上市公司的控制权转移行为也是符合地方政府公共治理目标的。政府动因的不同导致地方政府做出的并购决策也不一样。本部分借鉴王红领等人的做法，建立地方政府对企业的收益函数 $W_G = \alpha e + \beta T + B$，其中 e 为当地企业（国有企业或民营企业）的经济效率，T 为当地企业所缴纳的税收（当为国有企业时 T 可为负，体现为政府对国有企业的财政补贴），B 是政府控制的政治利益（当为民营企业时，为零）。这三方面因素与图 3 – 11 中地方政府公共治理的目标是一致的。基于该收益函数分析可知，地方政府放弃或者转移对国有上市公司控制权的动因来自对三个因素之间的权衡。

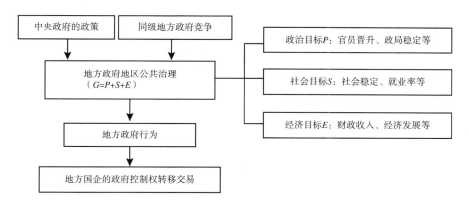

图 3 – 11 地区公共治理下的地方国企政府控制权转移分析框架

1. 地方政府有动因转移或放弃产权，进而提高企业的经济效率

地方政府作为地方国有上市公司的终极控制人，根据其是否直接参与企业的经营管理，又可以分为政府直接控制下的国有企业和由直属政府的国有企业或者资产管理公司管理的国有企业。这两种类型的国有企业都面临着一个国有企业管理水平低下、成本控制意识薄弱进而导致企业经营绩效不佳的困境。第二种由地方政府间接控制下的国有企业还面临着政府和代理管理者之间的代理问题。因此，理性的地方政府将会选择放弃或转移对国有企业的控制权，即通过民营化来提高企业的经营效率。这也是现有文献中常见的对我国政府控制权转移动因的解释，简称为效率论。

2. 地方政府有动因放弃亏损的企业，降低财政补贴，提高财政收入

在我国现行中央地方分税制度下，税收构成了地方财政收入的一大主体。而地方国有企业生产效率低下导致的亏损，一般是由地方政府采用直接或间接的税收减免或财政补贴的形式进行弥补，这无疑加大了政府的财政负担。因此，政府出于提高财政收入的动因，倾向于将处于亏损的企业转移出去。这是学者常用的对政府控制权转移动因的第二个解释，简称为收入论。效率论和收入论体现了地方政府公共治理理论的经济目标。

3. 地方政府出于国有企业的政治收益因素，通常会保留对规模较大、处于管制性行业企业的所有权，而且基于地区之间的政治博弈，倾向于同属并购

政府转移国企控制权尽管可以带来一定的经济收益，但同时其从国有企业获得的政治收益会降低。因此地方政府出于政治收益因素的考虑，会在经济收益和政治收益之间进行权衡。地方政府对国有企业的政治收益可大致用地方政府的政治目标和社会目标概括。社会目标主要体现在国有企业对当地就业率的稳定作用，就业是社会稳定的重要前提，因此，国有企业对当地就业的促进作用是影响政府进行并购决策的重要因素。地方政府在进行控制权转移决策时，必然会考虑其对当地就业的影响，因此地方政府倾向于保留对规模较大的企业集团的政府控制权。政治目标则相对多元化。首先，地方政府为了实现政局稳定，通常不会把对管制性行业如石油、天然气等企业的控制权转移出去。其次，地方政府所处的制度环境对其控制权转移决策也有重要的影响，财政分权改革以来，围绕技术、资源等可流动要素的地方政府竞争愈演愈烈。同时，以 GDP 为核心的地方政府政绩考核体系更是加剧了地方政府之间围绕企业资源尤其是上市公司展开的竞争。我国证券市场起步较晚，股票发行制度正处于不断完善的阶段，在早先审批制和核准制度下，每年获准上市的公司数量有限，在这种背景下，"壳资源"这一稀缺商品，对于拥有终极控制权的地方政府而言，就成了极为重要的资源。正因为如此，地方政府为了实现本地区利益的最大化，会对壳资源的流向进行干预，即地方政府会优先考虑同属并购。诸多政治因素导致地方政府有动因地保留对规模大、比较重要企业的控制权，并且更倾向于同属并购，这也体现了地方政府公共治理理论的政治目标和社会目标。

笔者认为制度背景以及中央政府和同级其他地方政府的政策也会影响到地方政府关于本辖区国企政府控制权转移的决策。首先，地方政府是直接受到上级中央政府的管辖的，因此，中央政府的各种政策会直接影响地方政府的决策行为。具体到国有企业控制权转移这一问题，中央政府的国企改革策略或者指导意见将直接影响地方政府。从 20 世纪 80 年代以来，中央政府先后制定了放权让利、承包责任制等国企改革策略，但收效甚微。直到 1995年，党的十四届五中全会上提出的"抓大放小"和"战略调整"的国企改革策略，才确定了我国国有企业的改革路线。随后，2003 年国家资产管理委员会的成立以及 2005 年的股权分置改革拉开了我国国有企业改制的序幕。所谓的"抓大放小"是指政府要重点抓好一批大型企业和企业集团，充分发挥它们在国民经济中的骨干作用，同时区别不同情况，采用改组、联合、兼并、股份合并制、租赁、承包经营和出售等形式，加快国有小企业改革改组步伐。"战略调整"策略，是指国有经济要对关系国家安全和国民经济命脉、提供重要公共产品和服务的行业以及高新技术产业保持绝对控制力，而在其他行业和领域可以逐步退出。本部分参照夏立军、陈信元的做法，将前一类行业称为管制性行业，后一类行业称为非管制性行业[17]。其中管制性行业包括采掘业、石油、化学、塑料、塑胶；金属、非金属；电力、煤气及水的生产和供应业；交通运输仓储业和信息技术业。由此可见，中央政府的国企改革策略与地方政府公共治理的政治目标和社会目标是相辅相成的。总体来看，中央政府的国企改革政策对地方政府做出地方国有上市公司控制权转移策略的影响主要体现在公司规模和行业特征两个因素上。这导致，地方政府有动因将规模小、处于非管制性行业中的国有上市公司转移出去，而保留对规模大、处于管制性行业中的大企业的政府控制权。这也正是对地方政府公共治理角色中政治目标和社会目标的体现。

（三）我国地方国企政府控制权转移动因的研究假说

上文从公共治理角度对地方政府转移国企控制权的动因进行了理论分析，由此本节提出了相关研究假说。

不论是以提升经济效率为目的的效率论，还是以提高财政收入为目的的收入论，都是基于地方政府经济利益的分析视角，体现了地方政府公共治理的经济目标。参照国内学者如杨记军等的研究，将这两种观点统称为地方政府转移政府控制权的经济动因[18]。本节提出以下关于企业经营业绩的研究假说。

H1：如果企业过去的经营业绩比较差，那么地方政府倾向于将该国有企业的控制权转移出去，且发生民营化的可能性更大。

来自中央政府政策的压力以及地方政府出于自身政治收益的考虑，使得我国地方政府在转移控制权时体现出了特有的保留大企业及重要企业的政治动因。本节提出以下关于规模和行业属性以及地域的研究假说。

H2：如果企业的规模较小，那么政府倾向于将该国有企业的控制权转移出去，且发生民营化的可能性更大；

H3：处于非管制性行业的企业，发生终极控制权转移的可能性更大，且发生民营化的可能性更大；

H4：地方政府更倾向于将业绩较差、规模较小的企业转移到外地。

二　政府控制权转移动因实证研究

（一）研究样本的获取及筛选过程

本节研究的窗口期间是 2003 年到 2009 年，研究对象是该期间内发生控制权转移的地方国有上市公司。数据来源于国泰安国有股拍卖与转让数据库。数据的筛选条件依次为：

①根据第一控股股东以及终极控制权变更情况，将没有导致公司控制权发生转移的样本剔除；

②剔除标的公司为中央政府控制的样本，只保留地方国有上市公司；

③剔除控制权转移到中央政府或有外资股的样本；

④将窗口期间内发生多次控制权转移的样本剔除；

⑤剔除已经退市的样本；

⑥剔除在 B 股上市公司样本；

⑦剔除金融保险类公司。

经过上述筛选后，符合条件的研究样本为 211 家公司。表 3 - 11 给出了 211 家样本公司的交易时间和所属行业分布情况，从交易时间来看，2003—2006 年是密集期，2007 年以后有所下降，而从行业分布情况来看，发生控制权转移的企业大多集中在制造业，同时批发零售贸易业和房地产业也是发生控制权转移较多的行业。

本节参照国内学者的做法，选取了上市公司的资产报酬率、企业资产规模来衡量公司的财务业绩和规模，具体数据来源于国泰安上市公司财务指标数据库，部分缺失财务数据系作者从上市公司年报中查找得出的数据。而关于企业是否处于管制性行业的划分，我们参照夏立军、陈信元的研究，管制性行业包括采掘业、石油、化学、塑料、塑胶；金属、非金属；电力、煤气及水的生产和供应业；交通运输仓储业和信息技术业。其他为非管制性行业[11]。

与控制权转移特征因素有关的指标，如控制权转移方式、支付方式、是否民营化、是不是关联交易等数据直接来源于国泰安国有股拍卖与转让数据库。是不是同属交易可通过查找标的公司和受让方的注册地推断得出，结合样本是否民营化对控制权转移类型进行了划分。

表 3 – 11　研究样本的交易时间和行业属性分布

行业	2003 年	2004 年	2005 年	2006 年	2007 年	2008 年	2009 年	总计
农林牧渔业		1	2			2		5
采掘业		3		3			1	7
制造业	13	21	12	23	13	14	6	102
石油、化学、塑胶、塑料						1		1
金属、非金属业	2		1	1	1	2		7
电力、煤气及水的生产和供应业	1	1	3	2	2			9
建筑业			1	1			2	4
交通运输、仓储业		2	1			1	1	5
信息技术业	3			2		2		7
批发零售贸易	3	9	4	5	3	2		26
房地产业	3	5	2	9	1	3	1	24
社会服务业	2	1		2	1			6
传播与文化产业		1						1
综合类	1		1	1	3			7
总　计	28	44	27	49	24	28	11	211

（二）实证研究方法及数据描述性统计

基于前文提出的关于政府控制权转移动因的研究假说，本部分通过建立 Logit 回归模型进行实证分析。结合我国的国有企业背景及政府干预的形式，我们认为地方政府作为控制权转移的转让方，其对国有企业控制权转移的控制主要体现在转移流向上。结合上文提出的研究假说，本部分参照杨记军等 2010 年的研究，选取受让方的所有权性质及不同地域属性来体现地方政府对国有企业政府控制权的转移动因。具体而言，本节建立的实证模型（3 - 9）到模型（3 - 11）如下：

$$type = \alpha + \beta_1 past\_roa + \beta_2 past\_size + \beta_3 regulate + \beta_4 direct + \beta_5 region + \varepsilon \quad (3 - 9)$$

$$private = \alpha + \beta_1 past\_roa + \beta_2 past\_size + \beta_3 regulate + \beta_4 direct + \beta_5 region + \varepsilon \quad (3 - 10)$$

$$province = \alpha + \beta_1 past\_roa + \beta_2 past\_size + \beta_3 regulate + \beta_4 direct + \beta_5 region + \varepsilon \quad (3 - 11)$$

其中，$type$、$private$、$province$ 是哑变量。各自代表的意义及取值见表 3 - 12，$past\_roa$、$past\_size$ 为企业过去两年的平均资产报酬率和平均企业规模，$regulate$ 为是否属于管制性行业哑变量，1 表示管制性行业，0 表示非管制性行业。除了三个解释变量外，在地方国有上市公司中是否由政府直接控股也会影响政府控制权转移动因的体现，引入 $direct$ 哑变量进行衡量，1 表示政府直接控股，0 表示由政府间接控股。市场化发展水平对政府的行为也有影响，本部分引入标的公司注册所在地的地域分布哑变量 $region$ 进行衡量，其中 1 为东部地区，0 为中西部地区。

表 3 - 12   因变量定义及取值

哑变量	取值	代表意义
$type$	1	终极控制权不变
	0	转让给其他政府或民营化
$private$	1	民营化
	0	转让给国有企业
$province$	1	受让方为本地企业
	0	受让方为外地企业

表 3 - 13 给出了用于检验政府控制权转移经济动因和政治动因指标的描述性统计分析。panelA 给出了是否发生终极控制权变更样本的统计，从中可以看出，终极控制权不变即政府继续保留对地方国有上市公司的终极控制权的样本共有 103 家，而且这些样本过去的平均企业规模和绩效指标明显好于发生终极控制权变更的 108 家样本，从统计数据上分析，地方政府确实倾向于将经营业绩较好、规模较大的企业保留在自身控制范围内。panelB 给出了是否发生民营化样本的统计，发生民营化的样本数量为 89 家，但管制性行业发生民营化的比重明显低于国企重组的比重，同时发生民营化样本的平均企业规模和平均绩效指标也低于没有发生民营化的样本数据，从统计数据上分析，地方政府将业绩差、规模小的企业转让给民营企业的可能性更大，同时处于管制性行业的企业发生民营化的可能性较小。panelC 就研究样本中是否发生同属交易的数据进行了统计分析，从数量上分析，发生同属交易的可能性远远大于发生跨区交易的可能性。同时，处于管制性行业的企业更容易发生同属交易。154 家发生同属交易的样本的平均企业规模和平均绩效指标也高于 57 家发生跨区交易的样本数据。从统计数据上分析，地方政府更倾向于发生同属交易，而且倾向于将业绩差的企业转移到外地。地方政府转移对地方国有上市公司控制权的政治动因和经济动因在数据的描述性统计分析中均得到了一定的体现。

表 3 - 13　数据的描述性分析

PanelA						
type	样本数量	管制性行业	past_size		past_roa	
			均值	中位数	均值	中位数
1 表示终极控制权不变	103	20	21.33	21.248	0.041	0.041
0 表示终极控制权改变	108	16	20.759	20.719	-0.010	0.026
曼 - 惠特尼 U 检验 Z 值			3.269 ***		3.802 ***	

PanelB						
private	样本数量	管制性行业	past_size		past_roa	
			均值	中位数	均值	中位数
1 表示民营化	89	11	20.786	20.736	-0.010	0.031
0 表示国企重组	122	25	21.223	21.096	0.034	0.038
曼 - 惠特尼 U 检验 Z 值			2.931 ***		2.716 ***	

续表

PanelC			past_size		past_roa	
province	样本数量	管制性行业	均值	中位数	均值	中位数
1 表示同属交易	154	25	21.168	21.071	0.017	0.038
0 表示跨区交易	57	11	20.673	20.671	0.012	0.028
曼 – 惠特尼 U 检验 Z 值			2.824 ***		2.196 **	

注：表中曼 – 惠特尼检验 Z 值标注的 *** 、** 分别表示 0.01、0.05 的显著性水平。

（三） 政府控制权转移动因的实证检验

在实证检验部分，鉴于本节的研究窗口期间为 2003—2009 年，在此期间内，地方政府控制权转移的动因可能会随着时间不同而呈现不同的方向，为了直观地反映地方政府转移国企控制权的动因及其变化趋势，本节按照开始股权分置改革的 2005 年为分界线，将样本一分为二，分别进行 Logit 模型回归，其中 2003—2005 年的样本量为 99 个，2006—2009 年的样本量为 122 个。实证结果见表 3 – 14。

由表 3 – 14 可见，在股权分置改革之前，企业过去的经营业绩 past_ roa 在三个模型中的估计系数，均通过了 5% 的显著性检验，这验证了本节提出的关于经济动因的研究假说 H1，即地方政府倾向于将业绩较差的企业转移出去，并且业绩较差的企业发生民营化的可能性也较大。而用于体现地方政府政治动因的两个解释变量 past_ size 和 regulate 在三个模型中，并没有得到一致的结论，其中代表是不是管制性行业的变量 regulate 均没有通过显著性检验，而企业过去的规模指标 past_ size 也仅在是否发生控制权转移以及是否发生同属交易中通过了 10% 的显著性检验，即地方政府倾向于将规模较大的企业保留在辖区范围内，并且更倾向于保留控制权，实证结果对本节提出的关于地方政府控制权转移的政治动因的研究假说 H2 和 H4 进行了部分验证，并没有得到支持 H3 的充分证据。综合三个模型的实证结果，我们认为，在股权分置改革以前，我国地方国有上市公司的控制权转移交易体现了地方政府的经济动因，而政治动因仅体现在企业规模指标上，并且其影响力度也明显小于企业的经营业绩指标。因此，在股权分置改革以前，我国地方政府对于国有企业控制权转移的干预体现了经济动因和政治动因，其中以经济动因为主。

表 3 – 14 转移动因实证结果

解释变量	模型 1($type$)		模型 2($private$)		模型 3($province$)	
	前	后	前	后	前	后
c	– 4. 1963 (0. 5288)	– 2. 5112 *** (0. 0002)	3. 4183 (0. 6013)	3. 4743 *** (0. 0095)	– 2. 2068 * (0. 0994)	– 9. 6887 * (0. 0699)
$past\_roa$	4. 0299 ** (0. 0134)	1. 9502 ** (0. 0425)	– 4. 6092 ** (0. 0383)	– 0. 5608 * (0. 0627)	0. 6502 ** (0. 0119)	0. 2642 * (0. 0550)
$past\_size$	0. 1901 * (0. 0528)	1. 0195 *** (0. 0002)	– 0. 1760 (0. 5759)	– 0. 6641 *** (0. 0077)	0. 6168 * (0. 0842)	0. 4990 ** (0. 0418)
$regulate$	0. 1238 (0. 8270)	0. 9321 *** (0. 0063)	0. 2217 (0. 6923)	– 1. 7710 ** (0. 0256)	– 0. 5321 (0. 3639)	0. 2481 ** (0. 0423)
$direct$	0. 8372 (0. 0749)	0. 3217 (0. 5026)	0. 7641 (0. 0934)	– 0. 3635 (0. 4680)	0. 3360 (0. 4864)	0. 1624 (0. 7649)
$region$	0. 1848 (0. 6762)	– 0. 0842 (0. 8531)	0. 3210 (0. 4667)	0. 1661 (0. 7234)	1. 1360 ** (0. 0218)	0. 4419 (0. 3541)
R^2	0. 4040	0. 5625	0. 5354	0. 6214	0. 6869	0. 7679

注: 表格内的数字上面表示的是估计的系数, 下面括号内的数字是 p 值; *** 、 ** 、 * 分别表示解释变量通过了 0. 01、0. 05、0. 1 的显著性检验。

股权分置改革以后, 三个模型中用于体现经济动因的业绩指标 $past\_roa$ 都通过了不同程度的显著性检验, 表明地方政府仍有经济动因将业绩好的企业保留在自身控制范围内, 但从其影响力度来看, 估计系数明显小于股权分置改革之前的结果, 并且显著性水平也有所降低。由此可见, 在股权分置改革后, 地方政府的经济动因干预程度有所下降。用于体现地方政府政治动因的指标 $past\_size$ 和 $regulate$ 的影响力度有所上升, 至少通过了 5% 的显著性水平检验。这表明在 2005 年后, 地方政府的政治动因开始发挥干预作用, 倾向于将规模较小、处于非管制性行业的企业民营化, 而保留对规模大、处于管制性行业的企业的控制权。在进行地区决策时, 这种政治动因同样有所体现, 政府倾向于将规模大、处于管制性行业的企业保留在管辖范围内。由此可见, 在股权分置改革以后, 地方政府自身的经济动因仍有所体现, 但其影响程度明显降低, 而政治动因相比于股权分置改革之前更为凸显, 呈现了以政治动因为主、经济动因为辅的变化趋势。

（四）小结

本节以 2003—2009 年发生政府控制权转移的 211 家地方国有上市公司为研究样本，分别运用了 Logit 回归模型以及异方差多元回归分析，研究了我国地方政府转移国企控制权的动因因素。主要研究结论如下。

①我国地方政府在参与地方国企控制权转移决策中，确实体现出了自身的经济动因和政治动因。出于经济动因，地方政府倾向于将经营业绩较差的国企转移出去或者民营化；出于政治动因，地方政府则更倾向于保留对规模较大、处于管制性行业的企业的控制权。

②我国地方政府控制权转移动因呈现由经济动因向政治动因过渡的趋势。本节按照股权分置改革将研究样本分为两个阶段分别进行动因实证检验。结果表明，在 2005 年股权分置改革以前，我国地方政府对地方国企的干预动因以经济动因为主、政治动因为辅，而在股权分置改革以后，地方政府的经济动因明显减弱，而更多地体现出了自身的政治动因。这表明我国地方政府不再一味追求高经济增长率，而转向以政治目标和社会目标为重，体现了我国地方政府角色定位的转变。

第三节　地方国有企业"对接"中央企业：地方政府竞争视角

近年来，中国国有企业的民营化进程有所放缓，而地方国有企业的控制权被转让给中央企业的现象却多有发生。地方国有企业的控制权一般掌握在地方政府手中，因此这一现象的发生离不开地方政府的参与。本节将这一现象与中国的财政分权制度联系起来，从财政分权体制下的地方政府竞争的角度入手，构建动态博弈模型阐释地方国企对接央企的理论动因，并运用我国 A 股地方国有上市公司的相关数据，通过构建"地方引资缺口"这一衡量地方政府竞争努力程度的变量，运用 Logit 模型实证验证了地方政府竞争对国有企业控制权向央企转让的影响。

一　地方国企对接央企：演进与现状

国有企业在我国国民经济发展中扮演了重要的角色，而国有企业改革也是我国经济体制改革的重要领域之一。在经历过"放权让利"和"承包制"两个阶段的改革历程之后，1993 年国务院提出建立国有企业现代企业制度的目标，从此国有企业改革进入了制度创新阶段。随着 2003 年国资委的成立以及 2004 年全国 31 个省市区和新疆生产建设兵团国资委的组建，我国国有企业所有者缺位的问题得以解决，而国企"中央军"和"地方军"的界限也逐渐明显。国企改革之初的"放权让利"和"承包制"，实质上都是一种轻度民营化的制度安排。进入制度创新改革阶段以后，国企开始走上正式民营化的道路。1992 年到 2002 年的十年时间是民营化进程最快的阶段，也是我国市场化进程最迅猛的十年，这一阶段的改革取得了显著的成效。然而在 2003 年以后，民营化进程出现了放缓的趋势，而地方国有企业的控制权被转让给中央企业的现象却日益增多。尤其是近年来，中央企业在地方"攻城略地"，频频收购地方国有企业。

面对中央企业的"跑马圈地"，地方政府不是抵制其控制的地方国有企业被中央企业收编，相反，地方政府甚至主动寻求与中央企业的对接，一些地方政府还在京举办推介会等对接央企的大型活动。根据《上海国资》的统计，仅 2009 年一年，就有安徽、浙江等至少九个省份举行了对接央企的活动①。不只经济欠发达的中西部省份，就连经济发达程度较高的东部省份也有着强烈的与央企合作的冲动，寻求对接央企的省市正在"全面开花"。根据全国 27 个省市区（不含北京、上海和西藏）披露的央企地方合作数据，郑石隐等所做的不完全统计结果显示，在 2008—2011 年的 4 年间，央企在地方的投资增长了 42 倍之多②。而央企在地方所投资的产业，不仅包括涉及国家安全和国民经济命脉的电力、能源等行业，还包括一些竞争性领域，如现代服务业、食品等。

央企的这种全方位扩张，势必会影响到中央企业国有经济、地方国有经济以及非国有经济的分布格局。图 3 - 12 和图 3 - 13 分别给出了 2003 年以来我国 A 股非金融行业上市公司中终极控制人分别为国资委及中央政府部门、地方国资委及地方政府部门、中国内陆公民、中国港澳台公民及外国公

---

① 王道军：《对接央企的全国冲动》，《上海国资》2010 年第 3 期。

② 郑石隐、马纪朝、安卓等：《央企地方投资四年增 42 倍》，《第一财经日报》2012 年 3 月 7 日，http：//finance. sina. com. cn/china/dfjj/20120307/0107115 28331. shtml。

民四类企业的数量和总资产之和的变化趋势，被这四类控制人所实际控制的企业分别为央企、地方国企、民企和外企。

由图 3 - 12 可以看出，2003 年以来 A 股上市公司中终极控制人为国资委及中央政府部门的企业数量出现了缓慢增长，而地方国资委及地方政府部门所控制企业的数量则呈现了缓慢下降，可见在全国性对接央企的热潮中，一部分地方国有企业的控制权确实被转移到了央企手中。另外，2003—2012年，民企数量出现了较大幅度的增长，而外企数量的变化则不明显。由图 3 - 13 可以看出，2003—2006 年，A 股上市公司中中央企业的资产规模并不如地方国有企业，但在 2006 年以后，中央企业的资产规模呈现了"井喷"式的增长，资产规模也迅速超过了地方国有企业，可见 2003 年以来确实出现了央企急剧扩张的局面。

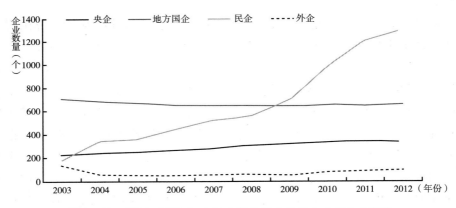

图 3 - 12　2003—2012 年 A 股上市公司中各类企业的企业数量

资料来源：根据国泰安数据库中的相关数据整理。

二　地方国企控制权向央企转让：博弈模型分析

地方国有企业的控制权一般掌握在地方政府（或地方政府部门）手中，因而地方国企的并购重组行为往往体现着地方政府的意志。在中国财政分权与政治集权的制度背景下，地方政府为了完成中央政府以 GDP 为主的经济绩效考核指标，会竞相争夺各种有形和无形资源，进而形成多方位的竞争[19]。对于地方政府而言，中央企业的投资也是一种能够促

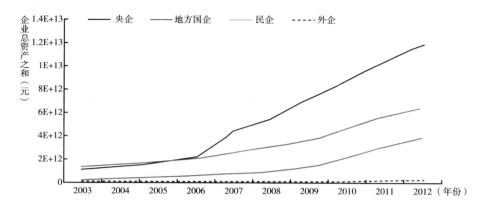

图 3 - 13　2003—2012 年 A 股上市公司中各类企业的企业总资产之和

资料来源：根据国泰安数据库中的相关数据整理。

进本地区经济增长的流动要素，因而我们认为，地方政府间的竞争促使了地方政府将地方国企的控制权转让给央企。本部分将借助一个简单的地方政府与央企博弈的模型，来阐述分析地方政府竞争对地方国企控制权转让的影响。

（一）模型假设

1. 基本假设

假设一个经济体中包含 1 个中央企业和 n 个地方国有企业，这 n 个地方国有企业分布在 n 个同质的地区之中，每个地区的地方政府都仅控制着 1 个地方国有企业，并且地区中不存在民营企业和外资企业。这就意味着，地方政府只能从地方国有企业中获得预算内收入，地区的经济绩效也只依赖于地方国企。假设中央企业有投资扩张的冲动，并且有充足的资本①。中央企业通过并购地方国有企业的方式来对地方进行投资，投资额度视地方国有企业转让的股权份额以及地方国有企业的产出（或

---

①　这一假设符合现实。首先，按照国资委的要求，央企未来要减少到 80—100 家，其中 30—50 家要发展成具有国际竞争力的大企业集团，所以央企必须通过兼并地方企业来发展壮大自己，这样才能避免在重组过程中被其他央企吞并。其次，自国有企业改革以来，央企的绩效有了显著的提高，积累了大量的资金，且央企更容易从银行获得信贷支持，又由于金融危机以后，政府加大了投资规模，这些投资多是通过央企进行的，所以可以说，央企在并购地方国企方面是"不差钱"的。

利润）而定。地方国有企业的产出与对它的投资以及地区的基础设施建设支出①有关。

2. 地方政府的效用最大化问题

对于地方政府而言，其效用来源于三个方面。第一个方面是地区的经济增长绩效，因为在中国式分权的制度背景下，不同地区的地方政府官员之间存在着"晋升锦标赛"[20]，而 Li 和 Zhou（2005）等又证实我国中央政府对地方官员的绩效考核是以 GDP 的相对增长率为主，所以本地区的经济增长会给地方政府官员带来巨大的收益[21]。第二个方面是地区的社会福利水平，主要表现为地区的公共品供给，这一假定也符合一般文献对政府目标的认识（如 Qian 和 Roland；Cai 和 Treisman）[22][23]。第三个方面则是地方政府从地方国有企业中获得的控制权收益。张维迎认为，企业的收益可以分为有形的货币收益和无形的非货币收益，这种无形的非货币收益就是控制权收益，它包括诸如通过指挥别人获得的满足感，可以享受到的在职消费，以及将企业资源中饱私囊等[24]。白重恩等则指出，地方政府官员可以任免地方国企的高管，所以他们能够在国企中捞取好处，这种好处包括安排亲戚、朋友及支持者到国企任职，或者将国有资产转移出去等[25]。总之，地方政府能够在国企中获得控制权收益。本部分还假设，如果地方政府选择转让地方国有企业的股权，那么其控制权收益会随着持股比例的减少而减少，而且即使持股比例减少到地方政府失去企业控制权的程度，这种控制权收益也仍然存在，只不过这时的收益会非常小。

首先，考虑到地方政府不转让地方国企股权的情况，地方政府的效用函数具有如下的形式：

$$W_i = \alpha f(k_i, I_i) + U(C_i) + B \qquad (3-12)$$

其中，W_i 表示第 i 个地区地方政府的效用；α 为大于 0 的常数，它表示地方政府（官员）给地区经济绩效赋予的权重；k_i 表示对地方国有企业的

---

① 基础设施建设对产出增长的重要作用已经为 Démurger、Fan 和 Zhang 以及范九利、白暴力和潘泉等人所证实。

投资额；I_i 表示基础设施建设支出①；$f(k_i, I_i)$ 表示地方国有企业的产出；C_i 表示公共物品支出；$U(\cdot)$ 表示居民对公共品支出的总效用函数；B 表示地方政府在地方国有企业中可获得的控制权收益。

式中的产出函数 $f(k_i, I_i)$ 满足假定：$f_1(k_i, I_i) > 0$，$f_2(k_i, I_i) > 0$，$f_{11}(k_i, I_i) < 0$，$f_{22}(k_i, I_i) < 0$，$f_{12}(k_i, I_i) > 0$。也就是说，地方国有企业的产出会随着投资额 k_i 和地区基础设施支出 I_i 的增加而增加，但其边际产出是递减的。公共品支出的效用函数 $U(\cdot)$ 则满足边际效用递减的假定：$U'(\cdot) > 0$，$U''(\cdot) < 0$。

在地方政府的预算约束方面，地方政府的财政资源主要向三个方面进行分配：对地方国有企业的投资、对公共品的投资以及基础设施建设。我们假设初始时刻各个地区可用于分配的财政资源情况是相同的，于是地方政府的预算约束可以表示为：

$$T = k_i + I_i + C_i \tag{3-13}$$

其中，T 表示第 i 个地区地方政府初始的财政状况。

如此，（3 - 12）式和（3 - 13）式就构成了地方政府的最优化问题。地方政府选择最优的地方国有企业投资水平、基础设施建设水平和公共品投资水平以使其获得最大化的效用，即：

$$\max_{k_i, I_i, C_i} \alpha f(k_i, I_i) + U(C_i) + B$$
$$s.t.\ T = k_i + I_i + C_i \tag{3-14}$$

由规划问题（3 - 14）式可以得到，在最优解 $(k_i^\alpha, I_i^\alpha, C_i^\alpha)$ 处有：

$$\alpha \cdot f_1(k_i^\alpha, I_i^\alpha) = \alpha \cdot f_2(k_i^\alpha, I_i^\alpha) = U'(C_i^\alpha) \tag{3-15}$$

（3 - 15）式说明，在财政预算一定的情况下，地方政府会将地方国有企业投资支出、基础设施建设支出和公共品支出调整到这样一个水平：地方国企资本的边际产出等于基础设施建设的边际产出，而它们的边际产出与地方政府给地区经济绩效赋予的权重 α 的乘积等于公共品的边际效用。

---

① 这里的基础设施支出 I_i 是存量概念，但在后文的分析中，为了简便，我们使用流量概念上的基础设施支出。这也符合一般文献的处理方法，比如 Qian and Roland 等。

接下来，我们考虑地方政府转让地方国有企业股权的情况，此时地方政府效用函数的形式如下：

$$W_i = \alpha f(k_i, I_i) + U(C_i) + (1 - t_i)B \tag{3-16}$$

其中，t_i 表示地方政府向央企转让的地方国企的股权比例，且满足：$0 < t_i \leq 1$。

地方政府将地方国企的股权转让给央企以后，地方政府不需要再对地方国企进行投资，因此地方政府的财政支出仅在公共品投资和基础设施建设之间进行分配，即：

$$T = I_i + C_i \tag{3-17}$$

于是，（3-16）式和（3-17）式就构成了地方政府转让地方国企股权以后的最优化问题。在股权转让比例 t_i 和国企投资水平 k_i 既定的情况下，地方政府选择最优的基础设施支出 I_i 和公共品投资 C_i 以使其获得最大化的效用，即：

$$\max_{I_i, C_i} \alpha f(k_i, I_i) + U(C_i) + (1 - t_i)B$$
$$\text{s. t. } T = I_i + C_i \tag{3-18}$$

由规划问题（3-18）式可以得到，在最优解 (I_i^b, C_i^b) 处有：

$$\alpha \cdot f_2(k_i, I_i^b) = U'(C_i^b) \tag{3-19}$$

（3-19）式说明，如果地方政府选择转让地方国有企业的股权，那么在确定股权转让比例以后，给定财政预算约束条件，地方政府会将基础设施建设支出和公共品支出调整到前者的边际产出与它们在政府效用函数中的相对权重 α 的乘积和后者的边际效用相一致的程度。

（3）中央企业的收益最大化问题

对于中央企业而言，每对一个地区进行投资，中央企业便会获得按持股比例分成的地方国企利润。此外，我们还假定央企能从企业规模扩大中获得额外的利益，利益的大小与所投资企业的产出有关，做出这一假定是基于前文中所论述的央企具有扩张意愿的考虑。央企在地区的投入是对地方国有企业的投资额 k_i，所以它在地区 i 的收益为：

$$W_{ce} = t_i e[f(k_i, I_i)] + \beta[f(k_i, I_i)] - k_i \qquad (3-20)$$

其中，$e(\cdot)$ 表示企业产出与利润之间的正向关系，$\beta[f(k_i, I_i)]$ 表示央企在企业规模扩大时获得的收益。为了简化分析，我们假设相同产出的企业具有相同的利润，并且 $e(\cdot)$ 和 $\beta(\cdot)$ 都有线性的形式，即 $e[f(k_i, I_i)] = e \times f(k_i, I_i)$，$\beta[f(k_i, I_i)] = \beta \times f(k_i, I_i)$，其中 $0 < e < 1$，$\beta \geq 0$，于是 $(3-20)$ 式可化为：

$$W_{ce} = (t_i e + \beta)f(k_i, I_i) - k_i \qquad (3-21)$$

中央企业会根据每个地区地方国企的控制权转让比例 t_i 来确定对该地区的最优投资额 k_i，以解决其收益最大化的问题。在最优解 k_i^b 处有：

$$(t_i e + \beta)f_1(k_i^b, I_i) = 1 \qquad (3-22)$$

（二）模型推导

考虑一个两阶段的动态博弈的过程，该博弈有两个局中人：中央企业和地方政府。在第一阶段，地方政府确定是否进行地方国有企业股权的转让，如果转让，则确定最优的股权转让比例 t_i，并选择最优的基础设施建设支出 I_i 和公共品支出 C_i，来使其效用 W_i 达到最大化。在第二阶段，中央企业确定最优的投资额 k_i，来使其收益 W_{ce} 达到最大化。

我们运用逆向递归法来对该问题进行求解。第二阶段中，如果地方政府选择转让地方国有企业的股权，在确定了最优的 I_i、C_i 和 t_i 以后，中央企业根据 I_i 和 t_i 来确定最优的投资额 k_i，它们满足 $(3-22)$ 式的条件；在第一阶段，地方政府知道如果它选择转让国有企业股权，中央企业的投资额满足 $(3-22)$ 式的条件，所以它会根据 $(3-22)$ 式中 k_i 与 I_i 和 t_i 的关系来确定 I_i、C_i 和 t_i 的大小，即地方政府需要解决如下的最优化问题：

$$\max_{I_i, C_i, t_i} \alpha f(k_i, I_i) + U(C_i) + (1 - t_i)B$$
$$\text{s.t. } T = I_i + C_i$$
$$(t_i e + \beta)f_1(k_i, I_i) = 1 \qquad (3-23)$$

为了解出最优化问题 $(3-23)$ 式，我们给出地方国企产出函数 $f(k_i, I_i)$ 和公共品效用函数 $U(C_i)$ 的具体形式：$f(k_i, I_i) = \sqrt{k_i I_i}$，$U(C_i) = \sqrt{C_i}$。这两个函数的形式都满足我们前文的假定，即地方国企产出函数满足一阶偏导数大于 0，二阶偏导数小于 0，二阶混合偏导数大于 0；公共品效用函数满足一阶导数大于 0，二阶导数小于 0。

将 $f(k_i, I_i) = \sqrt{k_i I_i}$ 代入作为（3 - 23）式约束条件之一的（3 - 22）式中，我们可以得到中央企业对地方国有企业的投资额 K_i 与地方国有企业股权转让比例 t_i 以及地区的基础设施建设水平 I_i 的关系：

$$k_i = \frac{1}{4}(t_i e + \beta)^2 I_t \qquad (3 - 24)$$

由（3 - 24）可以看出，中央企业对地方国企的投资额与地方国企的股权转让比例以及地区的基础设施建设水平都是正相关的，股权转让比例越高，基础设施建设支出越高，中央企业对该地区的投资额也就越大。这一结果很容易理解，中央企业关心自己在投资地方国企中能够获得的收益，取得的控制权越大，按控制权分成的国企利润也就越高，基础设施建设越好，地方国企的产出就会越高，这都会提高中央企业的投资回报，因此中央企业的投资额也应该越高。另外，β 表示央企在企业规模扩大时能够获得的收益，它可以衡量央企的扩张意愿。（3 - 24）式还说明，央企的扩张意愿也会影响央企在地区的投资额，扩张意愿越大，投资额也会越高。

结合（3 - 24）式，可以将规划问题（3 - 23）式化为如下的形式：

$$\max_{I_i, t_i} \frac{1}{2}\alpha(t_i e + \beta)I_i + \sqrt{T - I_i} + (1 - t_i)B \qquad (3 - 25)$$

分别对（3 - 25）式中的 I_i 和 t_i 求导，可以得到：

$$\begin{cases} \dfrac{\partial W_i}{\partial I_i} = \dfrac{1}{2}\alpha(t_i e + \beta) - \dfrac{1}{2\sqrt{T - I_i}} \\[2mm] \dfrac{\partial W_i}{\partial t_i} = \dfrac{1}{2}\alpha e I_i - B \end{cases} \qquad (3 - 26)$$

假设地方政府的效用在 $(t_i^b, k_i^b, I_i^b, C_i^b)$ 处取得极大值。令 $\partial W_i / \partial I_i = 1/2\alpha(t_i e + \beta) - 1/(2\sqrt{T - I_i}) = 0$，将 t_i^b 代入之后，可以得到，地方政府效用最大化时的基础设施建设支出 $I_i^b = T - 1/[\alpha^2 (t_i^b e + \beta)^2]$。

当 $1/2\alpha e I_i - B > 0$，即 $I_i > 2B/\alpha e$ 时，$\partial W_i / \partial t_i > 0$，此时地方政府的效用会随着股权转让比例 t_i 的增大而增大。由于 $0 < t_i \leqslant 1$，所以此时 $t_i^b = 1$，这

意味着地方政府会把地方国有企业的全部股权都转让给中央企业。$t_i^b = 1$ 成立的前提是 $I_i^b = T - 1/\left[\alpha^2 \ (t_i^b e + \beta)^2\right] > 2B/\alpha e$，这里我们假设 t_i 在等于 1 时满足 $I_i > 2B/\alpha e$，即：

$$T - \frac{1}{\alpha^2 (1 + \beta)^2} > \frac{2B}{\alpha e} \qquad (3 - 27)$$

（3 - 27）式这一条件可以保证 $t_i^b = 1$ 这个解成立。进一步，结合（3 - 23）中的两个约束条件，可以计算出中央企业向地方国企的最优投资额以及最优的公共品支出，于是我们得到该问题的一个最优解：

$$\begin{cases} t_i^b = 1 \\ k_i^b = \dfrac{1}{4}(e + \beta)^2 T - \dfrac{1}{4\alpha^2} \\ I_i^b = T - \dfrac{1}{\alpha^2 (e + \beta)^2} \\ C_i^b = \dfrac{1}{\alpha^2 (e + \beta)^2} \end{cases} \qquad (3 - 28)$$

在该最优解处，地方政府可获得的效用为：

$$W_i^b = \alpha f(k_i^b, I_i^b) + U(C_i^b) + (1 - t_i^b)B = \frac{1}{2}\alpha(e + \beta)T + \frac{1}{2\alpha(e + \beta)} \qquad (3 - 29)$$

当 $1/2\alpha e I_i - B < 0$，即 $I_i < 2B/\alpha e$ 时，$\partial W_i/\partial t_i < 0$，地方政府的效用会随着股权转让比例 t_i 的减小而增大，但是由于 t_i 不能取到最小值，所以此时不存在最优解。

再考察地方政府不转让地方国有企业股权的情况，假设此时地方政府在 $(k_i^\alpha, I_i^\alpha, C_i^\alpha)$ 处能够获得极大化的效用，根据规划问题（3 - 14），将地方国企产出函数 $f(k_i, I_i)$ 和公共品效用函数 $U(C_i)$ 的具体形式代入之后，我们可以得出：

$$\begin{cases} k_i^\alpha = \dfrac{T}{2} - \dfrac{1}{2\alpha^2} \\ I_i^\alpha = \dfrac{T}{2} - \dfrac{1}{2\alpha^2} \\ C_i^\alpha = \dfrac{1}{\alpha^2} \end{cases} \qquad (3 - 30)$$

此时地方政府可获得的效用为：

$$W_i^\alpha = \alpha f(k_i^b, I_i^b) + U(C_i^b) + B = \frac{1}{2}\alpha T + \frac{1}{2\alpha} + B \qquad (3-31)$$

如果 $W_i^\alpha > W_i^b$，说明地方政府不转让地方国有企业股权时的效用大于转让时的效用，这时地方政府会在博弈的第一阶段就选择不转让地方国有企业股权，央企和地方政府的博弈至此结束。如果 $W_i^\alpha < W_i^b$，说明地方政府转让地方国有企业股权时的效用大于不转让时的效用，地方政府会在第一阶段选择转让地方国有企业股权，并确定最优的股权转让比例、基础设施建设支出以及公共品支出以使自己获得最大化的效用；到第二阶段，中央企业选择最优的投资额，使自己获得最大化的收益，博弈结束。值得说明的是，由于地方政府转让地方国企股权时的最优解只有一个，即 $t_i = 1$，所以地方政府一旦选择进行股权转让，就会把地方国企的所有股权都转让给中央企业。

我们令 $M_i = W_i^b - W_i^\alpha$，经过整理，可以得到：

$$M_i = \frac{1}{2}(e + \beta - 1)\left[\alpha T - \frac{1}{\alpha(e + \beta)}\right] - B \qquad (3-32)$$

当 $M_i > 0$ 时，M_i 越大，地方政府转让地方国有企业股权时的收益就会越大于不转让时的收益，地方政府转让的动机也就越强，相反，M_i 越小，地方政府转让股权的动机也就越弱。当 $M_i < 0$ 时，M_i 越小，地方政府不转让股权的收益就会越大于转让时的收益，地方政府不转让股权的动机也就越强，这也可以视为地方政府转让股权的动机越弱，而 M_i 越大，不转让股权的动机也就越弱，即转让的动机越强。因此，我们可以将 M_i 称为地方政府转让地方国有企业股权的动机。M_i 越大，转让动机越强；M_i 越小，转让动机越弱。

对于地方政府来说，如果持有地方国企，它需要将有限的财政资源在地方国企、基础设施建设支出以及公共品支出之间进行分配。如果将地方国企的控制权转让给央企，它就能释放一部分财政资源，将原来用于投资地方国企的资金用来进行更多的基础设施建设以及公共品供给，这可以增加政府的效用，并且基础设施的建设还能够吸引央企更多的投资，这些都可以视为地方政府持有地方国企的机会成本。不过，将地方国企转让给央企也意味着失去对地方国企的控制权收益，因此地方政府需要在成本和收益之间进行权衡。

对比（3-28）式和（3-30）式中的地方国企投资水平可以发现，当央企并不十分关注企业规模扩大的收益（即 β 值较小）时，央企对地方国企的投资水平 k_i^b 是要低于地方政府对地方国企的投资水平 k_i^a 的。比如当 $e + \beta = 1$ 时，k_i^b 仅为 k_i^a 的 $1/2$。这一现象出现的原因在于，地方政府重视地方国企给地区带来的经济绩效，而不关心投资回报问题，所以它对地方国企的投资额一般会偏离收益最大化时的投资水平，即产生过度的投资。地方国企的这种过度投资行为已经被许多文献所证实，比如唐雪松等用 2000—2006 年地方国有上市公司的样本作为直接考察对象，实证分析了地方国企投资中的政府干预动因，他们发现，为了实现 GDP 的增长，地方政府干预并导致了地方国企的过度投资[26]。类似的研究还有程仲鸣等[27] 以及张洪辉和王宗军[28]。而地方国企的控制权被转让给央企以后，由于收益最大化是央企的主要目标，所以央企会将地方国企的投资额向收益最大化的投资水平纠正。但是央企还将企业规模扩大作为其另外一个目标，这与地方政府重视地方国企产出的目标相类似，所以这一目标会影响到央企对地方国企投资额的纠正效果，导致央企对地方国企的最终投资额仍会偏离收益最大化时的投资额，并且随着央企对企业规模扩大目标的重视（即 β 的增大），这种偏离程度会逐渐增大。

再观察（3 – 28）式和（3 – 30）式中的基础设施建设和公共品供给水平。尽管地方政府将地方国企转让出去以后会释放一部分财政资源，但是这部分财政资源并不会被平均分配到基础设施建设和公共品支出之中。不难发现，地方政府转让地方国企后的公共品供给 C_i^b 并不一定比转让之前的 C_i^a 高，比如当 $e + \beta = 1$ 时，C_i^b 与 C_i^a 刚好相等，而基础设施建设支出 I_i^b 却是 I_i^a 的两倍，说明原来对地方国企的投资被全部用来进行基础设施建设了。而随着 β 的增大，甚至会出现 C_i^b 小于 C_i^a 的情况，即地方政府甚至还会挪用一部分公共品支出用于基础设施建设。这是因为，β 的增大意味着央企对企业规模有着更高的偏好，因而会更有潜力进行过度的投资，而地方政府必须进行更多的基础设施建设才能吸引这部分潜在的投资，这造成了公共品的供给出现更大的扭曲。

（三）地方国有企业控制权向央企转让的影响因素分析

1. 中央企业的扩张意愿对控制权转让的影响

当地方国有企业的控制权被转让给中央企业以后，地方国企的产出越大，中央企业的总规模也会越大，如果中央企业对地方国企的产出有着更强烈的偏好，就可以认为中央企业有着更强的规模扩张意愿。在本节的模型中，β 表示中央企业从其所投资的地方国有企业的规模扩张中获得的额外收益，它也可以用来衡量中央企业的扩张意愿。β 的值越大，表示地方国企的规模扩大能够使中央企业获得更多的利益，因而中央企业的扩张意愿也就越强；β 的值越小，则中央企业的扩张意愿就越弱。

接下来我们考察 β 的变化对地方政府的转让动机函数 M_i 的影响。结合（3 - 28）式和（3 - 31）式可知，β 的变化影响的仅是地方政府进行地方国企控制权转让时的收益，即它仅存在于（3 - 29）式中，所以我们只需要观察 β 的变化对（3 - 29）式的影响。（3 - 29）式具有"对勾函数"的形式，它的"拐点"出现在 $\alpha\,(e+\beta)\,=1/\sqrt{T}$ 中。当 $\alpha\,(e+\beta)\,>1/\sqrt{T}$ 时，W_i^b 会随着 $\alpha\,(e+\beta)$ 的增大而增大。这里我们进一步假设 $e>1/\,(a\sqrt{T})$，即：

$$T > 1/(\alpha e)^2 \qquad\qquad (3-33)$$

那么 $\forall\,\beta>0$，W_i^b 会随着 β 的增大而增大，于是 M_i 也会随着 β 的增大而增大。当 $\beta=0$ 时，根据（3 - 32）式我们有：

$$M_i = \frac{1}{2}(e-1)\left(\alpha T - \frac{1}{\alpha e}\right) - B \qquad\qquad (3-34)$$

因为 $T>1/\,(\alpha e)^2$，所以 $\alpha T - 1/\,(\alpha e)\,>1/\,(\alpha e^2)\,-1/\,(\alpha e)\,=\,(1/e-1)\,/\,(\alpha e)\,>0$，又因为 $e-1<0$，所以我们得到 $M_i<0$。当 $\beta\rightarrow\infty$ 时，根据"对勾函数"的性质，$W_i^b\rightarrow\infty$，因此 $\exists\,\beta_1\in\,(0,\,+\infty)$，使得 $M_i>0$。进一步，我们有：$\exists\,\beta_0\in\,(0,\,\beta_1)$，使得 $M_i=0$。

当 $0<\beta<\beta_0$ 时，$M_i<0$，也就是说，当央企的扩张意愿不够大时，地方政府持有地方国有企业的效用要大于转让地方国企的效用，此时地方政府不会将地方国企的控制权转让给央企。对于中央企业而言，β 较小时，它的目标函数中的投资收益部分 $t_i e\,[f\,(k_i,\,I_i)]\,-k_i$ 所占的比重会相对较大，而企业规模带来的效用 $\beta\,[f\,(k_i,\,I_i)]$ 占的比重相对较小，这会使得央企对地方国企进行投资时更加注重投资收益。前文已经论述，目标函数中对企业规模因素的关注会带来过度投资的后果，使得实际投资额偏离投资收益最大化时的投资额，而对投资收益的重视会纠正这种偏离，结果便是投资额的减

少，因此，中央企业扩张意愿不足给地方政府带来的直接影响就是投资额的不足。另外，如果中央企业对地方国企的意愿投资额较小，地方政府进行基础设施建设的边际效用会低于公共品支出的边际效用，所以这时的地方政府在转让地方国企的控制权以后，会将原来对地方国企的投资更多地分配到公共品供给上。如果央企的投资给地方政府带来的经济效益的增加（或减少）加上公共品供给的增加不足以弥补控制权收益的损失时，地方政府就不会把地方国企的控制权转让给央企，所以央企扩张意愿较小时地方国企控制权转让的现象是不会发生的。

随着央企扩张意愿的加强，央企的目标函数会逐渐偏向企业规模带来的效用，它对地方国有企业的意愿投资额也会逐渐加大。意愿投资额的加大会给地方政府带来两方面的效果：一是地方国企经济效益的增加，二是基础设施建设边际效用的增加。因此地方政府也会逐渐加大对基础设施建设的投入。当地方政府意识到央企的意愿投资额所带来的经济增长的收益足以弥补公共品供给减少以及对地方国企控制权丧失的损失时，地方政府就会有动机将地方国企的控制权转让出去，此时的 β 值会超过 β_0 的值。

2. 地方政府间的竞争对控制权转让的影响

在我国财政分权与政治集权的制度背景下，地方政府之间会存在着一种自上而下的竞争[20][19][29][21]。由于中央政府具有任免地方官员的绝对权力，而中央政府又以地区 GDP 的增长为主要考核指标，因此地方政府（官员）会为了晋升的需要而竞相发展本地区的经济，进而形成竞争。地方政府竞争的种类和方式有很多，既包括对各种有形和无形资源的争夺，又包括税收竞争、支出竞争以及制度竞争等。在本节的模型中，由于假设不存在民营经济和外资经济，所以地方政府之间的竞争仅体现在对中央企业投资这一区外流动要素的争夺方面。模型中的 α 表示地方国有企业产出（即地区经济增长绩效）在地方政府效用函数中的权重，由于竞争的存在，不同地区地方政府效用函数中的 α 值也会有所区别。如果一个地区的地方政府在经济发展中或者在对央企投资的争夺中①处于相对不利的地位，那么该地方政府会有强烈的愿望（甚至不惜代价）来发展本地区的经济，而未来的经济增长给

———————————

① 地方政府争夺央企投资的目的也在于发展本地经济，以使自己在政绩考核中处于有利地位。

地方政府带来的效用也会增大，即 α 的值也会增大。推广到更一般的情况，假设存在民营经济和外资经济以及其他竞争要素，一旦地方政府在发展民营和外资经济，或者争夺其他能够促进经济增长的流动要素时，处于相对落后的位置，它便可能会更加重视国企所带来的经济增长，或者转向对央企投资的争夺，所以未来地方国企所带来的经济增长也会给地方政府带来更大的效用，即 α 的值更大。综上，可以认为，模型中 α 的值可以衡量政府竞争中地方政府的努力程度，地方政府在竞争中的位次越靠后，α 的值就会越大。

下面我们考察 α 对地方国企控制权转让的影响。由（3 - 32）式可以看出，α 对地方政府的转让动机函数 M_i 的影响与中央企业的扩张意愿有关。当中央企业有一个较小的扩张意愿 β 时，比如 $\beta < 1 - e$，我们首先判断转让动机 M_i 的大小。由于 $0 < e < 1$，所以 $e^2 < e < e + \beta$，再根据（3 - 33）式的假设条件可得，$\alpha T - 1 / [\alpha (e + \beta)] > 1 / (\alpha e^2) - 1 / [\alpha (e + \beta)] = 1/\alpha \cdot [1/e^2 - 1/(e + \beta)] > 0$。又因为 $\beta < 1 - e$，所以 $e + \beta - 1 < 0$，于是 $(e + \beta - 1) \cdot \{\alpha T - 1 / [\alpha (e + \beta)]\} < 0$，进而可以得出此时的 $M_i < 0$。这意味着，当中央企业没有很大的扩张意愿时，无论地方政府在竞争中处于何种位次，地方政府都不会把地方国企转让给央企。地方政府竞争的核心其实是对短期内能够带来巨大经济绩效的资本的争夺，当中央企业的扩张意愿较小时，央企不会对地方国企进行过多的投资，这对于过分关注地区经济绩效的地方政府来说显然它们并不能获得较大的效用，因而地方政府不会进行地方国企控制权的转让。

当中央企业的扩张意愿足够大时，比如 $\beta > 1 - e$，这时的 $e + \beta - 1 > 0$，又因为 $\alpha T - 1 / [\alpha (e + \beta)]$ 是 α 的一个增函数，所以地方国企的转让动机 M_i 是 α 的增函数。如果 $\alpha \to 0$，则（3 - 32）式中的 $\alpha T - 1 / [\alpha (e + \beta)] < 0$，又由于 $e + \beta - 1 > 0$，所以 $M_i < 0$，这说明，如果地方政府在竞争中处于较有利的位次，那么地方政府自行投资地方国企的效用要比将地方国企转让出去的效用大。当地方政府在竞争中处于较有利的地位时，地方政府会更关注公共品供给带来的效用，而并不十分重视地方国企的经济绩效，所以地方政府不会通过放弃地方国企的控制权来换取央企的高投资。但如果地方政府在竞争中的位次较靠后，高资本投入所带来的经济增长能够使地方政府获得

更高的效用，因而为了争夺央企的投资，它们情愿付出较高的代价，这种代价既包括出让地方国企，还包括减少公共品的供给，以提高基础设施建设水平，因为只有较高的基础设施建设水平才能换来高的投资。

另外，模型的均衡解（3-28）式和（3-30）式还能反映出政府竞争所造成的财政支出结构偏向的问题，即随着竞争的加剧，地方政府会更加注重基础设施建设支出，而在公共物品方面则会出现供给不足。对这一问题的研究可见乔宝云等[30]、傅勇和张晏[31]，张军等[32]以及傅勇[33]。

（四）小结与讨论

本部分构建了一个两阶段的动态博弈模型，模型只涉及地方政府和中央企业两方。在第一阶段的博弈中，地方政府根据央企可能的反应，选择是否将地方国企的控制权转让给央企来最大化自己的效用，到第二阶段，如果进行控制权的转让，中央企业选择最优的对地方国企的投资额来最大化自己的收益。通过对模型中可能影响地方政府将地方国企控制权转让给央企的因素进行分析，本节得到的主要结论如下。

第一，地方政府将地方国企的控制权转让给央企的前提是央企具有较强的扩张意愿。具有强烈扩张意愿的央企会对地方国企产生过度的投资，这会使得地方政府获得地区经济增长的利益。当央企投资给地方政府带来的收益足以弥补地方政府失去地方国企控制权以及公共品供给不足的损失时，地方政府就会将地方国企转让给央企。此外，随着央企扩张意愿的增强，地方政府转让地方国企控制权的动机也会增强。

第二，在央企具有较强扩张意愿的前提下，地方政府之间的竞争也会影响到地方政府转让地方国企的动机。政府竞争的存在使得资本的边际效用超过了公共品供给的边际效用，所以地方政府会更加重视对资本的争夺。当央企对地方国企的投资额足够大时，地方政府就会用地方国企的控制权来换取央企的高投资，并且地方政府在竞争中所处的相对位次越靠后，地方政府就会越努力，其转让地方国企的动机也就会越强。

三　地方国企控制权向央企转让：地方政府竞争效应的实证检验

在上一部分中，通过一个理论模型证实，影响地方政府将地方国企控制权转让给央企的因素有中央企业的扩张意愿和地方政府间的竞争，其中地方政府间竞争的影响是我们关注的重点，因此本节将实证检验地方政府竞争对地方国企控制权向央企转让的影响机制。

（一）研究样本

地方政府将地方国有企业的控制权转让给央企，意味着地方国企的终极控制人由地方政府部门或地方国资委转变为中央政府部门或国资委，本部分根据这一原则来选取研究的样本。又由于 2003 年国资委成立以后中央企业和地方国企的界限才逐渐清晰，所以本部分仅研究 2004 年以后发生的地方国企的控制权转移给央企的事件。

国泰安 CSMAR 数据库中的"中国上市公司股东研究数据库"提供了所有上市公司实际控制人的数据，本部分以该数据库中 2003—2012 年 A 股所有的上市公司的数据为初选样本，并根据以下原则进行筛选。

①考虑到金融行业的特殊性，我们剔除了根据证监会行业分类方法被划分为金融、保险业的上市公司。

②CSMAR 数据库提供了两种判断实际控制人的标准，我们依据第二种判断标准[①]，按照实际控制人的性质对所有的上市公司样本进行分类。如果实际控制人为非企业单位下的国有机构[②]，我们将这类公司直接划分为中央企业类型的上市公司；如果实际控制人为非企业单位下的省、地区级政府（CSMAR 数据库中的实际控制人性质代码为 2120），我们将其直接划分为地方国有企业类型的上市公司。对于实际控制人为其他类型的非企业单位（代码为 2000）、企业经营单位（代码为 1000）以及企业经营单位中的国有企业（代码为 1100）的上市公司，我们则进行逐个判断：如果为国务院国资委、中央政府部门（如财政部）或者国资委下属的中央企业等，我们将其视为央企类型的上市公司；如果为地方国资委、地方政府部门或者地方政府部门控制的公司等，我们则将其视为地方国企类型的上市公司。在判断过程中，考虑到科研院校控制的上市公司可能受政府部门的影响较小，我们剔

---

① 第一种标准是通过上市公司年报中公布的信息所得，第二种标准是通过公司的股权控制链计算所得。年报中公布的实际控制人信息并不十分完善，且很多公司混淆了控制股东和实际控制人的概念，仅将控制股东作为实际控制人，这都不利于我们对上市公司的性质进行判断；而根据公司的股权控制链计算所得的实际控制人更接近于终极控制人的概念，也更便于我们对上市公司进行分类。

② 这类实际控制人在 CSMAR 数据库中的代码为 2100，它们一般为国资委或中央政府部门。

除了实际控制人为科研院校的样本。另外，如果实际控制人为民营企业或者自然人，我们则将其划分为民企或者外企类型的上市公司，这类样本并不是本部分关注的重点。而对于无法分类的上市公司（代码为9999），我们将其剔除。

③在对所有上市公司样本进行分类之后，我们选取2004—2012年公司类型由地方国企变为央企的样本，这些样本均为地方国有企业，且在考察期内其控制权都转移给了央企。另外，在控制权转移发生之前，有些样本公司的注册地与实际控制人所在地并不一致，我们又剔除了这类样本。

按照以上筛选方法，我们得到了84个被央企收购的地方国有企业的样本。这些样本的行业和地区分布情况分别如下。

表3-15　2004—2012年控制权转移给央企的地方国有上市公司的行业分布

行业代码	行业名称	样本数量	行业代码	行业名称	样本数量
B01	煤炭采选业	1	C67	有色金属冶炼及压延加工业	8
B07	有色金属矿采选业	1	C71	普通机械制造业	4
C01	食品加工业	1	C73	专用设备制造业	3
C03	食品制造业	1	C75	交通运输设备制造业	3
C05	饮料制造业	1	C76	电器机械及器材制造业	2
C31	造纸及纸制品业	3	C81	医药制造业	4
C41	石油加工及炼焦业	1	D01	电力、蒸汽、热水的生产和供应业	11
C43	化学原料及化学制品制造业	11	F01	铁路运输业	1
C47	化学纤维制造业	2	G87	计算机应用服务业	1
C48	橡胶制造业	2	H01	食品、饮料、烟草和家庭用品批发业	2
C49	塑料制造业	1	H11	零售业	1
C51	电子元器件制造业	3	J01	房地产开发与经营业	4
C61	非金属矿物制品业	7	M	综合类	2
C65	黑色金属冶炼及压延加工业	3			

由表3-15可知，央企并购地方国有企业所涉及的行业主要为制造业，同时还包括采矿业，电力、蒸汽、热水的生产和供应业，铁路运输业，服务业，批发零售业以及房地产业等，这些行业既有垄断性行业，又包含竞争性

行业，几乎涉及国民经济的各个领域。

在制造业中，又以化学原料及化学制品制造业最多，该行业在2004—2012年共有11家地方国有企业被并入央企，这一数字与电力、蒸汽、热水的生产和供应业发生的数量相等。同时，在金属非金属行业、机械制造业以及设备制造业领域也有较大数量的地方国企被央企并购。

由图3-14可以看出，发生地方国企控制权向央企转让次数最多的省份是山东省。2004—2012年，山东省共有8家地方国有上市公司被央企收编。其次是宁夏回族自治区，共有6家国企的控制权被转让给央企。但是从全国来看，控制权转移给央企的地方国有上市公司并没有出现明显的地域分布特征，无论是经济较发达的东部地区，还是经济相对落后的中西部地区，几乎每个省份都有这种现象的发生。可见，在政绩考核的压力之下，几乎所有省份都具有吸引央企投资的强烈愿望。

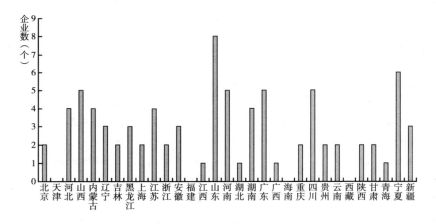

图3-14　2004—2012年控制权转移给央企的地方国有上市公司的地区分布

在获取了这84个已经发生控制权向央企转移的地方国企样本之后，为了便于研究，我们还需要寻找与这84个样本相匹配的参照样本。参照样本应该与原样本具有某一相似的特征，但它们在考察期内未发生控制权的转移。这里我们以公司规模为主要标准来选取参照样本，参照样本满足如下的条件：

①2004—2012年，参照样本的实际控制人为地方国资委、地方政府部

门或地方政府部门控制的企业，且其实际控制人未发生变更；

②按照证监会的行业分类方法，参照样本与原样本属于同一细分行业；

③在原样本公司的控制权被转移给央企的当年，参照样本的总资产规模与原样本的总资产规模接近，且两者的误差在 20% 之内。

满足以上条件的地方国有企业共有 163 家，这些参照样本与原样本具有类似的企业规模，但它们没有发生控制权的转移，并且参照样本与原样本可能处于不同的省区，具有不同的治理结构和财务绩效表现，因此在下文的分析中我们可以对这些因素的影响进行探讨。

（二）模型与变量

根据上一节理论模型的分析结果，地方政府间竞争的存在会激发地方政府对资本的热情，这也使得地方政府在出让地方国企控制权来换取央企的投资时能够获得更高的效用，因而地方政府将地方国企转让给央企的动机增强了。为了检验地方政府竞争与地方政府转让地方国企控制权动机之间的关系，我们构建了如下的 Logit 回归模型：

$$\ln \frac{P(CT_i = 1)}{1 - P(CT_i = 1)} = \alpha_0 + \alpha_1 CG_i + \alpha_2 FI_i + \alpha_3 ROA_i + \alpha_4 EPS_i + \alpha_5 FS_i + \alpha_6 OC_i + \varepsilon$$

$$(3 - 35)$$

模型中各变量的含义及计算方法如下。

1. 因变量

模型中的因变量 CT_i 是地方国有企业的控制权是否被转移给央企的二值变量，当地方国企的控制权被转移给央企时，因变量取 1，否则，因变量取 0。回归模型所选取的样本既包括发生控制权转移的 84 家地方国有企业样本，又包括用来参照的 163 家样本，因此全样本共有 247 个，其中因变量 CT_i 取 1 的有 84 个，CT_i 取 0 的有 163 个。

2. 测试变量

在本部分的实证研究中，我们所关注的测试变量是政府竞争中地方政府的努力程度。尽管地方政府之间的竞争涉及多个方面，包括税收竞争、支出竞争以及制度竞争等，但是周业安和宋紫峰[34]指出，地方政府竞争的核心是对资本的争夺。由于资本可以在短期内给当地带来巨大的经济绩效，在以地区 GDP 相对增长率为主要考核指标的政绩考核体系之下，地方政府官员势必会围绕可流动的资本展开激烈的竞争。王文剑等又指出，相对于国内的资本而言，地方政府会更加重视对外商直接投资的争夺。这是因为，外商直接投资不但可以为地区带来充足的资金，它所拥有的先进生产技术还能够产生溢出效应，更有利于地区经济的增长[35]。傅勇和张晏也认为，内资的流动会受到国内僵化的信贷体制的限制，所以地方政府和官员的重要任务就是吸引外资[31]。基于以上的分析，笔者认为，如果地方政府在争夺外资的竞争中处于不利的地位，那么它对央企投资的渴望程度会更高，因而也就更容易将地方国企的控制权交给央企。所以，某一地区的地方政府在吸引外资方面的相对缺口 CG 可以作为模型（3 – 35）中衡量政府间竞争对地方国企控制权转移影响的变量。

　　由于区位因素、自身经济条件以及资源状况的不同，各省区吸引外资的水平一般会存在差异，所以我们不能简单地以地方政府吸引 FDI 的绝对量来作为模型的解释变量。政府官员之间的"晋升锦标赛"强调的是结果的相对位次，而不是绝对成绩[19]，所以地方政府在行动中往往以其他地区为标尺。如果某地区吸引的外资水平相对于其他地区而言已经较高，那么该地区的地方政府便不会有太大的积极性去用地方国企的控制权来换取央企的投资；相反，如果本地区吸引的外资远远不及其他地区，那么央企的投资就能给该地区的地方政府带来更大的效用，即上一节博弈模型中的 α 值会变得更大，所以地方政府出让地方国企控制权给央企的动机也就会越强。不过，我们并不清楚地方政府的竞争策略，也就是说，我们不知道各个地方政府会以哪些地区为标尺来进行决策。张宇和黄静的研究给我们提供了一条思路，他们指出，在引资竞争方面，一个地区往往与和它相邻的地区或者和它经济发展水平相近的地区存在着较强的竞争关系[36]。借鉴他们的做法，我们分别用地理空间距离和经济发展水平差异进行加权来计算某地区以外的其他地区所吸引的 FDI，进而得出该地区与其他地区的引资差距。

　　用地理空间距离进行加权的具体方法是：首先，我们用各个地区省会城市之间距离的数据，构建一个 $n \times n$ 阶（n 为地区的个数）的地区距离矩阵 $D_{n \times n}$①；由于两个地区越是邻近，它们的省会城市之间的距离就会越小，但

---

① 因为一个地区与它自身的距离是 0，所以该矩阵的主对角线元素全为 0。

它们之间的竞争程度会越高，所以我们需要用省会城市距离的倒数对考察地区外的其他地区的引资水平进行加权，于是，我们对地区距离矩阵 $D_{n \times n}$ 中的非主对角线元素 $d_{i,j}$ 取倒数并进行标准化处理，即 $d'_{i,j} = (1/d_{i,j}) / \sum_j (1/d_{i,j})$，这样就得到了距离加权系数矩阵 $D'_{n \times n}$；接着，我们用各地区的 FDI 组成的行向量 F_n 与 $D'_{n \times n}$ 相乘，得到的向量 $\bar{F}_n$ 即为地理空间距离加权后的其他地区的 FDI 水平[1]。用经济发展水平差异进行加权的方法类似：首先对各个地区的 GDP 进行两两作差并取平方[2]，构建一个 $n \times n$ 阶的经济发展水平差异矩阵 $E_{n \times n}$；由于两个地区的经济发展水平越是接近，它们的 GDP 之差会越小，但它们之间的竞争程度会越高，所以我们再对经济发展水平差异矩阵 $E_{n \times n}$ 中的非主对角线元素 $e_{i,j}$（$i \neq j$）做如下处理：$e'_{i,j} = (1/e_{i,j}) / \sum_j (1/e_{i,j})$，得到经济发展水平差异加权系数矩阵 $E'_{i,j}$；接着再用各个地区的 FDI 组成的向量 F_n 与 $E'_{i,j}$ 相乘，得到利用经济发展水平差异加权的其他地区的 FDI 向量 $\bar{F}_n$。在求得考察地区以外的其他地区的加权 FDI 水平 $\bar{f}_i$ 以后，我们令 $cg_i = \bar{f}_i / f_i$，这一指标就可以衡量考察地区相对于其他地区的引资缺口。cg_i 的值越高，说明其他地区比考察地区能够吸引到更多的 FDI，因而考察地区的地方政府出让地方国企控制权的可能性就越大。另外，为了对比，我们还计算出了在不加权情况下，考察地区相对于其他地区的引资不足程度，即 $cg_i = \sum_{k \neq i} FDI_k / (nFDI_i)$。

本部分从 ACMR 数据库中获得了 2004 年以来全国 31 个省份实际利用的外商直接投资额的数据，又从国泰安数据库中得到了历年各个省份的 GDP 数据；全国 31 个省份省会城市之间距离的数据则来源于中国公路信息服务网[3]，我们选取的是省会城市之间的公路距离。根据相关数据，我们计算得出了 2004 年以来全国 31 个省份在不同计算方法下的 cg_i 值。接着，根据研究样本中地方国企的控制权发生转移的年份以及控制权转移之前该样本公司的实际控制人所属的省份，我们筛选出年份与地区跟研究样本相一致的 cg_i 值，这些值组成的变量即为模型（3－35）中的变量 CG_i。根据前文的分析，

---

①　$\bar{F}_n$ 中的元素 $\bar{f}_i$ 表示的是除 i 地区以外的其他地区的加权平均 FDI 水平，它是与 i 地区相对应的。

②　取平方是为了避免所得到的矩阵中出现负值。

③　该网站的网址为：http://www.chinahighway.gov.cn/roadInfo/index.do。

我们预测这一变量的系数为正。

　　3. 控制变量

　　FI_i 表示地方政府的财政自给率。许多关于国有企业民营化的研究都将财政动因视为地方政府放弃国有企业产权的一个重要原因，如王红领等[37]、朱恒鹏[38]以及韩朝华和戴慕珍[39]。他们认为，地方政府将国有企业的控制权转让给私营企业是为了增加财政收入或者减轻因补贴亏损的国有企业而产生的财政负担。陆简通过一个中央政府、地方政府和央企的三方博弈模型来分析地方政府对接央企的成因时，也认为是地方政府预算外收入的减少加剧了其对接央企的冲动[40]。基于此，我们在控制变量中引入了地方政府财政自给率的指标，用该指标来分析地方政府转让地方国有企业控制权的行为是否具有财政方面的原因。财政自给率是财政收入与财政支出的比值，我们使用 2004 年以来全国各省市预算内的财政收支数据，数据来源于各年度的《中国统计年鉴》，预测此变量的系数为负。

　　ROA_i 表示在每个样本公司所对应年份①的前一年，第 i 个公司的总资产净利润率。这一指标可以反映地方国企在控制权被转移给央企之前的赢利能力。

　　EPS_i 表示在样本公司对应年份的前一年，第 i 个公司的每股收益，它可以反映在地方国企发生控制权向央企转移的前一年，地方国企的股东获利能力。

　　FS_i 表示在样本公司对应年份的前一年，第 i 个公司的流通股比例，它反映了地方国企在控制权转移之前的治理结构；

　　OC_i 则表示在样本公司对应年份的前一年，第 i 个公司的 z 指数（第一大流通股股东与第二大流通股股东持股比例的比值），它能够反映地方国企控制权转移之前的股权集中度。

　　（二）描述性统计

　　在获得模型（3 - 35）中各变量的相关数据以后，我们对各个变量进行

———————

　　①　样本公司所对应的年份是指，原样本发生控制权转移的年份或者参照样本所对应的原样本发生控制权转移的年份。

了全样本以及分组样本的描述性统计，并对分组样本的均值之差进行了检验。描述性统计与均值比较的结果如表 3 – 16 所示。

表 3 – 16　描述性统计与均值比较

变量	全样本(247)		控制权被转移给央企的样本(84)		控制权未发生转移的样本(163)		均值比较
	均值	标准差	均值	标准差	均值	标准差	
CG1	5.292	12.680	8.98	19.038	3.39	6.909	5.595 ** (2.607)
CG2	2.321	6.153	4.23	9.845	1.34	2.226	2.898 *** (2.663)
CG3	2.261	3.618	2.72	4.166	2.03	3.291	0.691 (1.322)
FI	0.587	0.196	0.52	0.189	0.62	0.191	− 0.101 *** (− 3.953)
EPS	0.180	0.428	0.07	0.403	0.23	0.432	− 0.160 *** (− 2.828)
ROA	0.025	0.064	0.01	0.065	0.03	0.063	− 0.023 *** (− 2.677)
FS	0.505	0.194	0.54	0.214	0.49	0.182	0.049 * (1.777)
OC	5.233	19.387	8.14	31.975	3.74	6.349	4.401 (1.249)

注：①CG1、CG2 和 CG3 分别表示用地理空间距离加权、用经济发展水平差异加权和不加权计算得出的考察地区的相对引资缺口；②均值比较采用独立样本 T 检验（双尾），所得的差值为控制权转移给央企的样本减去未发生控制权转移的样本的差值；③均值比较列中括号内的数字为 t 统计量，* 表示在10% 的统计水平上显著，** 表示在5% 的统计水平上显著，*** 表示在1% 的统计水平上显著。

　　从表 3 – 16 中的地区相对引资缺口来看，无论是用地理空间距离还是用经济发展水平差异进行加权，控制权被转移给央企的样本所对应地区的引资缺口都显著高于控制权未发生转移的样本所对应地区的引资缺口，这足以说明地方政府在吸引外资失利的情况下，更具有出让地方国企控制权给央企的动机。不过，未加权计算得到的引资缺口变量 CG3 并未在两组样本之间出现显著的差异，这说明地方政府是有一定的竞争策略的，它们会更加关注与本地区相邻的地区或者经济发展水平相近的地区，因而与这些地区之间的竞争也更激烈。

从财政自给率来看，控制权发生转移的样本所对应地区的财政自给率显著低于控制权未发生转移的样本所对应地区的财政自给率，说明地区的财政困难也会增加地方政府出让地方国有企业控制权的意愿。

从每股收益和净资产收益率来看，未发生控制权转让的地方国企的这两项指标是显著优于控制权被转移给央企的地方国企的指标，说明地方政府在用地方国企的控制权来换取央企的投资时，会首先考虑将绩效较差的企业转让出去，而对绩效较好的企业则保留控制权。

从流通股比例来看，相对于未发生控制权转让的地方国企而言，控制权转让给央企的地方国企有着更高比例的流通股，说明地方政府更愿意保留流通股比例较低的地方国企，这可能意味着地方政府能够在流通股比例较低的地方国企中获得更高的控制权收益。另外，股权集中度指标在两个分组样本之间没有出现显著的差异，说明股权集中度对地方政府是否转让地方国企控制权的影响较小。

（三）回归分析

为了观察地区相对引资缺口这一代表政府竞争程度的变量对地方政府转让地方国企控制权动机的影响程度，我们对模型（3－35）进行了 Logit 回归，回归结果如表 3－17 所示。

表 3－17　模型回归结果

变量名	模型（1）		模型（2）		模型（3）	
	系数	风险比	系数	风险比	系数	风险比
$CG1$	0.0278* (0.0147)	1.028	—	—	—	—
$CG2$	—	—	0.0744** (0.0360)	1.077	—	—
$CG3$	—	—	—	—	0.00328 (0.0404)	1.003
FI	−2.222*** (0.861)	0.108	−2.310*** (0.819)	0.099	−2.991*** (0.830)	0.050
EPS	−1.742* (0.957)	0.175	−1.744* (0.958)	0.175	−1.422 (0.933)	0.241

续表

变量名	模型（1）		模型（2）		模型（3）	
	系数	风险比	系数	风险比	系数	风险比
ROA	4.355 （5.918）	77.890	4.250 （5.912）	70.087	3.034 （5.881）	20.774
FS	0.609 （0.766）	1.839	0.471 （0.776）	1.602	0.732 （0.758）	2.080
OC	0.0127 （0.0148）	1.013	0.0120 （0.0143）	1.012	0.0116 （0.0144）	1.012
Constant	0.261 （0.656）	1.298	0.375 （0.630）	1.455	0.763 （0.643）	2.146
样本量	247		247		247	
拟合优度	0.102		0.109		0.088	

注：①3 个模型的因变量均为 CT；②系数列括号内的数字为标准差，＊表示在 10% 的统计水平上显著，＊＊表示在 5% 的统计水平上显著，＊＊＊表示在 1% 的统计水平上显著。

对比前两个模型的回归结果可以发现，无论以何种方式进行加权，地区的相对引资缺口 CG 都对地方国有企业控制权被转让给央企事件发生的概率具有正向且显著的影响。不过模型（3）用非加权的相对引资缺口（$CG3$）替代加权计算的相对引资缺口（$CG1$ 和 $CG2$）以后，该指标变得不再显著，这一结果与上一节中的均值检验结果相同。在财政分权与政治集权并存的制度背景下，我国地方政府官员之间的"晋升锦标赛"使得地方政府具有强大的动力来发展经济，为了不致在"晋升锦标赛"中处于落后地位，地方政府会在能够促进地区经济发展的流动要素之间展开激烈的竞争。由于"晋升锦标赛"强调的是相对位次而不是绝对成绩，所以竞争失利会给地方政府官员带来巨大的损失，而一旦在竞争中处于不利的地位，地方政府官员势必会不惜一切代价进行追赶。我们模型中的相对引资缺口 CG 变量就能够反映地方政府在引资竞争中所处的不利地位，这一变量越大，被考察地区纳入竞争范围的其他地区吸引的 FDI 就越多，所以考察地区的政府官员就会越有压力和危机感。在相对引资缺口逐渐变大的情况下，政府官员只有拿地方国企的控制权来换取吸引央企投资上的成功，用这种方式来弥补吸引 FDI 方面的失利。因此，相对引资缺口越大，地方国企控制权被移交给央企的概率也会越大。另外，并不是任意两个地区之间都会形成激烈的竞争，距离较远或者经济差距较大的两个省份之间的竞争程度会小得多，比如山东和甘肃；而地理位置邻近或者经济发展水平较接近的省份之间才会有激烈的竞争，比如山东和江苏。所以用简单平均的方式计算出的相对引资缺口不会对地方政府出让地方国企的概率产生显著的影响。

观察三个模型中财政自给率的影响，不难发现，地区的财政自给率确实能够对地方国企控制权发生转让的概率产生显著的负向影响。也就是说，财政自给率越低，地方政府出让地方国企的动机就会越强。不过，财政自给率的风险比（Odds Ratio）要比地区相对引资缺口的风险比小得多。以模型（1）为例，地区引资缺口 CG1 的风险比为 1.028，说明引资缺口每增加 1 个单位，会使地方政府转让地方国有企业控制权的概率增加 1.028 个单位；而财政自给率每下降 1 个单位，地方政府转让地方国企控制权的概率仅增加 0.108 个单位。这意味着，虽然地方政府会出于财政困难的考虑而将地方国企的控制权转让给央企，但这一因素要比地区相对引资缺口的影响小得多，地区相对引资缺口才是影响地方政府决定的关键因素。

再考察样本公司每股收益的影响，在前两个模型中，地方国企控制权发生转移前一年的每股收益对地方国企控制权被转移给央企的概率也具有较显著的影响，每股收益每增加 1 个单位，控制权转移的概率会下降 0.175 个单位。这说明，地方政府对地方国企的控制权进行转让时，也会考虑地方国企的经营绩效，地方国企的绩效越好，地方政府就越会不愿将其转让给央企。另外，对于模型中反映公司赢利能力的净资产收益率变量 ROA、反映公司治理结构的流通股比例变量 FS 以及反映公司股权集中度的 OC 变量，我们并没有得出它们会对地方政府转让地方国企控制权的动机产生显著影响的结论。

（四）小结

本节在地方政府竞争的框架下，基于一个央企和地方政府参与的两阶段动态博弈模型，以及 2004 年以来我国 A 股非金融行业的地方国有上市公司的相关数据，从理论和实证两方面对我国国有企业改革过程出所出现的中央企业并购地方国有企业的现象进行了研究，所得到的主要结论有以下 3 点。

①中央企业并购地方国有企业现象发生的前提是中央企业具有强烈的扩张意愿。在国务院国资委要求央企做大做强的背景下，中央企业对企业规模

的扩大有着强烈的偏好，因而能够对地方国有企业进行更多的投资，这一投资水平会超过项目投资收益最大化时所需要的投资水平。为了争夺这种超额的投资，地方政府才会甘愿把地方国有企业交给央企。

②地方政府之间的竞争是导致地方国有企业的控制权被转移给央企的主要原因。我国财政分权与政治集权并存的特殊制度，使得地方政府官员之间存在着"晋升锦标赛"，而具有绝对权威的中央政府又是以地区经济增长这样一种较单一的指标来考核官员，所以地方政府会不惜代价地抢夺能够促进经济增长的流动资源，这其中就包括央企背后的投资。当央企投资所带来的地区经济增长能够弥补地方政府失去地方国企控制权的损失时，地方政府就会拿地方国企的控制权来换取央企的投资。外商资本在经济增长中的作用巨大，因而外商资本是地方政府竞争的重点，而一旦地方政府在争夺 FDI 的竞争中失利，它就会进行更大强度的竞争，它也就更有可能用地方国企的控制权来换取央企的投资，从这一思路出发，本节构建了衡量地方政府竞争努力程度的"地区引资缺口"变量，并运用 2004 年以来非金融行业的地方国有上市公司的相关数据，实证分析了政府竞争对地方政府转移地方国企给央企的动机的影响，实证结果支持了前文的理论分析结论，即地方政府间竞争的强度越大，中央企业并购地方国有企业的现象就更容易发生。

③财政因素可能也是构成地方政府转让地方国企的一个动因。实证研究发现，转让前一年地区的财政自给率越低，地方政府转让地方国企的可能性就越大，不过财政因素的影响要远远低于政府竞争因素的影响。另外，地方国企的绩效越差，地方政府将其转让给央企的可能性也会越大。

目前对中国国有企业改革的研究多集中在国有企业的控制权向私人转移（民营化）方面，而国有企业内部发生的中央企业并购地方国有企业的现象却没有得到足够的关注。央企并购地方国企现象的发生有着深刻的制度背景，而随着中央企业规模的扩大，私营企业的发展将更加困难，这势必会影响到国有经济和非国有经济的分布格局。笔者利用一个博弈模型证实，央企能否并购地方国企，受央企的扩张意愿以及地方政府间的竞争程度两方面的影响。不过模型忽略了非国有经济的存在性，因而不能对央企并购地方国企后经济格局的变化做出一个很好的说明，这也是一个值得改进和进一步研究的地方。

第四节　上市公司壳资源重组：基于
地方政府干预的视角

在资本市场舞台上，上市公司壳资源重组是一道亮丽的风景。尤其在我国经济转型背景下，受制于证券市场的特殊制度安排，直接上市额度受到严格的限制[41]，上市公司壳资源成为一种具有稀缺性与不易获得性的重要资本资源。由此，壳资源重组问题成为中国证券市场领域的热点问题。目前学术界对于壳资源问题的研究多集中于价值评估、重组绩效等方面，很少关注政府干预因素对其重组类型及绩效的影响。对于地方政府来说，上市公司是其管辖区域内的代表性企业，上市公司的数量是该地区经济发展水平的重要体现，上市公司的发展状况与地方政府的政绩密切相关[42]。然而，一些上市公司因运作机制的固有缺陷出现了连年亏损，面临丧失再融资功能甚至退市的风险，其中不乏国有企业。对此，在经济转型期，地方政府为保持自身的竞争优势，有动机也有能力对本地国有壳资源的重组行为进行干预。

那么，在地方政府干预下，壳资源重组行为会表现出哪些特征？不同产权性质的壳资源在重组类型的选择上是否存在差异？壳资源重组的绩效状况如何？这些都是资本市场中各利益相关者所关心的焦点问题。尤其是在经济转型期我国资本市场制度不够健全，市场化程度较低的情况下，我们更需要对该制度背景下的壳资源重组行为进行深入研究与分析。

本节旨在将政府因素加入壳资源重组行为的分析框架中，探讨政府干预的影响机制。根据壳资源的实际控制人性质将研究样本分为国有企业与非国有企业两类，进一步考察地方政府干预下不同产权性质壳资源对本地或异地重组的选择差异，并对本地重组绩效与异地重组绩效进行比较分析，以揭示地方政府干预壳资源重组的机制与效应。

一　壳资源重组的现状

（一）壳资源重组的背景条件

20 世纪 90 年代以来，随着我国市场经济的发展，企业的并购重组行为如雨后春笋般出现。其中，壳资源重组是对 IPO 上市的一种补充，也是重要的资源优化配置途径。下面本部分将从经济背景和制度条件两个方面阐释我国壳资源重组的背景。

1. 经济背景

我国资本市场诞生 20 多年来，制度逐步完善，规模不断扩大。截止到 2014 年 3 月底，我国境内上市公司数量已达到 2972 家，增长速度位于世界前列。与此同时，我国资本市场的融资功能也发挥着不可替代的作用。由此，跻身上市公司的行列，就成为众多企业的共同愿望。然而，我国主板市场容量有限，且通过 IPO 上市的门槛较高，导致目前我国的上市公司数量相对于整体经济规模而言仍然偏低。那么，在整个资本市场处于外延式扩张的现阶段，对壳资源的充分利用就扮演着重要角色，其无论是对于并购重组市场还是整个资本市场的成长都是十分必要的。

尤其在 2005 年实施股权分置改革以后，上市公司的流通股股东与原非流通股股东的利益趋于一致，加之允许通过发行股份购买资产的新支付手段的出现，使得上市公司的控股股东更加有动力将自身的优质资产注入上市公司，并可以运用股权支付而不是宝贵的现金资源来完成重组。这无疑为国企的发展提供了新的平台，极大地促进了国企对部分上市业务的修正和完善。由此，国有企业壳资源重组行为的发生就变得更为频繁。

此外，创业板的成功推出也在一定程度上促进了壳资源重组的"繁荣"。首先，创业板的企业规模一般相对较小，使得企业间更容易发生并购重组，由此也就提供了丰富的壳资源；其次，创业板壳资源的股权结构相对单一，收购成本较低。同时，监管层对创业板的管理较为严格，减少了企业并购重组过程中的内幕交易，使得壳资源重组更为规范。

2. 制度条件

我国新兴加转轨的制度环境从根本上影响着我国的壳资源重组行为。在诸多制度因素中，我们认为以下两个因素具有主要影响。

首先，上市与退市制度。目前由于我国资本市场与投资者尚处于成长阶段，监管部门对企业的 IPO 上市采取严格的实质性审核制度。该制度能够有效保护投资者的利益，提高上市公司的质量，并预防了常见于其他新兴资本市场的证券欺诈发行行为。但是，从发行效率角度来看，IPO 实质性审核制度大大减缓了企业的上市速度，导致仅通过 IPO 实现上市的渠道过于狭窄。而且，由于我国资本市场的不稳定性，IPO 闸门还时常紧闭，出现监管部门停止 IPO 审批的情形。对于一个新兴资本市场来说，将优质的企业资源引进来，真正实现资源优化配置的功能，不仅是其任务与职责，也是其走向成熟的关键。那么，在这种上市制度的背景下，壳资源重组就补充了 IPO 制度的不足，成为优质非上市公司进入资本市场的另一条通道。此外，现阶段上市公司退市制度的不完善也在一定程度上推动了壳资源重组的发生。相对于西方资本市场，我国的上市公司退市制度形同虚设。从我国上市公司退市的数量来看，仅有少数几家公司发生过退市情形，占上市公司总数的比例非常低。但是，综观各大上市公司，会发现有些公司由于各方面原因，经营业绩下滑，已经不再符合上市标准，资本市场会对该类企业提出退市要求。而事实上，鉴于我国壳资源的稀缺性以及 IPO 上市的高难度，该类上市公司往往不会发生主体退市，而是会被一些非上市公司通过借壳上市等壳资源重组行为进行再利用，仅使其原有的资产发生退市。在此过程中，非上市公司通过向壳公司注入新的资产而完成上市，壳公司的上市资格也得以保留。

其次，地方政府竞争。随着财政分权与分税制财政体制的推行，地方政府被赋予更多控制本地经济活动及分配经济成果的权力[19]。但与此同时，地方政府的制度内收入来源相对减少，财政压力相应增大，地方财政状况的好坏直接影响到地方的经济利益。而且，相应的政治体制安排实行单一制，中央政府有权任免下级地方政府官员，地方 GDP 等经济发展指标被作为考核地方政府官员政绩的主要标准[20]。在这种体制背景下，地方政府的自身利益被不断强化，进一步加剧了地方政府竞争的激烈程度。由此，地方政府为了提高自身在各个领域的竞争力，经常会采取资源配置本地化和保护本地市场等行政性手段，来增加本地区的局部利益[43]。

上市公司作为带动地区经济发展的龙头企业，往往受到地方政府的高度重视。同时，本地上市公司的数量也是衡量地方经济发展水平的重要指标。因此，本地上市公司的发展与地方政府的利益是密切相关的。所以，从本地利益出发，地方政府通常会为上市公司提供税收、融资等优惠政策，以扶持其成长[44]。在对待上市公司退市的问题上，地方政府总是非常谨慎。对于那些经营业绩较差的上市公司，即使已经符合退市条件，地方政府也会运用其行政职权，采取并购重组方式来保住本地的"壳资源"，以避免其退市。尤其是，地方政府拥有对地方国有企业的实际控制权，使得壳资源重组行为更多地涉及国有企业。因此，在政府竞争的背景下，地方政府的行政推动也是促进我国壳资源重组的动力之一。

（二）壳资源重组的特征

在我国当前的经济与制度背景下，上市公司壳资源重组行为呈现怎样的特征？为此，本节选取 2006—2012 年我国沪深 A 股发生的所有壳资源重组行为作为初始研究样本，从年度数量分布、产权性质分布以及区域分布三个方面对其进行统计分析。

1. 年度数量分布特征

自股权分置改革以来，我国上市公司壳资源重组行为频繁发生。图 3 - 15 描述了 2006—2012 年我国沪深 A 股每年发生的壳资源重组行为的数量。从图 3 - 15 中可以看出，2007 年我国壳资源重组数量较 2006 年有了大幅度提高，这主要是受经济环境的影响。2007 年，我国国民经济实现快速增长，股市指数一度从 2728 点冲至 6124 点，造就了中国股市有史以来的最大牛市。在这一年，资本市场中的并购重组行为明显增多。2007 年之后，每年发生壳资源重组行为的数量基本都围绕在 40 家左右。2008 年金融危机给资本市场带来的严重打击，使得各大公司的经营业绩受到显著影响，并购实力也随之减弱。由此，壳资源重组数量较上一年有所下滑。2011 年，"十二五"时期的开局之年，在政府积极稳健的宏观调控政策下，市场经济开始复苏，经济实体规模逐步扩大，并购重组行为又开始频繁。

总的来看，我国壳资源重组行为的频繁程度与宏观经济的发展是紧密相关的。在较长一段时间内，我国壳资源将依然具有稀缺性，非上市公司仍会利用壳资源重组行为来实现间接上市。另外，除了因资本市场容量的限制外，我国地方政府竞争也为壳资源重组行为的发生提供了制度基础。壳资源重组行为在我国资本市场中将具有长期性。

2. 产权性质分布特征

根据国泰安数据库对上市公司实际控制人性质的统计，本部分将

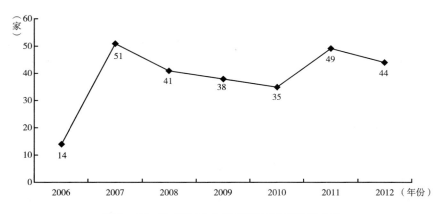

图 3 – 15 我国沪深 A 股壳资源重组数量走势

资料来源：由国泰安数据库与锐思数据库的相关数据整理而得。

2006—2012 年研究样本中的壳公司产权性质划分为国有与非国有两类。具体的壳公司产权性质分布状况，如表 3 – 18 所示。

表 3 – 18 样本壳公司的产权性质分布情况

单位：起，%

产权性质	2006 年	2007 年	2008 年	2009 年	2010 年	2011 年	2012 年	合计	占比
国　有	11	28	20	17	19	27	24	146	53.68
非国有	3	23	21	21	16	22	20	126	46.32
合　计	14	51	41	38	35	49	44	272	100.00

从表 3 – 18 中可以看出，每年沪深 A 股市场发生的壳资源重组行为中，国有产权的壳公司资源重组事件数量基本都超过了非国有产权的壳公司。在窗口期发生的 272 起壳资源重组事件中，壳公司为国有产权的所占比例达到了 53.68%。可见，国有产权的壳公司发生重组的频率较非国有壳公司的更高。

壳公司产权性质分布的特征，与转型期国有企业的特点以及地方政府的干预是分不开的。一方面，在经济转型期，国有企业与非国有企业之间存在着制度安排的差异，这可能导致国有企业的经营效率及创新能力较低，企业绩效低下。一旦国有上市公司的绩效指标下滑至退市标准，就会面临退市的风险。为了避免退市，绩效差的国有企业更容易在地方政府的干预下，被买壳上市。而且，即使一些国有上市公司不存在退市风险，也可能会通过壳资源重组来实现产业结构的调整，以提升企业活力。另一方面，地方政府为了增强本地区的经济实力，更倾向于将本地国有上市公司做大做强，推进国有大型集团公司通过壳资源重组来实现整体上市。

3. 区域分布特征

根据壳公司所属的省级管辖区域，笔者对 272 个研究样本的区域分布进行了统计，具体如表 3 – 19 所示。

从表 3 – 19 中可以看出，我国的壳公司大多集中在经济相对发达的东部地区，如广东、上海、北京、浙江等。在 272 个研究样本中，广东的壳公司数量为 32 家，占总样本比例的 11.76%；上海的壳公司数量为 31 家，仅次于广东；北京、浙江与山东的壳公司数量分别为 21 家、20 家与 19 家。相比之下，经济相对落后的西部地区壳公司则较少，如西藏、青海与新疆分别只有 1 家，重庆、广西与甘肃分别为 2 家。壳公司区域分布之所以呈现这种以经济相对发达程度为分界线的特征，主要是与地区间上市公司的数量差异以及优质非上市公司的数量差异有关。在经济发达的东部地区，上市公司的数量较多，潜在的壳资源较为丰富。同时，该类地区的优质非上市公司也相对较多，它们都渴望通过上市来获取资本市场的融资渠道，但又苦于 IPO 审批的严格性与复杂性，只能选择借壳或买壳的方式以实现曲线上市。由此可见，在经济相对发达的东部地区，壳资源重组的条件更为成熟，发生的数量自然就较多。

表 3 – 19　样本壳公司所属区域的分布情况

单位：家，%

省（市、自治区）	壳公司数量	占比
广　东	32	11.76
上　海	31	11.40
北　京	21	7.72
浙　江	20	7.35
山　东	19	6.99
江　苏	13	4.78

省(市、自治区)	壳公司数量	占比
河 北	11	4.04
辽 宁	11	4.04
四 川	11	4.04
安 徽	10	3.68
湖 北	9	3.31
湖 南	9	3.31
福 建	7	2.57
海 南	7	2.57
陕 西	7	2.57
河 南	6	2.21
黑龙江	5	1.84
江 西	5	1.84
内蒙古	5	1.84
天 津	5	1.84
吉 林	4	1.47
宁 夏	4	1.47
山 西	4	1.47
云 南	4	1.47
贵 州	3	1.10
其 他	9	3.31
合 计	272	100.00

此外，笔者还根据壳资源重组双方所属地方政府管辖区域的差异，进一步考察了壳资源重组行为的本地与异地特征，统计结果如表 3 - 20 所示。

从表 3 - 20 中，我们可以看出，我国壳资源重组行为具有显著的同属性特征。在 272 个研究样本中，壳资源与非上市公司由同一省级政府管辖的重组事件共 200 起，所占比例高达 73.53%。相应的，异地重组事件仅占 26.47%。其中，本地重组事件中，国有企业壳资源重组的比例占 58.5%。对于该现象的成因，可以从地方政府干预和地方保护主义的角度进行解释。在经济转型期，地方政府追求本地经济效益最大化成为其干预壳资源重组的动机。由此，地方政府更重视对本地壳资源的保护。一方面，地方政府渴望通过本地壳资源重组增强优质非上市集团公司的实力；另一方面，上市公司作为地方经济发展水平的标杆，地方政府会采用行政手段推动本地的壳资源重组，以实现部分上市公司的产业结构调整或是保住面临退市风险的壳资源。同时，对于异地重组行为，壳资源所在地的政府并不希望本地壳资源，尤其是国有产权壳公司流失。那么，基于自身的利益目标，地方政府会对本地国有壳公司的异地重组行为进行审批限制。

表 3 - 20　壳资源重组行为的区域变化情况

单位：起，%

类　型	2006 年	2007 年	2008 年	2009 年	2010 年	2011 年	2012 年	合计	总占比
本地重组	13	43	24	28	26	34	32	200	73.53
异地重组	1	8	17	10	9	15	12	72	26.47
合　计	14	51	41	38	35	49	44	272	100.00

二　转型期壳资源重组的动因分析

通观我国壳资源重组的现状，宏观经济环境与地方政府干预已成了推动我国壳资源重组的外部因素与潜在动力。基于上述现状，本部分将重点从企业维度和地方政府维度两个层面来分析与归纳壳资源重组的动因。

（一）企业维度的动因

1. 借壳方

在壳资源重组中，借壳上市和买壳上市是非上市公司最常采用的两种手段。通常借壳上市的企业中不乏实力雄厚的大型国企，买壳上市的企业中包含了大量的高成长性民营企业。无论是借壳上市还是买壳上市，笔者将这些通过壳资源重组实现间接上市的非上市公司，统称为"借壳方"。关于借壳方的重组动因，可以归纳为以下几点。首先，拓宽融资渠道，改善融资结构。获取资本市场的融资渠道是借壳方进行壳资源重组的根本动因。在我国，非上市公司的融资渠道较为单一，大部分融资只能依赖于银行贷款，但银行贷款严格的审批制度、期限、利率等限制条件，使得企业的融资难度大大增加，融资规模远不能满足企业经营发展的需求[45]。而资本市场为上市公司提供了一个成本低、金额大、连续性强的融资渠道，这对于企业的长远发展是极为有利的。因此，取得上市地位是企业拓宽融资渠道的一个重要途径。壳资源重组作为对 IPO 上市的补充，受到了各大非上市公司的青睐。它们可以利用壳公司的上市资格通过增发新股或配股的方式进行融资，拓宽企业的融资渠道。同时，股权资本的增加，也改善了企业的融资结构，分散了融资风险，更利于企业综合实力的提升。其次，树立企业形象，提高知名度。资本市场的传播效应能够为上市公司提供免费的宣传服务。当企业涉及壳资源重组时，该行为本身就会引起相关媒体以及广大投资者的关注，其产生的新闻效应将为企业节省巨额的广告费用。一旦重组成功，上市公司的股价也会随之上升，继而成为股票投资者关注的对象，提高了企业的知名度。而且，企业在上市之后，定期的报告及信息发布，也会产生了宣传效应。这都将对企业形象的树立、无形资产的培育以及品牌效应的增值产生巨大的推动作用。最后，实现节税效应。基于税法、会计准则及证券交易的相关规定，壳资源重组可以为借壳方带来货币性收益。特别是企业运用亏损递延条款，可以免缴亏损当年的所得税，并且可以亏损后延的方式抵消未来年度的收益。同时，由于各种资产所适用的税率因其类型的不同而存在差异，股息收入、利息收入、营业收益、资本收益的税率也各不相同，根据这些税率差异，企业可以通过并购重组行为以及相应的财务决策，达到合理避税的目的[46]。因此，节税效应的存在，也是借壳方进行壳资源重组的动因之一。

2. 让壳方

在壳资源重组中，出让壳资源的上市公司被称为"让壳方"。让壳方出让壳资源的动因对于重组交易的实现同样具有重要意义。一般来说，让壳方的资源重组动因，可以归纳为以下几点。首先，避免退市，保住壳资源。随着上市公司退市制度的不断完善，一些经营业绩不佳的上市公司所面临的退市风险越来越大。其控股股东在无法改变现有亏损局面的情况下，不得不采取以退为进的方式，保住珍贵的壳资源[47]。由此，其控股股东为了避免上市公司退市，会积极寻求壳资源重组。虽然其控股股东可能会在重组中丧失控股地位，但可以通过引进强力外援以及注入优质资产，改善企业的绩效表现，增强企业的市场竞争力。因此，强烈的求生欲望与忧患意识是绩效不佳的让壳方选择壳资源重组的主要动因。其次，发挥壳功能，提升竞争力。有的壳公司虽然暂时没有退市风险，但是由于企业制度与管理方法的落后或是资产质量不佳，其配股融资的功能正在逐渐丧失。由此，企业利用资本市场通过配股来募集低成本的资金渠道就被封锁了，而又只能转向银行贷款这一条老路。在这种情况下，壳公司的财务风险会随之增加，资本结构过于激进，无法通过直接融资来分散风险。因此，该类壳公司会从自身利益出发，为了重新获取配股资格、发挥壳功能，以优化资产质量、提高企业竞争力，而产生让壳动机。最后，实现产业转换或产品结构调整。对于一些夕阳产业或产品结构不佳的上市公司，其发展前景受到了严重的制约。为了突破这一发展瓶颈，实行产业转换或产品结构调整是该类企业的必然选择。但这些公司自身普遍缺乏结构调整能力或向新行业渗透扩张的能力。由此，该类上市公司只能通过出让壳资源进行资产重组，以换取对公司经营范围及方向的改造，实现产品结构调整。在这种情况下，壳资源重组就成了企业进行产业转换的主要方式。另外，出于对企业发展战略的考虑，有的绩优公司也会愿意进行壳资源重组，以促进企业的长远发展。

（二）政府维度的动因

经济转型期的特殊性使得我国政府一直扮演着国有资产所有者与社会管理者的双重角色。一方面，政府可以采用资产划拨方式，强力推进企业的并购重组[48]；另一方面，政府又可以利用社会管理职能对企业并购进行监管与协调。由此，在当前的制度背景下，地方政府干预成了推动我国壳资源重组行为的潜在动力。那么，根据壳资源重组的特征，结合政府干预企业并购的相关理论，笔者将政府维度的壳资源重组动因，归纳为以下几个方面。

1. 保壳保配，实现政府官员的政绩目标

保壳保配是地方政府干预壳资源重组的直接动因。上市公司壳资源的稀缺性，使得地方政府对本地区壳资源的数量尤为关注。对于那些因业绩不佳而面临退市风险的上市公司，地方政府会通过资金支持、优质资产注入等方式对其进行资产置换与重组。由此，地方政府会极力推动本地区的该类壳资源重组行为，以防止国有资产的流失，并确保本地上市公司的数量，达到保壳目的[49]。此外，对于那些暂时没有退市风险但已失去配股功能的壳公司，地方政府也会采取行政化手段推动其重组行为的发生，帮助其恢复配股融资的壳功能，实现保配的目标。

那么，在地方政府争夺稀缺性壳资源的背后，是否存在更深层次的动因呢？通过剖析我国当前的制度背景可以发现，地方政府官员的政绩目标是推动我国壳资源重组的根本动因。20 世纪 80 年代以来的财政体制改革，导致地方政府的绩效考核体制与考核指标都发生了变化。在这期间，地方政府的政绩通常以地区经济的发达程度以及社会稳定程度来衡量，管辖区域的 GDP 是重要的考核指标[20]。也就是说，地方政府官员的晋升是由中央政府根据其政绩考核结果而决定的。因此，为了得到中央政府的认可，地方政府之间展开了 GDP 及利税竞争。上市公司作为拉动地区经济发展的主要力量，势必会得到地方政府的扶持。在面临壳资源减少或功能丧失的风险时，地方政府有动力采取行政措施防范风险，做到保壳保配。同时，壳资源重组还能够在短时间内扩大上市公司的规模，有效促进本地 GDP 的增长。

因此，在政府官员政绩目标的推动下，地方政府会积极干预本地壳资源的重组活动，通过实现保壳保配的直接目标来提升本地区的经济实力。

2. 转移负担，实现社会目标

地方政府作为地区经济的管理者，在拥有相应经济管理权与财政自主权的同时，还肩负着社会养老、社会稳定、充分就业以及下岗职工安置等社会性任务[50]。随着市场化程度的不断提高，市场竞争也越来越激烈，很多管理制度落后、缺乏创新能力的中小企业逐渐失去竞争力，甚至已经资不抵债而无法持续经营。其中一些国有企业的生存，可能需要长期依赖于地方政府的补贴，给地方政府造成了极大的财政压力。而且，这种状况还严重地影响了当地的就业与社会稳定。面对这种局面，地方政府通常会采取行政手段对经营不佳的企业进行并购。一方面，地方政府可以甩掉亏损企业的财政包袱；另一方面，还可以转嫁就业及社会养老等社会负担。

亏损的壳公司同样也会给地方政府造成财政与社会负担。由此，壳资源重组行为，不仅可以帮助壳公司实现保壳保配，还能够提高其资产质量与改善其管理模式，由此减轻地方政府的负担。另外，对于绩效较好的壳公司，壳资源重组行为可以使其规模扩张，实力增强。由于规模越大的企业所吸纳的就业人数就越多，地方政府也会通过对该类壳资源重组的积极干预，提升本地的就业率，维护社会稳定。因此，地方政府的社会目标，也是促进壳资源重组的动因之一。

3. 实现产业结构调整

推进国家产业政策实施，实现产业结构调整也是地方政府干预壳资源重组的一个动因。政府作为社会管理者，在实现其社会目标的同时，优化资源配置、培育优势产业，也是其基本职责。企业并购能够快速实现资源的流动，使得资源向优势产业聚集，提升企业的竞争力（梁晓路，2011）[51]。与此同时，符合国家政策与发展战略的产业重组，往往能够争取到中央政府更多的优惠政策与财政支持，对地方政府竞争力的提升以及政府官员政绩目标的实现都有着极大的促进作用。由此，地方政府经常会借助企业并购来推进国家产业政策的执行，促进产业集中度的提高，增强产业的竞争力，扩大重点企业的规模，加快地区的经济发展。而且，地方政府利用掌握的地方国有企业控制权，能够更方便地通过并购重组来实现国有经济改革，调整国有资产的存量结构，以更好地发挥国有企业在经济运行中的主导作用。尤其是，壳资源重组行为通常会为企业带来优质资产，使企业改变经营方向，这对于淘汰落后产能、振兴朝阳产业具有重要意义。因此，壳资源重组行为被地方政府作为进行政策性产业结构调整的有效手段。

三　政府干预与壳资源本地重组概率的实证研究

（一）研究假设

结合上述动因分析，笔者对地方政府干预壳资源重组行为进行实证研究，注重考查不同产权性质的壳资源所受干预程度的差异。

在当前的制度背景下，国有产权壳资源的重组行为更容易受到地方政府干预的影响。因为，地方政府能够对国有企业进行直接控制，借此实现自身利益的最大化，同时也更希望将本地的优质国企做大做强。相比之下，非国有产权的壳资源则较少受到政府直接干预的影响。但是，政府竞争所形成的地区层面的地方保护主义会对管辖区内的所有企业产生间接干预，非国有产权的壳资源也会受其影响。

方军雄研究发现，地方政府控制的国有企业更倾向于进行本地并购，认为地方政府干预会对企业的并购重组决策产生影响，同时证明了我国市场分割现象的存在[52]。潘红波、余明桂对我国上市公司并购非上市公司的335个样本进行研究发现，地方国企异地并购的概率显著低于民营企业[53]。可见，地方政府的干预动机往往通过国有企业的本地并购来实现。另外，地方保护主义所导致的市场分割，同样会对不同产权性质壳资源重组产生间接影响。王凤荣等的研究认为，地方国有上市公司更偏好于同属并购，地方政府的干预程度及地方保护程度是影响企业并购类型的重要因素[54]。

分税制改革实施以后，企业所得税按照注册地进行征缴。若本地企业被异地企业并购，则其注册地就要发生变更，这意味着本地政府又丧失了一个税收来源，其财政收入将随之减少，进而影响到政府官员的政绩。由此，我们认为，干预程度与保护程度越高的地区，地方政府越注重对本地国有壳资源的保护，更希望扶持本地国有上市公司以实现规模经济，并提高本地区的竞争力，实现自身的政治收益与私有收益。与此同时，地方政府通过干预国有壳资源重组，还能够加快国有资产向优势产业流动，争夺中央政府更多的政策照顾。而对于非国有产权的壳资源，政府不具有控制权，通常不会进行直接干预，仅通过社会管理者的角色对其产生间接影响。虽然非国有产权的壳资源受政府的直接干预较少，但地方保护主义依然会通过商品市场来间接影响非国有产权壳资源的重组。一般来说，地方保护主义严重的地区，商品市场的发达程度较低，本地市场所拥有的资源有限，优质的非国有企业会试图打破本地封锁，通过异地重组来获取更多资源。相反，在保护程度较低、商品市场发达的地区，非国有企业通过本地重组就可以获取足够多的资源，异地重组的欲望也就较弱。

基于以上分析，本部分提出如下假设：

假设1：地方政府干预与地方保护对不同产权性质壳资源的本地重组概率会产生不同的影响；

假设1A：国有壳资源发生本地重组的概率与地方政府干预程度正相关，与地方保护程度正相关；

假设1B：非国有壳资源发生本地重组的概率与地方政府干预程度相关性不显著，与地方保护程度负相关。

（二）研究设计

本部分采用 Logistic 回归模型，对在地方政府干预下不同产权性质的壳资源发生本地或异地重组的选择差异进行分析，并试图验证上述假设 1 以及其子假设。

1. 样本选取与数据来源

以国泰安并购重组数据库中收录的 2006—2010 年并购重组事件为初始样本，并根据研究需求，按照以下标准筛选出目标样本。

①壳资源重组的界定。本部分研究的壳资源重组是指一家非上市公司通过借壳或买壳的方式，实现对壳公司的重大资产重组。剔除了重组后上市公司股票名称未发生变更的样本。②国有壳资源与非国有壳资源的界定。根据国泰安数据库对上市公司实际控制人的性质划分，判断壳资源的产权性质。剔除了实际控制人不详的样本。③对非 A 股样本进行剔除。④考虑到金融行业财务结构的特殊性，对金融业、保险业样本进行剔除。⑤若一家壳公司连续发生多次重组事件，以最后一次为准。⑥对没有披露完整财务报告以及财务数据缺失的样本予以剔除。

由于目前对于壳资源重组还没有全面的统计资料，在筛选样本过程中还查看了多家公司的重组公告及财务资料。经过筛选处理，最终得到了 171 个有效样本，其中国有壳公司为 93 家，非国有壳公司为 78 家。

本部分所用到的企业重组与企业特征数据均来自国泰安数据库，股票名称变更资料来自 RESSET 金融研究数据库。地方政府干预及保护水平数据来自樊纲、王小鲁编制的《中国市场化指数：各地区市场化相对进程 2011 年报告》。

表 3 - 21 列示了不同产权性质的壳资源发生本地或异地重组的分布情况。总的来看，无论是国有还是非国有壳资源，其本地重组都占据了较大比例，所占比例之和达到了 73.68%。相对而言，英国、德国等资本市场发达的国家，本地重组的比例大约为 51%[55]。这说明，我国壳资源重组行为更倾向于本地重组，异地重组的发生概率普遍较低。进一步分析发现，国有产权壳资源的本地重组概率更高，从统计结果上可看出政府干预的影响。

表 3 – 21　不同产权性质的壳资源发生本地或异地重组的分布情况

单位：家，%

子样本	类型	2006 年	2007 年	2008 年	2009 年	2010 年	合 计	总占比
国有产权样本	本地重组	9	26	14	12	14	75	43.86
	异地重组	1	0	6	5	6	18	10.53
非国有产权样本	本地重组	3	13	9	16	10	51	29.82
	异地重组	0	8	11	5	3	27	15.79
合　计		13	47	40	38	33	171	100.00

2. 变量设计与定义

基于地方政府干预的视角，我们对不同产权性质壳资源发生本地或异地重组的概率进行研究。由此，将壳资源的本地或异地的重组类型作为被解释变量，地方政府的干预程度、地方保护程度作为解释变量。

这里采用樊纲、王小鲁的《中国市场化指数：各地区市场化相对进程2011 年报告》中"减少政府对企业的干预"得分对不同地方政府的干预程度进行度量。由于该数据只更新至 2009 年，根据市场化指数的连续性，2010 年研究样本所用的数据由 2009 年的相应得分代替。另外，考虑到不同年份之间数据的局部变动对实证结果的影响，笔者将地方政府干预程度划分为高干预与低干预两组。其中，"减少政府对企业的干预"得分小于各地区得分中位数时取 0，定义为高干预；"减少政府对企业的干预"得分大于各地区得分中位数时取 1，定义为低干预。

同样的，选取樊纲、王小鲁编制的《中国市场化指数：各地区市场化相对进程 2011 年报告》中"减少商品地方保护"得分对地方保护程度进行度量。并通过上述处理方法，将地方保护程度划分为重保护与轻保护两组。"减少商品地方保护"得分低于各地区得分中位数时取 0，定义为重保护；"减少商品地方保护"得分高于各地区得分中位数时取 1，定义为轻保护。

政府干预与地方保护指标均为反向指标，即指标取值越高，代表地方政府的干预程度越低，或是地方保护程度越低。另外，本部分还加入了多个控制变量，具体的各变量定义如表 3 – 22 所示。

表 3 - 22 变量定义

变量类型	变量名称	符号	变量定义
被解释变量	重组类型	*Region*	壳公司与非上市公司属于同一省级政府管辖时取值为 1,定义为本地重组;属于不同省级政府管辖时取值为 0,定义为异地重组。
解释变量	政府干预	*Government*	若壳公司所在地区的"减少政府对企业的干预"得分低于各地区得分的中位数则取值为 0,否则取值为 1。
	地方保护	*Protect*	若壳公司所在地区的"减少商品地方保护"得分低于各地区得分的中位数则取值为 0;否则取值为 1。
控制变量	资产规模	*Size*	壳公司重组前一年总资产的自然对数值,用以衡量公司的规模。
	大股东持股比例	*Lshare*	壳公司重组前一年第一大股东所持股份与公司总股份的比值,用以衡量公司的股权集中度。
	资产负债率	*Debt*	壳公司重组前一年的资产负债率,用以衡量公司的资产质量。
	现金流量	*Cashflow*	壳公司重组前一年的每股现金净流量,用以衡量公司的现金流质量。

3. 研究方法及模型构建

在现有研究文献中,用于概率预测的实证模型通常以 Logistic 回归模型和 Probit 选择模型为主。其中,Probit 模型对上市公司被并购重组的行为特征虽具有较强的解释力,但预测结果的显著性不高[56]。相比之下,Logistic 回归模型对并购重组中目标公司的行为判断结果预测度较高[51]。

接下来,我们采用二元 Logistic 模型对在地方政府干预下不同产权性质壳资源的重组类型进行分析,构建回归模型如下:

$$Region_i = \beta_0 + \beta_1 Government_i + \beta_2 Protect_i + \beta_3 Size_i + \\ \beta_4 Lshare_i + \beta_5 Debt_i + \beta_6 Cashflow_i + \varepsilon \qquad (3-36)$$

其中,壳资源是否发生本地重组用二元变量来表示:

$$Region = \begin{cases} 1, 本地重组 \\ 0, 异地重组 \end{cases}$$

(三) 实证结果及分析

1. 描述性统计

表 3 - 23 是对国有产权壳公司与非国有产权壳公司主要变量的描述性统

计结果。从表中可以看出，国有壳资源发生本地重组的均值为 0.806，标准差为 0.397；非国有壳资源发生本地重组的均值为 0.654，标准差为 0.479。可见，国有壳资源较非国有壳资源更倾向于发生本地重组。国有壳资源所在地区的政府干预程度与保护程度均值分别为 0.559 和 0.591，均略低于非国有壳资源的相应均值 0.564 和 0.603，这说明国有壳资源所受地方政府的干预及保护程度均高于非国有壳资源，即国有壳资源更容易受到政府的控制，与前文的理论分析相一致。通过对两类样本控制变量的对比分析，还可得出国有壳资源的规模及股权集中度均值都高于非国有壳资源，但其现金流量均值却低于非国有壳资源，且资产质量也较低。可见，非国有产权壳资源虽规模较小，但其经营状况要好于国有壳资源。

表 3 - 23   主要变量的描述性统计

变量		样本量	最小值	最大值	均值	标准差
国有产权样本	Region	93	0.000	1.000	0.806	0.397
	Government	93	0.000	1.000	0.559	0.499
	Protect	93	0.000	1.000	0.591	0.494
	Size	93	17.769	25.355	21.176	1.250
	Lshare	93	10.900	75.810	37.753	15.059
	Debt	93	0.033	5.494	0.667	0.578
	Cashflow	93	-4.586	3.229	0.213	0.761
非国有产权样本	Region	78	0.000	1.000	0.654	0.479
	Government	78	0.000	1.000	0.564	0.499
	Protect	78	0.000	1.000	0.603	0.493
	Size	78	18.742	23.773	20.800	0.991
	Lshare	78	8.990	81.470	35.723	16.751
	Debt	78	0.047	1.811	0.575	0.288
	Cashflow	78	-0.664	5.714	0.292	0.776

2. 相关性分析

在进行模型检验之前，我们还分析了各变量间的相关性，以避免存在严重的共线性而造成模型估计失真。表 3 - 24 列示了两组样本中各变量间的相关性检验结果。

从表 3 - 24 中可以看出，国有产权样本发生本地重组的概率与地方政府干预程度、保护程度及大股东持股比例存在显著的相关性，即与地方政府干预、保护指标呈负相关，与大股东持股比例呈正相关。这说明，地方政府干预得分越高，其干预程度越低，国有壳资源越容易发生异地重组；同样，地方保护得分越高，其保护程度越低，国有壳资源越倾向于发生异地重组。这在一定程度上支持了本部分的假设 1A。而且，大股东持股比例越高，国有壳资源越容易发生本地重组，说明地方政府对国有公司的控制权越大，越易推动其本地重组的发生。

　　同时，我们发现非国有样本发生本地重组的概率与地方保护指标呈正相关，但与地方政府干预指标的相关性不显著。也就是说，地方保护程度越高，该地区的非国有壳资源越容易发生异地并购，而地方政府干预对其重组类型的影响不大，该结果与前文的假设 1B 相一致。此外，非国有壳公司的资产规模、现金流量均与其本地重组概率呈负相关，即规模越大、现金流量越好的非国有壳公司越倾向于发生异地重组。

表 3 - 24　各变量间的相关性分析

研究变量		*Region*	*Government*	*Protect*	*Size*	*Lshare*	*Debt*	*Cashflow*
国有产权样本	*Region*	1	- 0. 325 **	- 0. 296 **	- 0. 132	0. 237 *	0. 010	0. 014
	Government	- 0. 325 **	1	0. 099	- 0. 070	- 0. 097	- 0. 073	0. 021
	Protect	- 0. 296 **	0. 099	1	- 0. 019	- 0. 188	- 0. 083	- 0. 030
	Size	- 0. 087	- 0. 142	- 0. 012	1	0. 280 **	- 0. 009	0. 066
	Lshare	0. 255 *	- 0. 089	- 0. 238 *	0. 261 *	1	- 0. 072	- 0. 018
	Debt	0. 063	0. 023	0. 041	- 0. 227 *	0. 078	1	0. 126
	Cashflow	0. 002	- 0. 026	0. 004	0. 005	- 0. 128	0. 018	1
非国有产权样本	*Region*	1	0. 067	0. 290 **	- 0. 235 *	- 0. 072	- 0. 118	- 0. 172
	Government	0. 067	1	0. 131	0. 033	0. 085	- 0. 132	- 0. 055
	Protect	0. 290 **	0. 131	1	0. 104	- 0. 018	0. 027	- 0. 011
	Size	- 0. 225 *	0. 077	0. 122	1	0. 096	0. 035	0. 147
	Lshare	- 0. 065	0. 075	- 0. 048	0. 101	1	- 0. 022	- 0. 057
	Debt	- 0. 030	- 0. 115	0. 009	- 0. 096	- 0. 106	1	- 0. 152
	Cashflow	- 0. 224 *	0. 140	- 0. 072	0. 023	- 0. 139	- 0. 159	1

　　注：本表中，左下方数据是 Pearson 相关性检验，右上方数据是 Spearman's rho 相关性检验。数据上标 * 、** 分别代表 10% 与 5% 的显著性水平。

变量之间的相关系数均不超过 0.5，因此，该模型不存在严重的多重共线性问题。通过相关性分析，本节的假设 1 以及其子假设均得到了一定的验证。但仅通过相关性分析来得到实证结论是不够严谨的，下面利用二元 Logistic 回归模型做进一步的验证。

3. 实证结果

基于模型（3－35），利用统计软件 SPSS17.0 分别对国有与非国有子样本进行回归分析。具体实证结果，如表 3－25 所示。

第一，国有产权壳资源重组类型的实证结果及分析。从表 3－25 可以看出，模型对国有样本的预测准确率达到了 84.9%，预测精准度较高，拟合度也较好。因此，该模型能够较好地刻画国有样本壳资源对重组类型的选择问题。从各个解释变量的回归结果来看，政府干预指标、地方保护指标均与本地重组概率呈负相关关系，分别在 1% 与 5% 的水平上显著；同时，国有壳资源的资产规模与其发生本地重组的概率也显著负相关；第一大股东的持股比例与其本地重组概率则呈显著正相关。此外，资产负债率、现金流量对国有壳资源发生本地重组的概率没有显著影响。

由此可见，地方政府干预程度越低，该地区国有壳资源发生本地重组的概率也越低；反之，地方政府干预程度越高，越易推动辖区内的国有壳资源发生本地重组。同时，地方保护指标取值越高，保护程度越轻，该地区国有壳资源的本地重组概率就越低，反之亦然。该结论验证了本节的假设 1A，即国有壳资源发生本地重组的概率与地方政府干预程度正相关，与地方保护程度正相关。另外，在国有壳资源的自身特征因素中，资产规模越大，越容易促进异地重组的发生，这说明规模越大的企业，整体实力越强，越容易突破地方政府的干预与地方保护的封锁，而实现异地扩张。而且，第一大股东的持股比例与本地重组概率正相关。因为政府对国有壳资源拥有最终控制权，当其股权集中度越高时，政府可以直接控制的力度就越大，政府就越容易通过干预国有壳资源重组来实现自身目标，打造优势产业，推动本地经济的发展。

第二，非国有产权壳资源重组类型的实证结果及分析。对于非国有样本，模型预测的准确率为 78.2%。地方保护指标与壳资源发生本地重组的概率在 1% 的水平上显著正相关，但政府干预指标的影响却不显著。在各个控制变量中，资产规模、现金流量与壳资源本地重组的概率呈显著负相关，大股东持股比例、资产负债率并没有对壳资源重组类型产生重要影响。

由此我们可以得到，非国有壳资源的本地重组概率很大程度上受到地方保护主义以及其自身资产规模与现金流质量的影响。地方保护指标取值越大，保护程度越低，非国有壳资源发生本地重组的概率就越高；而地方政府的干预程度则不会对其重组类型的选择产生明显影响。此分析结果与前文所提出的假设 1B 相一致。这说明，在非国有壳资源重组中，地方政府的干预力度相对较小，重组类型的选择主要取决于企业自身的经济实力与重组动机。而且，地方政府给予非国有企业的扶持相对有限[57][58]，在地方保护主义严重的地区，非国有壳资源的发展受到较大的制约。在此情况下，规模越大、现金流越充足的非国有壳资源，就越渴望冲破地方保护的枷锁，借助异地重组来获取其他地区的优质资源；在地方保护程度较轻的地区，商品市场相对发达，能够为本地企业的发展提供丰富的资源和机会，非国有壳公司的异地重组概率也就较低。

表 3 – 25　二元 Logistic 回归结果

解释变量	国有产权样本	非国有产权样本
Government	− 2. 304 *** (− 2. 667)	0. 351 (0. 622)
Protect	− 1. 726 ** (− 2. 052)	1. 488 *** (2. 597)
Size	− 0. 505 * (− 1. 935)	− 0. 667 ** (− 2. 253)
Lshare	0. 059 ** (2. 034)	− 0. 010 (− 0. 625)
Debt	0. 333 (0. 343)	− 0. 819 (− 0. 864)
Cashflow	0. 114 (0. 268)	− 0. 941 * (− 1. 683)
Constant	12. 789 ** (2. 258)	14. 634 ** (2. 353)
Percentage Correct	84. 9%	78. 2%
R Square	0. 409	0. 281
− 2 Log likelihood	63. 926	82. 885

注：①两组子样本模型的因变量均为 Region；②括号中的数字为 t 值，* 表示在 10% 的统计水平上显著，** 表示在 5% 的统计水平上显著，*** 表示在 1% 的统计水平上显著。

通过对上述两组子样本的回归结果进行分析发现，地方政府干预及地方保护果然对不同产权性质的壳资源重组类型的选择产生了不同影响，本节的假设 1 及其子假设都得到了很好的验证。可见，地方政府在壳资源重组过程中扮演着重要的角色。对于国有壳资源，一方面，地方政府大多会出于"父爱主义"对其进行保护与支持，不希望国有资产流失于外地；另一方面，地方政府为了增加税收及就业机会，也不愿意本地上市公司被外地企业兼并，并且渴望将本地国企做大做强，争夺中央政府的政策倾斜。但是，由于地方政府与非国有壳资源之间没有产权关系，不便于直接控制或干预非国有企业的经济活动，故非国有企业异地重组的概率会相对较高。另外，地方保护主义的存在，阻碍了我国地区间资源的流动与优化配置[59]，这也是导致国有壳资源异地重组概率很低的原因之一。相比之下，优质非国有壳资源更容易靠自身实力打破地方保护主义而实现跨区重组。

参考文献

［1］金祥荣、汪伟：《并购浪潮动因研究述评》，《浙江社会科学》2006 年第 4 期。

［2］徐静霞：《我国企业三次并购浪潮的动因分析》，《商业时代》2006 年第 2 期。

［3］唐绍祥：《我国并购浪潮假说的实证检验》，《财贸经济》2006 年第 9 期。

［4］Town R. J., "Merger Waves and the Structure of Merger and Acquisition Time – Series," *Journal of Applied Econometrics* 7 (1992): S83 – S100.

［5］Barkoulas J. T., Baum C. F., Chakraborty A., "Waves and Persistence in Merger and Acquisition Activity," *Economics Letters* 2 (2001): 237 – 243.

［6］Gärtner D. L., Halbheer D., "Are There Waves in Merger Activity After All?" *International Journal of Industrial Organization* 27 (2009): 708 – 718.

［7］Shughart W F, Tollison R. D., "The Random Character of Merger Activity," *The Rand Journal of Economics* (1984): 500 – 509.

［8］Golbe D. L., White L. J., "Catch a Wave: The Time Series Behavior of Mergers," *The review of Economics and Statistics* (1993): 493 – 499.

［9］李善民、曾昭灶：《控制权转移的背景与控制权转移公司的特征研究》，《经济研究》2003 年第 11 期。

［10］王红领、李稻葵、雷鼎鸣：《政府为什么会放弃国有企业的产权》，《经济研究》2001 年第 8 期。

[11] 夏立军、陈信元：《市场化进程、国企改革策略与公司治理结构的内生决定》，《经济研究》2007 年第 7 期。

[12] 胡一帆、宋敏：《中国国有企业民营化绩效研究》，《经济研究》2006 年第 7 期。

[13] 刘小玄、李利英：《企业产权变更的效率分析》，《中国社会科学》2005 年第 2 期。

[14] 国务院发展研究中心：《民营化改革的背后》，《中国企业家》2005 年第 11 期。

[15] 孙烨、罗党论：《政府竞争、资本配置与上市公司"壳资源"转让》，《管理科学》2011 年第 2 期。

[16] 赵勇、朱武祥：《上市公司兼并收购可预测性》，《经济研究》2000 年第 4 期。

[17] 谭劲松、郑国坚、彭松：《地方政府公共治理与国有控股上市公司控制权转移》，《管理世界》2009 年第 10 期。

[18] 杨记军、逯东、杨丹：《国有企业的政府控制权转让研究》，《经济研究》2010 年第 2 期。

[19] 周黎安：《中国地方官员的晋升锦标赛模式研究》，《经济研究》2007 年第 7 期。

[20] 周黎安：《晋升博弈中政府官员的激励与合作——兼论我国地方保护主义和重复建设问题长期存在的原因》，《经济研究》2004 年第 6 期。

[21] Li H. , Zhou L. A. , "Political Turnover and Economic Performance：the Incentive Role of Personnel Control in China," *Journal of public economics* 89 (2005)：1743 – 1762.

[22] Qian Y. , Roland G. , "Federalism and the Soft Budget Constraint," *American economic review* (88) 1998：1143 – 1162.

[23] Cai H. and Treisman D. , "Does Competition for Capital Discipline Governments? Decentralization, Globalization and Public Policy," *American Economic Review* (95) 2005：817 – 830.

[24] 张维迎：《控制权损失的不可补偿性与国有企业兼并中的产权障碍》，《经济研究》1998 年第 7 期。

[25] 白重恩、杜颖娟、陶志刚、仝月婷：《地方保护主义及产业地区集中度的决定因素和变动趋势》，《经济研究》2004 年第 4 期。

[26] 唐雪松、周晓苏、马如静：《政府干预、GDP 增长与地方国企过度投资》，《金融研究》2010 年第 8 期。

[27] 程仲鸣、夏新平、余明桂：《政府干预、金字塔结构与地方国有上市公司投资》，《管理世界》2008 年第 9 期。

[28] 张洪辉、王宗军：《政府干预、政府目标与国有上市公司的过度投资》，《南开管理评论》2010 年第 3 期。

[29] 王永钦、张晏、章元、陈钊、陆铭：《中国的大国发展道路——论分权式改革的得失》，《经济研究》2007 年第 1 期。

[30] 乔宝云、范剑勇、冯兴元：《中国的财政分权与小学义务教育》，《中国社会科学》

2005 年第 6 期。

[31] 傅勇、张晏：《中国式分权与财政支出结构偏向：为增长而竞争的代价》，《管理世界》2007 年第 3 期。

[32] 张军、高远、傅勇、张弘：《中国为什么拥有了良好的基础设施?》，《经济研究》2007 年第 3 期。

[33] 傅勇：《财政分权，政府治理与非经济性公共物品供给》，《经济研究》2010 年第 8 期。

[34] 周业安、宋紫峰：《中国地方政府竞争 30 年》，《教学与研究》2009 年第 11 期。

[35] 王文剑、仉建涛、覃成林：《财政分权、地方政府竞争与 FDI 的增长效应》，《管理世界》2007 年第 3 期。

[36] 张宇、黄静：《引资竞争下的外资流入与政府收益》，《经济学家》2010 年第 3 期。

[37] 王红领、李稻葵、雷鼎鸣：《政府为什么会放弃国有企业的产权》，《经济研究》2001 年第 8 期。

[38] 朱恒鹏：《地区间竞争、财政自给率和公有制企业民营化》，《经济研究》2004 年第 10 期。

[39] 韩朝华、戴慕珍：《中国民营化的财政动因》，《经济研究》2008 年第 2 期。

[40] 陆简：《地方政府"对接央企"热潮的成因——财政分权和金融集权背景下的三方博弈》，博士学位论文，山东大学，2011 年。

[41] 肖泽忠、邹宏：《中国上市公司资本结构的影响因素和股权融资偏好》，《经济研究》2008 年第 6 期。

[42] 王凤翔、陈柳钦：《中国地方政府对本地竞争性企业财政补贴行为研究》，《学说连线》，2005，http：xslx. com /htm/jjlc/csjr/2005 – 09 – 12 – l9l69。

[43] 于良春、余东华：《中国地区性行政垄断程度的测度研究》，《经济研究》2009 年第 2 期。

[44] 吴联生：《国有股权、税收优惠与公司税负》，《经济研究》2009 年第 10 期。

[45] 朱光华、陈国富：《民营企业融资的体制性障碍》，《经济理论与经济管理》2002 年第 9 期。

[46] 蒋丽华：《对买壳上市相关问题的研究》，博士学位论文，西南财经大学，2003 年。

[47] 杜骏翀：《中国证券市场买壳上市的绩效研究》，博士学位论文，浙江工业大学，2005 年。

[48] 刘东、张秋月、陶瑞：《政府在企业并购中的干预行为比较研究》，《商业研究》2011 年第 6 期。

[49] 单福春：《关于充分利用上市公司"壳"资源促进地方经济发展的思考》，《管理世界》2002 年第 3 期。

［50］曾庆生、陈信元:《国家控股、超额雇员与劳动力成本》,《经济研究》2006 年第5 期。

［51］梁晓路:《国有企业并购绩效与政府干预并购的动因研究》,博士学位论文,成都理工大学,2011 年。

［52］方军雄:《政府干预、所有权性质与企业并购》,《管理世界 (月刊)》2008 年第9 期。

［53］潘红波、余明桂:《支持之手、掠夺之手与异地并购》,《经济研究》2011 年第9 期。

［54］王凤荣、任萌、张富森:《政府干预、治理环境与公司控制权市场的有效性》,《山东大学学报》2011 年第2 期。

［55］Martynova M, Renneboog L. , "A Century of Corporate Takeovers: What Have We Learned and Where do We Stand?" *Journal of Banking & Finance* 32 (2008): 2148 – 2177.

［56］陈涛涛、马文祥:《壳公司的财务特征及其被并购的可预测性分析》,《国际金融研究》2002 年第10 期。

［57］Allen F. , Qian J. , Qian M. , "Law, Finance, and Economic Growth in China," *Journal of financial economics* 77 (2005): 57 – 116.

［58］黄孟复主编《中国民营企业自主创新调查》,中华工商联合出版社 2007 年版。

［59］方军雄:《市场分割与资源配置效率的损害》,《财经研究》2009 年第9 期。

第 四 章

政府竞争下的企业并购发生
机制：模型与实证

企业并购行为本质上是并购双方以定价和并购策略为中心的博弈。本章首先基于古诺模型，运用合作博弈方法，建立引入政府行为的并购博弈模型，研究市场达到预期均衡时的市场结构，并进一步构建加入地方政府竞争的国有企业内生并购模型，阐释地方政府行为对地方国有企业并购发生的影响机制。在此基础上，构建地方政府竞争范式下的外生并购模型，分别从税收竞争、支出竞争以及规制竞争角度，运用实证计量方法对影响并购发生的因素进行定量识别与检验。本章着重关注政府行为对企业并购发生的影响机制。

第一节　引入政府行为的并购博弈模型

许多学者运用博弈论对并购定价问题进行了有益的探索。早期从事这一工作的是 Rubinstein[1]，他利用完全信息动态博弈的方法，模拟了无限期完全信息讨价还价过程，并由此建立了完全信息条件下轮流出价的讨价还价模型。Binmore et al. 则在此基础上讨论了不完全信息条件下的讨价还价问题[2]。王文举和周斌利用贝叶斯法则讨论了企业并购三阶段不完全信息动态博弈[3]。肖振红和王喆分析了定价权属于目标企业及并购企业两种情况下企业的并购博弈[4]。王义秋和王琳从完全但不完美信息的角度出发建立模型对企业并购博弈进行了分析[5]。秦喜杰和陈洪从目标企业的角度，提出目标企业在并购中的博弈行为实质是联合基础上的主动斗争[6]。陈珠明认为在博弈的过程中，目标企业本身的规模经济参数越高、所在产业价格的增长性越高、波动性越小、并购的协同效应越高、并购的沉没成本越低以及剥离期权的价值越大，并购发生的时间越早[7]。刘洪久等对三方博弈状况下的均衡存在条件和均衡选择进行了分析[8]。Motta 和 Ruta 在国际市场范围内分析了政府通过设租、竞争等行为对并购产生的影响[9]。Nocke 和 Whinston 进一步讨论了当并购方案为内生时，政府对待并购的政策结果[10]。

这些研究对并购行为关注的侧重点各有不同，但都使用了经典的博弈理论作为工具建立了模型，可见博弈论在分析并购过程中的重要作用。为方便下文进行深入的探讨，本节在上述文献的基础上建立一个简单的并购博弈模型，并将这个并购博弈模型作为分析并购的原始框架。为使框架模型具有扩展空间，方便后续章节的展开，我们在本节仅分析并购方企业与并购目标企业的博弈过程。

一　企业并购博弈的一般模型

（一）基本假设

假设 1：并购方企业和并购目标企业同属一个完全竞争市场，自负盈亏。

假设 2：以企业作为基本经济单位，排除企业管理层权力寻租的可能性；双方企业行为都是理性的，均以自身利益最大化为原则做出并购博弈中的决策；不存在外部环境对于并购过程的影响。

假设 3：并购目标企业有好的企业与坏的企业两种可能性，其资产分别用 $T = G$ 和 $T = B$ 表示；好的企业具有优质资产、良好的经济效益与正收益；坏的企业则经济效益差，甚至处于亏损阶段；而并购方企业则处于零收益阶段。

假设 4：并购一家好的企业会产生协同效应 H，并购一家坏的企业会导致双方效率下降，影响为 V。

基于这样的假设，我们将并购限定于同一市场的同一类型并购上，因为这一类型的并购比较简单，影响因素较少，易于做一个简单分析。

（二）博弈过程与结果

第一阶段：并购方企业向并购目标企业提出并购可能性。并购目标企业在确定自身属于好的企业还是坏的企业后，向并购方提出并购价格 P。

第二阶段：并购方选择是否接受价格 P，如选择接受，则获得并购收益 $G-P$ 或 $B-P$，并购目标企业得到资产 P；如选择不接受，则并购方企业须继续面对与并购目标企业在同一市场竞争的局面，因此双方会受到影响 E。如果并购目标是好的企业，那么不接受价格 P 会给双方带来负的影响；如果并购目标是坏的企业，那么 $E=0$。

当并购方企业开始接洽并购目标企业时，并购目标企业如果有被并购意向，那么它会向并购方企业提出价格 P，这里的 P 具有不确定性，因为并购方企业是无法穷尽并购目标方企业的一切信息的。因此在信息不完全的情况下，从并购目标企业可以提出的价格 P 并不能看出并购目标企业是"好的"还是"坏的"。

如果并购方企业选择并购，并且并购目标企业是一家好的企业的话，那么并购方将支付费用 P 并得到 $G-P+H1$ 的收益，$G-P$ 是作为一家好的企业所得到的实际资产，$H1$ 是并购此家企业所得到的协同效应。如果选择不并购，那么并购方与并购目标方企业将会面临继续竞争的局面，这给双方带来的影响用 $E1$ 和 $E2$ 表示。

当并购方企业面临的是一家坏的企业时，如果选择并购，并购方除获得资产收益 $B-P$ 以外，还会受到影响 $V1$；而当选择不并购时，主并方不会受到影响，而坏的企业要与好的企业继续竞争，所受影响为 $E4$（见表 4-1）。

表 4-1　并购方企业与并购目标方企业的收益矩阵

		并购目标企业	
		好的企业	坏的企业
并购方企业	并　购	$(G-P+H1, P+H1)$	$(B-P+V1, P+V2)$
	不并购	$(E1, E2)$	$(0, E4)$

由此可以看到，一起并购案的发生过程是复杂的，中间包含多个环节。当并购方开始考虑并购时，不能穷尽信息。因此在初期要判断并购目标企业属于"好的"企业还是"坏的"企业，而在这里将"好"与"坏"作为判断被并购企业的一项标准也说明了并购并不是单纯的"买"或"卖"

行为。

　　这样一个简单模型分析的重点在于并购的不确定性，并购是一个长期而复杂的过程，中间充满着未知与不确定性，这些未知与不确定性可能会给并购带来诸多影响。

二　并购的实物期权框架

　　在上述的简单博弈模型中，暗含假设是并购过程是一次性结清的。然而这个假设在实际并购中并不合理，并购是长期的过程。这种一次性结清的并购投资方法不能处置并购过程的不确定性、不可逆性和竞争性，真实的并购投资远比这个简单的博弈模型要复杂。

　　首先，并购过程中充满着信息的不对称与不确定以及市场的非出清与市场失灵。法律的逐步完善性、政府行为的导向性以及财务的多样性，使得并购的收益与收益周期是无法确定的。另外，从该模型中也可以看出，并购是一个不可逆过程，这一点在传统的并购策略中表现得尤为明显。如果支付了并购价格 P，那么并购方的收益就会类似于"听天由命"，这在经济瞬息变化的今天，是不应出现的现象。正是由于企业的并购过程往往具有延时性，企业并购具有了实物期权投资性质，那么，怎样使用实物期权方法来应对企业并购不确定性所造成的风险就值得关注了。

　　众多学者对此进行了研究。侯汉坡和邱菀华[11]认为在并购过程中，由于不确定性的存在，合理的估值成为一个难题，因此他引入实物期权的估值方法，并对此进行了模拟检验。齐海滔[12]认为并购具有实物期权的性质，所以用实物期权的方法进行价值估计是可行的办法。齐安甜等[13]使用 Black Scholes 公式对放弃期权这一典型期权的估值进行了分析研究。齐安甜和张维等[14]对企业并购的传统估值方法与期权估值方法进行了比较，并得出其经济评价，认为实物期权估值的方法具有优势。周焯华等[15]在 BS 模型的基础上将价格、成本和产量等市场信息加入实物期权的估值方法，使实物期权的估值方法更具有可操作性。从这些文献不难看出，通过实物期权的方法进行企业并购估值，相较于传统的估值办法，具有独特优势。然而，这些文献仅仅将实物期权作为企业价值评估的办法，而企业价值评估仅仅是并购过程中的一个环节，这使得实物期权并不能实现最大功效。

笔者认为实物期权契合企业并购的工具主要有以下四种。

①延迟期权。延迟期权是一个买权，是指企业并购方有权利延迟并购投资时间以获得更多信息，在进一步减轻不确定性的基础上进行决策。在一次性结清的传统并购中，企业一旦进行投资，它就会面临成本完全沉没的风险，而这样的风险是不可消除的。而如果企业推迟投资，那么它就会在一定程度上减轻其面临的不确定性。

②放弃期权。放弃期权是一个卖权，是指企业并购方有权利在并购中途放弃并购以止损。当被并购方前景不明朗时使用放弃期权相较于传统的并购方法更有灵活性。

③扩展型期权。扩展型期权是一个买权，即企业并购方有权利要求被并购方扩大生产规模，适用于在并购的过程中并购方与被并购方的逐步融合。

④收缩型期权。收缩型期权是扩展型期权的一个反例。

可见，实物期权是一个灵活性的工具，任何具有实物期权性质的物品在并购过程中，均可使用实物期权的办法以降低风险，增大获利空间。在诸多方法的使用上，实物期权也具有相当的灵活性。按照博弈的简单博弈模型分析，我们可以把并购的过程区分为以下几个阶段。

①接洽阶段。即并购双方进行试探性接触，互相了解双方并购意向，当双方均有合作意向时，并购进入议价阶段。

②议价阶段。即并购双方对被并购企业进行估值，并对支付方式及时间等进行商议，在签订协议并完成支付后，并购进入产权转移阶段。

③产权转移阶段。现代企业结构复杂，"即买即卖"并不容易实现，并购双方在签订并购协议后，往往需要一段时间对产权归属进行调整以最终实现产权的完全转移。

由于阶段①并未涉及实际的支付，所以在此阶段并不需要使用实物期权工具。而在阶段②，主并方可以考虑使用延迟期权以获得更多的被并方信息，从而最终做出最正确的估值，即消除前文简单博弈模型中对"好"与"坏"企业判断的不确定性。在阶段③中并购方可以考虑使用放弃期权以减轻并购了"坏"企业所带来的影响。而扩展型期权与收缩型期权则可增强在产权转移阶段并购双方的协同效应。

三 引入政府干预的企业并购模型

（一）理论与模型的建立

在上述并购模型中，"不存在第三方干预"被视作一条基本假设，但事实上此假设并不符合实际。原因在于不可能存在一个只有并购方企业与并购目标企业的"真空"环境。经济是个复杂的系统，一项经济活动或多或少会产生一定的外部性，影响到第三方利益，因此，当第三方对并购活动具有一定影响力时，并购行为就不应该被简单当作一个二元博弈过程。

在所有的"第三方"中，首要被关注到的就是政府，这一点在处于转型期的中国尤其明显。企业的并购会影响当地 GDP 以及产业结构，进而影响到当地政府税收和政绩，因而政府（尤其是地方政府）作为国有资产所有者和区域利益的代理者，常常直接参与到企业并购过程中。

陈信元和张田余[16]认为地方政府干预企业并购的目的是增加本地税收和就业机会。周黎安[17]认为地方政府作为"政治参与人"有很强的动机干预地方国有企业的并购活动，因为他们不仅在经济上为财税和利润而竞争，同时也在"官场上"为晋升而竞争。王红领等[18]的研究表明，中国政府放弃国有企业产权的目的并不是提高效率，而是实现政府目标，即提高政府财政收入或者减轻因补贴亏损国有企业造成的财政负担。葛伟杰等[19]通过考察地方政府干预背景下剩余资源与企业并购之间的关系发现，剩余资源是地方政府干预的原因之一。另外，还有学者认为地方政府通过资金支援、资产低价注入等方式对上市公司进行资产置换与重组，以确保本地区上市公司的数量及其配股资格。

在本部分我们提出一个加入了政府干预的博弈模型，以分析在政府竞争条件下的并购行为。该模型在 Kamijo 和 Nakamura[20]的基础上，根据中国经济转型期的特点，引入地方政府行为变量，并将模型扩展至两个地区，分析在政府干预的情况下企业并购的情况。

假设全国有两个地区，每个地区有两家地方国企和一家私企。这两个地区所有的国企是同质的，两个私企也是同质的。令 q_{ij} 为第 i 个地区第 j 个国企的产量，q_{i3} 为第 i 个地区私企的产量，其中 $i=1,2$，$j=1,2$。市场的总产

量 $Q = \sum_{i=1}^{2} \sum_{j=1}^{3} q_{ij}$。

市场需求函数为 $P = a - Q$，其中 a 为充分大的常数。所有私企的边际成本相同且为常数，我们将其标准化为 0。国企相对私企来说有较低的效率，假设国企的边际成本为给定的常数 $c > 0$。因此，c_{ij}，$c_{i3} = 0$，其中 $i = 1,2$，$j = 1,2$。此处不考虑存在新企业进入的情况，因此可以假设固定成本为 0。

对私企来说，其目标是利润最大化。即

$$Max\pi_{ij} = q_{ij}(a - Q),其中 i = 1,2；j = 3 \qquad (4-1)$$

对国企来说，它被地方政府所控制，假设不考虑代理成本问题，那么地方国有企业和地方政府的目标函数将是一致的。地方政府的目标是其收益最大化。我们将地方政府的收益分解为两部分：货币收益和控制权收益。其中货币收益包括辖区内所有私企的税收及辖区内所有国企的利润；而控制权收益则是中国经济转型期的一种特色说法，即地方政府对辖区内国企控制的潜在收益，记作 I_{ij}。因此地方政府的收益函数可以写为：$w_i = \pi_{i1} + \pi_{i2} + t_i\pi_{i3} + I_{i1} + I_{i2}$，其中 t_i 为地区 i 的比例税率。

（二）模型分析

1. 区内并购

简便起见，我们只考虑一个地区的情况，在这个地区中存在两个同质的国企和一个私企，分别记作 1，2，3。q_i 为第 i 个企业的产量，其中 $i = 1$，2，3，市场的总产量 $Q = \sum_{i=1}^{3} q_i$。市场需求函数为 $P = a - Q$，其中 a 为充分大的常数。该地区的比例税率为 t（$0 < t < 1$）。假设不发生并购时，三个企业的控制权收益均为 I。对于区内并购，存在下列三种情况。

（A）不发生并购，即 $\{\{1\}, \{2\}, \{3\}\}$。

由于国企 1 和 2 是同质的，因此它们具有相同的经济行为。

国企的利润：$\pi_1 = \pi_2 = (P - c)q_1 = (a - 2q_1 - q_3 - c)q_1 \qquad (4-2)$

私企的利润：$\pi_3 = Pq_3 = (a - 2q_1 - q_3)q_3 \qquad (4-3)$

地方政府的收益：

$$w = \pi_1 + \pi_2 + t\pi_3 + I_1 + I_2$$

$$= 2\pi_1 + t\pi_3 + 2I$$
$$= 2(a - 2q_1 - q_3 - c)q_1 + t(a - 2q_1 - q_3)q_3 + 2I \quad (4-4)$$

地方政府选择 q_1 和 q_2 使其收益最大化，私企选择 q_3 使其利润最大化。因此有：

$$\begin{cases} \dfrac{\partial w}{\partial q_1} = 2(a - 2q_1 - q_3 - c) - 4q_1 - 2tq_3 = 0 \\ \dfrac{\partial \pi_3}{\partial q_3} = a - 2q_1 - q_3 - q_3 = 0 \end{cases} \quad (4-5)$$

求解上面方程组可得古诺纳什均衡：

$$q_1^a = q_2^a = \frac{a - 2c - ta}{2(3 - t)}, q_3^a = \frac{a + c}{3 - t}, p^a = \frac{a + c}{3 - t},$$

$$\pi_1^a = \pi_2^a = \frac{(a - 2c + tc)(a - 2c + ta)}{2(3 - t)^2}, \pi_3^a = \frac{(a + c)^2}{(3 - t)^2}$$

$$w^a = \frac{(a - 2c + tc)(a - 2c - ta) + t(a + c)^2}{(3 - t)^2} + 2I \quad (4-6)$$

（B）两个国企并购，即 $\{\{1, 2\}, \{3\}\}$。

假设两个国企并购后，并购企业 m 的边际成本为 $\dfrac{c}{2}$。由于协同效应，并购企业的控制权收益较并购之前两个企业的控制权收益增加，假设增加的这部分控制权收益为 $\Delta I = \dfrac{I}{2}$，则并购企业的控制权收益为 $I_m = I_1 + I_2 + \Delta I = \dfrac{5}{2}I$。

并购企业 m 的利润：$\pi_m = \left(P - \dfrac{c}{2}\right)q_m = \left(a - q_m - q_3 - \dfrac{c}{2}\right)q_m$ (4-7)

私企的利润：$\pi_3 = Pq_3 = (a - q_m - q_3)q_3$ (4-8)

地方政府的收益：

$$w = \pi_m + t\pi_3 + I_m$$
$$= (a - q_m - q_3 - \frac{c}{2})q_m + t(a - q_m - q_3)q_3 + \frac{5}{2}I \quad (4-9)$$

地方政府选择 q_m 使其收益最大化，私企选择 q_3 使其利润最大化。因此有：

$$\begin{cases} \dfrac{\partial w}{\partial q_m} = a - q_m - q_3 - \dfrac{c}{2} - q_m - tq_3 = 0 \\ \dfrac{\partial \pi_3}{\partial q_3} = a - q_m - q_3 - q_3 = 0 \end{cases} \quad (4-10)$$

求解上面方程组可得古诺纳什均衡：

$$q_m^b = \frac{a - c - ta}{3 - t}, q_3^b = \frac{a + \frac{c}{2}}{3 - t}, P^b = \frac{a + \frac{c}{2}}{3 - t}$$

$$\pi_m^b = \frac{(a - c + t\frac{c}{2})(a - c - ta)}{(3 - t)^2}, \pi_3^b = \frac{(a + \frac{c}{2})^2}{(3 - t)^2}$$

$$w^b = \frac{(a - c + t\frac{c}{2})(a - c - ta) + t(a + \frac{c}{2})^2}{(3 - t)^2} + \frac{5}{2}I \qquad (4-11)$$

（C）一个国企和私企并购，不妨设国企 2 和私企 3 并购，即 $\{\{1\}, \{2, 3\}\}$。

假设并购之后，并购企业 m 的边际成本为 0。在并购企业中，国企的股权比例为 a。由于协同作用，假设并购企业 m 的控制权收益增加 I，因此 m 的控制权收益为 $I_m = 3I$。假设政府从并购企业获得的控制权收益为 I_α，其中 I_α 定义如下：

$$I_\alpha = \begin{cases} 3\alpha I & 0.5 \leq \alpha < 1 \\ 0 & 0 < \alpha < 0.5 \end{cases} \qquad (4-12)$$

国企 1 的利润：$\pi_1 = (P - c)q_1 = (a - q_m - q_1 - c)q_1$ $(4-13)$

并购企业 m 的利润：$\pi_m = Pq_m = (a - q_m - q_1)q_m$ $(4-14)$

地方政府的收益：

$$w = \pi_1 + [\alpha(1 - t) + t]\pi_m + I_1 + I_\alpha$$
$$= (a - q_m - q_1 - c)q_1 + [\alpha(1 - t) + t](a - q_m - q_1)q_m + I + I_\alpha \qquad (4-15)$$

地方政府选择 q_1 使其收益最大化，并购企业 m 选择 q_m 使其利润最大化。因此有：

$$\begin{cases} \frac{\partial w}{\partial q_1} = a - q_m - q_1 - c - q_1 - [\alpha(1 - t) + t]q_m = 0 \\ \frac{\partial \pi_m}{\partial q_m} = a - q_m - q_1 - q_m = 0 \end{cases} \qquad (4-16)$$

求解上面方程组可得古诺纳什均衡：

$$q_1^c = \frac{a - 2c - [\alpha(1 - t) + t]a}{3 - \alpha(1 - t) - t}, q_m^c = \frac{a + c}{3 - \alpha(1 - t) - t}, P^c = \frac{a + c}{3 - \alpha(1 - t) - t}$$

$$\pi_1^c = \frac{[a - 2c + (\alpha(1 - t) + t)c][a - 2c - (\alpha(1 - t) + t)a]}{[3 - \alpha(1 - t) - t^2]}, \pi_m^c = \frac{(a + c)^2}{[3 - \alpha(1 - t) - t]^2}$$

$$w^c = \pi_1 + [\alpha(1-t)+t]\pi_m + I_1 + I_\alpha$$

$$= \frac{[a-2c+(\alpha(1-t)+t)c][a-2c-(\alpha(1-t)+t)a]+[\alpha(1-t)+t](a+c)^2}{[3-\alpha(1-t)-t]^2} + I + I_\alpha$$

$$(4-17)$$

通过比较（a）（b）（见附录一），及（b）（c）（见附录二），最终得到结论：当 $\alpha \geqslant 0.5$，$0 < t < t_e$ 或 $t_e < t < 1$ 且 $c^2 \leqslant \frac{8}{9}I$ 时，有 $w^a \leqslant w^b \leqslant w^c$，即在三种并购方式中，国企并购私企时，地方政府会得到最大的收益，因此地方政府会极力促进这种并购。

2. 跨地区并购

假设经济中存在两个地区，每个地区存在一个国企和一个私企，这两个国企是同质的，两个私企是同质的。假设第一个地区存在优惠税率 t_1，第二个地区的税率为正常税率 t_2，其中 $t_1 < t_2$。对于跨地区的并购存在以下四种并购方式：不发生并购、两国企并购、两私企并购、地区一的国企并购地区二的私企。当国企和私企发生并购时，我们只考虑国企并购私企的情况。由于地区一为税率优惠地区，地区一的私企不愿意与地区二的国企进行并购。地区一的地方政府在下文中简记为地方政府一，地区二的地方政府记为地方政府二。

（A）不发生并购，即 $\{\{11\},\{12\},\{21\},\{22\}\}$。

地区一：

$$\pi_{11} = (P-c)q_{11} = (a-q_{11}-q_{12}-q_{21}-q_{22}-c)q_{11}$$

$$\pi_{12} = Pq_{12} = (a-q_{11}-q_{12}-q_{21}-q_{22})q_{12}$$

$$w_1 = \pi_{11} + t_1\pi_{12} + I$$

$$= (a-q_{11}-q_{12}-q_{21}-q_{22}-c)q_{11} + t_1(a-q_{11}-q_{12}-q_{21}-q_{22})q_{12} + I \quad (4-18)$$

地区二：

$$\pi_{21} = (P-c)q_{21} = (a-q_{11}-q_{12}-q_{21}-q_{22}-c)q_{21}$$

$$\pi_{22} = Pq_{22} = (a-q_{11}-q_{12}-q_{21}-q_{22})q_{22}$$

$$w_2 = \pi_{21} + t_2\pi_{22} + I$$

$$= (a-q_{11}-q_{12}-q_{21}-q_{22}-c)q_{21} + t_2(a-q_{11}-q_{12}-q_{21}-q_{22})q_{22} + I$$

两个地方政府分别选择 q_{11} 和 q_{12} 使得各自收益最大化，两个私企追求利润最大化。因此有：

$$\begin{cases} \dfrac{\partial w_1}{\partial q_{11}} = a - q_{11} - q_{12} - q_{21} - q_{22} - c - q_{11} - t_1 q_{12} = 0 \\[2mm] \dfrac{\partial \pi_{12}}{\partial q_{12}} = a - q_{11} - q_{12} - q_{21} - q_{22} - q_{12} = 0 \\[2mm] \dfrac{\partial w_2}{\partial q_{21}} = a - q_{11} - q_{12} - q_{21} - q_{22} - c - q_{21} - t_2 q_{22} = 0 \\[2mm] \dfrac{\partial \pi_{22}}{\partial q_{22}} = a - q_{11} - q_{12} - q_{21} - q_{22} - q_{22} = 0 \end{cases} \qquad (4-19)$$

求解上面方程组可得古诺纳什均衡:

$$q_{11}^A = \frac{a - 3c + ct_2 - (a+c)t_1}{5 - t_1 - t_2}, q_{12}^A = \frac{a+2c}{5 - t_1 - t_2}$$

$$q_{21}^A = \frac{a - 3c + ct_1 - (a+c)t_2}{5 - t_1 - t_2}, q_{22}^A = \frac{a+2c}{5 - t_1 - t_2},$$

$$P^A = \frac{a + 2c - 2at_1 - 2at_2}{5 - t_1 - t_2}$$

$$\pi_{11}^A = \frac{[a - 3c + (c-2a)t_1 + (c-2a)t_2][a - 3c + ct_2 - (a+c)t_1]}{(5 - t_1 - t_2)^2}$$

$$\pi_{12}^A = \frac{(a + 2c - 2at_1 - 2at_2)(a+2c)}{(5 - t_1 - t_2)^2}$$

$$\pi_{21}^A = \frac{[a - 3c + (c-2a)t_1 + (c-2a)t_2][a - 3c + ct_1 - (a+c)t_2]}{(5 - t_1 - t_2)^2}$$

$$\pi_{22}^A = \frac{(a + 2c - 2at_1 - 2at_2)(a+2c)}{(5 - t_1 - t_2)^2}$$

$$w_1^A = \frac{[a - 3c + (c-2a)t_1 + (c-2a)t_2][a - 3c + ct_2 - (a+c)t_1] + t_1(a + 2c - 2at_1 - 2at_2)(a+2c)}{(5 - t_1 - t_2)^2} + I$$

$$w_2^A = \frac{[a - 3c + (c-2a)t_1 + (c-2a)t_2][a - 3c + ct_1 - (a+c)t_2] + t_1(a + 2c - 2at_1 - 2at_2)(a+2c)}{(5 - t_1 - t_2)^2} + I$$

$$(4-20)$$

（B）两国企并购，即 $\{\{11, 21\}, \{12\}, \{22\}\}$。

由于这两个国企是同质的，所以在并购企业中它们的股权比例均为50%，由于地区一为税收优惠地区，所以并购企业设在第一个地区。由于协同效应，并购企业的边际成本为 $\dfrac{c}{2}$，控制权收益增加 $\dfrac{I}{2}$，则每个地方政府从并购企业获得的控制权收益为 $\dfrac{5}{4}I$。在我国现有的所得税体制下，企业所得税是由企业注册地政府征收，当地企业被外地企业并购后，其独立法人资格消失，理论上被并购企业原注册地政府（地方政府二）减少了一块税收来源，但是现实中两地政府为了达成并购，会将被并企业的部分税收上缴给地方政府二。假设并购企业所上缴税款 θ 比例的部分归属地方政府一，剩余部分归属地方政府二。假设并购企业 m 的目标函数为：

$$V_m = \frac{1}{2}w_1 + \frac{1}{2}w_2 \qquad (4-21)$$

地区一：

$$\pi_{12} = Pq_{12} = (a - q_{12} - q_{22} - q_m)q_{12}$$

$$\pi_m = (P - \frac{c}{2})q_{12} = (a - q_{12} - q_{22} - q_m - \frac{c}{2})q_m$$

$$w_1 = t_1\pi_{12} + [\frac{1}{2}(1 - t_1) + \theta t_1]\pi_m + \frac{5}{4}I$$

$$= t_1(a - q_{12} - q_{22} - q_m)q_{12} + [\frac{1}{2}(1 - t_1) + \theta t_1](a - q_{12} - q_{22} - q_m - \frac{c}{2})q_m + \frac{5}{4}I$$

$$\qquad (4-22)$$

地区二：

$$\pi_{22} = Pq_{22} = (a - q_{12} - q_{22} - q_m)q_{22} \qquad (4-23)$$

$$w_2 = t_2\pi_{22} + [\frac{1}{2}(1 - t_1) + (1 - \theta)t_1]\pi_m + \frac{5}{4}I$$

$$= t_2(a - q_{12} - q_{22} - q_m)q_{22} + [\frac{1}{2}(1 - t_1) + (1 - \theta)t_1](a - q_{12} - q_{22} - q_m - \frac{c}{2})q_m + \frac{5}{4}I$$

$$\qquad (4-24)$$

$$V_m = \frac{1}{2}w_1 \frac{1}{2}w_2$$

$$= \frac{1}{2}\{t_1\pi_{12} + [\frac{1}{2}(1 - t_1) + \theta t_1]\pi_m + \frac{5}{4}I\} + \frac{1}{2}\{t_2\pi_{22} + [\frac{1}{2}(1 - t_1) + (1 - \theta)t_1]\pi_m + \frac{5}{4}I\}$$

$$= \frac{1}{2}t_1\pi_{12} + \frac{1}{2}t_2\pi_{22} + \frac{1}{2}\pi_m + \frac{5}{2}I$$

$$= \frac{1}{2}t_1(a - q_{12} - q_{22} - q_m)q_{12} + \frac{1}{2}t_2(a - q_{12} - q_{22} - q_m)q_{22} + \frac{1}{2}(a - q_{12} - q_{22} - q_m - \frac{c}{2})q_m + \frac{5}{2}I$$

$$\qquad (4-25)$$

因此有：

$$\begin{cases} \dfrac{\partial V_m}{\partial q_m} = \dfrac{1}{2}t_1 q_{12} - \dfrac{1}{2}t_2 q_{22} + \dfrac{1}{2}(a - q_{12} - q_{22} - q_m - \dfrac{c}{2} - q_m) = 0 \\[2mm] \dfrac{\partial \pi_{12}}{\partial q_{12}} = a - q_{12} - q_{22} - q_m - q_{12} = 0 \\[2mm] \dfrac{\partial \pi_{22}}{\partial q_{22}} = a - q_{12} - q_{22} - q_m - q_{22} = 0 \end{cases} \qquad (4-26)$$

求解上面方程组可得古诺纳什均衡：

$$q_m^B = \frac{(1-t_1-t_2)a-\frac{3}{2}c}{4-t_1-t_2}, q_{12}^B = \frac{a+\frac{1}{2}c}{4-t_1-t_2}, q_{22}^B = \frac{a+\frac{1}{2}c}{4-t_1-t_2}, P^B = \frac{a+\frac{1}{2}c}{4-t_1-t_2}$$

$$\pi_m^B = \frac{[2a+(t_1+t_2-3)c][(1-t_1-t_2)a-\frac{3}{2}c]}{2(4-t_1-t_2)^2}$$

$$\pi_{12}^B = \frac{(a+\frac{1}{2}c)^2}{(4-t_1-t_2)^2}, \pi_{22}^B = \frac{(a+\frac{1}{2}c)^2}{(4-t_1-t_2)^2}$$

$$w_1^B = t_1\frac{(a+\frac{1}{2}c)^2}{(4-t_1-t_2)^2} + [\frac{1}{2}(1-t_1)+\alpha t_1]\frac{[2a+(t_1+t_2-3)c][(1-t_1-t_2)a-\frac{3}{2}c]}{2(4-t_1-t_2)^2} + \frac{5}{4}I$$

$$w_2^B = t_2\frac{(a+\frac{1}{2}c)^2}{(4-t_1-t_2)^2} + [\frac{1}{2}(1-t_1)+(1-\alpha)t_1]\frac{[2a+(t_1+t_2-3)c][(1-t_1-t_2)a-\frac{3}{2}c]}{2(4-t_1-t_2)^2} + \frac{5}{4}I$$

$$(4-27)$$

（C）两私企并购，即 ｛｛12，22｝，｛11｝，｛21｝｝。

由于这两个私企是同质的，所以它们在并购企业 m 的股权比例均为 50%。因地区一为税收优惠地区，并购企业 m 设在第一个地区。

地区一：

$$\pi_{11} = (P-c)q_{11} = (a-q_{11}-q_{21}-q_m-c)q_{11}$$
$$\pi_m = Pq_m = (a-q_{11}-q_{21}-q_m)q_m$$
$$w_1 = \pi_{11}+t_1\pi_m+I \qquad (4-28)$$

地区二：

$$\pi_{21} = (P-c)q_{21} = (a-q_{11}-q_{21}-q_m-c)q_{21}$$
$$w_2 = \pi_{21}+I \qquad (4-29)$$

两个地方政府选择 q_{11} 和 q_{21} 使其收益最大化，并购企业 m 追求利润最大化，因此有：

$$\begin{cases} \frac{\partial w_1}{\partial q_{11}} = a-q_{11}-q_{21}-q_m-q_{11} = 0 \\ \frac{\partial \pi_m}{\partial q_m} = a-q_{11}-q_{21}-q_m-q_m = 0 \\ \frac{\partial w_2}{\partial q_{21}} = a-q_{11}-q_{21}-q_m-q_{21} = 0 \end{cases} \qquad (4-30)$$

求解上面方程组可得古诺纳什均衡：

$$q_{11}^C = \frac{(1-t_1)a-(2+t_1)c}{4-t_1}, q_{21}^C = \frac{a-(2-t_1)c}{4-t_1}, q_m^C = \frac{a+2c}{4-t_1}, P^C = \frac{a+2c}{4-t_1}$$

$$\pi_{11}^C = \frac{[a-(2-t_1)c][(1-t_1)a-(2+t_1)c]}{(4-t_1)^2}, \pi_{21}^C = \frac{[a+(t_1-2)c]^2}{(4-t_1)^2}, \pi_m^C = \frac{(a+2c)^2}{(4-t_1)^2}$$

$$w_1^C = \frac{[a+(t_1-2)c][(1-t_1)a-(2+t_1)c]}{(4-t_1)^2} + t_1\frac{(a+2c)^2}{(4-t_1)^2} + I$$

$$w_2^C = \frac{[a+(t_1-2)c]^2}{(4-t_1)^2} + I \qquad (4-31)$$

（D）地区一的国企并购地区二的私企，即 {{11, 22}, {12}, {21}}。

假设并购企业 m 的边际成本为 0，国企在并购企业的股权比例为 β（$\beta \geqslant 0.5$）。由于协同效应，并购企业的控制权收益增加 I，则并购企业的控制权收益为 $3I$。从而地区一的地方政府对并购企业的控制权收益为 $I_1 = 3\beta I$。

地区一：

$$\pi_m = Pq_m = (a - q_m - q_{12} - q_{21})q_m$$
$$\pi_{12} = Pq_{12} = (a - q_m - q_{12} - q_{21})q_{12}$$
$$w_1 = [\beta(1-t_1)+t_1]\pi_m + t_1\pi_{12} + 3\beta I \qquad (4-32)$$

地区二：

$$\pi_{21} = (P-c)q_{21} = (a - q_m - q_{12} - q_{21} - c)q_{21}$$
$$w_2 = \pi_{21} + I \qquad (4-33)$$

并购企业和私企追求利润最大化，地区二的地方政府选择 q_{21} 使其收益最大化，因此有：

$$\begin{cases} \dfrac{\partial \pi_m}{\partial q_m} = a - q_m - q_{12} - q_{21} - q_m = 0 \\[2mm] \dfrac{\partial \pi_{12}}{\partial q_{12}} = a - q_m - q_{12} - q_{21} - q_{12} = 0 \\[2mm] \dfrac{\partial w_2}{\partial q_{21}} = a - q_m - q_{12} - q_{21} - c - q_{21} = 0 \end{cases} \qquad (4-34)$$

求解上面方程组可得古诺纳什均衡：

$$q_m^D = \frac{a+c}{4}, q_{12}^D = \frac{a+c}{4}, q_{21}^D = \frac{a-3c}{4}, P^D = \frac{a+c}{4}$$

$$\pi_m^D = \frac{(a+c)^2}{16}, \pi_{12}^D = \frac{(a+c)^2}{16}, \pi_{21}^D = \frac{(a-3c)^2}{16}$$

$$w_1^D = [\beta(1-t_1)+t_1]\frac{(a+c)^2}{16} + 3\beta I$$

$$w_2^D = \frac{(a-3c)^2}{16} + I \tag{4-35}$$

3. 小结

下面分别对上述几种并购情形与并购情形发生之前的状况进行比较分析。

①比较（A）和（B）。不难发现，并购之后，两个地区的私企给两地区的地方政府均带来了更多的税收收入。由于协同作用的存在，两地方政府的货币性收益不可能同时减少。下面分三种情况进行讨论。

（ⅰ）若地方政府一的货币收益减少，则地方政府二的货币收益必增加，即并购对地方政府二是有益的；若该并购发生需满足：地方政府一控制权收益的增加量大于其货币收益的减少。

（ⅱ）若地方政府二的货币收益减少，同理可得并购发生需满足的条件为：地方政府二控制权收益的增加量大于其货币收益的减少。

（ⅲ）若地方政府一、二的货币收益均增加，即该并购对二者均有益，那么并购发生。

②比较（A）和（C）。并购之后，两私企的利润都增加，并且地方政府无法直接干预私企之间的并购，该并购可以发生。

③比较（A）和（D）。对地区一的国企来说，并购之后控制权收益增加，至于地区一的地方政府是否支持该并购，还要取决于并购前后地方政府一货币收益的变化以及该变化与控制权收益变化的对比关系。地区二的私企是否同意参与并购，则取决于并购前后其税后利润的大小，进一步，由两地的税收差异和国企股权比例决定。两地的税收差异越大、国企的股权比例越小，则地区二的私企更倾向于参与并购。

第二节　地方政府竞争下的国有企业内生并购模型

在构建引入政府行为的并购博弈模型基础上，本节运用扩展的 Cournot Model 的内生并购模型，进一步研究地方政府竞争与国有企业并购行为的关系机理。已有文献主要关注成功实现的并购重组行为，本节将研究视角转向主并方与被并方无法达成协议从而导致并购失败的现象，并试图探究地方政府竞争对国企并购行为发生（未发生）的影响机制。

一　基本模型

（一）基本假设

首先，地方政府作为中央政府代理人，追求的是可以被中央政府观察到的最大化政绩。而政绩，通常以地方的经济发展程度和社会稳定程度来衡量，一般情况下，当地的经济发展是社会稳定的基础，因此地方政府通常追求地方内经济总量最大化。而中央政府极力推进某个行业的改革，试图改变行业中企业规模小、相互之间恶性竞争的局面，淘汰高能耗、低效率的企业，着力组建一些规模相对较大、具有成本优势和竞争力较强的企业。为了获得中央政府的政策红利，地方政府试图做大做强属地企业。其次，地方政府作为地方国有企业的股东，追求的是利润最大化。这里我们假设地方政府的效用为属地内企业的利润与全国同行业企业平均利润之差，即国有企业要做到不是最差，以避免被淘汰。

根据合并前企业的赢利状况我们把企业分为两类：差企业和好企业。如果某个企业合并前的利润低于行业平均值，则认定该企业为差企业；如果利润不低于平均值，则认定该企业为好企业。模型其他假设如下：

假设1：地方政府的效用为属地内企业的利润与全国同行业企业平均利润之差；

假设2：地方国有企业与地方政府的效用是一致的；

假设3：如果某个联盟由 k 个好企业合并而来，则合并具有规模效应，合并之后的平均成本为 $C_k = C\ (k - k_0)^2 /\ (1 - k_0)^2$，其中 k 为合并后的联盟中的企业数目，C 为这 k 个企业的生产成本的最小值，k_0 为外生常数；

假设4：如果参与并购的企业有一个是差企业，则合并后形成的联盟的成本为合并前两个企业成本的均值。

地方政府的效用为属地内企业的利润与全国同行业企业平均利润之差的假设（假设1）在一定程度上体现了地方政府竞争。地方政府官员为了获得中央政府的提拔，要不断发展当地经济，最高的目标是领先于其他所有地区。对此，我们做了简化的逆向处理：为了不在竞争中被淘汰，地方政府要做到超过各地区的平均水平。

　　地方国有企业与地方政府效用一致的假设（假设2）是本节中较为重要的基础性假设，也是地方政府及地方政府竞争在模型中的重要体现。这一假设与现实情况并不完全相符。实际中，地方政府作为大股东依然难以完全控制其拥有的地方国有企业，但国有企业的全民所有性质决定了其在经营目标上与以利润最大化为目标的私营企业是不同的，更多的时候要服务于当地经济，考虑当地的经济利益，而地方政府则是代表人民的地方国有企业实际管理者。国有企业的总经理或者实际运营人通常由当地政府的人事组织部门任命，有行政级别，在一定程度上是政府官员，贯彻当地政府的治理意愿。总体来说，地方国有企业的发展目标和方向由总经理或实际运营者制定，总经理或实际运营者由当地政府任命，从而地方国有企业的发展目标和方向实质上由当地政府制定。地方国有企业的效用一定程度上是地方政府效用的体现，地方政府通过对国有企业的控制实现了自己的目标。在下文中，地方政府为了实现经济总量发展之外的诸如就业率等目标而获得控制权收益更是这一效用一致性的体现。基于此，我们假设地方国有企业与地方政府的效用是一致的。当然该假设事实上忽略了企业经营过程中总经理的委托代理问题。

　　关于企业合并后生产成本的假设（假设3、假设4），我们采纳了国内对于政府干预企业并购的主流观点，即"掏空"与"支持"。当地方政府力促企业去并购一个相对劣质的企业时，我们认为在某种程度上地方政府在"掏空"企业，因此合并后企业的效率降低，平均生产成本升高。而两个好的企业合并，则意味着地方政府对于该企业有"支持"力度，因此企业的效率会提高，成本会下降。但依据规模经济理论，企业具有最优规模。随着合并企业的数目不断增多，边际效率可能会不断降低，同时管理成本将会上升，导致企业的平均成本上升。如果并购的企业中有差的企业，出现并购整合困难，则会造成最初生产效率较高的企业成本变大。同时，需要注意的是，当我们讨论联盟与企业合并时，实质上并非联盟与企业合并，而是这个联盟中的所有企业与该企业合并，且所有企业是同时达成协议合并的。

　　本部分内生并购模型的构建采用了国际上较为主流的 Cournot Model（古诺模型）。Cournot Model 又称 Cournot Duopoly Model（古诺双寡头模型）

或 Duopoly Model（双寡头模型），它是由法国经济学家 Cournot（古诺）于 1838 年提出的，是纳什均衡应用的最早版本，Cournot Model 通常被作为寡头理论分析的出发点，是一个只有两个寡头厂商的简单模型，该模型也被称为"双头模型"。Cournot Model 的结论可以很容易地推广到三个或三个以上的寡头厂商的情况中去。这里实质上是利用了推广的 Cournot Model。

Cournot Model 的假定是：市场上只有两个厂商生产和销售相同的产品，他们的固定生产成本为零，边际成本为常数 c；他们共同面临的市场的需求曲线是线性的，即 $P(Q) = a - Q$ 为市场出清时的均衡价格，其中 Q 为两个企业的产量和，两个厂商都准确地了解市场的需求曲线；两个厂商都是在已知对方产量的情况下，各自确定能够给自己带来最大利润的产量，即每一个产商都是消极地以自己的产量去适应对方已确定的产量。均衡时两个企业的产量必然相等，均为：$(a - c)/3$，总产量为 $2 \times (a - c)/3$。$(a - c)$ 可以理解为市场总容量。若把 Cournot Model 推广到 M 个厂商的情况，均衡时，每个厂商的产量均为 $Q_0/(m + 1)$，整个行业的均衡总产量为 $Q_0 \times m/(m + 1)$，其中，Q_0 为市场总容量。

（二）规模效应推动下的跨区域并购的实现

在基本模型中，我们首先假设全国共有 N 个地方政府，每个地区内存在 1 家地方国企，N 家企业是同质的，即 N 家企业中每家企业的平均成本都是 C。每家企业都独立确定自己的产量，但是必须考虑到地方政府的效用，即地方政府是辖区内企业的实际控制者，企业的生产要使得地方政府的效用最大化。

对于地方国有企业 n，其效用函数为：

$$U_n = Q_n(p - C_n) - \frac{1}{N}\sum_{i=1}^{N} Q_i(p - C_i) \tag{4 - 36}$$

其中，p 为产品价格，C_i、Q_i 分别为第 i 个地方国有企业的单位生产成本和产品产量，在起初 $C_i = C$，对所有 $i = 1$，2，$\cdots N$；

$$P = a - Q$$

其中，a 为充分大的常数，Q 为所有企业的总产量，即 $Q = \sum_{i=1}^{N} Q_i$。

地方国有企业决定自己的产量，以使地方政府的效用最大化，即

$$\underset{|Q_n|}{Max}\, U_n = Q_n(p - C_n) - \frac{1}{N}\sum_{i=1}^{N} Q_i(p - C_i) \tag{4-37}$$

利用拉格朗日方程可得（计算过程见附录 4-1），N 个地方政府同时达到最优时：

$$p = C$$
$$Q_i = \frac{Q}{N}$$
$$U_i = 0 \tag{4-38}$$

现在考虑两个企业合并，由于合并前两个企业是同质的，因此合并后两个地方政府同时占有企业的一半股权，因此联盟内单个地方政府的效用即为联盟总效用的一半。联盟为 i'，成本为 $C_{i'} = C_2$，则联盟的效用为：

$$U_{i'} = Q_{i'}(p - C_{i'}) - \frac{1}{N-1}\sum_{i=1}^{N-1} Q_i(p - C_i) \tag{4-39}$$

国内其他（$N-2$）家企业的效用函数不变，运用拉格朗日方程（计算过程同上），可得：

$$p = C + \frac{1}{N-1}(C_2 - C) \tag{4-40}$$

显然均衡时，$C_2 < p < C$，由此可推断，联盟 i' 的效用大于 0，因此企业合并会产生，事实上：

$$U_{i'} = \frac{(N-2)(N^2 - 5N + 7)}{(N-1)^3}(C - C')^2 + \frac{N-2}{(N-1)^2}(C - C')(1 - C) > 0 \tag{4-41}$$

现在考虑联盟外的另一个企业 j，如果不与其他企业并购，该企业的效用显然为负，因此，企业 j 一定会选择合并，它有两个选择：

（ⅰ）与另外一个企业合并，组成另一个企业联盟 j'；

（ⅱ）加入已经存在的联盟 i'，组成一个更大的联盟 i''。

我们可以证明，当国内地方国有企业的数目相对较多，即 N 比较大时，企业 j 一定会选择与已经存在的联盟合并以组成一个更大的联盟 i''。

要使这种情况发生，需满足：

（ⅰ）企业加入已有联盟获得的效用大于与另外一个企业组成新的联盟获得的效用；

（ⅱ）已存在的联盟接纳企业 j 形成更大联盟，已存在的联盟获得的效用大于不接纳（即单个企业或者新联盟）的效用。

如果企业 j 与已存在联盟组成更大联盟 i''，可得 i'' 的效用为

$$U_{i''} = \frac{(N-3)^2(N-4)+1}{(N-2)^3}(C-C_3)^2 + \frac{N-3}{(N-2)^2}(C-C_3)(1-C) \qquad (4-42)$$

联盟内单个企业的效用为 $U_i = U_j = \frac{1}{3}U_{i''}$，则已存在联盟 i' 的效用为 $\frac{2}{3}U_{i''}$；如果企业 j 与另外一个企业组成新的联盟 j'，两个联盟的效用相等，均为：

$$U_{j'} = \frac{(N-4)^2(N-6)}{(N-2)^3}(C-C_2)^2 + \frac{N-4}{(N-2)^2}(C-C_2)(1-C) \qquad (4-43)$$

当 N 比较大时，可得：

$$\frac{2}{3}U_{i''} > U_{i'} \qquad (4-44)$$

$$U_{j'} < \frac{2}{3}U_{i''} \qquad (4-45)$$

（4-44）式表明，已存在的联盟 i' 如果与企业 j 合并为更大联盟，原有联盟 i' 的效用也会增加；（4-45）表明，如果已存在的联盟 i' 拒绝与企业 j 合并，则联盟 i' 的效用将会降低；同时有：

$$\frac{1}{3}U_{i''} > \frac{1}{2}U_{j'} \qquad (4-46)$$

（4-46）式表明，如果与已存在的联盟 i' 合并，企业 j 的效用会大于与另外一个企业合并组成新联盟的情况，与（4-45）等价（证明过程见附录4-2）。

综上可得，企业 j 有意愿与已存在联盟合并，同时已存在联盟也有意愿与企业 j 合并，结果是形成一个大的联盟。

（三） 跨区域并购结果：寡头垄断

当我们考虑大的联盟外部的一个企业时，类似的情况会继续发生，我们的疑问是：联盟会逐渐扩大直到把所有的 N 个企业全部吸纳进去吗？

答案是否定的。

考虑联盟内部有 k 个企业的情况，此时，联盟的成本为 $C_k = \dfrac{C(k-k_0)^2}{(1-k_0)^2}$，用以上类似的方法可得，均衡时价格为：

$$p = C + \frac{1}{N-k+1}(C_k - C) \qquad (4-47)$$

当 $k > (2k_0 - 1)$ 时，$C_k > C$，$C < p < C_k$，此时联盟的效用为负，即 $U_k < 0$，导致 $\dfrac{U_k}{k} < 0$，所以必然存在某个 k' 使得当 $k = k'$ 时联盟内部的 $\dfrac{\partial\left(\dfrac{U_k}{k}\right)}{\partial k} = 0$，即联盟内部存在最优的企业数。这意味着，当联盟内部企业的数目到达一定程度时，联盟会拒绝新企业的加入。因此企业只能与联盟外的企业合并，最终的结果是市场上只剩下少数几个企业联盟，由此中央政府实现了它的目的。

二　模型改进 I：跨区域并购为何步履维艰？

（一） 模型改进说明

需要注意的是，从理论模型出发，可以看到地方政府以及它们控制的地方国企之间可以通过合作提升效率。但是在现实中，我们看到，地方国企之间的跨区域并购非常困难。潘红波和余明桂[21] 通过对"支持之手"和"掠夺之手"的分析证实了地方国企跨区域并购的概率显著低于民营企业。那么原因何在？

在现实的并购中，通常并不存在理论模型中的所谓两个企业合并为一个联盟、两个地方政府平均持股的情况。一般两个非同属企业如果并购，企业之间的交易方式一般为现金交易，而非股票交易。这意味着某一个地方政府以货币资金购得另一个企业的股权，被并方完全失去了对所有企业的控制权，而中央政府是以企业或者企业的利润来衡量地方政府的政绩，这意味着地方政府得到的货币资金并不在中央政府的考察之列，货币资金也就不进入地方政府的效用函数，因此被并方的效用并不会因此而增加，所以被并方会拒绝并购。

此外，我们需要考虑到股东的控制权为其带来的收益。如张维迎所言，"企业的收益可以划分为两部分，一部分是难以度量的非货币形态的收益，另一部分是容易度量的货币形态的收益。非货币形态的收益与控制权相联系，故又称为控制权收益，它包括诸如指挥别人带来的满足感，名片上印上'总经理'的荣誉感，当总经理可享受到的有形或无形的在职消费，以及通过资源的转移而得到的个人好处等"[22]。对于企业的控股股东而言，它可以依赖自己手中的控制权完成自己的目标，在现实中也有屡见不鲜的诸如大股东掏空上市公司等行为。赵息和张西栓[23]也指出，内部控制是针对高管权力的制衡机制，对并购绩效的实现有重要作用。

对于作为国有企业股东的地方政府来说，经由企业的控制权获得利益的可能性显然更大，如要求企业招聘更多本地职员以降低失业率，要求企业参与某些公益活动等，而且地方政府同时作为国有企业的所有者和监管者，利用手中的权力获得收益要比一般的非国有企业的股东容易得多。由此，我们可以得出：地方政府有更强的动机和能力通过地方国有企业来获得控制权收益。当地方政府是国有企业的唯一股东时，其控制权收益不存在或然性或外部性。当某个企业是两个或者多个政府联合控股，股权比例又不完全相等时，企业的大股东可能就会试图获取控制权收益，这时候大股东的行为就可能损害其他股东，即其他的地方政府的利益。

一般来说，具有控股权的股东通过侵占其所控制的公司的利益而获得控制权收益，在这样的基础上，我们假设股东利润的获得与其对公司的控制是捆绑的。在职经理和官员对货币收益拥有相当的事实上的占有权，但这种事实上的占有只能通过控制权来实现，失去了控制权，就失去了一切，而不仅仅是控制权收益[22]。

我们把股东可能获得的利益分为两部分：企业每年由利润而来的红利，记为 P；股东对于公司财产的剩余索取，即公司的净资产，记为 A。正常情况下，如果一个股东拥有的股权比例为 ∂，那么该股东的所有收益为：$\partial \times (P + A)$，另一个股东的股权比例为 $(1 - \partial)$，所得利益为：$(1 - \partial) \times (P + A)$。现在考虑到大股东的控制权收益或者对于公司净资产的掠夺。设 $\partial > 0.5$，该股东为大股东。他可能把公司净资产转移实现自我利益，假设转移资产的数量为 m，则小股东最终所得为：$\partial \times (P + A - m)$，大股东为 $(1 - \partial) \times (P + A - m) + m$，只要 $m \geqslant P$，小股东所得就不会大于 $\partial \times A$，即小股东实际获得利润分配不大于 0。在现实中，企业很少会进行利润分配，即 m 很小的时候，小股东的实际所得利润也可能不大于 0。

一个简单的例子：某个企业净资产有 100 万元，某年的利润为 10 万元，两个股东分别持有企业 40%（小股东）、60%（大股东）的股权，按照利润分配，小股东获得 4 万元的利润，大股东获得 6 万元的利润。事实上，假如企业在当年清算，小股东理论上会得到 44 万元（100 × 40% + 4 = 44），大股东会得到 66 万元（100 × 60% + 6 = 66），即股东所得为企业利润加上剩余索取。但是大股东由于有控制权，他可能会用自己的权利以损害整个公司利益为代价来实现自己的利益。比如大股东通过转移公司财产的方式，把公司价值 10 万元的财产转移，公司的净资产就只剩下 90 万元，两个股东分配所得分别为：小股东 40 万元（90 × 40% + 4 = 40），大股东 60 万元（90 × 60% + 6 = 60），加上转移的 10 万元，大股东得到了 70 万元。这等价于：小股东实际分配得到的利润为 0，而大股东得到了所有的利润。考虑到中国利润分配的现实情况，一般企业很少分配利润，股东所得实质上为公司净资产的增加，所以，只要具有控制权的股东为实现自我利益而损害公司利益，那么无控制权的股东所得到的利润便几乎为 0，甚至为负。

基于此，我们假设股东的利润所得与其对公司的控制能力是一致的，即如果股东没有控制权，他就完全无法获得公司利润，而具有控制权的股东独吞公司利润。同时假设企业是异质的，即企业之间有成本差异，N 个企业的成本分别为 c_i，$i = 1, 2, 3, \cdots, N$。

（二）跨区域并购失败：控制权收益成为绊脚石

在前面的模型中我们假设同质的企业合并因为存在市场力量、规模效应等因素，会使得合并后的企业成本下降。在控制权收益成为并购"绊脚石"

的情况下，并购就存在着成功悖论[24]。当企业为异质时，尤其是被并方为市场上的亏损企业时，合并后的企业的成本并不一定会下降，相反，出于救活被并企业以及企业之间整合的原因，我们假设合并后企业的成本为两个企业期初成本的平均值。如果两个赢利的企业相互合并，则成本会下降，合并后的成本为 $C_2 = \dfrac{C(2 - k_0)^2}{(1 - k_0)^2}$，其中 C 为两个企业的成本中较小者，与前面假设一致。

各个地方国有企业在地方政府的控制下参与市场竞争，其效用依然为其所得利润与全行业利润平均值的差，不过要考虑到企业控制权带给利润所得的间接影响。

在最初，各个地方政府控制着各自的企业，地方政府 n 的效用为：

$$U_n = Q_n(p - C_n) - \frac{1}{N}\sum_{i=1}^{N} Q_i(p - C_i) \qquad (4-48)$$

解拉格朗日方程可得：

$$p = \frac{\sum_{i=1}^{N} c_i}{N} = \bar{c}$$

$$Q_i = \frac{Q}{N} + \frac{N-1}{N}(\bar{c} - c_i) \qquad (4-49)$$

当 $p < c_i$ 时，该企业的利润为负，其股东的效用亦为负，即如果 $p < c_i$，$U_i < 0$。反之，$p > c_i$，$U_i > 0$。

现在考虑某一个赢利的企业 i，他可以选择与另外一个赢利的企业 j 合并，即强强联手，也可以与另外一个亏损的企业 k 合并，即大鱼吃小鱼。

第一种情况下，成本记为 c_{21}，合并后，两个地方政府的股权分别为 $\dfrac{Q_i}{Q_i + Q_j}$，$\dfrac{Q_j}{Q_i + Q_j}$，其中 Q_i，Q_j 分别为并购之前两个企业 i，j 的产量。合并后联盟的效用为 U_{21}，显然 $U_{21} > 0$。但是具体到两个地方政府，其效用函数为：

$$U_i = \left[\frac{Q_i}{Q_i + Q_j} + \frac{1}{2}\right][Q_{21}(p - C_{21})] - \frac{1}{N-1}\sum_{i=1}^{N-1} Q_i(p - C_i)$$

$$U_j = \left[\frac{Q_j}{Q_i + Q_j} + \frac{1}{2}\right][Q_{21}(p - C_{21})] - \frac{1}{N-1}\sum_{i=1}^{N-1} Q_i(p - C_i) \qquad (4-50)$$

其中，[·] 表示向下取整。

这意味着两个企业合并后，股权比例较低的企业，即合并前产量较小、成本相对更高的企业，无法得到利润，其效用为 $-\dfrac{1}{N-1}\sum_{i=1}^{N-1}Q_i(p-C_i)$，而另一个处于控股地位的企业效用为 U_{21}。显然，前一个企业的效用小于并购之前的效用，该企业会拒绝被并购，所以强强联手难以实现。

第二种情况下，合并后的企业成本为 $c_{22}=\dfrac{c_i+c_k}{2}$，显然 $c_{22}<c_k$。由于 $Q_i>Q_k$，合并后：

$$U_i=U_{22},\ U_k=-\frac{1}{N-1}\sum_{i=1}^{N-1}Q_i(p-C_i) \qquad (4-51)$$

事实上，对于企业 k 来说，其效用会有所上升，因为并购之前其利润为负，并购之后其利润相当于为 0，因此，企业 k 愿意被并购。但是对于企业 i 来说，成本上升导致其利润下降，甚至为负，从而效用降低，所以该企业不会去选择并购企业 k，这样一来，"大鱼吃小鱼"的现象也不会发生。

最后一种情况是，亏损的企业 k 会不会选择并购成本比自己更高、亏损更严重的另一个企业，如 h，如前所述，当被并方为亏损企业时，合并后成本为两者平均值，即 $c_{23}=\dfrac{c_h+c_k}{2}$，$c_{23}>c_k$，同时，由于 $c_k<c_h$，所以 $Q_k>Q_h$。则合并后，企业 k 的利润为 $U_k=U_{23}$，$U_h=-\dfrac{1}{N-1}\sum_{i=1}^{N-1}Q_i(p-C_i)$。

企业 h 的效用有所提升，但是并购后的企业成本要比企业 k 的成本大，导致联盟的利润为负，且变得更大，从而使得企业 k 的效用变得更低，由此企业 k 不会去并购比自己更差的企业 h。

综上所述，一方面，起初赢利的企业因为被并购后可能会丧失控制权，导致其拒绝被并购；另一方面，起初亏损的企业被并购后可能会成为主并方的负担，导致主并方拒绝将其并购。这样，当我们考虑了地方政府的控制权收益以及地方国企的异质性后，发现地方国企的跨区域并购难以实现。

三　模型改进 Ⅱ：区域内并购何以盛极一时

（一）模型改进说明

在前面两部分中，我们分别讨论了地方政府竞争对企业并购的影响，基于的假设是：一个地方政府辖区内同行业只有一个地方国有企业，没有私营企业。这与现实中有较大出入。在这一部分，我们将把这一条件放宽，允许私营企业存在，试图证明在私营企业存在时地方政府会努力推动辖区内的国有企业兼并私营企业，从而使得其所控制的国有企业规模不断扩大，提高自身的竞争力。

简单起见，我们仅考虑两个地方政府的情况，假设每个地方政府辖区内都有 n 个企业，其中一个为地方国有企业，其余 $n-1$ 个企业为私营企业，同时假设所有私营企业的平均成本均相等，为 C，两个政府的国有企业的平均生产成本稍大一些，均为 $C+\Delta$，这相当于第三章中关于成本假设的特殊情况。国有企业成本略高于私营企业的假设主要来自胡一帆等关于国有企业民营化以及肖恩·多尔蒂（Sean Dougherty）和理查德·荷德（Richard Herd）关于不同所有制类型企业生产效率的研究。胡一帆等研究发现民营化提高了销售收入，降低了企业的成本，而且在获得收益的同时并没有带来严重的失业问题[25]。肖恩·多尔蒂（Sean Dougherty）和理查德·荷德（Richard Herd）研究了国家统计局企业数据库涵盖的约 15 万家大中型企业，将国有持股 50% 以上的国有控股公司划为"直接国有"（Directly State）企业，将国有持股不足 50% 的企业划为"间接国有"（Indirectly State）企业，将其余企业均划归为"私营"（Private）企业。发现企业越"私人"，生产率越高，企业的赢利能力越强。国有间接控股企业的生产率是国有直接控股企业的两倍，真正的私营企业的劳动生产率增速较国有企业高出 5%[26]。其他假设不变，$P=a-Q$，Q 为全社会的总产量，$Q=Q_1+Q_2$，其中 Q_1、Q_2 分别为两个地区的产品总产量。

（二）区域内并购盛行：行政力量打造大企业

地方政府作为地方国有企业的股东，其目的是使辖区内经济总量最大化，或者辖区内企业利润之和最大化，所以地方政府的效用为辖区内企业的利润加总。然而，地方政府之间的竞争事实，使得地方政府考虑的未必是利润的绝对量最大化，而是相对最大化，两个地方政府控制的地方国有企业的效用函数分别为：

$$U_{11} = \sum_{i=1}^{n} (P - C_{1i}) Q_{1i} - \sum_{i=1}^{n} (P - C_{2i}) Q_{2i} \qquad (4-52)$$

$$U_{21} = \sum_{i=1}^{n} (P - C_{2i}) Q_{2i} - \sum_{i=1}^{n} (P - C_{1i}) Q_{1i} \qquad (4-53)$$

其中 C_{1i}，C_{2i} 分别为两个地区中第 i 个企业的成本，Q_{1i}，Q_{2i} 分别为其产量。不失一般性，我们假设每个地区内的第一个企业为地方国有企业。

剩余的私营企业追求利润最大化，效用为：

$$U_{ki} = (P - C_{ki}) Q_{ki}, k = 1, 2; i = 2, 3, 4 \cdots n \qquad (4-54)$$

根据我们的假设当 $i = 2, 3, 4 \cdots, n$ 时，$C_{ki} = C$；当 $i = 1$ 时，$C_{ki} = C + \Delta$。地方政府决定自身拥有的国有企业的产量，私营企业决定其产量来达到最优，当同时达到最优时，可得：$U_{11} = U_{21} = 0$（计算过程见附录 4-3）。

现在考虑地方政府 1 是否有动力推动其所控制的国有企业兼并同辖区内的私营企业。由于地方国企生产效率更低，私营企业生产效率更高，所以并购后企业的生产成本为并购之前两企业成本的平均值，则并购后企业的成本为 $C' = C + \dfrac{\Delta}{2}$。解与上面类似的最优方程可以得到：

$$P = C + \frac{3}{4}\Delta$$
$$Q_{11}' = [2a - 2c - (3n - 4)\Delta]/4$$
$$Q_{21} = [2a - 2c - (3n - 2)\Delta]/4$$
$$Q_{ki} = \frac{3}{4}\Delta, i \geqslant 2 \qquad (4-55)$$

代入目标函数，可以得到（计算过程见附录 4-3）：

$$U_{11}' = Q_{11}'\Delta/4, U_2 = -U_1 \qquad (4-56)$$

因此，我们有 $U_1 > 0$，这就意味着地方政府 1 有足够的动力去推动其控制的国有企业与辖区内的私营企业合并以组建更大的企业。但是需要特别引起注意的是，并购之后，原私营企业的股东从并购后企业中获得的利润明显低于并购之前，这意味着如果在完全的市场条件并且没有政府干预的情况下，私营企业不会去主动并购地方国有企业，也不会和国有企业合并。由此我们可以认为，在现实中不断发生的国有企业成功并购同区域的私营企业必然在某种程度上需要外力的帮助，而这种帮助，很可能就来自政府干预，并购的结果也是地方国有企业吞并了私营企业，呈现明显的"国进民退"态势。此外，特别值得关注的是，未参与并购的私营企业在并购之后利润也明显降低，说明在整个并购中，获得利益的只有在地方政府干预下成功实现并购的国有企业，并购在实质上损害了私营企业的利益。

当地方政府 1 推动其辖区内的国有企业并购了辖区内的某一个私营企业时，市场结构为：地区 1 内有 1 家地方国企，$(n-2)$ 家私营企业；地区 2 内有 1 家地方国企，$(n-1)$ 家私营企业。这样的市场结构显然并不稳定，因为此时地方政府 2 的效用为负，它有动力推动其控制的地方国企并购辖区内的私营企业。如果该并购发生，则在两个地区内，企业变得完全同质：一个效率较低的国有企业，若干效率较高的私营企业。以此推论，地方政府会继续推动其控制的国有企业去并购辖区内的私营企业，直到辖区内只剩下国有企业。这就说明了地方政府有动力整合辖区内资源以参与全国竞争，这也与第三章的基本模型中我们假设一个地区只有一个地方国企相对应。

（四）小结

本节运用扩展的 Cournot Model 的内生并购模型来研究国有企业参与的并购，将并购研究视角转向了主并方与被并方无法达成协议从而导致并购失败的现象，弥补了国内研究局限于对成功实现并购重组企业考量的领域的不足。基于模型分析，得到以下结论。

首先，地方政府控制的国有企业之间通过并购实现的规模效应具有条件性。国有企业之间的并购可以节约成本，提高生产效率，然而这种合并存在规模效应的上限。因为在假设中，集团公司存在一个最优的子公司数目，企业并非具有完全的规模效应，因此当联盟内部的加盟企业达到一定数目时，联盟会拒绝新的加入者。这些企业会退而求其次，选择与市场上联盟外的企业合并以寻求规模效应，最终的结果是市场上只剩下少数较大的联盟企业，市场集中度得以提升，生产效率也逐步优化，该种结论类似于"马歇尔定律"的初期，即竞争会导致生产规模扩大，形成规模经济，提高产品的市场占有率，这容易形成垄断或者寡头垄断。

其次，地方政府是地方国有企业之间跨区域并购难以实现的掣肘因素。具体表现为以下两个方面：一是企业并购方式的选择问题，主并企业可能选择用货币资金进行吸收合并，但是财政资金并不在中央政府对地方政府的考核之列，或者其所占权重较低，从而当地方政府失去了国有企业之后，被并国有企业所在地的地方政府效用降低，使得并购无法实现；二是被并企业的控制权收益归属问题，地方政府作为国有企业的大股东可能会以其对企业的控制力来实现本地区其他的经济社会目标，当企业不完全同质时，并购之前规模较小的企业所在地政府，由于其在并购后可能失去对企业的控制权，无法再以国有企业为工具来实现其他社会目标，出现控制权收益损失，导致其拒绝该企业被并购。

最后，为了做大做强本地国有企业以参与全国的竞争，地方政府会推动辖区内的国有企业不断兼并同区域内的私营企业。地方政府的区域监管能力使得其有能力推动国有企业并购当地私营企业，即使私营企业不完全愿意被并购（前文中我们证明了并购之后对于私营企业而言，其利润有明显的下降，从这点考虑，私营企业应拒绝被并购），这是市场化之外政府干预之内的故事。这样一来，最终的市场格局将会是：每个地区有一个较大的国有企业，企业基本上是同质的，市场集中度依然难以得到有效提升。

第三节   地方政府税收竞争对企业并购的影响机制[①]

自 1994 年分税制改革以来，我国各地区被赋予了相对独立的经济利益，税收在一定程度上便可以由地方政府控制。而我国在财政分权过程中建立的以经济绩效，尤其是以 GDP 为核心的考核体系，使辖区间的竞争变得更加激烈和复杂[27]。税收竞争作为地方政府竞争的重要手段，一方面通过吸引资金、加速资源流动，促进了地区的经济发展[28]；另一方面，税收竞争的加剧，也引发了地方保护、市场割据和重复建设等一系列资源配置扭曲问题，影响了国民经济的协调和稳定增长[29]。地方政府在通过调整税率及税

① 本节主要内容以《税收竞争、区域环境与资本跨区流动——基于企业异地并购视角的实证研究》为标题，发表在《经济研究》2015 年第 2 期，作者：王凤荣、苗妙。

收优惠等方式招商引资的同时，不仅引导和影响着企业绿地投资的选择，对企业并购的发生也产生了影响[30]。

一　税收竞争影响企业并购的理论分析

围绕税收竞争问题，国内外学者主要有以下两大研究视角。一是税收竞争的存在性及其策略选择。Tiebout[31]和 Oates[32]从公共品支出结构的角度对地区间的税收竞争问题进行了开创性探讨。Brueckner[33]和 Matsumoto[34]提出了政府间税收竞争行为对于公共品支出结构的影响，认为政府在税收竞争中很可能出现"重基建、轻民生"的支出偏倚。也有学者对税收竞争中政府的互补和替代策略选择行为进行了研究[35][36][37][38]。新经济地理学在税收竞争模型中加入了商品贸易成本和集聚因素，同时考虑到了经济一体化的影响[29]。二是分权背景下税收竞争的经济效应。部分文献研究税收竞争对要素流动的有效性，尤其是对资本流动的影响[39][40]。Thomas 和 Worrall[41]的模型证明，由于税收优惠引起地方财力不足，理性企业预期地方政府未来有不信守承诺而对企业提高征税率的政策，因而税收优惠并不必然引起外来投资的增加。Bucovetsky 和 Haufler[42]构建了两国以资本税和对跨国公司给予税收优惠方式进行竞争的税收竞争序贯博弈模型，探讨了跨国间税收竞争的引资效应。对于税收竞争的经济增长效应，存在相左的研究结论。Qian et al.[43]利用委托代理理论和公共选择理论，指出分权体制下的地区间竞争有助于减少政府对微观经济部门的干预，提高地方企业的效率，导致高速、可持续的经济增长。Wilson 和 Gordon[44]从公共选择理论的观点出发，认为税收竞争活动可以约束规模庞大的政府机构，增加效率，提高居民福利水平。而周业安[45]通过一个博弈模型，指出地方政府间竞争不必然带来经济的良性增长，地方保护主义导致的价格扭曲会产生资源配置低效率，从而损害经济增长。

关于税收竞争与企业并购的研究，大多学者认为，税收竞争主要是通过降低企业并购成本影响企业并购发生机制。节税效应理论认为，并购是为了减少税收负担，产生合理避税的效果，从而增加公司的股东价值。如果目标企业为税收较低的企业，那么并购的概率就会增加[46][47]。Dertouzos、Trautman[48]研究了报业的并购，其结果表明规避税收是该行业并购的主要目的，有节税潜力的公司会成为市场上并购追逐的对象。在不同类型的企业并购中，涉及税收种类、税收负担的差异，但无论何种情形，税收成本是不可避免的，它势必会影响主并企业及其股东、目标公司及其股东[49]。可以说，企业并购与税收之间存在千丝万缕的联系，税收成本的高低是并购各方考虑并购活动能否得以开展的重要因素[50]。

同时，税收竞争也通过企业并购的发生引导着资源配置。吴莉燕[51]的研究也表明，并购活动主要集中在国家税收政策较为优惠的地区，税收政策在一定程度上对企业并购活动的区域分布起到了导向作用。在我国，虽然各地区间所得税及流转税率是相同的，但是政府为了鼓励某些行业发展，往往会出台相关的税收优惠措施，地方政府间的税收竞争也导致不同地区间存在着税率的差异，这样便形成了事实上的税率差异。改革开放之初，我国出台的税收优惠政策就涉及了外商投资企业、个体私营经济、乡镇企业、国有企业等，并涉及以所得税、流转税为主的多个税种，按"经济特区—经济技术开发区—沿海经济技术开发区—内地"依次递减的区域税收优惠政策格局初步形成[52]。我国企业并购法规定，无论是股权并购还是资产并购，并购公司都可以继续接受目标公司所享有的优惠，这成了并购公司税收收益的一部分。吴莉燕[51]的研究表明，并购活动主要集中在国家税收政策较为优惠的地区，税收政策对企业并购活动的区域分布在一定程度上起到了导向作用。

在并购发生过程中，并购企业和目标企业都需要缴纳一定的税收。就并购企业而言，它因并购所承受的税负是它所付出对价的一部分；就目标企业而言，它并不关心买方付出的现金或股票数目，如果其中很大一部分用于缴纳税款，那么它会提高卖价，而这会对并购协议的达成造成阻碍[53]。由于税负是企业并购时考虑的重要因素，因而税收优惠较多导致税负较低地区的企业通常会成为并购企业的选择目标。如果本地企业税负较高导致并购缴税负担重，并购企业会更有可能实行异地并购而不是本地并购。而在目标企业的选择中，税负较低地区的企业则会因为并购成本较低而更多地受到并购企业的青睐。

二　税收竞争对企业并购影响的实证研究

由于地方政府间的税收竞争主要影响异地并购的发生，因此本部分主要关注税收竞争对异地并购的影响。我们从税收竞争与地区投资环境的角度，进一步分析税收竞争对企业异地并购的影响。

（一）理论分析与研究假设

企业异地并购是存量资本再配置，也是资本跨区流动的微观过程。一般而言，存量资本具有较强的本地惯性，特别在中国分权经济背景下，与地方政府竞争伴生的行政壁垒和市场分割更是存量资本跨区流动的羁绊[54]。对于地方政府而言，为促进本地经济社会利益最大化，一方面限制本地资本的流出；而另一方面又通过各种手段吸引区域外资本流入，它倚重的手段就是税收竞争[29]。立足于企业视角，并购是企业实现外部成长和低成本扩张的路径①。而对企业并购动因的考察，近期多位学者从所有制与政治关联、政府干预与市场分割等角度进行了有价值的探索[55][56]，但我们还没有发现针对企业异地并购动因的研究。我们认为，企业从事异地并购的动因主要可归结于两类：一类对应于地方政府提供的税收减免等优惠措施，并购企业据此可以减少成本支出，即成本动因；另一类对应于目标企业所在地的区位特征、基础设施水平、产业集聚、市场化水平等环境因素，并购企业据此可以获取发展资源，即成长动因。需要说明的是，从广义上看，税收优惠、财政返还等竞争手段本身构成了区域环境的一部分，而基于企业异地并购视角，税收竞争是地方政府直接的引资手段，可以直接减少企业跨区投资成本；区域环境则是经济、社会、文化等各种因素耦合的结果，为企业成长提供综合的外部支撑。本部分对税收竞争与区域环境的分析正是基于企业异地并购动因这一视角。

---

①　在完全市场条件下，并购是企业自主行为。而在中国新兴加转轨的市场背景下，企业并购一定程度上会受到政府干预影响，进而在并购动因、并购方式、并购价格等方面呈现不同于完全市场的特征，尤其以国有企业的并购行为最具代表性[55][56]。但随着中国市场化进程的发展，越来越多的企业作为独立的市场主体从事并购等经济活动。基于这一经验基础，本部分主旨在于进一步研究企业异地并购的成本动因—节税效应与成长动因—环境效应的各自作用路径，从而考察资本跨区流动的微观作用机理，不拟就政府干预对企业并购行为的影响展开探讨。同时，本部分也不展开关于企业异地并购与同属并购的比较研究，另文专门讨论。

1. 成本动因: 节税效应与企业异地并购

西方学者在研究企业并购动因时提出了节税效应理论, 认为并购是为了减少税收负担, 产生合理避税的效果, 从而增加公司的股东价值。如果目标企业税负较低, 那么并购的概率就会增加。Dertouzos et al. [57]研究了报业的并购, 发现避税是该行业并购的主要目的, 有节税潜力的公司会成为市场上并购追逐的对象。我国的税收竞争始于 20 世纪 90 年代, 尽管国家规定的税率相同, 但地方政府通过税收优惠、财政返还等税收竞争手段使地区间形成了事实上的税率差异。企业并购相关法律规定, 无论是股权并购还是资产并购, 并购公司都可以继受目标公司所享有的优惠, 这成了并购公司税收收益的一部分。可见, 在林林总总的企业并购中, 尽管税种不同, 纳税主体也各有差别, 但税收成本总是不可避免的, 企业异地并购的发生一定程度上具有节税的成本动因。

企业并购中目标公司的选择, 还受到目标公司特征因素的影响, 对此并购目标识别模型给出了解释。Simkowitz 和 Monroe[58]用目标公司的规模、市盈率、股利支付率及股本增长速度建立了模型, 测算了 1968 年企业混合并购的概率。Stevens[59]选取了代表目标企业流动性、赢利能力、财务杠杆、营运水平等 5 个方面的 20 个财务指标, 运用因子分析法对并购概率进行了预测。Dietrich 和 Sorensen[60]的研究选用了目标公司的周转率、利润发放率、股票成交量及资产负债率等指标, 建立了 Logistic 模型对并购概率进行预测。陈仕华等[61]也检验了选择不同目标公司对并购的影响。既有研究表明, 在影响并购企业对目标企业的选择因素中, 目标企业自身的发展会占较大权重。如果税负较重地区的企业具有较强的赢利能力和较大的发展潜力, 那么只要企业自身发展预期带来的收益能够弥补并购交易和企业经营所支付的高税负, 该异地并购仍会发生。所以, 根据目标企业识别理论, 有节税收益的目标企业未必会成为并购企业的选择对象。

基于以上分析, 我们设立如下两个对立假设:

假设 1A: 目标企业所在地区税负越低, 异地并购越易发生;

假设 1B: 目标企业所在地区税负越高, 异地并购越易发生。

2. 成长动因: 环境效应与企业异地并购

企业成长理论从环境层面分析了区位因素对企业发展的作用, 其中投资环境既包括基础设施等硬环境，也包括制度、文化等软环境。一方面，一个地区的硬环境比如交通条件、通信水平及生活设施等会为企业的发展提供外部支持；另一方面，软环境对企业的发展也发挥着重要作用。

学者们从不同角度探讨了环境因素对企业成长的支持机制。经济全球化和技术创新的加快使企业之间的竞争与合作发生了极大的改变，出现了"新竞争"格局。在新环境下，企业不仅要依赖自身资源，更要关注外部环境，建立企业间的网络化成长关系。Fishman 和 Rob[62]建立了一个有关企业规模与企业演化均衡模型，从产业演化的角度对企业成长的机制进行了分析。他认为当一个地区产业发展较好时，会为企业成长提供支持。Nixon et al.[63]从市场供求对企业绩效影响的角度构建了企业成长机制。Makino et al.[64]从宏观政策的层面综合分析了环境对企业成长的影响。

环境因素对企业异地并购的影响具有二重性。一方面，目标公司所在地的环境优势会吸引并购企业的投资，并影响企业各项资源的整合绩效。Das 和 Teng[65]认为并购可以实现获取其他企业及其所在地区资源并保留和发展自身资源的目的。Miller 和 Shamsie[66]研究发现，财产性资源与公司表现之间的关系在平稳的环境中更加紧密，而知识性资源则在动态环境中与公司表现之间的联系较为紧密。另一方面，较好的区域环境也为当地企业实力的增强提供了推动力，这在一定程度上增加了异地并购的难度。Heeley et al.[67]从目标公司研发（R&D）投资的角度分析了环境对并购概率的影响，发现目标企业的 R&D 投资没有显著增加其被收购的概率，而当环境因素被考虑时，这一概率会大幅变动。

基于以上分析，我们提出以下两个对立的假设：

假设 2A：目标企业所在地区域环境越好，异地并购越易发生；

假设 2B：目标企业所在地区域环境越好，异地并购越不易发生。

（二）研究设计

1. 样本选择及来源

本节以 2009—2011 年宣告并购的上市公司收购非上市公司的事件为初选样本，执行如下筛选标准：①选择交易地位为买方的并购企业；②当同一家上市公司在同一天宣告两笔或两笔以上交易时，如果目标公司不是同一家公司时，剔除该并购事件，如果是同一家上市公司与同一目标公司的不同股东进行并购交易，合并该事件；③由于西藏数据缺失严重，剔除目标公司注册地为西藏的样本；④剔除 2009 年之后上市的样本企业；⑤剔除目标公司注册地为境外的样本①；⑥剔除财务指标存在缺失的并购事件。最终得到的有效样本数量为 984 个，其中同地并购和异地并购样本数量分别为 714 个和 270 个。本部分使用的数据包括企业并购数据、企业特征数据、税收数据和区域投资环境数据。其中，并购数据和企业特征数据来自 CSMAR 数据库，税收数据和区域投资环境数据来自 2009—2011 年的《中国统计年鉴》。表 4 - 2 给出了并购事件的分布情况。

表 4 - 2 异地并购的分布情况

单位：个 , %

样本分布	2009 年	2010 年	2011 年	总计
总样本	327	319	338	984
异地样本	83	91	96	270
占比	25.38	28.53	28.40	27.44
股权标的样本	213	218	216	647
异地样本	67	79	75	221
占比	31.46	36.24	34.72	34.16
资产标的样本	114	101	122	337
异地样本	16	12	21	49
占比	14.04	11.88	17.21	14.54

2. 税收竞争的度量

研究税收竞争的文献，一般都采用税收负担作为衡量税收竞争的指标。

---

① 从样本选取看，规模以上工业企业数据是最合意的，但由于无法获取相应的并购数据及其企业特征数据，因而本部分从数据可得性角度，采用上市公司并购数据。此外，在异地并购的全样本数据中，境外目标公司主要来自中国香港、韩国、日本、美国等地。鉴于本部分主要研究全国 30 个省份的税收环境，对此类样本予以剔除，由此得到的异地并购在总并购事件中的比例可能会低于实际异地并购发生量占比。

目前国内对于税收负担的度量指标主要有两类：一类是使用财政收入占 GDP 的比重，如沈坤荣、付文林[29]，这一指标是广义上的税收负担，涵盖了地方政府财政收入的全部范畴，即把预算外收入也纳入进来，实际上是对税费负担的衡量；另一类是使用税收收入占 GDP 的比重，如郭杰、李涛[68]。

笔者将两种方法结合起来，既考虑广义上的税收负担，也考虑了狭义上的税收负担。同时，如果地方政府税收竞争目标是投资，那么只需在对资本流动有直接影响的税种上展开竞争，这样从不同税种角度衡量的地区税收竞争性质会存在差别[69]。因此，我们也把增值税负和营业税负纳入对税收负担的衡量中。

3. 区域环境得分模型构建

区域环境是指在一个地区影响或制约投资活动及其一切外部条件的总和，包括了该地区的基础设施、经济状况、政府服务等多方面的因素。为了科学客观地对区域环境进行评价，本部分参考白重恩等[70]的文献，同时根据分析需要，从基础设施环境、市场环境和科技文化环境三个方面建立了如下的指标体系（见表 4-3）。

表 4-3 区域投资环境评价指标体系

一级指标	二级指标	三级指标
基础设施环境	交通运输	年客运总量(万人)
		年货运总量(万吨)
		交通密度(公里/平方米)
		人均城市道路面积(平方米)
		每万人拥有公共汽车数(标台)
	通信水平	人均邮电业务量(亿元/万人)
		互联网宽带接入端口(万个)
	生活设施	城市用水普及率(%)
		城市燃气普及率(%)

一级指标	二级指标	三级指标
市场环境	市场规模	GDP(亿元)
		固定资产投资额(亿元)
	经济结构	第二产业比重(%)
		第三产业比重(%)
		非国有经济占工业总产值的比重(%)
	经济外向性	进出口总额占 GDP 的比重(%)
		外商投资总额(亿美元)
	市场发育	社会消费品零售总额(亿元)
		年末城乡居民人均储蓄额(亿元/万人)
科技文化环境	科技投入	R&D 经费(万元)
		技术市场成交额(万元)

根据所选取的三级指标，我们首先用极值法对指标原始数据进行标准化处理，然后运用因子分析法将其简化为一个综合得分。该方法对这些指标提取公共因子，再以每个因子的方差贡献率为权重与该因子的得分相乘，构造了如下区域综合得分函数：

$$F_i = \sum_j \omega_{ij} f_{ij} \tag{4-57}$$

其中 F_i 为第 i 个地区区域环境的综合得分，ω_{ij} 为第 i 个地区第 j 个因子的方差贡献率，f_{ij} 为第 i 个地区第 j 个因子的得分。

根据以上方法，我们先通过主成分分析法对 30 个省份 2009—2011 年三年的数据分别进行因子分析并提取公因子，最终我们提取了三个主因子，通过计算各主因子得分及其对应的方差贡献率，得到的三个综合得分函数如下：

$$2009 \text{ 年}: F_i^{2009} = 0.4618 f_{i1} + 0.2835 f_{i2} + 0.0829 f_{i3} \tag{4-58}$$

$$2010 \text{ 年}: F_i^{2010} = 0.4534 f_{i1} + 0.27 f_{i2} + 0.0874 f_{i3} \tag{4-59}$$

$$2011 \text{ 年}: F_i^{2011} = 0.4476 f_{i1} + 0.2869 f_{i2} + 0.0868 f_{i3} \tag{4-60}$$

根据这三个函数计算出各省份三年相应年份的区域环境综合得分。

4. 样本特征变量的描述性分析

根据 30 个省份 2009—2011 年的数据，我们计算出了税收负担和区域环境综合得分。我们对各省份的税收负担—区域环境得分组合进行分类，图4-1给出了30个省份税收负担和区域环境得分的散点图，其中横坐标代表区域环境得分，纵坐标代表税收负担。

从图4-1可以看出，中东部地区尤其是沿海地区区域环境整体优于西部地区。在税收负担方面，区域差异十分显著。

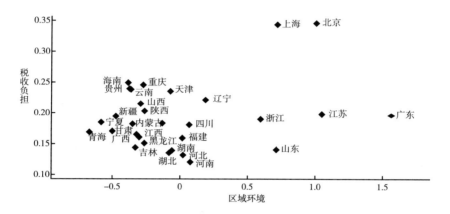

图4-1　各地区税收负担和区域环境得分组合分布

除税收负担和环境因素为模型的因变量外，我们参考相关文献[56]，加入了一些控制变量。表4-4是本部分分析变量的含义和数据来源，变量的描述性统计分析见表4-5。

表4-4　分析变量的含义及数据来源

影响因素类别	变量名	变量含义及数据来源
税收负担	所得税负担	地方所得税与地区生产总值比率，《中国统计年鉴》
	流转税负担	地方流转税与地区生产总值比率，《中国统计年鉴》
	地区总税负	地方财政收入与地区生产总值比率，《中国统计年鉴》
	增值税负	地方增值税与第二产业生产总值比率，《中国统计年鉴》
	营业税负	地方营业税与第三产业生产总值比率，《中国统计年鉴》
区域环境	环境综合得分	根据区域环境得分模型计算出的各地区环境综合得分

续表

影响因素类别	变量名	变量含义及数据来源
控制变量	关联交易	涉及关联交易为1,否则为0,CSMAR 数据库
	交易规模	上市公司收购的目标公司股权比例,CSMAR 数据库
	交易总价	交易发生的数额,CSMAR 数据库
	并购企业净资产收益率	净利润/股东权益余额,代表并购企业赢利能力,CSMAR 数据库
	并购企业资产负债率	负债总额/资产总额,代表并购企业偿债能力,CSMAR 数据库
	并购企业现金流量比率	经营活动现金流量净额/流动负债,代表并购企业现金流量能力,CSMAR 数据库
	并购企业独立董事人数	并购当年并购公司的独立董事人数,CSMAR 数据库

表 4 - 5 主要回归变量的描述性统计分析

变量	均值	中位数	最小值	最大值	标准差
所得税负担	0.022	0.018	0.006	0.059	0.016
流转税负担	0.044	0.040	0.020	0.081	0.018
总税负	0.215	0.195	0.116	0.370	0.071
增值税负担	0.031	0.027	0.012	0.063	0.016
流转税负担	0.044	0.040	0.020	0.081	0.018
区域环境综合得分	0.480	0.600	- 0.710	1.660	0.638
关联交易	0.512	1.000	0.000	1.000	0.500
并购相对规模	0.060	0.009	0.000	16.424	0.564
净资产收益率	0.215	0.137	- 4.829	1.255	0.285
资产负债率	0.414	0.445	- 10.170	3.290	0.490
现金流量比率	0.219	0.102	- 2.347	8.396	0.669
独立董事人数	3.325	3.000	1.000	6.000	0.732

(三) 实证结果及分析

1. 税收竞争、区域环境与企业异地并购:总样本分析

基于理论分析和假设,我们从企业异地并购发生角度,对税收(环境)竞争的资本流动效应进行实证检验,本部分构建如下计量模型:

$$Inter_{it} = \alpha + \beta_1 tax_{it} + \beta_2 score_{it} + \beta_3 tax_{it} \times score_{it} + \beta_4 X_{it-1} + \varepsilon_{it.} \quad (4-61)$$

其中,$Inter$ 是被解释变量,表示企业异地并购的虚拟变量,若并购双方属于不同的区域,则 $Inter$ 取值为 1,否则为 0。tax 表示目标企业所在地

区的税收负担，*score* 表示目标企业所在地的区域环境综合得分。由于税收负担与区域环境可能存在交互影响，我们加入了 *tax* × *score* 这一交叉项衡量该效应。*X* 是由多个控制变量构成的向量，参考已有文献[56]，本部分用企业并购前一年的净资产收益率、资产负债率以及现金流量比率分别代表并购企业的赢利能力、偿债能力、现金流量能力，用独立董事规模反映企业的治理效率，同时本部分也考虑到了并购总价及有没有关联交易等，并在模型中控制了年度虚拟变量。

表 4 - 6 报告了基于 2009—2011 年共 984 个并购样本的 Logit 模型的税收竞争与资本跨区流动的回归结果。

表 4 - 6　税收竞争、区域环境与企业异地并购——全样本分析

变量	Logit			OLS	
	（1）	（2）	（3）	（4）	（5）
总税负	1.073 ***	1.112 ***	1.204 ***	1.203 ***	1.264 ***
	(0.185)	(0.200)	(0.346)	(0.213)	(0.377)
区域环境得分			- 0.006		- 0.006
			(0.097)		(0.102)
总税负 × 区域环境得分			- 0.095		- 0.039
			(0.455)		(0.500)
关联交易		0.202 ***	0.201 ***	0.203 ***	0.203 ***
		(0.026)	(0.026)	(0.027)	(0.027)
净资产收益率		- 0.181 *	- 0.182 *	- 0.168 **	- 0.170 **
		(0.108)	(0.108)	(0.072)	(0.073)
资产负债率		0.014	0.013	0.015	0.015
		(0.026)	(0.026)	(0.023)	(0.023)
现金流量比率		0.012	0.012	0.012	0.013
		(0.022)	(0.023)	(0.025)	(0.025)
独立董事人数		0.011	0.011	0.011	0.011
		(0.019)	(0.019)	(0.019)	(0.019)
年度虚拟变量	控制	控制	控制	控制	控制
R^2				0.097	0.098
Pseudo R^2	0.03	0.09	0.09		
预测准确百分比(%)	72.36	74.62	74.92		
对数似然比	- 564.06	- 527.72	- 527.53		
样本数	984	984	984	984	984

注：①括号中的数字是经过异方差调整后的稳健标准差，* 、** 、*** 分别代表在10% 、5% 和1%统计水平上显著；②Logit 模型回归系数为平均边际效应。

　　表4-6利用企业异地并购的哑变量作为因变量的回归结果表明，目标企业所在地区税负与企业并购概率呈正相关且在1%的水平上显著，即目标企业所在地区税负越重，异地并购越易发生；反之，目标企业所在地区税负越轻，异地并购越不易发生。这说明地区间税收竞争确实影响了异地并购即资本跨区流动。

　　具体来看，这一实证结果不支持节税理论的假设。这说明并购企业在目标企业的选择上，获得节税收益仅仅是其考虑的一个方面。在目标企业具有较大发展潜力的情况下，如果其预期收益能弥补由于税负较大带来的额外支出，那么该异地并购仍会发生。这证明了本部分的假设1B，即目标企业识别理论。

　　在控制变量中，关联关系对企业异地并购概率的影响为正。这说明，异地并购由于信息不对称，其并购发生的成本较高，而关联交易可以降低交易成本，这在一定程度上减小了信息不对称对异地并购的影响，提高了异地并购的概率。并购企业财务状况中，净资产收益率与异地并购概率呈负相关关系。尽管净资产收益率高代表企业赢利能力高，但同时企业的财务杠杆率也较高，而企业异地并购本身风险较高，加之借贷风险会更高，因此负债率过高会降低企业异地并购概率。

　　2. 税收竞争、区域环境与资本跨区流动：两种并购类型比较

　　在上面的全样本回归结果中，目标企业所在地区区域环境对异地并购的影响并不显著。我们认为这可能是资产标的并购与股权标的并购在性质及特点上有较大差异，导致全样本中一些效应相互抵消。同时，在并购的节税效应无法得到证实的情况下，我们需要进一步从企业异地并购角度探索区域环境对资本跨区流动的影响。因此，接下来我们将样本分为股权标的和资产标的两个分样本进行分析，表4-7是对不同并购标的样本的计量回归结果。

　　表4-7显示，目标企业所在地的区域环境的确对企业异地并购有影响，但是对股权并购和资产并购的影响不尽相同。对于股权标的样本而言，目标企业所在地的区域环境与企业异地并购为负相关且在10%水平上显著；对于资产标的样本而言，目标企业所在地区域环境与企业异地并购为正相关且在1%水平上显著。

　　由分样本分析可见，区域环境对资产并购和股权并购的影响存在差异。在股权并购类型中，区域环境较好地区的企业通常会得到并购企业的关注，

但该地区企业实力的增强增加了并购企业的收购难度。因为较好的区域环境会促进当地企业的发展，区域环境会从市场结构、产业演化结构及网络支持等方面给企业发展带来较好的契机，从而增强企业自身实力，提高本地企业成为并购企业的概率，不易被其他地区的企业并购。在资产并购类型中，企业并购的主要目的是获取目标企业的资产，比如目标公司的无形资产、供应渠道及销售渠道等，而这些资产是镶嵌在目标公司所在地区域环境中的，良好的区域环境才能保证其资产潜力得到最大程度的释放，进而提升企业各项资源的整合绩效，推进企业成长。因此，目标企业所在地区域环境越好，异地并购越易发生。这证明了假设 2A。

表 4－7　基于异地并购的税收竞争、区域环境与资本跨区流动——分样本分析

变量	股权标的样本		资产标的样本	
	（1）	（2）	（3）	（4）
总税负	1.251 ***	0.466	0.726 ***	1.562 ***
	（0.222）	（0.509）	（0.279）	（0.331）
区域环境得分		− 0.218 *		0.348 ***
		（0.131）		（0.128）
总税负 * 区域环境得分		1.101 *		− 1.774 ***
		（0.640）		（0.576）
关联交易	0.267 ***	0.267 ***	0.067	0.055
	（0.031）	（0.031）	（0.042）	（0.040）
净资产收益率	− 0.008	− 0.008	0.038	0.043
	（0.060）	（0.056）	（0.096）	（0.100）
资产负债率	− 0.141	− 0.145	0.017	0.018
	（0.094）	（0.095）	（0.028）	（0.032）
现金流量比率	− 0.013	− 0.012	− 0.194	0.218
	（0.035）	（0.036）	（0.177）	（0.188）
独立董事人数	0.022	0.020	− 0.015	− 0.019
	（0.023）	（0.023）	（0.033）	（0.035）
年度虚拟变量	控制	控制	控制	控制
Pseudo R^2	0.102	0.106	0.049	0.098
预测准确百分比（%）	70.48	70.94	85.33	87.13
对数似然比	− 372.98	− 371.50	− 132.42	− 125.52
样本数	647	647	337	337

注：①括号中的数字是经过异方差调整后的稳健标准差，*、**、*** 分别代表 10%、5% 和 1% 统计水平上显著；②Logit 模型回归系数为平均边际效应。

同时，当我们考虑目标企业区域环境的影响时，对于股权标的样本而言，目标企业所在地区总税负变得不再显著，区域环境在 10% 的水平上显著；而对于资产标的样本而言，总税负和区域环境以及其交叉项都在 1% 的水平上显著，这是由于在资产并购中，目标企业所在地的区域环境优劣是引资能否吸引并购企业的重要因素，因而其税收竞争（环境）的引资效应也更为显著。这证明了本部分的假设 3。

由于区域环境优势可以在一定程度上弥补高税负带来的成本支出，这使传统税收竞争中各地方政府竞相降低税率的趋势被扭转。正如图 4 - 1 所见，尽管北京、上海等地区给予投资者的税收优惠和补贴较少，导致其税负较高，但由于其突出的区域环境优势，依然吸引了许多并购企业的目光。税收竞争和区域环境的交互影响，使地区间的实际税率差别变得更加多样化。要明确这个效应的大小，利用表 4 - 7 交叉项的回归系数，根据回归方程（4 - 62），可得

$$\frac{\partial inter_{it}}{\partial tax_{it}} = \beta_2 + \beta_3 \times score \qquad (4 - 62)$$

由表 4 - 7，方程（4 - 62）的回归系数 β_2 在模型（2）中显著为负，在模型（4）中显著为正，β_3 在模型（2）中显著为正，而在模型（4）中显著为负，这意味着地区税负对异地并购概率的影响程度取决于区域环境。

对于股权并购而言，如果目标企业所在地区域环境较好，那么一阶偏导数一般会大于 0，也就是说，即使这些省份提高税负，由于区域环境好能给并购企业带来较大的收益，异地并购依然会发生。如 2011 年山东省的区域环境得分为 0.72，代入（4 - 62）式中我们得到，山东省区域环境得分每增加 1 分，异地并购概率就会增大 57.47%；而北京的区域环境得分为 1.03，北京区域环境得分每增加 1 分，异地并购概率会增大 91.6%。

对于资产并购而言，目标企业区域环境越好，偏导数会越小，税负对企业异地并购的影响也越小。

3. 基于异地并购规模的资本跨区流动：税收竞争与区域环境的效应比较

接下来我们从异地并购相对规模的角度，进一步实证比较税收竞争与区域环境对资本跨区流动的影响，本部分构建如下计量模型：

$$Scale_{it} = \alpha + \beta_1 tax\_dif_{it} + \beta_2 score\_dif_{it} + \beta_3 tax\_dif_{it} * score\_dif_{it} + \beta'_4 X_{it-1} + \varepsilon_{it}$$

$$(4-63)$$

其中，$Scale$ 表示企业异地并购的相对规模，定义为并购支付金额与并购公司的权益市场价值之比，并购公司市场价值为股权市值与净债务市值之和①。Tax_dif 表示并购企业所在地区与目标企业所在地区总税负之差的哑变量，当并购企业所在地区总税负大于目标企业所在地区总税负时取值为 1，否则为 0，本节用这一变量衡量并购是否可以为并购企业带来节税收益。$Score\_dif$ 表示目标企业所在地区与并购企业所在地区投资环境综合得分之差的哑变量，当目标企业所在地区投资环境优于并购企业所在地的区域环境时，取值为 1，否则为 0，本部分用这一变量衡量并购是否基于资源获取动机。由于税收负担与投资环境可能存在交互影响，我们加入了 $tax\_dif \times score\_dif$ 这一交叉项衡量该效应。企业并购前一年的净资产收益率、资产负债率以及现金流量比率、独立董事规模、有没有关联交易以及年度虚拟变量的定义同模型（4 - 61）。同时，我们运用 Heckman 样本选择模型构造逆米尔斯比率（IMR）以控制异地并购的内生性问题[21]。具体如下：首先按照模型（4 - 63），分别对股权标的和资产标的的异地并购运用 Logit 方法进行计量估计，然后根据结果算出 IMR，最后在回归方程中引入 IMR 进行回归。

从表 4 - 8 中我们看到在不考虑目标企业所在地区域环境的情况下，并购企业所在地区与目标企业所在地区的税负差距对企业异地并购的影响依然为负且在 1% 水平上显著。显然，基于前面分析的结果，由于税收负担并不是企业异地并购中考虑的主要因素，因此节税收益并不会对企业异地并购的相对规模产生正向影响。当我们考虑目标企业与并购企业所在地区域环境差异影响时，税收因素变得不再显著。目标企业所在地与并购企业所在地区域环境综合得分差距的哑变量对于企业并购相对规模影响为正且在 1% 水平上显著。这进一步证实了获取环境效应为企业异地并购的成长动因。

---

① 其中，非流通股权市值用净资产替代。

表 4 – 8　税收竞争与区域环境的引资效应：异地并购相对规模分析

变量	OLS		Heckman	
	（1）	（2）	（3）	（4）
总税负差异	– 0.97 ***	0.050	– 0.895 ***	0.048
	（0.29）	（0.063）	（0.311）	（0.063）
区域环境得分差异		0.196 ***		0.183 ***
		（0.056）		（0.058）
总税负差异 × 区域环境		– 0.241 *		– 0.222 *
得分差异		（0.132）		（0.134）
关联交易	– 0.087 ***	– 0.100 ***	– 0.132 **	– 0.140 **
	（0.036）	（0.037）	（0.059）	（0.059）
净资产收益率	0.031	0.046	0.072	0.084
	（0.064）	（0.065）	（0.077）	（0.077）
资产负债率	– 0.014	– 0.014	– 0.021	– 0.020
	（0.038）	（0.038）	（0.038）	（0.038）
现金流量比率	0.021	0.016	0.016	0.012
	（0.026）	（0.026）	（0.027）	（0.027）
独立董事人数	– 0.051 **	– 0.054 **	– 0.053 * *	– 0.059 **
	（0.024）	（0.024）	（0.024）	（0.044）
IMR			– 0.052	– 0.049
			（0.055）	（0.054）
年度虚拟变量	控制	控制	控制	控制
F 值	2.82	2.41	2.60	2.27
样本数	984	984	984	984

　　注：括号中的数字是经过异方差调整后的稳健标准差，＊、＊＊、＊＊＊分别代表10%、5%和1%统计水平上显著。

4. 稳健性检验

　　虽然我们在前面的分析中基本证实了地方政府间税收竞争和区域环境对企业异地并购的影响，但也可能存在一些其他的作用机制和解释。下面我们通过稳健性检验排除这些因素的干扰。

　　（1）税种间差异

　　并购企业和目标企业在并购的整个过程中会产生多种税负，不同税种使得并购双方所承担的成本也不同，因此不同税种对于企业异地并购的影响也可能不同。然而本部分的实证分析表明，所得税竞争、流转税竞争、增值税竞争以及营业税竞争的回归结果基本是一致的，这为本节结论的稳健性提供了支持。表4－9给出了不同税负对异地并购影响的稳健性检验结果。

表4－9　不同税负对异地并购影响的稳健性检验

并购标的类型	变量	所得税负 (1)	流转税负 (2)	增值税负 (3)	营业税负 (4)
股权标的	税负	－3.027 (3.611)	－0.637 (2.51)	－2.329 (2.768)	0.637 (1.479)
	区域环境得分	－0.191** (0.076)	－0.289** (0.126)	－0.272*** (0.091)	－0.192*** (0.069)
	税负×区域环境得分	10.772** (4.360)	7.194** (3.153)	10.033*** (3.325)	6.923*** (1.867)
	预测准确百分比(%)	71.25	71.41	71.25	71.41
	对数似然比	－371.91	－372.10	－370.76	－370.99
	样本数	647	647	647	647
资产标的	税负	12.963*** (3.151)	6.666*** (1.356)	8.399*** (1.466)	3.381** (1.327)
	区域环境得分	0.308** (0.105)	0.367*** (0.113)	0.346*** (0.099)	0.271** (0.137)
	税负×区域环境得分	－18.254*** (5.636)	－9.161*** (2.502)	－12.771*** (3.244)	－9.663*** (4.866)
	预测准确百分比(%)	88.02	86.53	87.72	85.63
	对数似然比	－113.94	－122.634	－118.013	－127.832
	样本数	337	337	337	337

（2）并购相对规模的测量误差

考虑到并购相对规模的测量误差，我们用流通股股价代替非流通股权市值，然后根据以此计算的并购公司权益市场价值求得并购相对规模，分析税收（环境）竞争对异地并购的影响，结果基本一致。这有力地支持了本节的结论。

（3）总部经济对税收负担测量误差的影响

在总部经济模式下，一些企业会将总部设置在中心城市或中心地带，导致区域税收与税源的背离，从而影响本节用税收负担衡量税收竞争的效果。企业的组织形式包括总公司和分公司、母公司和子公司两种类型，这两种类型合并纳税情况有所差别，但由于现实经济中也存在将税收从母公司或总公司转移到子公司或分公司的情况，因此我们无法度量总部经济中具体转移税收的数量。鉴于企业总部大都集中在开发区内，本部分选用各地区国家级开发区的数量作为衡量总部经济的代理变量，以检验实证结果的稳健性。资料来源为中国开发区网（http：//www.cadz.org.cn），其中，国家级开发区包括高新技术产业开发区、经济技术开发区、保税区、出口加工区、边境经济合作区以及其他类型的国家级开发区。由表4－10可以看出，考虑到总部经济对税收负担的影响之后，总税负的大小有略微变化，但是符号和显著度没有改变，这说明总部经济对本节税收负担度量准确性的影响不大，结果依然稳健。

表 4 - 10　总部经济下的税收竞争与企业异地并购

变量	股权标的样本		资产标的样本	
	（1）	（2）	（3）	（4）
总税负	1.72 *** (4.39)	1.11 * (0.6)	0.058 * (0.31)	0.138 *** (0.031)
区域环境得分		- 0.17 (0.17)		0.627 *** (0.115)
总税负×区域环境得分		0.84 (0.73)		- 2.614 *** (0.53)
总部经济	0.009 (0.006)	0.01 (0.008)	- 0.022 *** (0.01)	- 0.034 *** (0.008)
总税负×总部经济	- 0.054 * (0.031)	- 0.047 (0.034)	0.085 ** (0.035)	0.124 *** (0.032)
控制变量	控制	控制	控制	控制
Pseudo R^2	0.106	0.108	0.149	0.187
预测准确百分比(%)	70.48	71.41	86.23	89.82
对数似然比	- 371.12	- 370.38	- 126.29	- 113.13
样本数	647	647	337	337

（四）结论及启示

在我国转型经济背景下，资本跨区流动作为市场化资源配置方式，表征着市场化进展程度，同时受制于政府干预导致的行政壁垒和市场分割。本节旨在从税收竞争角度考察资本跨区流动的影响因素及其作用机制。长期以来，税收竞争的资本流动效应是公共经济学和投资理论研究的热点问题，近期在中国分权式背景下尤其受到研究关注。前期实证研究显示，税收竞争对资本流动的规模与方式具有重要影响，但这些研究没有阐明其微观作用机理。我们认为，企业异地并购作为资本跨区流动的方式，也是地方政府招商引资的重要渠道。立足于企业角度，发生异地并购主要基于两类动因：成本动因与成长动因。前者旨在获取节税效应，后者则旨在获取环境效应。

本节运用因子分析法度量 30 个省份税收负担和环境得分，以 2009—2011 年发生的国内上市公司收购非上市公司事件为样本，基于 Logistic 计量模型对上述观点进行了实证检验，得出以下主要结论。首先，从总体上看，地区间税收竞争显著影响了企业异地并购行为，引致了资本跨区流动。其次，立足于企业角度，选择税负较低地区的企业作为并购对象未获得节税收益，即基于节税效应的成本动因没有得到实证支持；进一步考察目标企业与并购企业所在地区域环境差异影响，税收因素变得不再显著，而区域环境因素对企业异地并购发生的影响为正且显著。可见，环境效应已成为企业异地并购的成长动因。最后，具体到不同并购类型来看，与股权并购相比，目标企业所在地区税收（环境）对资产并购的引资效应更为显著。

上述研究发现具有一定的启示意义。首先，对于地方政府来说，在经济全球化和区域一体化背景下，面对日趋激烈和复杂的竞争环境，通过财政支出改善区域环境，比仅仅依靠税收优惠的税收手段更为有效。在引资手段方面，相对于税收优惠手段，财政支出手段对企业成长和引资的效果更加明显，操作方式也更为灵活，因此地方政府应加强运用财政支出手段改善区域环境，促进当地企业成长和经济发展。同时，应适当调整引资方式，从注重绿地引资向绿地引资和并购引资并重转变。其次，对于企业而言，异地并购作为企业低成本扩张的途径，应综合权衡节税效应与环境效应，进而实现企业成功跨区成长。

第四节　地方政府支出竞争对企业并购的影响机制

一　支出竞争对企业异地并购影响的理论分析

现有文献中，关于政府支出竞争的相关研究主要集中在支出竞争产生的原因（Tiebout；Oate；周黎安）[31][32][27]、溢出效应模型（Case；Schaltegger 和 Zemp；Schwarz；Borck）[36][71][72][73]、支出竞争对经济增长的影响（Brennan 和 Buchanan；Barro；郭玉清、姜磊；孙晓华、郭旭）[74][75][76][77] 等。

在建立以经济绩效尤其是以 GDP 增长为核心的考核体制后，地方政府为了发展经济而在吸引资源流入方面展开竞争[78]，从而影响企业跨区并购行为。从形式上看，这种竞争可以是表现在收入层面上的税收竞争，也可以表现为支出竞争。由于税收优惠手段的普及，政府靠税收竞争吸引投资具有一定的局限性。朱翠华和武力超[79] 也借助博弈模型分析了税收竞争和支出竞争的政府选择策略。

从形式上看，地方政府财政竞争主要包括收入（税收）和支出竞争，并且必然经历从以税收竞争为主到以财政支出竞争为主的发展历程。新中国成立后的财税体制发展历程，可以划分为三个阶段。第一阶段是 1978 年之前的财政集中体制。这一时期，资本的跨地区流动较弱，地方财政竞争主要表现为争夺中央政府的资源。第二阶段为从 1978 年到 1993 年的分成和财政包干体制，中央集中配置资源的比重逐渐下降，资本流动性增强，地方财政竞争主要表现为税收竞争。然而虽然实行了放权，但是从省级角度看，高度的财政分权却导致了低的经济增长[80]。第三阶段是 1994 年的分税制改革，地方政府被赋予了相对独立的财政权力和经济利益。因此地方政府在税收竞争的基础上，又力图通过提供优质的公共产品和服务吸引资本流入，地方财政竞争逐步从税收竞争过渡到税收竞争和支出竞争并存的新阶段，尤其是发达地区具有先动优势，可以通过提供公共品来吸引技术，而无须仅仅依靠税收竞争，因而财政支出竞争的作用更加明显[81]。

地方政府的财政支出竞争主要影响投资环境。而投资环境是吸引投资、促进经济增长的重要因素，相应地，它也会对企业并购行为产生影响。因此，地方政府也会通过改善公共支出、提升投资环境来吸引投资[82]。问题在于，从本质上看，地方政府支出是一种公共支出，由于公共品具有非排他性和非竞争性特征，所以会对其所管辖的周边地区产生溢出效应。地方政府支出的这个特性必然导致辖区间的支出竞争复杂化[83]。

由此可见，地方政府财政支出政策及其对企业跨区并购行为的影响受到分权体制所形成的地方政府间策略互动的影响，如果不考虑这一点，就不能全面准确地分析当前我国企业跨区并购的特征。基于这种认识，我们在财政分权的背景下，以地方政府在公共支出上的策略互动关系为关键，揭示出政府行为、财政支出和企业跨区并购之间的关系。

二　支出竞争影响企业异地并购的实证检验

本部分我们选用 2009 年我国所发生的上市公司并购非上市公司的 215 个样本，分析财政支出竞争对企业异地并购的影响机制。

（一）变量选择及描述性统计分析

本部分重点讨论财政支出细分科目体现的公共支出竞争是否会对企业异地并购产生影响。这些细分科目包括教育支出、科学技术支出、文化卫生支出、农业支出、社会保障支出以及交通费支出。进行这种划分的依据有两个：一是该项支出在财政总支出中是否占有重要份额；二是该项支出是否对地方政府吸引企业投资有重大影响。

关于地方政府财政支出竞争，参考李涛和周业安[84]的研究方法，用相邻地区地方政府相应类型财政支出平均值表示，相邻地区是指与该地区在地缘上有接壤的省份，然后计算所有与该地区接壤省份财政支出的平均值，但海南省除外，本部分定义海南的邻省为广西和广东。分别用 edu、$tech$、cul、$socia$、$trans$ 表示教育支出竞争、科学技术支出竞争、文化卫生支出竞争、社会保障支出竞争及交通费支出竞争。

为了在一个一致的理论框架下研究地区间投资竞争问题，必须尽量控制现有理论中影响企业异地并购的因素，我们选择的控制变量有：企业有没有关联交易（$idrlatrd$），存在关联交易则为 1，否则为 0；并购的交易规模（$scaletrd$）表示上市公司收购的目标公司股权比例；交易总价（$tpritrd$）表示交易发生的金额；净资产收益率（roe）为净利润与股东权益余额的比值；

资产负债率（*debt*）为负债总额与资产总额的比值；现金流量比率（*cash*）为经营活动现金流量净额与流动负债的比值；董事人数（*board*）为并购当年并购公司的董事人数；独立董事人数（*indep*）为并购当年并购公司的独立董事人数。

我们将目标企业所在地区的财政支出竞争作为解释变量，研究各地方政府在利用财政支出招商引资的过程中，这一行为对企业异地并购的影响。表4－11给出了各变量的描述性统计，包括均值、中位数、标准差、最大值和最小值。

表4－11 主要变量的统计分析

变量	均值	中位数	最小值	最大值	标准差
inter	0.312	0.000	0.000	1.000	0.464
roe	0.071	0.098	－4.829	1.255	0.377
debt	0.543	0.580	0.036	0.974	0.192
cash	0.304	0.181	－1.326	7.976	0.743
board	9.284	9.000	5.000	18.000	2.041
indep	3.349	3.000	1.000	6.000	0.805
idrlatrd	0.451	0.000	0.000	1.000	0.499
scaletrd	48.995	45.100	0.304	100.000	35.659
tpritrd	2.390e+08	40800000.000	0.000	4.840e+09	6.360e+08
edu	444.401	365.670	63.500	803.200	196.666
tech	89.836	99.300	4.400	215.311	67.385
cul	224.077	241.147	31.948	364.353	79.965
socia	295.892	303.960	47.680	518.070	104.102
trans	137.349	124.327	52.259	238.611	45.627

（二）计量模型回归结果和分析

$$inter_t = compet_i + roe_i + debt_i + cash_i + board_i + indep_i + idrlatrd_i + scaletrd_i + tpritrd_i + \varepsilon_i$$

$$(4-64)$$

　　其中，被解释变量 $inter$ 代表企业异地并购的虚拟变量，若并购双方属于不同的区域，则 $inter$ 取值为 1，否则为 0。$compet$ 代表五个项目的财政支出竞争，分别是 edu、$tech$、cul、$social$、$trans$。其余控制变量的含义及符号与上面相同。考虑到各公司之间可能存在差异，我们采用了异方差的稳健性估计。表 4 – 12 报告了 215 个并购事件的估计结果，其中模型（1）选用教育支出竞争代表财政支出竞争，模型（2）选用科技支出竞争代表财政支出竞争，模型（3）选用文化卫生支出竞争代表财政支出竞争，模型（4）选用社会保障支出竞争代表财政支出竞争，模型（5）选用交通费支出竞争代表财政支出竞争。

表 4 – 12　地方政府财政支出竞争与企业异地并购

变量	（1）	（2）	（3）	（4）	（5）
	edu	tech	cul	socia	trans
exp	6.40e – 06	0.00129 ***	0.000387	0.000378	0.000587
	(0.000161)	(0.000462)	(0.000384)	(0.000291)	(0.000710)
$idrlatrd$	0.117 *	0.116 *	0.116 *	0.120 *	0.115 *
	(0.0685)	(0.0676)	(0.0685)	(0.0684)	(0.0684)
roe	– 0.0550	– 0.0575	– 0.0486	– 0.0430	– 0.0584
	(0.0664)	(0.0581)	(0.0655)	(0.0667)	(0.0689)
$debt$	– 0.484 **	– 0.462 **	– 0.480 **	– 0.456 **	– 0.477 **
	(0.192)	(0.190)	(0.191)	(0.190)	(0.193)
$cash$	0.00237	0.00415	0.00145	0.00677	0.00321
	(0.0541)	(0.0501)	(0.0527)	(0.0515)	(0.0555)
$board$	– 0.00598	– 0.00918	– 0.00557	– 0.00409	– 0.00565
	(0.0220)	(0.0220)	(0.0219)	(0.0218)	(0.0221)
$indep$	0.0329	0.0375	0.0285	0.0260	0.0366
	(0.0565)	(0.0555)	(0.0559)	(0.0562)	(0.0565)
$scaletrd$	– 0.000132	– 6.90e – 05	– 0.000131	– 0.000111	– 0.000164
	(0.000952)	(0.000944)	(0.000954)	(0.000953)	(0.000953)
$tpritrd$	9.54e – 11	7.99e – 11	9.38e – 11	9.07e – 11	9.39e – 11
	(6.17e – 11)	(5.92e – 11)	(6.24e – 11)	(6.18e – 11)	(6.08e – 11)

变量	(1)	(2)	(3)	(4)	(5)
	edu	tech	cul	socia	trans
Constant	0.451**	0.341	0.377	0.329	0.357
	(0.225)	(0.220)	(0.232)	(0.241)	(0.246)
Observations	215	215	215	215	215
R - squared	0.065	0.099	0.069	0.072	0.068

注：***、**、*分别表示回归系数显著性水平为1%、5%、10%，括号内的是经过异方差调整的标准差。

（三）结论与启示

通过观察各地区财政支出竞争对企业异地并购的影响发现，科学技术支出竞争对企业异地并购有正的影响且显著。当目标企业所在地区科学技术方面的财政支出增加1万元时，该企业并购发生的可能性会增加0.129%。这反映出企业在投资时也会考虑投资环境，同时随着经济的发展，科技对企业未来的可持续发展至关重要。政府的科学技术投资可以提高企业在发展中的竞争力。因此，一个地区的政府对科学技术越重视，越会吸引企业的流入。当企业在招商引资过程中不断地扩大投资时，该地区的企业也会更加吸引并购企业的目光，从而导致本地企业成为目标企业的可能性也增大。当然，目标企业所在地区政府也可以进一步增大其辖区内企业实力，鼓励本地企业"走出去"。

但是教育和社保、交通等支出竞争对于企业异地并购的影响不显著。随着经济的发展，我国各地区之间交通差距已逐渐缩小，对企业异地并购选择的影响也逐渐降低。我国当前的政府体制模式是地方官员围绕GDP增长而进行的"晋升锦标赛"模式，他们除了关心地方财政收入之外，还关心自身在官场升迁的机遇[27]。而教育、社保等财政支出是投资回报周期较长的投资，如果地方政府官员更多地关心自己的政绩，那么这些支出很难体现为本届政府的政绩，因此对于此类财政的支出便没有动力[85]。这也说明我国财政竞争处于改善支出竞争阶段，但没有达到全方位的改善。

第五节　地方政府规制竞争对企业并购的影响机制

　　环境问题一直是中国经济发展的焦点和热点问题。实现可持续发展之路，环境保护与经济发展必须相辅相成，实现二者双赢。但环境保护与经济发展的两难、环境问题的负外部性等问题的存在使市场经济这只"看不见的手"仅能发挥有限的作用。因此，为实现社会福利最大化，政府需要实施环境规制。中国经济的快速增长也付出了惨重的环境代价。据世界银行最新统计，中国每年仅空气和水污染造成的经济损失相当于国内生产总值的8%—12%；工业污染是我国环境污染的主要组成部分。近年中国政府高度重视发展低碳经济，即经济发展轨道由"高碳经济"向"低碳经济"转换，以平衡经济增长与环境保护间的关系。为此，政府采取的主要手段就是环境规制。

　　所谓政府环境规制，是指政府部门为了保护环境而对经济活动采取的具有限制性影响的一切法律、政策、措施及其实施过程。随着我国经济的迅速发展，经济与环境的矛盾日益凸显，我国不同区域通过差异性路径不断强化了环境规制。地方政府规制手段有很多种，比如对房地产业进行规制、对民间借贷进行规制、对环境进行规制等。由于地方政府规制的目的不同，因此规制的手段及结果也各有侧重。

　　世界各国环境规制开始主要依靠命令与控制（Command and Control，简称 CAC）政策进行规制；1980 年之后，基于市场的环境规制政策（Market - based Incentives，简称 MBI）开始得到关注；20 世纪 90 年代以来环境规制进入信息披露和参与机制等政策创新的阶段。命令与控制政策在世界各国环境规制中的应用最为广泛，何为命令与控制政策呢？基于政府立法或相应部门的规章、制度来确定环境规制的目标和标准，并以行政命令的方式来要求企业遵守，处罚措施是针对那些违反相应标准的企业制定的。基于市场（Market - based）的环境规制政策是以市场信号来引导企业做出行为决策，而不是直接对污染控制水平和技术进行规定，让企业在追求自身利益的过程中来实现控制污染的目标，常用到的工具有补贴、环境税费、可交易许可证及税收优惠等。信息披露与参与机制就是利用环境规制中的各相关利益集团，通过非传统的规制渠道为被规制企业和规制机构提供激励，来提高规制的效率。政府环境规制立足于环境污染导致的外部性，庇古将外部性产生的原因归于生产的边际私人成本与边际社会成本、边际私人收益与边际社会收益之间的差异。由于市场机制无法使这种差异消除，只有通过征税来解决，所以在各种规制政策中，庇古税理论的应用体现在污染税、补贴、排污费等价格规制政策上。在科斯理论中，政府在解决外部性问题中的作用在于确定初始产权的分配从而为市场交易创造条件，污染许可证、排放许可证、可交易许可证等数量规制可以从广义上理解为是科斯产权理论的应用。在完全信息下的政府环境规制政策选择，不需要通过庇古税来激励污染者，可以直接限制污染者的污染水平。在现实中信息往往是不完全的，所以政府必须在各种向污染者提供激励的政策中进行选择。

随着环境问题日益突出，我国对环境规制的重视程度日渐提高，国内环境规制研究也有了较快的发展。本部分在这里考察政府环境规制对并购趋势及产业结构的影响，并实证评价政府环境规制政策的效应，对于完善和提高我国政府环境规制政策的效率和水平具有现实意义。

一　环境规制对并购行为影响的理论分析

已有文献关注了环境规制对外资并购的影响。围绕这一问题，学者们主要有以下研究内容。一是对跨国并购的理论依据进行了有益的探讨。尼尔·胡德和斯蒂芬·扬[86]认为政府对跨国并购实施规制的原则是在公平、效率的基础上维护国家主权。二是规制跨国并购的外资政策分析。政府规制的内容主要分为限制性措施和激励性措施。其中，限制性措施主要有市场准入限制、所有权与控制权限制等[87]；激励性措施主要有财政激励措施、金融激励措施以及其他激励措施。三是政府环境规制对跨国并购的作用效果分析。Beenstock[88]分析了存在流入和流出两种外商直接投资的情形下，政府相机抉择政策对国内福利的不同影响；Horn 和 Persson[89]认为并购将产生反竞争、资源转移及资本流动净损失等效应，政府规制的主旨就是将并购的负效应降到最低。刘细良[90]将政府规制分为经济性规制和社会性规制，选取 1990—2009 年的时间序列数据实证表明：政府规制对跨国并购的单向作用机制，其中经济性规制对跨国并购产生的影响比社会性规制显著；王耀中、李晶[91]构建了一个政府参与外资并购的古诺模型，论证了政府规制外资并购对跨国公司技术转移的负效应和东道国市场结构调节的正效应，指出在制定外资并购的规制政策时要综合权衡规制对技术转移和市场结构两方面的影响。陈思霞、卢洪友[92]检验了辖区间的政府规制竞争对环境公共支出的影响。

二　环境规制对企业并购行为影响的实证检验

（一）数据选取及描述性统计分析

我们以国务院发布《关于落实科学发展观加强环境保护的决定》的时间：2005 年 12 月 13 号为时间点，分别对这一时间点前后三年内发生的跨行业并购进行分析比较，即选取 2002—2005 年和 2006—2009 年的上市公司的并购数据（数据来源于国泰安数据服务中心上市公司研究系列）。本节中的并购趋势指在轻度污染行业、中度污染行业和高度污染行业之间发生的并购，这里只对轻度污染行业并购高度污染行业、轻度污染行业并购中度污染行业、中度污染行业并购高度污染行业这三类进行研究。为了尽量使研究结果更客观，排除对并购趋势有影响的其他因素，我们选取样本时对如下并购事件进行了剔除和筛选，如并购公司财务指标中出现极端值的、目标公司为运营状况差的等。表 4 - 13 和图 4 - 2 是 2002—2009 年工业内部各行业跨类并购的发生情况。

表 4 - 13　2002—2005 年和 2006—2009 年不同并购类型发生的并购数量

时间	轻度污染行业并购高度污染行业	轻度污染行业并购中度污染行业	中度污染行业并购高度污染行业	跨行业的并购总数量
2002—2005 年	34	69	42	524
2006—2009 年	54	137	92	807

由表 4 - 13 和图 4 - 2 可知，在绝对数方面：2006—2009 年发生的三种并购类型的数量都大于发生在 2002—2005 年的并购数量；在相对数方面：

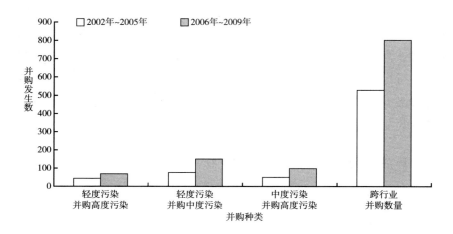

图 4 - 2　2002—2005 年和 2006—2009 年不同并购类型发生的并购数量

轻度污染行业并购高度污染行业、轻度污染行业并购中度污染行业、中度污染行业并购高度污染行业这三种并购数占跨行业并购总数量的比例由 6.49%、13.17%、8.02% 增长到 6.69%、16.98%、11.40%。下面我们研究政府环境规制后三年的每年与规制前三年每年各并购类型发生的数量变化情况，如图 4 - 3。

　　由图 4 - 3 我们得知：从 2002—2009 年我国跨行业并购中，轻度污染行业并购高度污染行业、轻度污染行业并购中度污染行业、中度污染行业并购高度污染行业这三类并购发生的数量均处于增长的趋势，其中中度污染行业并购高度污染行业发生的数量是最多的。在政府环境规制出台前（即 2005 年以前），三种类型的并购数量增长缓慢，规制出台后特别是在 2006—2007 年之后中度污染行业并购高度污染行业、轻度污染行业并购中度污染行业的发生数量增速更明显；而轻度污染行业并购高度污染行业的发生数量在 2008 年之后也开始快速增长。因此，环境规制是并购趋势发生变化的重要因素之一，对我国产业整合有一定的作用。

　　（二）变量定义与模型

　　相关研究变量如表 4 - 14 所示：

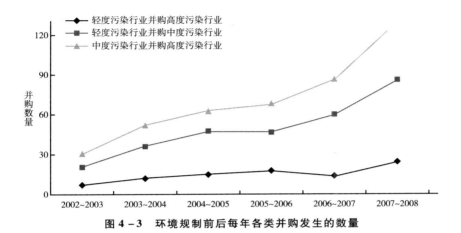

图 4 - 3　环境规制前后每年各类并购发生的数量

表 4 - 14　实证变量说明

变量类型	名称	变量简称	定义
被解释变量	并购趋势	y_1	轻度污染行业并购中度污染行业取 1 轻度污染行业并购高度污染行业取 0
	并购趋势	y_2	轻度污染行业并购高度污染行业取 0 中度污染行业并购高度污染行业取 1
解释变量	工业污染治理投资额比重	X_1	我国在工业污染治理方面投资的数额与当期工业总产值之比
	生活垃圾无害化处理率	X_2	生活垃圾无害化处理的所占比例
	交纳排污费单位个数比重	X_3	每年我国交纳排污费企业的个数与当期企业总个数之比
	环境规制	X_4	环境规制前为 0；环境规制后为 1
控制变量	公司规模	X_5	取公司资产的自然对数
	赢利能力	X_6	公司息税前利润总额与资产总额之比
	财务风险	X_7	企业的资产负债率

基于上述的变量定义，使用 logistic 回归估计的参数和模型：

$$y_1 = \beta_0 + \beta_1 X_1 + \beta_2 X_2 + \beta_3 X_3 + \beta_4 X_4 + \beta_5 X_5 + \beta_6 X_6 + \beta_7 X_7 + a_i \qquad (4-65)$$

$$y_2 = \alpha_0 + \alpha_1 X_1 + \alpha_2 X_2 + \alpha_3 X_3 + \alpha_4 X_4 + \alpha_5 X_5 + \alpha_6 X_6 + \alpha_7 X_7 + e_i \qquad (4-66)$$

（三）实证结果及分析

我们在做回归分析时，分别对工业污染治理投资额和交纳排污费企业的个数做对数化处理，利用 STATA 工具得到回归结果如表 4 - 15 和表 4 - 16 所示。

表 4 - 15、表 4 - 16 报告的是轻度污染行业并购中度污染行业与轻度污染行业并购高度污染行业、轻度污染行业并购高度污染行业与中度污染行业并购高度污染行业的统计回归结果。由表 4 - 15 可见，环境规制对并购趋势变化有一定的影响，轻度污染行业倾向于并购高度污染行业。在实证结果中，环境规制与被解释变量呈显著负相关；环境规制和工业污染治理投资额比重呈显著负相关；并购趋势与生活垃圾无害化处理率及交纳排污费企业个数比重呈正相关，但不显著。在控制变量中，只与公司赢利能力呈显著负相关，这可能与三个控制变量会间接影响并购趋势的原因有关。在表 4 - 16 中，环境规制变量的系数值为 - 0.335，P 值是 0.083 < 0.1，表明并购趋势是中度污染行业倾向于并购高度污染行业；此外，并购趋势与生活垃圾无害化处理率、公司规模及赢利能力则呈现显著负相关关系。

表 4 - 15　并购趋势①的回归结果

自变量	系数(β)值	标准误差(S. E)	P 值	自由度(df)
工业污染治理投资额比重 X_1	- 0.011	0.13	0.084	1
生活垃圾无害化处理率 X_2	0.0048	0.4245	0.574	1
交纳排污费单位个数比重 X_3	1.023	2.586	0.692	1
环境规制 X_4	- 0.608	0.357	0.051	1
公司规模 X_5	0.0013	0.1678	0.494	1
赢利能力 X_6	- 0.845	0.434	0.079	1
财务风险 X_7	0.398	0.487	0.803	1
常量	0.083	2.3309	0.314	1
R^2	0.573			

表 4 - 16　并购趋势②的回归结果

自变量	系数(β)值	标准误差(S. E)	P 值	自由度(df)
工业污染治理投资额比重 X_1	0.023	0.009	0.986	1
生活垃圾无害化处理率 X_2	- 0.167	0.085	0.067	1
交纳排污费单位个数比重 X_3	0.03	0.567	0.957	1
环境规制 X_4	- 0.335	0.339	0.083	1

续表

自变量	系数(β)值	标准误差(S. E)	P 值	自由度(df)
公司规模 X_5	-0.281	0.122	0.051	1
赢利能力 X_6	-0.835	0.454	0.066	1
财务风险 X_7	0.071	0.037	0.724	1
常量	-3.558	2.585	0.195	1
R^2	0.453			

附　录

附录 4 – 1

对 $n = 1,2,3,\cdots N$，U_n 对 Q_n 求导，可得：

$$\begin{cases} \dfrac{\partial U_1}{\partial Q_1} = \dfrac{N-1}{N}(p-c) - Q_1 + \dfrac{Q}{N}; \\[2mm] \dfrac{\partial U_2}{\partial Q_2} = \dfrac{N-1}{N}(p-c) - Q_2 + \dfrac{Q}{N}; \\[2mm] \cdots \\[2mm] \dfrac{\partial U_N}{\partial Q_N} = \dfrac{N-1}{N}(p-c) - Q_N + \dfrac{Q}{N} \end{cases}$$

令 $\dfrac{\partial U_n}{\partial Q_n} = 0$，联立方程可得：

$$\begin{cases} Q_1 = \dfrac{Q}{N} + \dfrac{N-1}{N}(p-c); \\[2mm] Q_2 = \dfrac{Q}{N} + \dfrac{N-1}{N}(p-c); \\[2mm] \cdots \\[2mm] Q_N = \dfrac{Q}{N} + \dfrac{N-1}{N}(p-c) \end{cases}$$

N 个等式左右分别相加，可得：

$$\sum_{n=1}^{N} Q_n = Q + (N-1)(p-c) \qquad \Rightarrow p = c$$

因为 $p = a - Q$，则 $Q = a - c$，$Q_n = Q/N = (a-c)/N$。带入 U_n，可得：$U_n = 0$

附录 4 – 2

因为考虑到在并购起初，N 比较大（如中国有 31 个单独的行政区域），因此在计算效用函数的过程中我们用到了近似计算，类似于取极限值。

$$U_{i'} \approx (C - C_2)^2, U_{i''} \approx (C - C_3)^2, U_{j'} \approx (C - C_2)^2。$$

这样一来，三个不等式在近似计算下是等价的，现只证明不等式 1，即：$\frac{2}{3}U_{i''} > U_{i'}$。

$C_2 = C(2 - k_0)^2/(1 - k_0)^2$，$C_3 = C(3 - k_0)^3/(1 - k_0)^3$。将两式带入效用函数，则：

$$\frac{2}{3}(C - C_3)^2 - (C - C_2)^2 = \frac{C^2}{3(1 - k_0)^4}(20k_0^2 - 92k_0 + 101)$$

显然，不等式的符号完全取决于 $20k_0^2 - 92k_0 + 101$，令 $f(k_0) = 20k_0^2 - 92k_0 + 101$，当 $f(k_0) = 0$ 时，可得 $k_0 = 2.79$ 或者 $k_0 = 1.81$，k_0 为整数，这意味着只有当 $k_0 = 1$ 或者 $k_0 = 2$ 时，$f(k_0) < 0$。根据我们的假设，k_0 为集团公司的最优子公司数目，不会太小，因此，可以断定，k_0 不会等于 1 或者 2，因此，必有 $f(k_0) > 0$，从而

$$\frac{2}{3}(C - C_3)^2 - (C - C_2)^2 > 0, \frac{2}{3}U_{i''} > U_{i'}$$

附录 4 – 3

对 $k = 1, 2$；$i = 1, 2, 3, \cdots n$，U_{ki} 分别对 Q_{ki} 求导，可得：

$$\begin{cases} \dfrac{\partial U_{11}}{\partial Q_{11}} = p - (C + \Delta) - Q_1 + Q_2 \\ \dfrac{\partial U_{21}}{\partial Q_{21}} = p - (C + \Delta) - Q_2 + Q_1 \end{cases}$$

$$
\begin{cases}
\dfrac{\partial U_{12}}{\partial Q_{12}} = p - C + Q_{12} \\
\cdots \\
\dfrac{\partial U_{1n}}{\partial Q_{1n}} = p - C + Q_{1n} \\
\dfrac{\partial U_{22}}{\partial Q_{22}} = p - C + Q_{22} \\
\cdots \\
\dfrac{\partial U_{2n}}{\partial Q_{2n}} = p - C + Q_{2n}
\end{cases}
$$

其中，$Q_1 = \sum\limits_{i=1}^{n} Q_{1i}$，$Q_2 = \sum\limits_{i=1}^{n} Q_{2i}$

令一阶条件等于 0，计算可得：

$$
\begin{cases}
p = C + \Delta \\
Q = a - (C + \Delta) \\
Q_{11} = Q_{21} = a - (C + (2n - 1)\Delta) \\
U_{11} = U_{21} = 0 \\
Q_{ki} = \Delta, \text{对 } i = 2,3,\cdots n \\
U_{ki} = \Delta^2, \text{对 } i = 2,3,\cdots n
\end{cases}
$$

现在考虑国有企业与同区域的一个私营企业合并，合并后，生产成本为（$C + \Delta/2$），私营企业在合并后的企业中占的股份为（$\Delta/[a - (C + (2n - 1)\Delta]$），同样的方法，（$2n - 1$）个企业的效用函数分别求一阶条件，令其为 0，计算可得：

$$
\begin{cases}
Q_{11} = [2a - 2c - (3n - 4)\Delta]/4 \\
Q_{21} = [2a - 2c - (3n - 2)\Delta]/4 \\
Q_{ki} = 3\Delta/4, \text{对 } i = 2,3,\cdots (n - 1) \\
Q_{2n} = 3\Delta/4 \\
Q = a - C - 3\Delta/4 \\
P = C + 3\Delta/4 \\
U_{11} = Q_{11}\Delta/4 \\
U_{21} = -Q_{21}\Delta/4 \\
U_{ki} = 9\Delta^2/16
\end{cases}
$$

则原私营企业的股东能从合并后的企业中获得的利润为：

$$\frac{\Delta}{4} \times \frac{2(a-C)-(3n-4)\Delta}{4} * \frac{\Delta}{a-C-(2n-1)\Delta}$$

与并购前的利润相比，可以明显发现并购后私营企业的股东获得的利润减少，因为：

$$\frac{\Delta}{4} \times \frac{2(a-C)-(3n-4)\Delta}{4} \times \frac{\Delta}{a-C-(2n-1)\Delta} - \Delta^2 = \frac{-14(a-C)+(29n-12)}{16[a-C-(2n-1)\Delta]}\Delta^2$$

只有当 $(2n-1)\Delta < (a-C) < (\frac{29}{14}n - \frac{6}{7})\Delta$ 时，上式才可能大于 0。根据假设，a 是与产量挂钩的，是充分大的常数，因此我们有足够的理由认为该不等式难以成立，从而：

$$\frac{\Delta}{4} \times \frac{2(a-C)-(3n-4)\Delta}{4} \times \frac{\Delta}{a-C-(2n-1)\Delta} < 0$$

即并购后私营企业的股东获得的利润要小于并购前。对于其他私营企业，利润显然少于并购之前。

参考文献

[1] Rubinstein A. , "Perfect Equilibrium in a Bargaining Model ," *Econometrica* 50 (1982): 97 – 109.

[2] Binmore K. , Rubinstein A, Wolinsky A. , "The Nash Bargaining Solution in Economic Modeling ," *The Rand Journal of Economics* (1986): 176 – 188.

[3] 王文举、周斌：《企业并购的博弈分析》，《经济与管理研究》2004 年第 1 期。

[4] 肖振红、王喆：《基于定价权的目标企业博弈定价策略》，《哈尔滨工程大学学报》2008 年第 11 期。

[5] 王义秋、王琳：《企业并购定价的博弈分析》，《东北大学学报》2004 年第 6 期。

[6] 秦喜杰、陈洪：《企业并购中的目标企业博弈行为研究》，《当代财经》2005 年第 1 期。

[7] 陈珠明：《随机市场下企业并购的时机与条件及在企业产权定价中的应用》，《数量经济技术经济研究》2005 年第 7 期。

[8] 刘洪久、胡彦蓉、马卫民：《寡头垄断条件下的并购博弈研究》，《会计之友》2010 年第 26 期。

[9] Motta M. , Ruta M. , " A Political Economy Model of Merger Policy in International

Markets," *Economica* 79 （2012）：115 – 136.

[10] Nocke V. , Whinston M. D. , "Merger Policy with Merger Choice," *The American Economic Review* 103 （2013）：1006 – 1033.

[11] 侯汉坡、邱菀华：《基于实物期权的并购企业价值评估模型与应用》，《系统工程理论方法应用》2005 年第 14 期。

[12] 齐海滔：《从实物期权角度谈企业并购的价值评估》，《生产力研究》2002 年第 3 期。

[13] 齐安甜、张维、吴中元：《企业并购的期权特征分析与定价研究》，《预测》2003 年第 5 期。

[14] 齐安甜、张维：《企业并购投资的期权特征及经济评价》，《系统工程》2001 年第 5 期。

[15] 周焯华、李松、胡丽：《企业并购中利用市场信息的实物期权方法》，《重庆大学学报》（自然科学版）2005 年第 7 期。

[16] 陈信元、张田余：《资产重组的市场反应——1997 年沪市资产重组实证分析》，《经济研究》1999 年第 9 期。

[17] 周黎安：《晋升博弈中政府官员的激励与合作》，《经济研究》2004 年第 6 期。

[18] 王红领、李稻葵、雷鼎鸣：《政府为什么会放弃国有企业的产权》，《经济研究》2001 年第 8 期。

[19] 葛伟杰、张秋生、张自巧：《剩余资源，政府干预与企业并购》，《北京交通大学学报》（社会科学版）2014 年第 2 期。

[20] Kamijo Y. , Nakamura Y. , "Stable Market Mtructures from Merger Activities in Mixed Oligopoly with Asymmetric Costs," *Journal of Economics* 98 （2009）：1 – 24.

[21] 潘红波、余明桂：《支持之手，掠夺之手与异地并购》，《经济研究》2011 年第 9 期。

[22] 张维迎、栗树和：《地区之间的竞争与中国国有企业的民营化，《经济研究》1998 年第 12 期。

[23] 赵息、张西栓：《内部控制，高管权力与并购绩效——来自中国证券市场的经验证据》，《南开管理评论》2013 年第 2 期。

[24] 于成永、施建军：《控制权私利下并购成功悖论形成机制研究》，《国际贸易问题》2012 年第 9 期。

[25] 胡一帆、宋敏、张俊喜：《中国国有企业民营化绩效研究》，《经济研究》2006 年第 7 期。

[26] Sean Dougherty, Richard Herd, "Fast – Falling Barriers and Growing Concentration：The Emergence of a Private Economy in China," *OECD Working Paper*, 2005.

[27] 周黎安：《中国地方官员的晋升锦标赛模式研究》，《经济研究》2007 年第 7 期。

[28] 李涛、黄纯纯、周业安：《税收，税收竞争与中国经济增长》，《世界经济》2011 年第 4 期。

[29] 沈坤荣、付文林：《税收竞争，地区博弈及其增长绩效》，《经济研究》2006 年第 6 期。

［30］ 李善民、李昶：《跨国并购还是绿地投资？——FDI 进入模式选择的影响因素研究》，《经济研究》2013 年第 12 期。

［31］ Tiebout C. M. , "A pure theory of local expenditures," *The journal of political economy* (1956)：416 – 424.

［32］ Oates W. E. , "Fiscal Federalism," New York：Harcourt Brace Jovanovich, 1972.

［33］ Brueckner J K. , "Fiscal Decentralization with Distortionary Taxation：Tiebout vs. Tax Competition," *International Tax and Public Finance* 11 (2004)：133 – 153.

［34］ Matsumoto M. , "The Mix of Public Inputs Under Tax Competition," *Journal of Urban Economics* 56 (2004)：389 – 396.

［35］ Ladd H. F. , "Mimicking of Local Tax Burdens Among Neighboring Counties," *Public Finance Review* 20 (1992)：450 – 467.

［36］ Case A. C. , Rosen H. S. , Hines Jr J. R. , "Budget Spillovers and Fiscal Policy Interdependence：Evidence from the States," *Journal of Public Economics* 52 (1993)：285 – 307.

［37］ Hettich W. , Winer S. L. , *Democratic Choice and Taxation：A Theoretical and Empirical Analysis*, Cambridge University Press, 2005.

［38］ 王守坤、任保平：《中国省级政府间财政竞争效应的识别与解析：1978—2006 年》，《管理世界》2009 年第 11 期。

［39］ Wilson J. D. , "Tax Competition with Interregional Differences in Factor Endowments," *Regional Science and Urban Economics* 21 (1991)：423 – 451.

［40］ Wildasin D. E. , "Factor Mobility and Fiscal Policy in the EU：Policy Issues and Analytical Approaches," *Economic Policy* 15 (2000)：337 – 378.

［41］ Thomas J. , Worrall T. , "Foreign Direct Investment and the Risk of Expropriation," *The Review of Economic Studies* 61 (1994)：81 – 108.

［42］ Bucovetsky S. , Haufler A. , "Tax Competition When Firms Choose Their Organizational Form：Should Tax Loopholes for Multinationals be Closed?" *Journal of International Economics* 74 (2008)：188 – 201.

［43］ Qian Y. , Roland G. , "Federalism and the Soft Budget Constraint," *American economic review* (1998)：1143 – 1162.

［44］ Wilson J. D. , Gordon R. H. , "Expenditure Competition," *Journal of Public Economic Theory* 5 (2003)：399 – 417.

［45］ 周业安：《地方政府竞争与经济增长》，《中国人民大学学报》2003 年第 1 期。

［46］ Auerbach A. J. , Reishus D. , *The Effects of Taxation on the Merger Decision, Corporate Takeovers：Causes and Consequences*, University of Chicago Press, 1988.

［47］ Lovett W. A. , 'Tax Subsidies for Merger：Should Mergers be Made to Meet a Market Test for Efficiency," *Nyul Rev.* 45 (1970)：844.

［48］ Dertouzos J. N. , Trautman W. B. , "Economic Effects of Media Concentration：Estimates from a Model of the Newspaper Firm," *Journal of Industrial economics* 39 (1990)：1 – 14.

[49] 范丹妮：《企业并购税收优惠制度研究》，博士学位论文，中南民族大学，2012年。

[50] 张守文：《税权的定位与分配》，《中南财经政法大学学报》2000年第1期。

[51] 吴莉燕：《我国企业并购的税收问题研究》，博士学位论文，浙江大学，2007年。

[52] 徐德宽：《地区差异、税收竞争与企业所得税负担》，东南大学硕士学位论文，2010年。

[53] 许静：《公司并购之税法规制研究》，硕士学位论文，武汉大学，2005年。

[54] 王凤荣、董法民：《地方政府竞争与中国的区域市场整合机制——中国式分权框架下的地区专业化研究》，《山东大学学报》（哲学社会科学版）2013年第3期。

[55] 潘红波、夏新平、余明桂：《政府干预、政治关联与地方国有企业并购》，《经济研究》2008年第4期。

[56] 方军雄：《政府干预、所有权性质与企业并购》，《管理世界》2008年第9期。

[57] Dertouzos J. N., Trautman W. B., "Economic Effects of Media Concentration：Estimates from a Model of the Newspaper Firm," *Journal of Industrial economics* 39 (1990)：1 – 14.

[58] Simkowitz M., Monroe R. J., "A Discriminant Analysis Function for Conglomerate Targets," *Southern Journal of Business* 6 (1971)：1 – 15.

[59] Stevens D. L., "Financial Characteristics of Merged Firms：A Multivariate Analysis," *Journal of Financial and Quantitative Analysis* 8 (1973)：149 – 158.

[60] Dietrich J. K., Sorensen E., "An Application of Logit Analysis to Prediction of Merger Targets," *Journal of Business Research* 12 (1984)：393 – 402.

[61] 陈仕华、姜广省、卢昌崇：《董事联结、目标公司选择与并购绩效——基于并购双方之间信息不对称的研究视角》，《管理世界》2013年12期。

[62] Fishman A., Rob R., "Product Innovation by a Durable – good Monopoly," *The RAND Journal of Economics* (20000：237 – 252.

[63] Nixon R. D., Hitt M. A., Lee H. U., et al., "Market Reactions to Announcements of Corporate Downsizing Actions and Implementation Strategies," *Strategic Management Journal* 25 (2004)：1121 – 1129.

[64] Makino S., Isobe T., Chan C. M., "Does Country Matter?" *Strategic Management Journal* 25 (2004)：1027 – 1043.

[65] Das T. K., Teng B. S., "Resource and Risk Management in the Strategic Alliance Making Process," *Journal of management* 24 (1998)：21 – 42.

[66] Miller D., Shamsie J., "The Resource – based View of the Firm in Two Environments：The Hollywood Film Studios from 1936 to 1965," *Academy of Management Journal* 39 (1996)：519 – 543.

[67] Heeley M. B., King D. R., Covin J. G., "Effects of Firm R&D Investment and Environment on Acquisition Likelihood," *Journal of Management Studies* 43 (2006)：1513 – 1535.

[68] 郭杰、李涛：《中国地方政府间税收竞争研究——基于中国省级面板数据的经验

证据》，《管理世界》2009 年第 11 期。

[69] 付文林、耿强：《税收竞争、经济集聚与地区投资行为》，《经济学季刊》2011 年第 3 期。

[70] 白重恩、路江涌、陶志刚：《投资环境对外资企业效益的影响：来自企业层面的证据》，《经济研究》2004 年第 9 期。

[71] Schaltegger C A, Zemp S., " Spatial Spillovers in Metropolitan Areas: Evidence from Swiss Communes ," *Center for Research in Economics*, *Management and the Arts*, *CREMA Working Paper* (2003 – 6) .

[72] Schwarz, P., " Expenditure Competition Among Governments: An Empirical Investigation ," University of Gottingen (2004) .

[73] Borck R., Caliendo M., Steiner V., "Fiscal Competition and the Composition of Public Spending: Theory and Evidence," *FinanzArchiv*: *Public Finance Analysis* 63 (2007): 264 – 277.

[74] Brennan G., Buchanan J. M., *The power to tax: Analytic Foundations of a Fiscal Constitution*, Cambridge University Press, 1980.

[75] Barro R. J., "Government Spending in a Simple Model of Endogenous Growth," [J] *Journal of Political Economy* 98 (1991): 03 – 126.

[76] 郭玉清、姜磊：《区域外部性视角下支出竞争的增长效应研究》，《南方经济》2013 年第 31 期。

[77] 孙晓华、郭旭：《财政支出竞争与地区资本配置效率——基于空间计量模型的实证检验》，《东北大学学报》（社会科学版）2015 年第 2 期。

[78] 李涛、周业安：《中国地方政府间支出竞争研究——基于中国省级面板数据的经验证据》《管理世界》2009 年第 2 期。

[79] 朱翠华、武力超：《地方政府财政竞争策略工具的选择：宏观税负还是公共支出》，《财贸经济》2013 年第 10 期。

[80] Tao Zhang, Heng – fu Zou, "Fiscal Decentralization, Ppublic Spending, and Economic Growth in China," *Journal of public economics* 67 (1998): 221 – 240.

[81] 钟晓敏：《市场化改革中的地方财政竞争》《财经研究》2004 年第 1 期。

[82] 张恒龙、陈宪：《财政竞争对地方公共支出结构的影响——以中国的招商引资竞争为例》，《经济社会体制比较》2006 年第 6 期。

[83] 张晨峰、鲍曙明：《地方政府间财政支出竞争的研究——中国 1997—2011 年省级面板的实证》，《南京社会科学》2014 年第 6 期。

[84] 李涛、周业安：《财政分权视角下的支出竞争和中国经济增长》，《世界经济》2008 年第 1 期。

[85] 周亚虹、宗庆庆、陈曦明：《财政分权体制下地市级政府教育支出的标尺竞争》，《经济研究》2013 年第 11 期。

[86] 尼尔·胡德、斯蒂芬·扬：《跨国企业经济学》，叶刚等译，经济科学出版社 1990 年版。

[87] 姚梅镇：《比较外资法》，武汉大学出版社 1993 年版。

［88］ Beenstock M. , "Policies Towards International Direct Investment: A Neoclassical Reappraisal," *The Economic Journal* (1977): 533 – 542.

［89］ Horn H. , Persson L. , "Endogenous Mergers in Concentrated Markets," *International Journal of Industrial Organization* 19 (2001): 1213 – 1244.

［90］ 刘细良:《跨国公司在华并购与政府规制关系的实证研究》,《当代财经》2011 年第 10 期。

［91］ 王耀中、李晶:《略论政府规制与外资并购——基于技术转移和市场结构的分析》,《经济问题》2008 年第 2 期。

［92］ 陈思霞、卢洪友:《辖区间竞争与策略性环境公共支出》,《财贸研究》2014 年第 1 期。

第 五 章

政府竞争下的企业并购与产业整合：
地区专业化与产业集聚

本章从区域经济视角研究政府竞争下企业并购的产业整合效应。首先基于扩展的标尺竞争模型考察政府竞争与区域产业结构的关系，阐释政府竞争对地区专业化的影响机制，进而分析国有企业并购的产业路径，并以制造业为例实证研究企业并购与产业集聚的关系。

第一节　政府竞争与地区产业结构趋同：
基于扩展的标尺竞争模型

一　问题的提出与文献综述

地区产业结构的形成会受到经济基础、自然禀赋、制度环境等诸多要素禀赋的影响，在同一经济区内相似的要素分布和资源禀赋下，各省往往表现出相似的产业结构特征。区域经济结构的优化以及区域经济发展水平的提高需要产业结构的合理配置，产业同构现象会在一定程度上降低区域内的社会资源配置效率，造成区域内资源的浪费和短缺并存的现象，导致地区重复建设的低水平以及企业规模不经济的两重效率损失，呈现市场产品的供给与消费难以匹配的现象。产业同构成为制约区域产业结构调整与升级的重要因素之一。

我国于 20 世纪 80 年代提出区域产业结构趋同问题，这个问题也被认为是长期影响我国经济发展的一个区域结构问题[1]。国内外学者对于区域产业结构趋同问题已经进行了深入研究。一些学者从资源结构、人口规模等禀赋角度分析其在产业结构发展过程中对产业趋同现象的作用。另有一些学者则从制度角度，研究经济体制、社会制度以及政府行为等制度安排对产业结构的作用机制。其中，政府竞争行为一直被认为是产业结构趋同的主要原因之一。地方政府之间的竞争使得政府通过各种手段影响区域各产业发展，在产业选择上注重行政、经济考量，忽略市场因素，引致市场分割和地方保护，从而对一区域产业结构产生影响。这种竞争行为对产业结构的影响在同一经济区内表现得尤为显著。同一经济区内，各省经济基础相近，资源禀赋类似，人口规模以及价格机制等客观原因差异不大，而各省之间在税收、支出以及产业选择等方面的竞争却格外激烈。相似的外部环境使得同一经济区内的各省在产业成立初期做出相似选择，而各省政府之间激烈的竞争会使得区内产业结构趋同现象趋于严重。Young[2]认为，现有的财政分权制度使得地方政府在税收与支出方面产生竞争，政府倾向于保护高回报率的产业，使得省与省间出现产业结构趋同现象。白重恩等[3]运用了 Hoover 地方化系数度量生产的区域专业化，并用利税率以及产出中国有成分所占比重两个变量对政府行为进行测度，用动态估计的方法分析了政府行为对产业结构的作用。

在探究地方政府竞争对产业结构趋同影响的理论模型时，很多国内外学者将政府竞争的博弈模型纳入研究体系。在博弈模型的选择上，一些学者选择静态博弈模型，利用"囚徒困境"的效益矩阵分析政府竞争中的产业选择，但是这些博弈模型并未给出政府收益与策略组合的具体推导，只是根据研究目的做出相应假设，采用动态博弈的研究方法进行研究。其中，王燕武、王俊海[4]构造了一个不完全信息动态博弈模型，讨论在地方之间是异质的、信息是不完全的以及存在行动上的先后的前提条件下，晋升机制存在下的政府效用函数和不同策略组合下的政府最优均衡的实现，其结论为在只包含晋升激励的政府效用函数分析中，模仿战略导致的一个后果是各区产业政策趋同，并且产业政策趋同会逐渐演变成产业结构趋同，同时借助 1999—2007 年的中国各省间数据对模型结论进行了实证研究。除此之外，周黎安[5]从地方官员晋升激励对地区间经济竞争和合作的影响角度出发，通过建立一个地方官员政治晋升博弈的模型，解释我国长期存在的地方保护主义以及产业结构趋同问题。

在实证研究方面，国内外不少学者也提出了多种测度方法，研究产业结构趋同问题。联合国工业发展组织（UNIDO）国际工业研究中心提出的相似系数分析、区位熵分析以及 Krugman 提出的区域分工指数分析是三种最为主要的分析方法。其他用来衡量产业结构情况的指标还有赫芬达尔—赫希曼指数、霍夫曼系数、洛伦兹指数和动态产业集聚指数等。

利用不同的产业结构度量指标，国内外文献得出的实证结果不尽相同。梁琦[6]计算了我国制造业 1997 年和 2001 年的区域分工指数及其变化率，并对环渤海与长江三角洲区域内部的区域分工指数和区域专业化指数进行了研究，发现近年来这两大沿海经济圈内部的产业结构现状是，环渤海区域互补性较强，长三角区域同构性更强。陈建军[7]、范剑勇[8]通过实证研究发现虽然长三角地区经济一体化水平不断提高，但其制造业存在明显的产业同构、产业趋同现象，并指出该现象有其必然性。靖学青[9]、邱风等[10]通过实证研究发现虽然长三角地区三次产业结构相似系数居高不下，具有高度同构性，但若从细分产业结构甚至产品结构层次研究，则相似系数指标会出现大幅度下降。

对于政府行为对产业结构影响的实证研究，目前只有较少文献涉及。其中胡向婷、张璐[11]从地方保护主义角度出发，在控制了一系列历史因素后，运用计量方法发现，政府变量对地区间产业结构差异变化有显著影响。其中，政府作用下的贸易成本增加会促进产业结构趋同，而政府直接投资对产业结构的影响不确定，在一定情况下会促进产业结构差异化，但是该文献没有将政府行为和保护主义内化到竞争中。王燕武、王俊海[4]对近几年中国各省间数据进行了计量分析，并将竞争引入模型，但是其研究视角主要是在政府效用函数中考虑晋升激励是否存在对政府行为的影响，进而考察晋升激励对产业结构的影响，主要针对政府绩效中的绝对变量和相对变量进行对比分析，缺乏对竞争中其他因素的考虑。而对于经济区内的产业结构趋同现象，鲜有具体到针对政府竞争变量分析的相关文献，更少有涉及实证分析的研究。

在我国政府竞争的影响下，主要经济区内的产业结构趋同现状如何？政府竞争如何影响地区产业结构格局，不同政府竞争方式对产业结构趋同有着怎样的作用路径，政府竞争强度如何影响产业结构演变？本部分基于三大经济区区内产业结构趋同现象，运用扩展的标尺竞争模型，把扶持国有企业和吸引外商投资作为两种政府竞争方式，探究政府竞争对产业同构的作用机制。

二 政府间标尺竞争与竞争方式

（一）扩展的标尺竞争与产业结构趋同

地方政府的竞争有多种方式，本部分运用标尺竞争模型探索政府竞争对产业结构的影响机制。传统竞争理论中的标尺竞争是指同级政府管辖下的选民会根据相邻辖区之间的公共服务水平做出选举投票决策，选民所在辖区的官员为了赢得竞选，就会以相邻辖区的公共服务水平作为自己施政的重要参照。鉴于我国实施单一政治体制，并不存在基于选民监督的自下而上的标尺竞争，因此本部分对标尺竞争的内涵进行扩展，研究我国地方政府基于政治因素和晋升激励而展开的"自上而下的标尺竞争"。

笔者认为，标尺竞争的本质是地方政府在相互竞争中产生模仿行为，而这种模仿现象在同一经济区内的政府间尤为显著。政府间模仿行为的动因既有"自下而上"的经济驱动，又有"自上而下"的政治激励。首先是地区经济发展以及公共服务建设，地区经济直接影响到居民生活水平以及政府财政收入，而公共服务水平关系到地区居民的总体福利以及政府财政支出，两个同级地方政府之间的竞争很大程度上会在地区经济发展以及公共服务建设上产生模仿行为，这是在"自下而上"的经济以及政府财政等因素驱动下产生的。其次是政府官员的晋升激励，即政府官员会以中央政府的绩效考评为主要竞争驱动因素，围绕能影响当地政府官员晋升的指标展开竞争，在这种激励下政府间也会产生模仿行为，并且模仿行为是在"自上而下"的晋升驱动下产生的。

在现行的政绩考评机制下，经济落后就意味着官员在晋升中处于劣势，因此，地方政府会选择与竞争地区保持类似的产业结构，不会承担晋升博弈中相对位次下降的风险。如前所述，标尺竞争的本质是模仿，模仿的结果是趋同，地方政府出于两方面驱动产生的相互之间的模仿行为，是经济区产业结构趋同的直接作用力。

（二）标尺竞争主要方式与产业结构趋同

标尺竞争的主要驱动力主要来自两个方面：经济驱动与政治激励。在区域经济发展过程中，国有企业和外资企业都发挥着重要的推动作用。对于政府来说，国有企业具有相当大的规模优势和产业选择优势，较多承担地方支柱产业，并且具有易控性。而外资企业一般对投资环境有较高要求，政府可以通过资金以及投资环境引导相关产业外资企业的进入。因此，国有企业与外资企业投资成为政府间标尺竞争的重要手段，而二者由于具有相对较大的规模以及较高的经济影响力，对本地区产业结构变化有至关重要的影响。政治晋升方面的驱动最终还是要归结到地区经济发展、公共服务建设以及政府财政收支等因素上。

陶然等[12]指出，转轨时期各个地区的竞争在不同时期存在差异。20 世纪 90 年代中期之前，地区政府竞争主要采用对本地政府所有的国有和乡镇企业提供各种形式的支持乃至实行地方保护主义的方式实现，即地方政府大力扶植本地地方所有的企业；而在 1994 年"分税制"改革之后则出现了明显的为了吸引外资而进行的政府竞争。扶植国有企业和吸引外商投资是我国地方政府竞争的两种主要形式，也是各地政府竞争的两种常用工具，二者的现状很大程度上可以体现经济区内政府竞争的强度。这两种竞争方式并非竞争模式的转变和替代，而是政府竞争内容的充实和发展，在当前竞争中并存。当然，需要关注到的一个事实是，伴随市场化的深入，对国有企业的扶持逐渐受到限制，为吸引外资进行的竞争日渐激烈，吸引外资成为政府竞争的主要方式。因此，我们认为，二者现阶段的关系是空间上的并存，以吸引外商投资为现阶段主要竞争方式。

地方国有企业是地方政府直接控股企业，为地方经济发展和地方政府税收做出了较大贡献。尤其是在分税制改革和国有企业改革之前，地方政府竞争主要围绕着政府可以直接参与并控制的国有企业展开，而地方政府对国有企业的扶植会对地区的产业结构产生影响，在一定程度上加剧了地区间产业同构现象。20 世纪 90 年代中期前，中国各地第二、三产业增长的主要驱动力是各地方国企，地方政府为了保持地方的竞争力，有意识地对外地商品实施各种保护主义以封闭地方市场，这种竞争很大程度上是以"地区保护主义"形式存在的[12]。而在经济区内，各地由于自然禀赋与经济历史相似，其国有企业所处产业、数量与规模在很大程度上具有一定的相似性，各地政府在扶持本地国有企业、进行地区保护与政府竞争的同时，必然会直接或间接促进相似产业的发展，长此以往，国有企业会做大做强成为支柱企业，同时造成了经济区内产业结构愈渐趋同。

外商在本地投资带动本地经济发展的同时，还可以为地方政府带来稳定的税收来源，因此在地方政府竞争过程中，引入资本一直是各级地方政府竞争的重要动力。为了吸引外资，各地政府竞相提供税收与非税收优惠，建立相关工业园、开发区，提供廉价工业用地，配备补贴性配套基础设施等。这种竞争模式在 1994 年分税制改革之后尤为明显。分税制改革之后，地方政府间竞争重心从对地方国有企业的扶植逐步转向对外商投资的吸引，"招商引资"成为政府的主要竞争手段。一方面，作为政府竞争主要工具之一，外商投资企业在本地企业所占比重可以反映本地政府通过吸引外资做出的竞争努力；另一方面，作为本地产业结构的重要组成部分，外商投资的产业选择偏好，会直接影响地区间的产业结构。

相对于地方政府控制的国有企业来说，外资企业具有更多的自由度和市场特性。国有企业和外资企业虽然都是地方政府标尺竞争的重要手段，但外资企业在进行产业选择的时候受政府导向影响比国有企业小，而受市场、经济等其他因素影响相对较多。由于两种企业性质存在差异，旨在吸引两种企业的政府竞争手段对产业同构问题的作用力度和方向也会不同。

政府竞争强度也是影响产业同构化的重要因素。政府干预程度较低时，区域产业结构是基于市场的供需状态，由市场自然选择的结果；政府在给予一定的支持与导向时，经济结构呈现差异化现象。当政府竞争强度比较高时，区域产业选择与产业发展都是建立在自身经济优势和比较利益的基础上的，政府结合自身资源禀赋和经济历史选择优势产业进行扶持。受地理、历史因素的影响，相同经济区往往具有相同的产业优势，出于政府标尺竞争的模仿效应，政府会选择类似的产业进行扶持和保护，使得区域内的产业结构呈现相同状态。

基于以上分析，本节提出如下假设：

假设 1：地方政府的标尺竞争对产业结构趋同影响显著；

假设 2a：吸引外资企业的竞争方式对产业结构趋同的作用力度更显著；

假设 2b：通过国有企业竞争加剧产业趋同现象，通过外资企业竞争有可能缓解趋同现象；

假设 3：地方政府标尺竞争强度大小对产业结构趋同或趋异影响显著。

三　研究设计

产业结构趋同现象是我国三大经济区产业结构变动的一个重要特征，在政府竞争过程中，其动因或出于发展地方经济，增加政府税收来源，提高居民生活水平；或出于政府主要官员的晋升激励，其最终目标都是最大化本地区以及其政府的利益。地方政府间的标尺竞争会使政府间产生模仿行为，进而会导致产业结构趋同。在以上对地方政府间产业结构趋同的理论机理进行分析的基础上，本部分将利用 2001—2009 年我国省际工业产业结构相似系数的变动情况，通过设置衡量政府竞争的一系列指标，利用面板数据对上述理论模型进行验证，进一步实证研究政府竞争对产业结构的影响机制。

（一）数据来源

本部分以省为单位，共选取了东部环渤海经济区、长三角经济区以及泛珠三角经济区的 16 个省区市。其中，环渤海经济区包括辽宁省、河北省、北京市、天津市和山东省；长三角经济区包括上海市、江苏省以及浙江省；珠三角经济区包括广东省、福建省、江西省、广西壮族自治区、海南省、湖南省、四川省、云南省以及贵州省。鉴于海南省的产业结构呈现明显的自然资源依赖性，同时也存在数据缺失，故将其剔除。本部分根据 2003 年中国工业行业统计《国民经济行业分类与代码》（GB/T 4754—2002）中的行业分类标准，以工业的大类行业作为研究对象，时间跨度为 2000—2009 年。数据全部来自历年《中国工业经济统计年鉴》、《中国统计年鉴》以及地方统计年鉴。

（二）经济区范围界定

环渤海、长三角以及泛珠三角经济区是我国东部沿海地区经济发展最具活力的地区。为了方便数据的获取，我们对三大经济区做如下界定：环渤海经济区包括辽宁省、河北省、北京市、天津市和山东省；长三角经济区包括上海市、江苏省以及浙江省；珠三角经济区包括广东省、福建省、江西省、广西壮族自治区、湖南省、四川省、云南省以及贵州省。本部分采用工业结构相似系数对各省市进行两两比较。

（三）变量设计

1. 工业产业结构相似系数

工业产业结构相似系数是由联合国工业发展组织国际工业研究中心提出的指标，用以衡量我国各地区间的工业产业结构趋同程度。其公式如下：

$$S_{ij} = \frac{\sum_{k=1}^{n} X_{ik} X_{jk}}{\sqrt{\sum_{k=1}^{n} X_{ik}^2 \sum_{k=1}^{n} X_{jk}^2}} \qquad (0 \leq S_{ij} \leq 1) \qquad (5-1)$$

式中：S_{ij} 表示 i 地区和 j 地区的工业产业结构相似系数；X_{ik}、X_{jk} 分别表示 k 部门在 i 地区和 j 地区产业结构中所占的比重。S_{ij} 在（0，1）之内变化，系数越大，越靠近1，两个地区之间的产业结构相似程度就越大，即两个地区产业结构越接近一致，越呈现同构化；相反，系数越小，越靠近0，两个地区之间的产业结构相似程度越小，即两个地区产业结构越呈现差异化。

2. 产业园区数量之比

本部分定义的产业园区是常见的几种经济、工业园区。分别为：国家级高新技术产业开发区、国家级经济技术开发区、保税区、出口加工区、边境经济合作区以及其他类型的开发区。政府的竞争很大程度上是围绕着资源和资本进行的，建立产业园区是政府为争夺各种资源而常用的手段。因此，各地区产业园区的数量可以作为衡量政府为竞争所做努力的指标。

3. 企业所得税占财政收入比重之和

企业所得税是地方企业对地方财政所做出的主要贡献，也是政府竞争的重要动力来源，比如政府对 FDI 的争夺很大程度上是为了获得长久的高税收来源，因为税收既可以增加当地政府的直接收入，又可以作为对地方政绩考核的重要指标为政府的政绩提分。因此，为了保护当地的税基，政府会设置一定的贸易壁垒。税基越高，政府的保护动机也就越大，因此，用企业所得税之和衡量两地区之间贸易壁垒的程度，间接衡量两地区政府保护主义实行状况，以衡量二者在税收方面的竞争状况，由于地方政府的保护行为会加剧地区间的投资成本，造成企业在选择投资区位的时候侧重考虑本地投资，从而加剧产业结构趋同的现象。

4. 国有企业产值占总产值比重

根据第三部分的理论分析，本部分选取国有企业产值占总产值比重与外商投资企业产值占总产值比重同时作为衡量两种主要政府竞争方式的指标以衡量各经济区内政府竞争情况。本部分用国有企业产值占总产值比重来衡量地区间利用国有企业手段竞争的程度。

5. 外商投资企业产值占总产值比重

由于本部分选取的是对三大经济圈内的产业结构趋同现象的探究，这三大经济圈内大部分地区作为招商引资的先驱，都十分重视对外商资金的引入，并且地区间对资金的争夺十分激烈，尤其是在分税制改革和国有企业改革之后，各地对国有企业的扶持力度相对减弱，逐步转向对外资企业投资的争夺。因此，外商投资企业产值占总产值比重作为政府间对资金方面竞争结果的衡量指标，是一个不可或缺的指标，并且国内已有相当一部分文献已将FDI 引入对政府竞争的研究中[13][14]。

6. 控制变量

除了政府变量外，影响区域产业结构的还有很多重要因素，为此，本部分设置了五个指标作为模型的控制变量，分别为 GDP 增长率、资源禀赋、收入水平、运输能力、人口规模。其中，GDP 增长率是衡量某一地区经济发展水平的重要指标，也是对中央及地方政府绩效考核的重要衡量指标，同时，GDP 与工业产业增加值之间存在着较强的正相关性，可以衡量工业产业投资绩效，因此将其作为控制变量加入模型。资源禀赋分布不均会使得地区间贸易存在时间和空间上的障碍，对资源配置效率产生影响。同时，地区自身的资源禀赋会直接影响其产业结构的建立，为此，笔者将资源禀赋指标加入控制变量中。收入水平和经济发展水平相近的地区，贸易联系更加密切，市场上消费者对产品的需求更为相似，也会在一定程度上影响产业结构的形成。除此之外，产业结构不可避免地会受到运输能力和人口规模的影响，因此将运输能力和人口规模也加入控制变量中。

各变量定义以及主要标量的符号预期如表 5 - 1 所示。

表 5 - 1　主要变量定义和符号预期

变量名	变量定义及主要变量预期符号
政府竞争变量	
zone	表示两个地区产业园区数量之比。用 $zone_{ij}$ 表示，采用的是比值形式，此项指标越大，政府竞争强度越大。
tax	表示两个地区企业所得税占财政收入的比重之和。此项用 tax_{ij} 表示，其表达式为：$tax_{ij} = tax_i + tax_j$。此项指标值越大，产业结构越趋同。
state - owned	表示国有企业产值占总产值比重。用 $state - owned_{ij}$ 表示。
FDI	表示外商投资企业产值占总产值比重。用 FDI_{ij} 表示，采用的也是比值形式。
控制变量	
gdp	表示两地区 GDP 增长率之比。用 gdp_{ij} 表示，其表达式为：$gdp_{ij} = gdp_i / gdp_j$。i、j 表示所比较的两个省份，该比重大，在一定程度上说明 i 省政府在竞争中处于优势地位。
trans	两地运输能力度量，主要考虑两地区的货运能力，选取的是两地区货运周转量之比。用 $trans_{ij}$ 表示，两地区的货运能力越弱，运输成本越大，运输动力越不足则市场分割越严重，相似系数越高。
resource	两地资源禀赋差异度量。选取的是与初始资源禀赋密切相关的农林牧、石油、非金属制造、黑色金属冶炼、有色金属冶炼以及金属制品产业产值占总产值比重，用 $resource_{ij}$ 表示，两地区之间资源禀赋差异越小，地区产业结构越容易趋同。
income	两地居民收入水平之比。选取的是两地城镇居民收入水平之比作为衡量收入水平的指标。用 $income_{ij}$ 表示，两地区之间居民收入水平差异越小，其产业结构越有可能趋同。
pop	两地人口规模之比。由于人口规模会对产业结构的形成产生需求上的推力，故将人口规模作为控制变量之一，用 pop_{ij} 表示。

（四）多元回归模型设计

根据各变量的设置，可以把计量回归的基准模型写成以下形式的面板模型：

$$\ln S_{ij} = \beta_0 + \beta_1 \ln zone_{ij} + \beta_2 \ln tax_{ij} + \beta_3 \ln state - owned_{ij} + \beta_4 \ln FDI_{ij} + \beta_5 \ln gdp_{ij} +$$
$$\beta_6 \ln trans_{ij} + \beta_7 \ln resource_{ij} + \beta_8 \ln income_{ij} + \beta_9 \ln pop_{ij} + \varepsilon_{ij} \qquad (5-1)$$

为了与被解释变量相似系数一致并且方便指标解释，本部分将比值数据进行了对数化处理，并取绝对值，以度量各省相同指标之间的差距。

四　实证结果及分析

（一）各经济区变量描述性统计分析

通过计算工业产业结构相似系数，并对每年各经济区内工业产业结构相似系数取均值，得到表 5 - 2。

从表 5 - 2 可见，工业产业结构相似系数的样本均值为 0.66，中间值为 0.68。三大经济区中，长三角经济区的工业产业结构相似系数已经处于较高水平，每年均值皆在 0.8 以上，而在长三角经济区内，上海、江苏的工业产业结构相似系数已经达到很高的水平，大部分年份在 0.9 以上。同时，环渤海与泛珠三角经济区的工业产业结构相似系数为 0.6—0.7，处于均值水平，泛珠江三角洲由于经济区内差距较大，同构现象相对较弱。值得注意的是，此处的工业产业结构相似系数均值是三大经济区的均值，并非全国均值，因此，三大经济区都不同程度地存在产业同构问题。

表 5 - 2　各经济区工业产业结构相似系数

地区	2001 年	2002 年	2003 年	2004 年	2005 年	2006 年	2007 年	2008 年	2009 年
长 三 角	0.80549	0.82057	0.81606	0.82214	0.82656	0.80394	0.82494	0.84214	0.80201
环 渤 海	0.68288	0.66408	0.67017	0.64848	0.68454	0.65897	0.64462	0.65269	0.66341
泛珠三角	0.61842	0.63278	0.67633	0.66848	0.67542	0.67593	0.65594	0.65372	0.66844

由上述区域工业产业结构相似系数数据，进而得到下面工业产业结构相似系数趋势图 5 - 1。可以看出，三大经济区近几年工业产业结构相似系数一直居高不下，并且波动并较小，其中环渤海与泛珠三角经济区主要在 0.6—0.7 波动，而长三角经济区一直在 0.8—0.85。

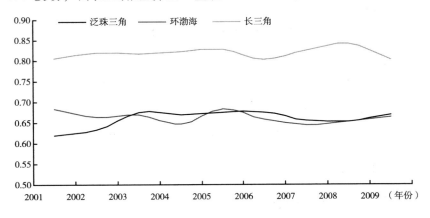

图 5 - 1　三大经济区工业结构相似系数走势

对于经济区内各政府竞争变量，本部分进行了描述性统计，见表 5－3。

表 5－3　各政府竞争变量描述性统计

地区	Zone	Tax	State－owned	FDI
长三角（均值）	0.191565	0.583741	0.726692	0.897924
长三角（标准差）	0.098955	0.076882	0.681959	0.409103
环渤海（均值）	0.374852	0.688039	0.264496	0.457507
环渤海（标准差）	0.234113	0.120250	0.333390	0.318468
泛珠三角（均值）	0.442528	0.753200	0.615040	2.058765
泛珠三角（标准差）	0.250459	0.080474	0.693184	3.390900

四个政府竞争变量样本均值分别为 0.41、0.72、0.54、1.57。由表 5－3 可见，除了国有企业产值一项之外，长三角经济区其余各项指标都明显小于样本均值，并且其标准差也都较小，这与长三角经济区的工业产业结构相似系数最高是一致的。泛珠三角各项指标都明显大于样本均值，说明其政府竞争力度相对较小，这也与其工业产业结构相似系数普遍较低一致。因此，政府竞争变量与工业产业结构相似系数在经济区内具有一致性。对于国有企业和外商投资这两种竞争手段来说，可以明显看出环渤海经济区的竞争更为激烈，我们认为这是因为在其余两个经济区内，存在国有企业和外商投资偏好省份和城市，比如上海、深圳，而在环渤海经济区内，省份之间差距相对较小，相似程度更大。

（二）多元回归结果及分析

1. 面板数据单位根检验

回归的过程中存在伪回归的可能，因此本部分对面板数据进行了单位根检验，以确定其平稳性。我们采用的是 Levin，Lin&Chu t^* 检验以及 ADF－Fisher Chi－square 检验，其结果如表 5－4 所示。

表 5－4　各变量单位根检验

变量	LLC 检验统计量	P 值	ADF 检验统计量	P 值
S	－2.33190	0.0099	.160.0821	0.0009
gdp	－55.6951	0.0000	240.961	0.0000
tax	－10.1474	0.0000	98.6021	0.0000

续表

变量	LLC 检验统计量	P 值	ADF 检验统计量	P 值
state - owned	− 2. 10136	0. 0098	110. 0	0. 0146
FDI	− 7. 95870	0. 0000	123. 344	0. 0013
trans	− 2. 66193	0. 0039	71. 6351	0. 7365
resource	− 5. 27769	0. 0000	111. 865	0. 0108
income	− 13. 8366	0. 0000	143. 670	0. 0000
pop	− 7. 36213	0. 0000	86. 6604	0. 2860

从表 5 - 4 可以看出，各变量单位根检验中，在用针对共同单位根情况下的 LLC 检验方法时，各变量均显著地拒绝原假设，即显著拒绝存在单位根假设，是序列平稳的。而在针对不同单位根情况下的单位根检验方法 ADF 检验下，除了 $trans_{ij}$ 与 pop_{ij} 外，各变量也都显著地拒绝了单位根存在的假设。而 $trans_{ij}$ 与 pop_{ij} 两项可能与两项数据统计复杂、统计数据质量不高有关，因此，模型中的变量基本上是平稳的。

2. 分模型估计结果

为了探究政府竞争各衡量变量对区域结构趋同产生的影响，并进一步说明不同竞争模式对区域结构产生的作用效果，找出各政府竞争变量与区域结构趋同之间的可能曲线关系，我们考虑了以下两类模型。

模型 1：多元回归基准模型。

$$S_{ij} = \beta_0 + \beta_1 \ln zone_{ij} + \beta_2 \ln tax_{ij} + \beta_3 \ln state - owned_{ij} + \beta_4 \ln FDI_{ij} + \beta_5 \ln gdp_{ij} +$$
$$\beta_6 \ln trans_{ij} + \beta_7 \ln resource_{ij} + \beta_8 \ln income_{ij} + \beta_9 \ln pop_{ij} + \varepsilon_{ij} \qquad (5-3)$$

模型 2：分别估计各个变量与因变量工业产业结构相似系数之间的关系，并在每个政府竞争变量中加入该变量的二次项，以探究政府竞争变量与工业产业结构相似系数之间可能的曲线关系，证明各个政府竞争变量随着其衡量的政府竞争强度的增加，对产业结构会产生与到达临界点之前相反的作用，并找出作用改变的临界值。

2a：

$$S_{ij} = \beta_0^1 + \beta_1^1 \ln zone_{ij} + \beta_2^1 \ln zone_{ij}^2 + \beta_3^1 \ln gdp_{ij} + \beta_4^1 \ln trans_{ij} +$$
$$\beta_5^1 \ln resource_{ij} + \beta_6^1 \ln income_{ij} + \beta_7^1 \ln pop_{ij} + \varepsilon_{ij} \qquad (5-4)$$

2b：

$$S_{ij} = \beta_0^2 + \beta_1^2 \ln tax_{ij} + \beta_2^2 \ln tax_{ij}^2 + \beta_3^2 \ln gdp_{ij} + \beta_4^2 \ln trans_{ij} +$$
$$\beta_5^2 \ln resource_{ij} + \beta_6^2 \ln income_{ij} + \beta_7^2 \ln pop_{ij} + \varepsilon_{ij} \qquad (5-5)$$

2c：

$$S_{ij} = \beta_0^3 + \beta_1^3 \ln state-owned_{ij} + \beta_2^3 \ln state_{ij}^2 + \beta_3^3 \ln gdp_{ij} + \beta_4^3 \ln trans_{ij} +$$
$$\beta_5^3 \ln resource_{ij} + \beta_6^3 \ln income_{ij} + \beta_7^3 \ln pop_{ij} + \varepsilon_{ij} \qquad (5-6)$$

2d：

$$S_{ij} = \beta_0^4 + \beta_1^4 \ln FDI_{ij} + \beta_2^4 \ln FDI_{ij}^2 + \beta_3^4 \ln gdp_{ij} + \beta_4^4 \ln trans_{ij} +$$
$$\beta_5^4 \ln resource_{ij} + \beta_6^4 \ln income_{ij} + \beta_7^4 \ln pop_{ij} + \varepsilon_{ij} \qquad (5-7)$$

从模型 1 估计结果来看，上述政府变量对工业产业结构相似系数具有相当的解释能力，这与前面的理论分析基本一致。其中，各省产业园区数量之比、企业所得税占财政收入比重之和、国有企业产值占总产值比重以及外商投资企业产值占总产值比重四个变量都会对区域产业结构趋同现象产生影响。换言之，这些指标衡量下的政府标尺竞争对产业结构产生了显著影响，政府标尺竞争强度越大，地区间的模仿行为越强，从而导致二者产业结构越趋于相同（见表 5-5）。

政府竞争衡量指标中，除企业所得税指标之外，其余指标系数皆为负，说明变量与工业产业结构相似系数之间呈现负相关关系，这与本部分数据取对数的处理方法有关，其结果解释也较为直接。政府衡量变量数值越小，两地区之间数值差距就越小，模仿性越强，相似度越高，这在一定程度上可以反映两地区之间的政府竞争越激烈，这一相关关系在同一经济区内会表现得越明显。也就是说，在同一经济区内，政府竞争指标越小，政府间竞争强度越大，二者间工业产业结构相似系数越大，地区产业结构越趋于相似，与前面的理论分析基本一致（见表 5-5）。

从实证结果中可以看出，国有企业产值和外商投资企业产值占总产值比重两项结果均显著，其中，外商投资企业产值占总产值比重明显更为显著，同时，就其系数来看，对产业结构趋同的解释能力明显高于其他指标。此实证结果具有一定的现实意义，对于同一经济圈内的经济实力相当的两地区而言，其对国有企业的扶植力度，对外商投资的吸引程度以及产业选择相似度很大，必然造成产业结构的相似。分税制改革和国有企业改革之后，政府的重点竞争方式由扶持国有企业转为吸引外资企业，由于本部分数据选取的具体时间窗口是在实行分税制和国有企业改革之后，吸引外商投资这一方式的作用强度已经逐渐明显（见表5-5）。

模型1估计结果显示，企业所得税占税收比重之和这一政府竞争衡量指标的系数为正。正如前面分析，企业所得税比重越高，政府的保护动机也就越大，政府保护行为体现得越为明显。地方政府的保护行为会提高地区间的投资成本，造成企业在选择投资区位的时候侧重考虑本地投资，从而加剧产业结构趋同的现象。因此，二者之间为正相关关系。即该项指标越大，表示产业结构越趋同。综上所述，假设1、假设2a得以验证。

模型2加入了四个政府竞争衡量变量的平方项，估计结果显示，四个地方政府竞争衡量变量的二次项也是显著的，也就是说四个政府竞争变量与工业产业结构相似系数之间可能存在二次甚至更高阶关系。并且在加入二次项之后，除产业园区之外的三项政府衡量指标的显著性明显增强，系数也有明显提高，即三项变量用二次方程估计可以更好地描述其对因自变量的影响，可见二次方程的解释力更强（见表5-5）。

表5-5 模型1、模型2多元回归结果

变量	模型1	模型2a	模型2b	模型2c	模型2d
zone	-0.063104 * (-1.954805)	-0.126057 * (-2.19509)	—	—	—
zone^2	—	0.111835 * (2.047926)	—	—	—
tax	0.055690 * (2.409990)	—	-3.219430 *** (-6.912630)	—	—
tax^2	—	—	2.380897 *** (6.669002)	—	—
state - owned	-0.048820 * (-2.057184)	—	—	-0.426038 *** (-8.268142)	—
state - owned^2	—	—	—	0.294181 *** (9.211088)	—

续表

变量	模型 1	模型 2a	模型 2b	模型 2c	模型 2d
FDI	− 0.204549 *** (− 7.297049)	—	—	—	− 0.224584 *** (− 8.790186)
FDI^2	—	—	—	—	0.084289 ** (2.558055)
gdp	− 0.067189 * (− 2.116175)	− 0.006719 (− 0.485572)	− 0.042048 (− 0.850724)	− 0.034502 (− 0.760630)	− 0.083017 * (− 1.699579)
$trans$	− 0.095614 *** (− 3.032084)	− 0.033348 ** (− 2.204333)	− 0.119683 *** (− 3.654781)	− 0.066484 ** (− 2.288475)	− 0.091625 *** (− 3.047757)
$resource$	− 0.122664 *** (− 2.661659)	− 0.000419 (− 0.055008)	− 0.123296 *** (− 5.207824)	− 0.458784 *** (− 7.682550)	− 0.102874 *** (− 3.373126)
$income$	− 0.324293 ** (− 2.155653)	− 0.016675 (− 0.162763)	− 0.729042 *** (− 5.440372)	− 0.068669 (− 0.478207)	− 0.240295 * (− 1.930211)
pop	− 0.027865 (− 0.783275)	− 0.257308 ** (− 2.552645)	− 0.018098 (− 0.499229)	− 0.004850 (− 0.153838)	− 0.027264 (− 0.810586)
F 值	56.98789	27.94374	35.90028	56.06341	32.60445
Adj − R^2	0.583957	0.529585	0.593203	0.697034	0.569062

　　加入二次项后，四个政府竞争衡量变量的系数都是负的，但是其平方项的系数则都是正的，也就是说，政府竞争变量与工业产业结构相似系数之间是 U 形曲线关系。政府竞争促进产业同构化存在临界值，当政府间竞争强度比较小时，政府间竞争可以促进产业结构异构化；当政府竞争强度比较大时，随着竞争的进一步加剧，产业同构化的趋势会越来越强，并且从曲线斜率来看，其同构化的速度会越来越快。因此，政府竞争强度是影响产业结构趋同还是趋异的重要因素。

　　为了进一步得到政府竞争对产业同构化的影响，通过计算得出，产业园区数量之比、企业所得税收入占财政收入比重之和、国有企业产值占总产值比重以及外商投资企业产值占总产值比重四个政府竞争衡量变量的拐点依次为 0.563585、0.676096、0.724109、1.332226。根据四个政府变量的数据，得到四个政府衡量变量数据的描述性统计如表 5 - 6 所示。在三大经济区内，存在个别省份与其他省份各方面差距较大，特别是在泛珠三角经济区内，由于涵盖范围较广，且泛珠三角经济区省市经济实力相差较大，其数据最终处理结果存在部分极端值，会影响均值的计算。首先，通过拐点与均值可以看出，产业园区这一变量大部分地区处于拐点的左端，即并未达到拐点的数值，但也有部分地区已经超过拐点数值，即三个经济区的大部分地区处于 U 形曲线的左支，即单纯追求经济利益的政府竞争很容易造成区域产业同构，但是由于其均值已经比较接近拐点，因此，可以通过降低竞争程度以优化产业结构，实现政府的良性竞争。其次，从企业所得税占财政收入比重之和这项指标来看，其均值就在拐点附近，与拐点相差很小，这说明此项变量虽然对产业同构有显著影响，但是不同省份处于临界值两边，所以其作用方向和力度都不相同，并且可以看出，此项指标的标准差是最小的，由此可见，地方政府的税收竞争这一手段应用得比较普遍。最后，对于后两个政府竞争衡量指标来说，两项指标的大部分数据并不是位于曲线的同侧，这说明两种竞争手段现阶段对产业结构的作用方向和力度是不同的。国有企业一项是位于曲线的左支，即随着以国有企业为手段的竞争强度的增加，其产业结构趋同；而外商投资一项是位于曲线的右支，这说明随着政府竞争强度的增加，工业产业结构相似系数降低，产业结构趋同现象可能会得到缓解。假设 2b、假设 3 得以验证。值得注意的是，上述变量的均值与临界点的差距都不大，因此，通过适度控制政府竞争，使其合理化、良性化，可以实现政府干预下的产业结构优化和升级。

表 5 - 6　各政府竞争变量描述性统计

项目	zone	tax	state - owned	FDI
均值	0.406787	0.7242	0.535778	1.571387
中间值	0.425969	0.751059	0.355247	0.741554
最大值	1.021189	0.913499	3.551009	19.81742
最小值	0	0.360296	0.000994	0.003326
标准差	0.24736	0.103727	0.640769	2.879945

在多元回归基准模型中，外商投资这项变量对产业同构具有很强的解释作用，而在第二个模型中，外商投资又存在缓解产业同构化的可能，这一解释变量在两个模型中的不同结果并不矛盾。在基准模型中主要讨论的是竞争衡量变量对产业同构的解释能力，是一个静态的过程；而二次项模型中，主要讨论的是不同竞争方式的强度以及强度的变化，即在曲线中所处的位置以及其位置的变动对产业结构的作用，是一个动态的过程。外商投资变量在模型 1 中非常显著，说明以吸引外资为重要方式的政府竞争对产业同构化有很大影响；但是在模型 2 中，这一变量所处的曲线位置，说明若合理控制该强度的变化大小和方向，可以实现对产业同构问题的缓解。当然，由于不同的省份处于不同的位置点，本部分所做的上述分析只是对大部分常规数据的分析，对于极端值点省份需要进行个别分析，在此不赘述。

五　结论

本节运用扩展的标尺竞争模型刻画政府间的竞争行为，实证研究地区间政府竞争对经济区内产业结构的作用机制。结合三大经济区数据，选取四个指标衡量各个模式与动因下的政府竞争，在控制了其他影响因素之后，检验证实了政府竞争变量对产业结构趋同的影响。在此基础上，本部分构造了两类模型，并且着重分析了分税制改革和国有企业改革前后的两种主要政府竞争方式对产业同构的影响。在加入二次项后，本部分实证分析表明，政府竞争对产业结构的作用可能遵循 U 形曲线规律，不同竞争变量竞争强度不同，对产业同构现象的作用力度和方向也不同，吸引外商投资这一竞争方式还有可能会缓解产业结构趋同现象。

基于上述研究结论，我们得出的启示性建议如下：首先，改变地方政府标尺竞争的传统衡量方式，设置更为科学的衡量体系；其次，在政府税收收入中，降低企业所得税所占比重，即降低政府实行地方保护主义的动力以减少地方之间的保护行为；再次，在政府竞争的过程中，政府可以通过投资规制引导国有企业和外资企业的产业选择，改善产业结构趋同现象；最后，控制地方政府竞争强度，使其处在良性竞争中，通过引导竞争力度和方向调整产业结构。

第二节 地方政府竞争对地区专业化影响
机制的实证研究[①]

一 理论分析和研究假设

(一) 地方政府的激励结构与竞争行为

在我国转型经济框架中,中央政府通过制度供给方式对地方政府实施激励,表现为财政激励和政治激励。在财政激励方面,不同于西方联邦制国家,中国的财政分权是局部的、不完全的。在严格的财政分权体制下,地方政府或地方立法机关应该拥有相对独立的税权,包括税收立法权、税收政策制定权和税收征管权三方面的权力。中国的财政分权使得地方政府在财政收支上具有事实上的部分自由处置权,可以通过预算内收支以及预算外和制度外收支来获得相应的自主权,但并没有独立的税权;另外,这种分权仅限于中央和地方政府之间,居民并没有获得相应的权利,所以地方政府所受的制约只能来自中央政府,而不是来自当地居民[15]。一些学者还对比了中国和俄罗斯财政分权制度的差异。俄罗斯中央政府缺乏权威,既没有能力实施其意愿,也没有能力制定规则,所以地方政府很难有动力来抵制老企业的俘获或控制寻租行为,被老企业俘获的地方政府会保护老企业免受竞争威胁,而寻租行为又抑制了新企业的进入。相比之下,中国的中央政府则处于一个相对强势的地位,它能够对地方实施奖惩,因而可以有效抑制地方政府被老企业俘获或寻租。财政分权背后的政治集权,即中国式分权制度,是中国的经济改革绩效有别于俄罗斯的关键[16]。

在政治激励方面,自 1978 年以来,中央政府不断强调经济增长的重要性,并在官员考核中加入了经济绩效的因素。在这一激励下,地方政府在考核与升迁的压力下以本地 GDP 增长为主要目标。中国的地方政府官员围绕官职晋升展开了促进 GDP 增长的标尺竞争[17]。在民主制度下,处于信息弱势的选民可以通过比较不同地区的绩效来对本地区的政府行为做出评价,地

---

① 本节主要内容以《地方政府竞争与中国的区域市场整合机制》为标题,发表在《山东大学学报》2013 年第 3 期,作者:王凤荣、董法民。

方政府的竞争压力来自选民，因而这是一种自下而上的标尺竞争。而在中国的政治体制下，地方政府不是对下负责，而是对上负责，选民对地方官员的任免没有决定权，而是由中央政府采取相对绩效考核的方法对地方官员进行评价，因而是一种自上而下的标尺竞争。

（二）地方政府竞争与地区专业化

由财政激励和政治激励驱动的地方政府竞争，通常主要围绕聚集资源展开。具体表现为以下两种方式。一是吸引要素流入。地方政府吸引流动要素的手段以税收竞争为主，税收竞争的一种方式便是进行扶持性投资。胡向婷和张璐[11]研究发现，在分税制改革以后，政府的直接投资行为在整体上是理性的，各地方政府往往从本地资源的特点和优势出发引导地区产业结构调整，这促进了地区比较优势的发挥。现实中，地方政府为吸引资本还往往展开招商引资竞争，由政府亲自出面来游说投资方进行投资。在游说过程中，地方政府势必会展示本地区的特色及优势，引资对象也往往是能发挥本地比较优势的企业，这样才有利于本地在激烈的招商引资竞争中胜出。因此，我们认为，地方政府间吸引流动要素的竞争能够促进地区专业化。

地方政府竞争的另一种方式是防止本地要素流出。通过行政和法律手段对要素和产品进行管制的行为就是地方保护主义[18]。不可否认的是，分权式改革之后，中国的地方政府之间确实存在着保护主义行为。地方保护主义最常见的形式是设置贸易壁垒，限制商品和服务的自由流通。这削弱了专业化本应具有的优势，因而会对专业化的形成起到阻碍作用[3]。在中国的制度背景下，地方政府还可以通过在产权上设置壁垒来实行地方保护。在产权上通过国有资本对经济实行控制，可以直接实现国家行政垄断，这会更甚于一般的贸易保护政策，并且，政府借助产权上的垄断或控制权在交易过程中限制要素和产品进入，也会阻碍有效统一市场的形成[19]。

一般认为，中国分权式改革产生了很多制度租金，作为理性人的地方政府既有可能发挥地区的比较优势，也有可能采取地方保护主义以获得制度租金，这主要取决于哪一类活动能够带来更大收益[20]。

周业安和赵晓男[21]将中国的地方政府行为分为三类：第一类为进取型地方政府，这类政府主要通过公共物品供给和地方软环境建设来吸引资源的流入；第二类为保护型地方政府，这类政府也会进行一定的软环境建设，但由于软环境建设不够，不足以吸引资源，它们常采用地方保护措施；第三类为掠夺型政府，这类政府会对当地居民和企业进行剩余掠夺，导致当地经济发展失去根基。第一类政府往往会积极提高当地的专业化水平，通过制度和技术创新来吸引要素流入，并力求和周边地区形成竞争性合作状态，而另外两类政府则更有可能进行地方保护。

基于以上的分析，本部分提出以下假说：

假说 1：地方政府间吸引流动要素的竞争能够促进地区专业化；

假说 2：地方保护主义会阻碍地区专业化的进程；

假说 3：在不同的经济发展水平和产业分布的背景下，各地区的地方政府行为对地区专业化水平会产生不同的效果；

假说 4：随着经济发展和对外开放水平的提高，分割市场的收益越来越小，地区专业化水平会逐渐得到提高。

二　变量及数据

（一）地区专业化水平的度量

地区专业化反映的是各地区在特定产业份额上的差异程度。对于地区专业化水平的度量，可以借鉴的指标有地区 Hoover 系数、β_i 系数以及 Krugman 专业化指数。鉴于 Hoover 系数的局限性以及 β_i 系数构建时数据的难获得性，① 本部分选用 Krugman 专业化指数来衡量地区专业化水平，黄玖立和李坤望[22]、冼国明和文东伟[23]以及翁媛媛等[24]在研究中都使用了该指标。

如果用 X_{ij} 表示第 i 个地区内第 j 个行业的经济活动水平，则 i 地区 j 产业的经济活动水平占 i 地区总经济活动水平的份额 S_{ij}，以及 i 地区以外的地区中 j 产业的经济活动水平占 i 以外地区总经济活动水平的份额 $\bar{S}_{ij}$ 可分别表示为：

---

① 地区 Hoover 系数的一个局限在于没有考虑各区域内的企业集中度，如果某个地区内只有很少的企业且规模分布不均，那么其 Hoover 系数自然会很高；而当某地区内企业数量很多时，其 Hoover 系数就会变得很低。β_i 系数是路江涌和陶志刚在参考了 Ellison 和 Glaeser 于 1997 年提出的行业地理集中度 γ_j 系数的基础上构建的，它充分考虑了区域内企业集中度的影响，是一个衡量地区专业化水平的较好指标，不过企业层面的数据较难获得。

$$S_{ij} \equiv \frac{X_{ij}}{\sum_j X_{ij}} \quad , \qquad \bar{S}_{ij} \equiv \frac{\sum_{m \neq i} X_{mj}}{\sum_{m \neq i} \sum_j X_{mj}} \qquad (5-8)$$

于是第 i 个地区的 Krugman 专业化指数①为：

$$Spec_i \equiv \sum |S_{ij} - \bar{S}_{ij}| \qquad (5-9)$$

该指数的取值范围为 [0，2]，当 i 地区的产业结构与所有其他地区的产业结构相同时，Krugman 专业化指数取值为 0，地区专业化程度越高，Krugman 专业化指数的取值越大。

经济活动水平可以用产出水平或就业人数表示。不过，白重恩等[3]指出，就业数据可能会受到国有企业中严重的劳动力过剩问题的影响，这样根据就业人数计算出来的专业化指数就可能存在偏差。基于此，我们选用产出数据来计算 Krugman 专业化指数。根据国家统计局 2002 年的国民经济行业分类标准（GB/T 4754—2002），制造业被分为 30 个大类。本部分选取了其中产出数据完整的 28 个产业，在剔除数据缺失较多的西藏自治区后，得到了全国 30 个省份 1999—2010 年的数据集。这些数据全部来源于国泰安 CSMAR 数据库。

本部分选取的 28 个制造业细分产业包括②：农副食品加工业（食品加工业），食品制造业，饮料制造业，烟草制品业（烟草加工业），纺织业，纺织服装、鞋、帽制造业（服装及其他纤维制品制造业），皮革、毛皮、羽毛（绒）及其制品业，木材加工及木、竹、藤、棕、草制品业，家具制造业，造纸及纸制品业，印刷业和记录媒介的复制，文教体育用品制造业，石油加工、炼焦及核燃料加工业（石油加工及炼焦业），化学原料及化学制品制造业，医药制造业，化学纤维制造业，橡胶制品业，塑料制品业，非金属矿物制品业，黑色金属冶炼及压延加工业，有色金属冶炼及压延加工业，金属制品业，通用设备制造业（普通机械制造业），专用设备制造业，交通运

---

①　冼国明和文东伟[23]以及翁媛媛、高汝熹和饶文军[24]选取的是 i 地区产业结构与全国产业结构的比较，即 $Spec_i \equiv \sum_j |S_{ij} - S_j|$，其中 $S_j \equiv \frac{\sum_i X_{ij}}{\sum_i \sum_j X_{ij}}$。

②　括号中为 1994 年国民经济行业分类标准（GB/T 4754 - 1994）中的产业名称，2002 年以前的数据根据这些产业名称获得。

输设备制造业，电气机械及器材制造业，通信设备、计算机及其他电子设备制造业（电子及通信设备制造业），仪器仪表及文化、办公用机械制造业。

本部分将计算得到的各地区 Krugman 专业化指数进行简单算术平均和加权平均（以各地区的工业总产值占全国工业总产值的比重做权重），得到了1999—2010 年全国 Krugman 专业化指数变化趋势。

由图 5 – 2 可知，中国各省平均的 Krugman 专业化指数在 1999—2010 年整体上没有出现大的变化，指数值都集中分布在 0.6 到 0.7 之间（加权平均值在 0.5 到 0.6 之间）。具体来看，1999—2005 年 Krugman 专业化指数略有上升，而 2006 年之后该指标则出现下降的趋势。首先，这种趋势可能与中国计划经济体制下形成的完备的重工业体系有关。改革初期，大而全的工业体系使得中国的地区专业化水平较低；随着改革的推进，各地区开始根据本地优势资源进行专业化生产，地区专业化水平会上升；而经济的发展往往伴随着产业向发达地区集聚这一过程，发达地区的工业体系又逐渐完备，因此地区专业化水平又会出现下降趋势。其次，根据前文的理论分析，财政分权所导致的地方政府竞争对地区专业化会产生正反两种效果，并且一个地区的经济开放程度对地区专业化的作用机制非常复杂[25]，所以这种地区专业化先上升后下降的现象可能是财政分权与对外开放程度共同作用的结果。另外，经济发展水平也会对地区专业化产生非线性的影响，因此财政分权与经济发展水平的交互作用可能也会造成地区专业化水平的下降。

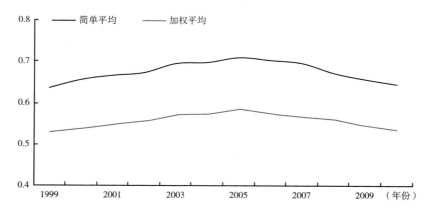

图 5 – 2　1999—2010 年全国各省平均的 Krugman 专业化指数

（二）地方政府吸引流动要素行为的衡量

对于地方政府来说，可以运用的竞争手段有很多，比如制度创新、技术创新和公共服务投入等。不过，在政绩考核的压力之下，地方官员更侧重于对能够在短期内提升经济绩效的资本展开争夺[18]。而相对于国内资本来说，地方政府更青睐于外商直接投资，这是因为，一方面外商直接投资可以绕过国内僵化的金融体制，为地区注入大量资金；另一方面外商直接投资还是"资本、专利和相关技术的结合体"，能对经济增长产生多方面的溢出效应[27]。傅勇和张晏也指出，运用财政竞争手段吸引 FDI 是地方政府的主要竞争行为[27]。在竞争过程中，为吸引 FDI 落户本地，地方政府往往争相为外资企业提供各种税收优惠，这会降低外资企业的实际税率。基于此，我们构建了外资企业相对实际税率的指标，来衡量地方政府吸引要素流入的竞争行为。相对实际税率是指和考察地区存在竞争关系的地区中外资企业的实际税率与考察地区外资企业实际税率的比值，这一指标越大，反映地区政府为吸引要素流入而付出的努力越多，因此预测该指标与地区专业化水平成正比。

一般认为，地方政府与地理位置邻近或经济发展水平相近的地区存在较强的竞争关系[28]，因此本部分在构建其他地区实际税率指标时，采用了经济发展水平差异加权和地理空间距离加权两种方式。具体来说，用地理空间距离加权的做法是：以考察地区省会城市与其他地区省会城市的公路距离为原始权重，对其取倒数并进行标准化处理，用标准化之后的权重对其他地区的实际税率值进行加权平均。而用经济发展水平差异加权的做法是：以考察地区与其他地区人均 GDP 差值的平方作为原始权重，对其取倒数并进行标准化处理后得到经济发展水平差异权重的矩阵，用该矩阵对其他地区实际税率值进行加权平均。

本部分先从《中国税务年鉴》中获得了 1999—2010 年全国 30 个省份（不包括西藏自治区，下同）外商投资企业和港澳台投资企业税收的数据，又从《中国统计年鉴》和《中国经济普查年鉴 2004》中获得了外资工业企业总产值的数据，以此估算出了各地区外资企业的实际税率值。而权数中的人均 GDP 指标根据《中国统计年鉴》中的数据构建，省会城市之间的公路距离数据来源于中国公路信息服务网（http：//www.chinahighway.gov.cn/roadInfo/index.do）。

　　另外，在招商引资过程中，地方政府如果能根据本地资源优势成立特定的开发区，这些开发区会提高投资对辖区差异的偏好，从而能有效提高招商引资的效果[29]，这也解释了为什么近年来各地区对开发区的建设热情高涨。面对有限的国家级开发区建设指标，地方政府之间势必展开争夺，因此各地区的国家级开发区数量也可以在一定程度上反映地方政府的引资竞争行为。于是，我们考虑用国家级开发区的相对存量值作为衡量地方政府吸引流动要素行为的替代变量，以检验实证结果的稳健性。本部分从中国开发区网（http：//www.cadz.org.cn）上获得了全国 30 个省份的国家级开发区信息，这些国家级开发区包括经济技术开发区、高新技术产业开发区、保税区、出口加工区、边境经济合作区以及其他类型的国家级开发区。截止到 2010 年 12 月，这些国家级开发区数量达到 334 个，本部分先将其处理成 1999—2010 年分地区的存量数据集，又逐年将各地区的存量与全国总存量做比，得到国家级开发区相对存量的数据。

（三）地方保护主义的度量

　　地方保护主义常以各种隐性的形式存在，如技术壁垒、行政管制等，这给地方保护主义的测度增加了困难，因此本部分采用代理变量来间接度量其强弱程度。Poncet[30]认为地方保护政策是政策供给方（政府和官员）和政策需求方（各利益阶层）合力的结果，她在实证中使用财政预算占 GDP 比重和政府消费来衡量供给方因素，用失业率来衡量需求方因素，这三个变量共同反映了地方保护主义的强弱。而陈敏等[25]指出，相对于失业率指标，国有企业的就业比重可能能够更为准确地度量一个地区的就业压力，因为政府所考虑的就业目标是保护那些还未进入劳动力市场的潜在失业者，而不是劳动力市场上已经失业的人群，因此他们在实证中控制了政府消费占 GDP 的比重和国有企业职工人数占职工总人数的比重这两个指标，以此度量地方保护主义动机的强弱。

　　黄玖立和李坤望[31]则认为，Poncet 和陈敏等人的研究都表明，政府的财政收入比重越大，地方政府越是有动力通过分割市场来对本地企业进行保护，因此财政收入占 GDP 的比重这一指标就可以用来作为刻画地方保护动机和实际保护程度强弱的代理变量。本部分用政府消费占 GDP 的比重和国有企业就业比重两个指标来衡量地方保护主义的强弱，用财政收入占 GDP 的比重作为替代变量来检验结果的稳健性。数据来源于《中国统计年鉴》。

（四）其他变量与度量

本部分还控制了其他能够影响到地区专业化的变量，包括交通运输条件、地区市场容量、经济开放程度和经济发展水平等。

运输成本构成地区间贸易成本的一部分，因而会影响到地区的专业化分工。一个地区的交通运输条件越好，运输成本越低，该地区就越有可能放弃大而全的产业布局而进行专业化生产，因此其地区专业化程度也应该越高。我们用地区内公路和铁路的总里程之和与该地区陆地面积的比值来衡量其交通运输发达程度。公路和铁路里程数据来源于《中国统计年鉴》，各省份陆地面积数据来源于中央政府门户网站（http：//www. gov. cn/test/2007 - 08/07/content_ 708271. htm）。

地区市场容量能够影响到地区专业化水平。制造业后向联系使厂商倾向于在市场容量大的地区进行生产，当许多厂商都有相同的决策时，产业集聚向心力使得几乎所有的产业都集中在这一地区，因而有利于地区专业化。本部分用国内市场潜能（Domestic Market Potential）来衡量市场容量大小，它反映的是某一地区潜在市场容量的空间加权平均值，计算公式为：$DMP_i = \sum_{j \neq i} GDP_j / D_{ij} + GDP_i / D_{ii}$，其中 GDP_i 表示 i 地区的国内生产总值，D_{ij} 表示 i 地区和 j 地区省会城市间的公路距离，D_{ii} 表示 i 地区的内部距离。本部分借鉴 Redding 和 Venables（2004）[32] 的做法，取 i 地区地理半径的 2/3 作为内部距离，即 $D_{ii} = 2/3 \sqrt{S_i / \pi}$（$S_i$ 为 i 地区的陆地面积）。

对外开放本身会通过市场力量对地区专业化水平产生直接的作用。在对外开放程度较低时，各地区经济相对封闭，地方政府会倾向于采取地方分割的政策，而随着开放水平的提高，市场分割的边际收益会越来越小，地方政府则会减少其对市场的保护，而倾向于获取专业化的利益[33][34]。我们从《中国统计年鉴》中获得了各地区进出口贸易额及 GDP 的数据，并用进出口贸易额占 GDP 的比重来衡量对外开放程度。

一个地区的经济发展水平也会对地区专业化水平产生影响，并且地区专业化和经济发展水平呈现 U 形曲线的关系，即随着经济发展程度的提高，一个地区的专业化水平会出现先下降后上升的趋势[35]。我们用人均 GDP 水平来衡量经济发展水平，并用其平方项检验了这种 U 形曲线关系。数据来源于《中国统计年鉴》。

三 计量模型与结果分析

（一）基本模型与结果

考虑到地区专业化可能是一个缓慢调整的过程，它除了受到前文所分析的各种因素影响外，还可能与前期的地区专业化水平有关，因此本部分在回归模型的解释变量中，加入了地区专业化的滞后值。模型的基本形式如下：

$$Spec_{i,t} = \alpha Spec_{i,t-1} + \beta_1 TR_{i,t} + \beta_2 GC_{i,t} + \beta_3 EP_{i,t} + Y_1 Tran_{i,t} + Y_2 DMP_{i,t} +$$
$$Y_3 Open_{i,t} + Y_4 PGDP_{i,t} + Y_5 PGDPs_{i,t} + \varepsilon_{i,t} \tag{5 - 10}$$

其中，$Spec_{i,t}$ 表示 i 地区 t 时期的 Krugman 专业化指数，用来衡量地区专业化水平；$TR_{i,t}$ 表示外资企业的相对实际税率，用来衡量地方政府吸引流动要素的竞争行为；$GC_{i,t}$ 表示政府消费支出占 GDP 的比重，$EP_{i,t}$ 表示国有企业就业比重，这两个指标共同反映了地方保护主义动机的强弱；此外模型中还包括其他影响地区专业化水平的变量，如交通运输条件 $Tran_{i,t}$，国内市场潜能 $DMP_{i,t}$，用进出口贸易额占 GDP 的比重来衡量的对外开放程度 $Open_{i,t}$，以及用人均 GDP 表示的经济发展水平 $PGDP_{i,t}$ 及其平方项。模型中的 β_1 和 β_2、β_3 系数是本部分关注的重点，根据假说 1 和假说 2，预计 β_1 系数为正，β_2 和 β_3 系数为负。

在模型估计时，由于在解释变量中加入了被解释变量的滞后项，为了避免这种动态模型的内生性问题，本部分采用了广义矩估计方法（GMM）。具体来说，本部分用 Differences 方法来消除截面固定效应，用 White Period 方式进行 GMM 加权，而在工具变量的选取上，本部分选取除交通运输条件以外的其他解释变量的一阶滞后值以及被解释变量的一至二阶滞后值作为工具变量。工具变量的有效性通过 Sargan 检验来确定。

模型估计结果显示，无论用地理空间距离进行加权还是用经济发展水平差异进行加权，外资企业相对实际税率对地区专业化的影响都显著为正，这说明地方政府间吸引流动要素的竞争行为的确能够起到推动地区专业化进程的作用，这为本部分的假说1提供了支持。不过，相对于用经济发展水平加权表示的政府竞争能力而言，用地理空间距离加权表示的政府竞争能力对地区专业化的影响更大①，这意味着地方政府与地理位置相邻的地区竞争流动要素比与经济发展水平相当的地区竞争流动要素更能促进本地区专业化的发展。

在地方保护主义方面，政府消费支出占 GDP 的比重和国有企业就业比重对地区专业化的影响都显著为负，这意味着地方政府实行保护主义的动机越强，该地区的专业化水平进程就越会受到阻碍，本部分的假说2也得到了很好的验证。

在控制变量方面，交通运输条件与地区专业化之间呈现正相关关系，说明一个地区的交通越便利，该地区就越有可能进行专业化生产；地区市场容量与地区专业化之间也呈现显著的正相关关系，说明地区市场容量越大，产生集聚向心力越强，从而地区专业化水平也越高；以进出口贸易额占 GDP 比重表示的对外开放程度对地区专业化的影响显著为正，说明随着经济开放程度的加深，市场分割的成本在上升，各地区开始倾向于获得专业化生产的利益；人均 GDP 的一次项系数为负，二次项系数为正，这与 Imbs 和 Wacziarg[35] 的结论类似，说明经济发展水平对地区专业化的影响呈现 U 形曲线的关系（见表 5 - 7）。

（二）稳健性检验

由于国家级开发区数量也可以在一定程度上反映地方政府的引资竞争行为，所以本部分用国家级开发区的相对存量数据集 $DZ_{i,t}$ 代替外资企业的相对实际税率 $TR_{i,t}$，重新对模型进行了估计。结果显示，国家级开发区相对存量的系数在 5% 的水平上显著为正，说明地方政府通过国家级开发区来争夺区外流动要素的行为也能够促进地区专业化。接着本部分又用财政收入占 GDP 的比重作为地方保护的替代变量对模型进行了估计，结果为，无论用地理空间距离加权还是用经济发展水平差异加权构建外资企业相对税率指标，

---

① 在基本模型中，用经济发展水平差异加权构建的外资企业相对税率每提高 1 个单位，地区专业化水平会提高 0.02 个单位，而用地理空间距离加权构建的外资企业相对税率指标在模型中的系数为 0.05。

表 5－7　政府竞争对地区专业化影响的估计结果

解释变量	基本模型估计结果	政府引资竞争替代变量估计	稳健性检验结果 地方保护替代变量估计		稳健性检验结果 不含京津沪粤的基本模型	
$Spec_{i,t-1}$	0.127124*** (0.011935)	0.089064*** (0.014590)	0.174465*** (0.013378)	0.138743*** (0.010311)	0.063574*** (0.016296)	0.036122** (0.016067)
$TR_{i,t}^{*}$	0.050371*** (0.010455)	—	0.037552*** (0.009474)	—	0.027925*** (0.006388)	—
$TR_{i,t}^{**}$	0.023252*** (0.005022)	—	—	0.011224** (0.004914)	—	0.011058*** (0.003234)
$DZ_{i,t}$	—	1.854044** (0.804672)	—	—	—	—
$FR_{i,t}$	—	—	-0.51188*** (0.048703)	-0.53463*** (0.052969)	—	—
$GC_{i,t}$	-0.60976*** (0.082860)	-0.73109*** (0.099324)	—	—	-1.79161*** (0.198283)	-1.83861*** (0.205415)
$EP_{i,t}$	-1.26758*** (0.143421)	-1.58291*** (0.182737)	—	—	-0.89215*** (0.100287)	-0.98788*** (0.109647)
$Tran_{i,t}$	0.016145** (0.007106)	0.016275*** (0.006186)	0.012461* (0.007449)	0.017213*** (0.005958)	0.010188 (0.008833)	0.0177** (0.007728)
$DMP_{i,t}$	0.000188*** (5.71E-05)	7.47E-05 (6.89E-05)	0.000217*** (5.01E-05)	0.000253*** (5.95E-05)	0.00024*** (5.62E-05)	0.000269*** (8.45E-05)
$Open_{i,t}$	0.25671*** (0.044639)	0.213093*** (0.047540)	0.358849*** (0.046773)	0.386506*** (0.057194)	0.457077*** (0.063178)	0.449312*** (0.060704)
$PGDP_{i,t}$	-0.13612*** (0.012721)	-0.12052*** (0.016809)	-0.1038*** (0.008408)	-0.09862*** (0.009362)	-0.16135*** (0.030334)	-0.17820*** (0.032731)
$PGDPs_{i,t}$	0.011737*** (0.001025)	0.011538*** (0.000980)	0.010184*** (0.000840)	0.009224*** (0.000993)	0.015203*** (0.005563)	0.018180*** (0.004902)
Sargan 检验	0.2027	0.2616	0.3345	0.2103	0.1911	0.2113

注：①系数下方括号内的值为标准差，系数右上角无符号表示不显著，* 表示在10%的水平上显著，** 表示在5%的水平上显著，*** 表示在1%的水平上显著；②以上所取的样本均不包括西藏自治区；③ $TR_{i,t}^{*}$ 表示用地理空间距离加权构建的外资企业相对税率指标，$TR_{i,t}^{**}$ 表示用经济发展水平差异加权构建的外资企业相对税率指标；④差分误差项均为一阶相关，二阶序列不相关。

财政收入占 GDP 的比重都显著为负，其他解释变量的符号都符合预期且在 1% 的水平上显著。替代变量的使用为本部分结论的稳健性提供了支持。

另外，鉴于数据的可获得性，本部分在构造外资企业实际税率指标时，分子选取的是外商投资企业和港澳台投资企业所缴纳的税收总和，而分母选取的仅是三资企业的工业总产值，这可能会低估三资企业中服务业比重较大省份的竞争程度。于是，我们把三资企业中服务业比重较大的三个直辖市（北京、天津和上海）及广东省剔除后，再次对模型进行估计，结果表明，两种加权方式下的外资企业相对实际税率指标都显著为正，衡量地方保护的两个指标都显著为负，除交通运输条件的系数显著性较差外，其他解释变量的系数均显著地符合预期，这有力地支持了本部分的理论分析。

（三）分地区的讨论

由于历史和地理位置等因素，中国东部和中西部地区的经济活动与产业分布呈现了较大的非对称性。东部地区开放较早，并且地理位置有利于对外贸易，在发展过程中通过制造业前向和后向联系吸引了大量中西部地区的产业聚集于此，形成了一个门类较齐全的制造业中心，因此东部地区的专业化水平较低，而中西部地区产业结构相对单一，尤其是西部地区，以资源密集型产业为主，因此这些地区的专业化程度反而较高。图 5-3 直观地展现了这种现象。

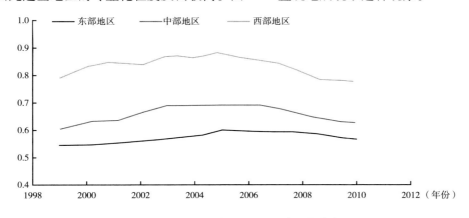

图 5-3　分地区的 Krugman 专业化指数

在不同的经济发展水平和产业分布的背景下，各地区的地方政府行为可能会对地区专业化水平产生不同的效果。本部分将全样本中的 30 个省份划分为东部地区、中部地区和西部地区①，分别对模型进行估计，以检验是否存在地方政府行为的这种非对称的效果。在调整工具变量的滞后期后，本部分得到了 6 组有效的模型估计结果，如表 5-8 所示。

表 5-8　分地区的模型估计结果

解释变量	东部地区		中部地区		西部地区	
$Spec_{i,t-1}$	0.294222 *** (0.052228)	0.297035 *** (0.054118)	0.399735 ** (0.196703)	0.353877 ** (0.187726)	0.036620 (0.123162)	0.034991 (0.115486)
$TR_{i,t}$ *	-0.001488 (0.406687)	—	0.572322 ** (0.262248)	—	-0.328445 (0.325202)	—
$TR_{i,t}$ **	—	0.010109 (0.389258)	—	0.277318 * (0.205293)	—	-0.118895 (0.185445)
$FR_{i,t}$	-0.865748 ** (0.395396)	-0.850641 * (0.457231)				
$EP_{i,t}$	—	—	-0.966695 ** (0.510065)	-0.986966 * (0.505669)	-2.849656 ** (1.183306)	-2.259483 ** (1.054802)
$GC_{i,t}$			-1.685002 ** (0.674961)	-1.178333 * (0.615941)	-1.258723 * (0.638275)	-0.927334 (0.660388)
$Tran_{i,t}$	-0.033860 (0.033318)	-0.034617 (0.036883)	0.013812 (0.029048)	0.015280 (0.027162)	0.224885 * (0.127227)	0.146049 (0.106209)
$DMP_{i,t}$	3.76E-05 (0.000337)	4.73E-05 (0.000411)	-0.000125 (0.000115)	-0.000108 (0.000112)	0.002025 *** (0.000705)	0.002308 *** (0.000665)
$Open_{i,t}$	0.061493 ** (0.027220)	0.058332 * (0.032480)	0.235845 (0.337621)	0.293053 (0.321577)	0.562705 (0.379178)	0.754200 ** (0.340935)
$PGDP_{i,t}$	-0.045882 (0.045766)	-0.045958 (0.054881)	-0.044799 (0.044147)	-0.046379 (0.042779)	-0.702402 *** (0.184633)	-0.691868 *** (0.177810)
$PGDPs_{i,t}$	0.010724 *** (0.003707)	0.010614 *** (0.003771)	0.006558 (0.007128)	0.005412 (0.006816)	0.084218 ** (0.033559)	0.076428 (0.032235)
Sargan 检验	0.2896	0.2789	0.3957	0.09700	0.2960	0.2901

注：系数下方括号内的值为标准差，系数右上角无符号表示不显著，* 表示在 10% 的水平上显著，** 表示在 5% 的水平上显著，*** 表示在 1% 的水平上显著。

_____

① 东部地区包括北京、天津、河北、辽宁、上海、江苏、浙江、福建、山东、广东、广西和海南 12 个省市，中部地区包括山西、内蒙古、吉林、黑龙江、安徽、江西、河南、湖北和湖南 9 个省区，西部地区包括重庆、四川、贵州、云南、陕西、甘肃、宁夏、青海和新疆 9 个省市区。

结果显示，三个地区的地方保护主义都对地区专业化产生显著的阻碍作用，但在政府争夺要素流入的竞争方面，东部地区的竞争行为对地区专业化的影响不再显著，并且以空间距离加权的外资企业相对税率这一变量的系数还呈现负值，中部地区的引资竞争行为对地区专业化的影响仍显著为正，而西部地区两种加权方式（空间距离加权和经济发展水平差异加权）下的外资企业相对实际税率指标都对地区专业化有负向影响。本部分假设3得以证实。笔者认为，这种差异可能与不同地区的引资竞争激烈程度不同有关，对地区专业化产生正向影响的引资竞争应该存在一个限度，超过这一限度，引资竞争就有可能演变成盲目的恶性竞争，而恶性竞争往往带来不计后果的盲目引资以及重复建设等问题，这将对地区专业化产生不利影响。

图5-4和图5-5分别给出了三个地区外资企业相对实际税率和国家级开发区相对存量的曲线。东部地区拥有较高的分权程度，因此有实力进行较高程度的税收竞争，但不考虑本地区优势的盲目竞争并不能对地区专业化产生正面效果。中部地区的税收竞争能够显著推动地区专业化进程，是一种适度的竞争。而西部地区的税收竞争程度更为激烈，各地区不计后果，盲目引资，反而阻碍了地区专业化进程。图5-5显示，东部地区拥有比中西部地区更多的国家级开发区资源。尽管总体回归结果表明国家级开发区建设有利于地区专业化进程，但现实中东部地区也存在盲目争夺国家级开发区建设指

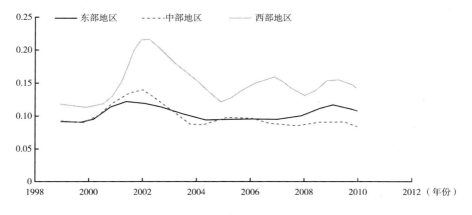

图5-4　分地区的外资企业相对实际税率水平

标的情况，因此部分开发区的建设可能并不能发挥本地区的资源优势，而出现开发区之间产业结构趋同的现象，这也会阻碍东部地区的专业化进程。

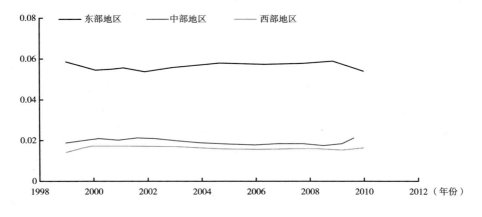

图 5 - 5 分地区的国家级开发区相对存量

（四）分时期的讨论

全国的地区专业化水平在 2005 年前后出现了下降的趋势，为考察这种地区专业化水平逆转的原因，本部分在模型中引入了财政分权与对外开放的交互项以及财政分权与经济发展水平的交互项，财政分权的程度用地方财政收入占中央财政收入的比重来衡量，记为 $FD_{i,t}$。在样本区间的选择上，本部分以 2005 年为界，用 1999—2005 年和 2006—2010 年的数据分别对模型进行了估计，估计结果如表 5 - 9 所示。

从表 5 - 9 可以看出，1999—2005 年，经济发展水平对地区专业化的影响呈现倒 U 形关系，而非整个样本区间的 U 形关系，正如前文的分析，这种关系可能与改革初期中国已经存在的大而全的工业体系有关。改革使得各地区开始根据本地优势资源进行专业化生产，这使得各地的地区专业化水平有所上升，但经济发展会使得产业向发达地区集聚，于是地区专业化水平又出现下降趋势。

由模型估计结果很容易得出，当经济发展水平达到 0.129095/0.03346 = 3.86 这一临界值时，其对地区专业化的影响开始由正转负。尽管这一时期

表 5 - 9　分时期的估计结果

解释变量	1999—2005 年模型估计结果		2006—2010 年模型估计结果	
$Spec_{i,t-1}$	- 0.04042 (0.061999)	- 0.05381 (0.061668)	0.055421 (0.039966)	0.091447 ** (0.041332)
$TR_{i,t}{}^{*}$	0.055867 ** (0.023109)	0.053355 ** (0.022864)	0.006802 (0.021214)	0.021594 (0.015890)
$GC_{i,t}$	- 0.40576 (0.319825)	0.037985 (0.290029)	- 0.77325 (0.520183)	- 0.98508 * (0.509016)
$EP_{i,t}$	- 0.11336 (0.646514)	0.208553 (0.618186)	1.431584 ** (0.657063)	1.124821 ** (0.520467)
$Tran_{i,t}$	- 0.03396 (0.086759)	- 0.10266 (0.062835)	0.051146 *** (0.012867)	0.035742 *** (0.010823)
$DMP_{i,t}$	2.11E - 05 (0.000250)	- 0.0001 (0.000273)	- 0.000058 (8.96E - 05)	- 0.00027 *** (0.000100)
$Open_{i,t}$	- 0.07813 (0.169937)	0.157805 (0.103656)	- 0.02756 (0.073903)	0.024203 (0.040138)
$PGDP_{i,t}$	0.129095 ** (0.061023)	0.147702 ** (0.056975)	- 0.11281 *** (0.021362)	- 0.04662 * (0.027157)
$PGDPs_{i,t}$	- 0.03346 *** (0.009065)	- 0.04622 ** (0.019776)	0.01419 *** (0.001696)	0.015652 *** (0.002509)
$FD_{i,t} \times Open_{i,t}$	0.035577 *** (0.013233)	—	0.008292 (0.009560)	—
$FD_{i,t} \times PGDP_{i,t}$	—	0.013084 * (0.007914)	—	- 0.00604 ** (0.002985)
Sargan 检验	0.1428	0.1930	0.2095	0.1644

注：系数下方括号内的值为标准差，系数右上角无符号表示不显著，* 表示在 10% 的水平上显著，** 表示在 5% 的水平上显著，*** 表示在 1% 的水平上显著。

经济开放程度对地区专业化的影响为负，但财政分权与对外开放的交互项对地区专业化的影响却显著为正。在引入财政分权与经济发展水平交互项的模型中，财政分权和经济发展水平对地区专业化的交互影响也显著为正。这说明1999—2005年"顺市场"力量占据主导，所以地区专业化水平会呈现上升趋势。

2006—2010年，经济发展水平对地区专业化的影响呈现U形关系，而U形曲线的拐点位于经济发展水平的$0.11281/0.01419 = 7.95$处，于是我们推测，2006—2010年，经济发展水平处于U形曲线的左半部分，即单就经济发展水平这一因素而言，其对地区专业化的影响是负向的，这意味着当前中国的经济发展仍不足以达到推动地区专业化进程的程度。由表5-7中的基本模型估计结果可得，整个样本区间内的U形曲线拐点为$0.13612/0.011737 = 11.60$，所以只有当经济进一步发展到这一水平时，才足以对地区专业化产生正向作用。另外，这一时期内国有企业就业比重对地区专业化的影响变得显著为正，不过这并不意味着地方保护主义开始对地区专业化产生正向作用，因为随着经济的发展，效率低下的国有企业逐渐变成地方政府的"包袱"，地方政府或迫于财政压力和预算约束硬化的限制，或出于搞活本地经济的考虑，开始推动国有企业的民营化，因此国有企业就业比重指标不能再较好地反映地方保护主义动机的强弱了。

比较两个时期的模型估计结果可知，财政分权和对外开放对地区专业化的交叉影响由显著为正变为不显著，而对外开放程度的系数均为负，这说明中国的国内外市场之间可能存在着替代关系。在国内外市场相互替代的前提下，随着对外开放程度的加深，地方会主动放弃国内市场，而集中发展国外市场[31]，因此当分权所带来的"顺市场"力量不足以抗衡地方政府放弃国内市场的"逆市场"力量时，财政分权与对外开放对地区专业化的正向交互影响就可能变得不再显著。此外，两个模型还表明，财政分权与经济发展水平的交互项系数由显著为正变为显著为负，说明经济发展所带来的"逆市场"力量暂时占据了主导位置，这解释了地区专业化水平在2006年之后下降的原因。随着经济的进一步发展，分割市场的收益必将越来越小，地区专业化也将逐渐得到提高。假设4得以证实。

四　结语与启示

市场化是我国30多年来渐进式改革实践的基本取向，而政府行为在市场化演进中的作用却是理论界争论不休的焦点问题。本节基于中国式分权背景，探索政府行为在中国经济市场化演进中的作用机理及其逻辑框架：基于财政分权和政治集权驱动的我国地方政府，通过税收竞争或者开发区建设等手段对流动要素展开争夺就会硬化国有企业的预算约束，耗尽地方政府的寻租所得，推动地区的专业化进程；相反，如果地方政府间采取"以邻为壑"的手段进行恶性竞争，处于相对封闭的环境中的各地区将形成一种大而全的工业体系，这会阻碍到市场一体化和地区专业化的发展。可见，地方政府竞争对区域间的市场整合具有双面效应。

在此基础上，本部分用 Krugman 专业化指数作为地区专业化水平的衡量指标，构建外资企业相对实际税率和国家级开发区相对存量两个指标来衡量地方政府的竞争行为，用国有部门就业比重和政府消费支出占 GDP 的比重以及政府财政收入占 GDP 的比重来表示地方保护主义的强弱，此外还控制了交通运输条件、国内市场容量、对外开放程度和经济发展水平等影响地区专业化的变量。GMM 估计结果显示，地方政府的引资竞争对地区专业化的影响显著为正，而地方保护主义则显著为负，后续的检验支持结论的稳健性，本节的理论得到了很好的验证。此外，本节还发现地方政府竞争对地区专业化的影响具有区域差异效应和跨时效应。

这些研究发现的启示在于，在中国式分权改革路径下，地方政府应着力于自身的专业化优势，弱化并摒弃地方保护主义举措，通过技术和制度创新等吸引要素流入，维持良好的竞争秩序，努力与周边地区形成一种合作竞争关系，提升地区专业化水平，实现可持续发展。

第三节　国有企业并购的产业路径：市场结构效应与产业结构效应[①]

本节结合国有企业改制与产业结构调整的转型期背景，对国有上市公司

[①] 本节主要内容以《国有上市公司的产业路径及效应研究》为标题，发表在《当代财经》2010 年第 6 期，作者：王凤荣、耿仁波、王倩。

并购的产业路径及绩效进行理论阐释，并对我国沪深股市 2003—2007 年国有控股上市公司股权收购的 314 个样本进行了实证检验。研究发现，在相关并购路径下，相比于劳动密集型和技术密集型行业，发生在资本密集型行业中的并购在提高国有上市公司绩效的同时，也提升了产业集中度；在非相关并购路径下，产业创新型并购比非产业创新型并购具有更高的产业效应，且并购绩效显著优于非产业创新型并购。这些发现凸显了国企并购的市场结构效应与产业结构效应，也揭示了国企进退的效率路径。

一　问题的提出与既有研究述评

我国国有企业改制重组是在国际私有化浪潮和国内经济转型的大背景下展开的。始自 20 世纪 80 年代的国际私有化浪潮从英国起步，进而扩展到 100 多个国家，但国际上对私有化效果的研究未取得一致结论[36][37][38]。国内学者对中国经济转型过程中的国进民退还是国退民进的问题也一直争论不休①。一个不争的事实是，随着从中国经济"增量改革"过渡到"存量改革"，国有企业的并购重组已成为持续的现象，并成为国有经济进退的重要通道和载体。而且伴随着资本市场的发展，上市公司的并购重组正在快速发展②。尤其值得关注的是，在当前国际金融危机的大背景下，国有企业尤其是国有上市公司并购正作为中央政府和地方政府整合产业资源、优化市场结构、实现产业振兴的重要抓手，这些举措也被视为新一轮的"国进民退"的措施③。那么，经济转型期国有经济进退的产业路径是怎样的？其在市场结构与产业结构调整中的作用机制与效应如何？如何才能实现资源配置的合理化甚至最优化？对这一问题的理论观察和实证分析，既是对当前新一轮"国进民退"争论的一种探索与回答，也是为进一步的国有企业改革洞察和廓清方向，为经济增长方式转变提供实证参考。

---

①　江苏省宏观经济研究院：《关于新型工业化道路和"国进民退"的争论》，《宏观经济论坛》2009 年第 20 期。

②　据 2005 年 4 月 1 日《上海证券报》，《中国资本市场系列调查之六·上市公司并购调查》：国内上市公司收购数量从 2001 年起连续超过 IPO 数量，收购涉及的金额在 2004 年首次超过了国内证券市场IPO 的筹资规模。

③　谢鹏：《国进民退：激荡 2009》，《南方周末》2009 年 12 月 23 日。网址：http://www.infzm.com/content/39154。

对国有企业并购问题的研究，众多学者长期以来是从经济转型期产权制度改革的角度，关注国有企业改制对企业绩效的影响[39][40][41]，分析国有企业并购的制度动因，在此基础上采用市场指标或财务指标对企业并购绩效进行分析[42][43][44]。上述研究基本是围绕所有制、产权问题展开的，也就是国企并购的"改制"视角，将国有上市公司的并购看作"二次改制"，是制度变迁中路径依赖的结果和体现[45]。从产业视角分析国有上市公司并购的成果较少。比较有代表性的是李哲、何佳[46]对国有上市公司进行产业相关或不相关并购的微观绩效的实证研究，其结论是国有上市企业发生的多元化并购对公司的经营绩效产生了负面作用；刘毓[47]分析了国有上市公司横向并购对市场结构的影响机制和实际效应。总的来看，理论界关于国有企业并购与产业市场结构的研究是相对分开进行的，有关国有企业并购对产业整合及市场结构的效应研究不足。既有产业市场结构角度的并购研究多是将产业和市场结构作为外生的变量，来分析其对企业并购行为的影响。在研究方法上，多数研究利用事件研究法或会计指标研究法而且仅限于对公司并购绩效的研究，还没有发现从产业市场结构效应视角研究国有上市公司并购的文章。

本节首先界定产业相关并购与非相关并购，对两种并购模式的产业市场结构影响机理进行理论分析。在此基础上，以在沪深股市的国有控股上市公司2003—2007年发生的股权收购为样本，实证检验两种并购模式的企业绩效与产业绩效。从微观与中观结合的视角，探寻国有上市公司并购的最佳产业路径，这是本部分的创新之处。

二　理论模型分析与研究假说

（一）并购模式的界定

Rumelt R. P.[48]按照公司业务关联依存度的高低定义了相关性和无关性两种经营模式。借鉴这一分类方法，本部分从产业角度将并购分为相关并购和非相关并购两种模式。前者指发生在产品或服务性质相同或接近的企业之间，能共享相同或相近的关键技术、生产设施、市场供销等资源的并购，大体包括横向并购与纵向并购；后者则对应于发生在不存在上述直接关联，目的在于分散单一价值链的经营风险，实现产品市场多元化的并购，或称为多元化并购。

（二）并购模式的路径选择

依照企业并购的效率理论，企业并购动因在于获取协同效应。具体说来，企业进行相关并购的目的是获取经营协同效应，其中横向并购旨在获取规模经济，纵向并购旨在获取范围经济[49][50][51]。相关并购在实现企业经营协同效应的同时，还可以提高企业的市场控制力，使行业龙头企业不断膨胀，进而提高行业集中度。行业集中度是测度市场结构类型最为常用的指标。实证研究表明，当集中度超过 50% 后，报酬率与集中度为正相关关系[52]。长期以来，我国市场结构的一个最为突出的特征就是市场集中度偏低、竞争过于分散，反映到企业层面则是规模较小、结构不合理。相关并购有利于改善这种现状。

对于企业进行非相关并购的动因，有着多种理论解释。新制度经济学家威廉姆森是企业并购效率理论的突出代表，他认为企业进行非相关并购可以形成 "内部资本市场"，发挥激励功能和流量调节功能①。威斯通等从 "组织资本" 的概念出发，认为非相关并购能够降低内部资金成本，获取财务协同效应②。此外，非相关并购还使企业有机会进入新的产业，获取产业效应[53]。在综合分析比较两种并购模式的基础上，我们提出本节第一个假说。

H1：相关并购和非相关并购各有优势，无明显的优劣之分。

（三）相关并购的产业选择及对市场结构的影响机理

如前所述，企业相关并购旨在实现协同效应，获取规模经济或范围经济，并有助于提高产业集中度。但相关并购实现协同效应，优化市场结构是有条件约束的。首先是企业条件。实施相关并购的企业必须存在规模经济性，并且其目前产出还没有达到最佳规模水平；主并购企业的产品应具有较高的市场占有率，在消费者中具有较高的知名度，而现有生产能力难以满足市场需求。其次是行业条件。各个行业资本、技术等条件的差异，导致不同行业之间规模经济的标准及实现方式也显著不同。体现在长期平均成本曲线上，其形状相差甚远。一般说来，劳动密集型、技术密集型行

---

① O·E 威廉姆森：《交易费用经济学：契约关系的规制》，《企业制度与市场组织——交易费用经济学文选》，上海三联书店 1996 年版，第 41、45 页。

② J. 弗雷德·威斯通等：《兼并、重组与公司控制》，唐旭等译，经济科学出版社 1998 年版，第 87、88 页。

业企业资本设备较少，变动成本构成企业的主要成本，因而规模经济不显著。而资本密集型行业的企业由于其生产经营过程中的绝大部分生产成本已被锁定，在没有达到最佳规模之前，随着规模增加其平均成本线持续下降，收益持续递增，具有显著的规模经济。因此，相比劳动密集型、技术密集型行业，发生在资本密集型行业中的并购更易于实现经济协同效应，提升公司绩效。

从市场结构角度来看，具有协同效应的相关并购也是提高行业集中度、优化资源配置的重要途径[54]。下面运用数理模型阐释相关并购导致市场集中度加速提升的机理过程。

假设并购发生在 T_0 期，令 T_0 期以前的行业市场集中度为 $CR_{n,0}$，n 表示该行业市场份额最大的前 n 家企业。则：

$$CR_{n,0} = \frac{Q_{n,0}}{Q_{n,0} + Q_{m,0}} \qquad (5-11)$$

其中，$Q_{n,0}$ 为 T_0 期前 n 家企业的规模，$Q_{m,0}$ 为 T_0 期除前 n 家企业之外本行业其他企业的规模。

令前 n 家企业通过内部积累而不发生相关并购形成的销售额增长率分别为 $g_{n1,0}$，$\cdots$，$g_{nn,0}$，市场的平均增长率为 $\bar{g}$。

若市场未发生并购，企业均通过内部积累实现增长。则 T_t 期市场的集中度为：

$$CR_{n,t} = \sum_{i=1}^{n} \frac{Q_{ni,0}(1 + g_{ni,0})^t}{(Q_{n,0} + Q_{m,0})(1 + \bar{g})^t} \qquad (5-12)$$

对（5-12）式求导可得市场集中度指标在单位时间 t 的变化量，变化量用 R^0 表示，则：

$$R^0 = \frac{dCR_{n,t}}{dt} = \sum_{i=1}^{n} \frac{Q_{ni,0}(1 + g_{n1,0})t}{(Q_{n,0} + Q_{m,0})(1 + \bar{g})^t} \ln \left| \frac{1 + g_{ni,0}}{1 + \bar{g}} \right| \qquad (5-13)$$

R^0 越大表示市场集中的进程越快，表明即使不发生并购只要保证 $\prod\limits_{i=1}^{n} 1 + g_{ni,0} \geq (1 + \bar{g})$，随着时间的推移，前 n 家企业也会最终占领一定的市场份额。

若市场发生了并购，假设在前 n 家企业中仅有 j 企业发生了相关并购。并购以后前 n 家企业的销售额增长率分别变为 $g'_{n1,0}$，$\cdots$，$g'_{nj,0}$，$\cdots$，$g'_{nn,0}$。市场的平均增长率变为 $\overline{g'}$。

由于 j 企业实施的是相关并购，基于协同效应，使得：

$$\frac{1 + g'_{nj,0}}{1 + \overline{g'}} > \frac{1 + g_{nj,0}}{1 + \overline{g}} \tag{5-14}$$

而其他企业未发生并购，没有明显的影响事件发生，所以其他企业与行业的平均水平保持与并购前的相同差额。即：

$$\frac{1 + g'_{ni,0}}{1 + \overline{g'}} = \frac{1 + g_{ni,0}}{1 + \overline{g}} \qquad i \neq j \tag{5-15}$$

则在发生并购的情况下，T_t 期市场的集中度为：

$$CR'_{n,t} = \sum_{i=1}^{n} \frac{Q_{ni,0}(1 + g'_{ni,0})^t}{(Q_{n,0} + Q_{m,0})(1 + \overline{g'})^t} \tag{5-16}$$

对（5-16）式求导可得市场集中度指标在单位时间 t 的变化量，变化量用 R'^0，则：

$$R'^0 = \frac{dCR'_{n,t}}{dt} = \sum_{i=1}^{n} \frac{Q_{ni,0}(1 + g'_{ni,0})^t}{Q_{n,0} + Q_{m,0}(1 + \overline{g'})^t}\ln\left|\frac{1 + g'_{ni,0}}{1 + \overline{g'}}\right| \tag{5-17}$$

由（5-13）式可得：

$$R^0 = \frac{dCR_{n,t}}{dt} = \sum_{i=1}^{n} \frac{Q_{ni,0}(1 + g_{ni,0})^t}{Q_{n,0} + Q_{m,0}(1 + \overline{g})^t}\ln\left|\frac{1 + g_{ni,0}}{1 + \overline{g}}\right|$$

$$= \frac{Q_{ni,0}(1 + g_{nj,0})^t}{Q_{n,0} + Q_{m,0}(1 + \overline{g})^t}\ln\left|\frac{1 + g_{nj,0}}{1 + \overline{g}}\right| + \sum_{i \neq j} \frac{Q_{ni,0}(1 + g_{ni,0})^t}{Q_{n,0} + Q_{m,0}(1 + \overline{g})^t}\ln\left|\frac{1 + g_{ni,0}}{1 + \overline{g}}\right| \tag{5-18}$$

由（5-17）式可得：

$$R'^0 = \frac{dCR'_{n,t}}{dt} = \sum_{i=1}^{n} \frac{Q_{ni,0}(1 + g'_{ni,0})^t}{(Q_{n,0} + Q_{m,0})(1 + \overline{g'})^t}\ln\left|\frac{1 + g'_{ni,0}}{1 + \overline{g'}}\right|$$

$$= \frac{Q_{nj,0}(1 + g'_{ni,0})^t}{(Q_{n,0} + Q_{m,0})(1 + \overline{g'})^t}\ln\left|\frac{1 + g'_{nj,0}}{1 + \overline{g'}}\right| + \sum_{i \neq j} \frac{Q_{ni,0}(1 + g'_{ni,0})^t}{(Q_{n,0} + Q_{m,0})(1 + \overline{g'})^t}\ln\left|\frac{1 + g'_{ni,0}}{1 + \overline{g'}}\right|$$

$$\tag{5-19}$$

由（5-15）式可得：

$$\sum_{i\neq j}^{n} \frac{Q_{ni,0}(1+g_{ni,0})^t}{(Q_{n,0}+Q_{m,0})(1+\bar{g})^t}\ln\left|\frac{1+g_{ni,0}}{1+\bar{g}}\right| = \sum_{i\neq j}^{n} \frac{Q_{ni,0}(1+g'_{ni,0})^t}{(Q_{n,0}+Q_{m,0})(1+\bar{g}')^t}\ln\left|\frac{1+g'_{ni,0}}{1+\bar{g}'}\right|$$

$$(5-20)$$

由（5-14）式可得：

$$\frac{Q_{nj,0}(1+g'_{nj,0})^t}{(Q_{n,0}+Q_{m,0})(1+\bar{g}')^t}\ln\left|\frac{1+g'_{nj,0}}{1+\bar{g}'}\right| > \frac{Q_{nj,0}(1+g_{nj,0})^t}{(Q_{n,0}+Q_{m,0})(1+\bar{g})^t}\ln\left|\frac{1+g_{nj,0}}{1+\bar{g}}\right| \quad (5-21)$$

由（5-20）式和（5-21）式可得：

$$R'^0 > R^0 \qquad (5-22)$$

由此可得，以市场前 n 家企业为主并购方的相关并购可以加快市场集中度的进程。基于以上分析，我们提出本节第二个假说。

H2：资本密集型产业的国有上市公司在实施相关并购后有望获取协同效应，提升公司绩效，并提高产业集中度。

（四）非相关并购路径的选择：产业效应与产业创新

新产业组织理论认为，一个行业具有较高的超额利润率，行业内企业享有较大的市场势力和超额利润，则该行业具有产业效应[55]。从根本上看，产业效应是由产业结构的内生因素如进退壁垒、产业生命周期等决定的，具有一定的持续性和可预见性。麦克盖翰等通过对美国上市公司 1981—1994 年业绩的实证研究发现，在上市公司业绩的全部影响因素中，产业效应是最重要、最稳定的，用托宾 Q 测量达 1/3 以上[53]。因此，追求产业效应成为企业进行非相关并购的重要动因。

然而，并不是所有的非相关并购都可以获取产业效应，支撑企业获取产业效应的基本途径是产业创新。产业创新是企业突破既定结构化的产业约束，以产业先见或产业洞察力构建未来产业轮廓以及通过培养核心能力推进新产业成形的过程。产业创新的内容主要包括三个方面：一是竞争规则创新；二是重划产业界线；三是创造全新产业[56]。随着传统产业技术、经济环境的急剧变化甚至衰退，一些上市公司陷入衰退产业困局，面临生存危机。以产业创新为目的的非相关并购是上市公司克服产业衰退陷阱、恢复企业成长能力的重要途径。上市公司的并购如果有上述三种行为之一即属于产业创新。由此，我们提出本节的第三个假说。

H3：产业创新型非相关并购，有利于国有企业获取产业效应，提升公司绩效。

三 研究设计

（一）样本选择

本节以 2003—2007 年沪深股票市场上国有控股上市公司股权收购行为为研究对象，具体包括对上市公司和非上市公司的股权收购。使用国泰安数据库搜集这些公司作为收购方的并购事件；通过查阅招股说明书和上市公告书获取样本公司的上市信息；上市公司的财务数据来自新浪财经系统。样本选择原则和程序如下：①考虑到只有成功的并购才会对公司的经营产生影响，因此剔除了没有成功的并购事件；②自收购完成后一年内不得发生不同性质的并购行为，即同一公司在同一年度内既实施相关并购又实施非相关并购，则剔除该样本；③由于内幕信息和交易价格扭曲的干扰，关联交易无法体现并购的真正作用，故剔除关联交易的样本；④无偿划拨、债转股、置换等非现金收购不包括在内；⑤存在重大欺诈和财务造假的公司不包括在内；⑥同一公司在同一年度发生一次以上相同性质的并购，以收购金额最大的交易作为样本。经过上述筛选，得到最终样本 314 个，构成本节的基础数据。表 5 - 10 是对样本的描述性统计。

表 5 - 10 并购模式和并购年份分布

单位：个

并购类型	2003 年	2004 年	2005 年	2006 年	2007 年	总计
相 关 并 购	38	34	24	34	94	224
非相关并购	22	15	14	14	25	90
总 计	60	49	38	48	119	314

（二）经营绩效衡量指标

本节选择如下财务指标来衡量并购绩效：①净资产收益率（ROE），这是上市公司最重要的财务指标，不受股权稀释对盈余指标一致性的影响；②每股收益（EPS），以更全面地考察并购行为对公司经营绩效的影响。

并购公司的财务数据包括四个年度，即并购前一年、并购发生当年、并购后第一年与并购后第二年；财务数据采集时间为 2002—2009 年，来源为上市公司年报，行业数据来自国泰安数据库。其中财务数据运用行业中位数进行了处理，以消除经济周期变动的影响。行业中位数数据来源于 Wind 数据库。

四　实证结果及分析

（一）不同并购模式的绩效检验结果与分析

我们采用多元回归分析方法对相关并购与非相关并购两种模式的绩效进行检验，将并购类型 $Corr$ 作为解释变量。具体设并购类型为虚拟变量，$Corr$ 取值为 1 时表示相关并购，$Corr$ 取值为 0 时表示非相关并购，并以非相关并购为基准。同时加入其他控制变量，TA、$A-l$、gr、$share$ 分别表示并购企业并购前一年的总资产（对数值）、资产负债率、净利润增长率、第一大股东持股比例。其中被解释变量为并购当年、并购后第一年、并购后第二年并购企业经营业绩相对于并购前一年的变化。即 EPS_0、EPS_1、EPS_2；ROE_0、ROE_1、ROE_2。建立如下多元回归模型：

$$EPS_i = \beta_{0i} + \beta_{1i}Corr + \beta_{2i}TA + \beta_{3i}A-l + \beta_{4i}share + \beta_{5i}gr + \varepsilon_i \quad (i = 0,1,2) \quad (5-23)$$

$$ROE_i = \beta'_{0i} + \beta'_{1i}Corr + \beta'_{2i}TA + \beta'_{3i}A-l + \beta'_{4i}share + \beta'_{5i}gr + \delta_i \quad (i = 0,1,2)(5-24)$$

多元回归分析结果如表 5 – 11。

从表 5 – 11 中可见，相关并购与非相关并购的绩效相比，并没有明显差异。假说 1 得到较好的验证支持，说明并购模式即产业是否相关没有导致国有企业并购绩效的差异。换言之，在国有上市公司并购产业选择的第一个路口，相关并购与非相关并购并没有孰优孰劣之分。企业可以依据自身的优势与产业条件选择并购扩张的具体路径。

（二）相关并购影响企业绩效与市场结构的实证检验与分析

为进一步实证分析相关并购对企业绩效与市场集中度变化的影响，我们根据资本、劳动力和技术三种生产要素在各产业中的相对密集程度，将所有产业划分为以下三类：①资本密集型产业，指在单位产品成本中资本成本与劳动成本相比所占比重较大，每个劳动者所占用的固定资本和流动

表 5 - 11　并购类型绩效的多元回归分析

因变量	截距项	Corr	TA	A - l	share	gr	F 值	调整后的 R^2
EPS_0	-2.643614**	0.053016 (-2.567464)	0.889277*** (1.235641)	0.188013* (2.600799)	-0.149748 (1.893283)	-0.001262 (-1.379102)	3.709384*** (-0.273462)	0.042661
EPS_1	-5.971415	-0.319022 (-1.179034)	2.007153 (-1.511629)	0.063650 (1.193419)	-0.105339 (0.130307)	0.004014 (-0.197227)	0.715263 (0.176828)	-0.004705
EPS_2	-1.471374	0.057100 (-0.824166)	0.465807 (0.767550)	-0.044026 (0.785707)	-0.224612 (-0.255698)	-0.011325 (-1.193035)	0.856702 (-1.415343)	-0.002362
ROE_0	-9.151636	-0.567191 (-0.923195)	3.353918 (-1.373091)	-1.975743** (1.018851)	0.205003 (-2.066552)	0.011306 (0.196102)	1.313326 (0.254478)	0.005127
ROE_1	0.971855	0.134259 (0.418293)	-0.461252 (1.386690)	0.303310 (-0.597808)	0.214248 (1.353533)	-0.015453 (0.874389)	1.316244 (-1.483927)	0.005174
ROE_2	-3.880452	0.233766 (-1.108264)	1.169695 (1.602208)	-0.008486 (1.005998)	-0.114258 (-0.025129)	-0.008405 (-0.309440)	0.864030 (-0.535624)	-0.002241

注：括号内为 T 值，***、**、* 分别表示在 1%、5%、10% 的水平上显著。

资本金额较高的产业。资本密集型产业主要分布在基础工业和重加工业中，一般被看作发展国民经济、实现工业化的重要基础。本节研究的资本密集型产业主要包括钢铁业、通信设备制造业、运输设备制造业、石油化工、重型机械工业、电力工业、房地产等。②劳动密集型产业，指人均占用的固定资金较少，因而生产出的产品中劳动消耗比其他部门高的产业。本节研究的劳动密集型产业主要包括农业、林业及纺织、服装、玩具、皮革、家具、食品业等制造业。③技术密集型产业，指在生产过程中，对技术和智力要素依赖大大超过对其他生产要素依赖的产业。本节研究的技术密集型产业包括：微电子与信息产品制造业、航空航天工业、原子能工业、现代制药工业、新材料工业、专项设备制造等行业。依照上述分类，从总样本中得到224 个相关并购样本，其在三大产业中的分布和并购年份的统计信息见表5 - 12。

表 5 - 12　相关并购在三大产业的分布和并购年份的统计信息

单位：个

并购类型	2003 年	2004 年	2005 年	2006 年	2007 年	总计
资本密集型	6	8	11	15	47	87
知识密集型	18	18	3	12	26	77
劳动密集型	14	8	10	7	21	60
总　　计	38	34	24	34	94	224

1. 相关并购绩效在三大产业间的对比

我们同样采用多元回归分析方法对发生在三大产业中的相关并购的绩效进行检验，将三大产业作为解释变量。当相关并购发生在资本密集型行业时 cap 取 1，否则取 0；当相关并购发生在劳动密集型行业时 lab 取 1，否则取 0。选取知识密集型行业为虚拟变量的基准。同时加入其他控制变量，TA、$A - l$、gr、$share$ 分别表示并购企业并购前一年的总资产（对数值）、资产负债率、净利润增长率、第一大股东持股比例。其中被解释变量为并购企业经营业绩并购当年、并购后第一年、并购后第二年相对于并购前一年的变化，即 EPS_0、EPS_1、EPS_2；ROE_0、ROE_1、ROE_2。建立如下多元回归模型：

$$EPS_i = \beta_{0i} + \beta_{1i}cap + \beta_{2i}lab + \beta_{3i}TA + \beta_{4i}A - l + \beta_{5i}gr + \beta_{6i}share + \varepsilon_i \quad (i = 0,1,2)$$

$$(5 - 25)$$

$$ROE_i = \beta_{0i}' + \beta_{1i}'cap + \beta_{2i}'lab + \beta_{3i}'TA + \beta_{4i}'A - l + \beta_{5i}'gr + \beta_{6i}'share + \delta_i \quad (i = 0,1,2)$$

$$(5 - 26)$$

多元回归分析结果如表 5 - 13 所示。

从表 5 - 13 可见，资本密集型产业的相关并购较之知识密集型产业的相关并购，使得公司经营绩效有更显著的上升。假说 H2 中公司绩效的部分得到了确凿的证明。此外，劳动密集型产业的相关并购较之知识密集型的相关并购也使得公司经营绩效有较大提升，但结果不显著。发生在劳动密集型产业、知识密集型产业的并购绩效没有显著差别。

由此，我们可以得出结论，相关并购的绩效提升是有产业条件的。资本密集型产业的相关并购较之劳动密集型产业、知识密集型产业，企业并购绩效有更显著提升。

2. 资本密集型产业相关并购对市场集中度的影响

前文运用数理模型阐述了相关并购导致市场集中度加速提升的机理，但结论的得出是以位于行业前 n 家的 j 企业发生了相关并购进而获得协同效应，使得 $\dfrac{1 + g_{nj}',\,0}{1 + \overline{g}'} > \dfrac{1 + g_{nj,0}}{1 + \overline{g}}$ 成立为前提的。资本密集型企业由于其生产经营过程中的绝大部分生产成本已被锁定，有较大的规模经济潜力，因此发生在资本密集型行业的相关并购会有利于行业集中度的提升。

接下来对假说 H2 中行业集中度的部分进行检验。为了便于量化分析，我们将数理模型中行业前 n 家企业具体化为行业前十家企业。同时令参数 $S = \dfrac{1 + g_{nj,0}}{1 + \overline{g}}$，$S^{-1}$、$S^{0}$、$S^{1}$ 分别表示 j 企业相关并购前一年、并购当年、并购后一年的 S 值。在资本密集型产业相关并购的 87 个样本中，有 45 个样本的主并购企业居于行业前十位。利用这 45 个样本，对 S 值在并购当年、并购后一年相对并购前一年变化进行与 0 差异的 T 检验。其结果如表 5 - 14 所示。

实证结果表明，并购的销售增长率在并购发生后显著地持续向好，S^{0}、S^{1} 相对 S^{-1} 有所增加，同时增量通过了 10% 的显著检验。这说明资本密集型

表 5 - 13　三大产业相关并购绩效对比的多元回归分析

因变量	截距项	cap	lab	TA	A - l	gr	share	F 值	调整后的 R^2
EPS_0	-0.58758 (-0.466471)	0.253010 *** (4.487263)	0.012154 (0.207206)	0.202466 (0.481172)	0.198173 (1.484444)	-0.161048 (-1.197304)	0.004115 (0.577925)	6.650255 ***	0.131963
EPS_1	-2.806710 (-0.707591)	0.455215 ** (2.563816)	0.314094 * (1.700500)	0.778568 (0.587587)	-0.259524 (-0.617339)	0.354913 (0.837911)	-0.037868 * (-1.688930)	1.787570 *	0.047098
EPS_2	0.648143 (0.365969)	0.234027 *** (2.952058)	0.035926 (0.435633)	-0.241045 (-0.407439)	0.051631 (0.275070)	-0.325567 * (-1.721494)	-0.025469 ** (-2.544168)	3.316049 ***	0.058660
ROE_0	-14.31434 (-1.085010)	-0.055875 (-0.094616)	-0.658956 (-1.072634)	5.170454 (1.173227)	-3.295056 ** (-2.356602)	-0.144457 (-0.102540)	0.039658 (0.531806)	1.384285	0.010234
ROE_1	2.381014 (0.955995)	0.313609 *** (2.812982)	0.396756 (1.420979)	-0.987879 (-1.187377)	0.501533 * (1.900005)	0.256412 (0.964104)	-0.025909 * (-1.840340)	3.464339 ***	0.062182
ROE_2	5.068687 * (1.809467)	0.299713 ** (2.390265)	0.344299 *** (2.639516)	-1.892382 ** (-2.022343)	0.955769 *** (3.219358)	-0.128929 (-0.431019)	0.009588 (0.605516)	3.631875 ***	0.066130

注：括号内为 T 值，***、**、* 分别表示在 1%、5%、10% 的水平上显著。

产业相关并购对改善产业市场结构，提升产业集中度具有积极作用。这一发现的启示在于，在国企进退的产业选择中，在不触及行业垄断的前提下，在资本密集型行业的适度"国进"下，不仅并购企业的微观绩效得以提升，还优化了市场结构，提高了市场集中度。值得关注的是，本部分的实证结果与刘毓[47]实证结论不一致。原因可能在于刘毓文中的实证研究样本是所有发生横向并购的企业，而本部分是针对发生在资本密集型行业的相关并购，且要求主并购企业位列所处行业的前十位，样本的选取更贴近市场集中度的衡量标准以及发生要件。

表 5 – 14   资本密集型产业集中度实证结果

变量	时间	Mean	t – tes Value	t – test Prob
$S^0 - S^{-1}$	（ – 1,0）	0.265513	2.286728	0.0246
$S^1 - S^{-1}$	（1,1）	0.301043	1.843848	0.0686

注：表中进行的 t 检验是均值与 0 差异的检验。

通过对并购绩效和市场集中度影响的分别检验，假说 H2 得到验证。

（三）非相关并购绩效的实证检验

依据哈梅尔、普拉哈拉德[56]对产业创新的界定，我们将全部非相关并购的样本划分为产业创新型和非产业创新型，具体分布见表 5 – 15。

表 5 –15   非相关并购类型与年份分布

单位：个

并购类型	2003 年	2004 年	2005 年	2006 年	2007 年	总计
产业创新	9	7	9	4	13	42
非产业创新	13	8	5	10	12	48
总计	22	15	14	14	25	90

1. 产业创新型并购与非产业创新型并购的产业效应比较

对于我国国有上市公司非相关并购的产业效应的度量，本节借鉴相关学者的研究方法，采用 Tobin's Q 进行测算[57][58]。其计算公式为 Tobin's Q = (*MVE* + *PS* + *DEBT*) /*TA*，其中：*MVE* 是公司的流通股市值，*PS* 为优先股的价值，*DEBT* 是公司的负债净值，*TA* 是公司的总资产账面值。考虑到我国上市公司股权结构的特殊性即上市公司股权分为非流通股与流通股，虽然已经过 2005 年以来的股权分置改革，但目前已实现全流通的股票仍只有少数，我们以每股净资产值作为上市公司的非流通股价值衡量标准，流通股价格取值时间为每年 12 月 31 日的收盘价，涉及 2009 年的取 6 月 30 日收盘价。其中流通股数量以实际流通的数量为准，尚未解禁的"大小非"计入非流通股。q_{-1}、q_0、q_1、q_2 表示在企业非相关并购前一年、并购当年、并购后一年、并购后两年的 Tobin's Q 值。对 Tobin's Q 在并购当年、并购后一年、并购后两年相对并购前一年变化进行与 0 差异的 T 检验。其结果如表 5 - 16 所示。

表 5 - 16　产业创新与非产业创新并购的 Tobin's Q 比较

产业创新与否	样本（个）	变量	mean	t - test　Value	t - test　Prob
产业创新	38	$q_0 - q_{-1}$	0.3740	1.883312	0.0636
		$q_1 - q_{-1}$	0.0978	0.976522	0.3320
		$q_2 - q_{-1}$	0.3247	2.362050	0.0208
非产业创新	46	$q_0 - q_{-1}$	0.0386	0.314414	0.7539
		$q_1 - q_{-1}$	0.1246	0.727258	0.4690
		$q_2 - q_{-1}$	0.0434	0.383430	0.7023

注：该 T 检验产业创新的样本为 38 个，非产业创新样本 46 个。总和与非相关的样本数 90 不符的原因在于，其中缺失的 6 个样本为主并购方企业在上市当年即发生了并购，所以并购前一年的流通股价格不存在，无法计算该年的 Tobin's Q。

从实证结果来看产业创新型的并购在并购后 Tobin's Q 得到提升，且提升在当年和并购后两年均通过了 10% 的显著性检验，说明产业创新型的并购可以获取产业效应。而非产业创新型的并购在并购后 Tobin's Q 没有得到显著的提升，并购获取的产业效应不明显。这与已有的研究发现相一致[59][61]。产业创新型非相关并购，有利于使国有企业获取产业效应的假说得到验证。

2. 产业创新型与非产业创新型的并购绩效比较

接下来我们采用多元回归分析的方法对产业创新对并购绩效的影响进行

检验，我们将产业创新与否作为解释变量。设该解释变量 $Inno$ 为虚拟变量，$Inno$ 取值为 1 时表示并购为相关并购，以非相关并购为基准时 $Inno$ 取值为 0。同时加入其他控制变量，TA、$A-l$、gr、$share$ 分别表示并购企业并购前一年的总资产（对数值）、资产负债率、净利润增长率、第一大股东持股比例。其中被解释变量为并购企业经营业绩并购当年、并购后第一年、并购后第二年相对于并购前一年的变化。即 EPS_0、EPS_1、EPS_2；ROE_0、ROE_1、ROE_2。建立如下多元回归模型：

$$EPS_i = \beta_{0i} + \beta_{1i}inno + \beta_{2i}TA + \beta_{3i}A - l + \beta_{4i}gr + \beta_{5i}share + \varepsilon_i \quad (i = 0,1,2)$$

$$(5-27)$$

$$ROE_i = \beta_{0i}' + \beta_{1i}'inno + \beta_{2i}'TA + \beta_{3i}'A - l + \beta_{4i}'gr + \beta_{5i}'share + \delta_i \quad (i = 0,1,2) \quad (5-28)$$

多元回归分析结果如表 5-17 所示。

由表 5-17 可见，产业创新型并购绩效，除了 ROE_2 不显著外，其余指标的实证结果都表明产业创新型并购显著优于非创新型并购。且 EPS 指标的实证结果显示产业创新型并购的绩效逐年向好。产业创新型非相关并购，有利于使国有企业提升绩效的假说得到验证。

通过对产业创新型与非产业创新型并购产业效应和并购绩效影响进行对比检验，发现假说 H3 得到完全验证。

五　主要结论及政策含义

本节结合国有企业改制与产业结构调整的转型期背景，对国有上市公司并购的产业路径及绩效进行理论分析，并以我国沪深股市 2003—2007 年国有控股上市公司股权收购为样本进行了实证检验。研究发现，在相关并购路径下，相比于劳动密集型和技术密集型行业，发生在资本密集型行业中的并购在提高国有上市公司绩效的同时，也提升了产业集中度；在非相关并购路径下，产业创新型并购比非产业创新型并购具有更高的产业效应，并且并购绩效显著优于非产业创新型并购。这些发现凸显了国企并购的市场结构效应与产业结构效应，也揭示了国企进退的效率路径。其政策含义在于：国有企业应在遵循经济结构演进优化的产业路径上有进有退，坚持市场化导向和产业创新导向。

表 5 - 17　产业创新与非产业创新并购绩效对比

因变量	截距项	inno	TA	A-l	gr	share	F值	调整后的 R^2
EPS_0	-0.413170 (-0.233626)	0.228874 *** (3.672586)	0.092682 (0.160732)	0.386421 *** (2.839934)	-0.043841 (-0.260204)	-0.004900 (-1.016016)	5.212837	0.191381
EPS_1	0.357677 (0.099449)	0.334691 *** (2.640805)	-0.184494 (-0.157328)	0.120161 (0.434238)	-0.095271 (-0.278044)	0.022201 ** (2.263680)	2.478804	0.076706
EPS_2	-0.216708 (-0.048683)	0.400913 ** (2.555824)	-0.027910 (-0.019229)	0.181165 (0.528967)	0.012091 (0.028510)	0.004067 (0.335075)	1.484376	0.026491
ROE_0	3.679274 (0.524074)	0.468354 * (1.893163)	-1.273392 (-0.556298)	-0.434563 (-0.804524)	0.710825 (1.062764)	-0.003385 (-0.176827)	1.139919	0.007799
ROE_1	3.863477 (0.627928)	0.523209 ** (2.413179)	-1.484372 (-0.739928)	0.465571 (0.983497)	0.234435 (0.399942)	-0.006513 (-0.388171)	1.536875	0.029278
ROE_2	-11.49375 (-1.280921)	0.039978 (0.126433)	3.728798 (1.274514)	-0.039986 (-0.057920)	-0.102661 (-0.120090)	-0.006815 (-0.278525)	0.377787	-0.036222

注：括号内为 T 值，***、**、* 分别表示在 1%、5%、10% 的水平上显著。

第四节　国有企业并购与产业集聚的
实证研究：以制造业为例

地区专业化与产业集聚是分析区域产业经济的两个维度。一般认为，地区专业化的增强经常会伴随产业集聚水平的提高。如果假定所有行业和地区都完全相同，各个地区都集中生产几种相对较大的产业，同时减小相对较小的产业的生产，那么地区专业化与产业集聚水平是同时增强的。从矩阵角度来看，假定一个经济地区，列为行业矩阵，行为地区矩阵，那么产业集聚度表示的就是列向量的差异程度，而地区专业化反映的则是行向量的差异程度，两者使用的是同一套数据，我们可能会认为列向量差异程度的增加同样会导致行向量差异程度的增加，事实上并非如此。Aiginger、Davies[61]用数学方法和实证论证了这种情况只有在假定所有行业和地区都完全相同的条件下才一定会成立，否则两者可能朝着相反的方向发展。也就是说，地区专业化的增强可能伴随产业集聚的下降。因此，在前面考察政府竞争对地区产业结构、地区专业化的影响机制的基础上，我们引入企业并购进一步分析企业并购对产业集聚的影响。

一　理论分析与研究假设

在世界经济呈现全球化和地方化两大趋势的背景下，产业集聚正成为世界经济基本架构的重要内容，并体现着一个国家或地区的经济发展前景和竞争力。关于产业集聚主要有两大研究领域。一是基础研究及其理论流派，主要有三个研究方向。①外部规模经济视角。马歇尔[62]最早用"外部规模经济"来解释产业集聚的存在。克鲁格曼[63][64]把特定区域某一产业的比较优势视为产业水平上的行业规模经济，并分析了由于规模报酬递增导致的产业在区域地理上的集中问题。②区域发展理论与地理经济学视角。韦伯[65]强调集聚是企业的一种空间组织形式，深入探讨了产业聚集的因素，量化了聚集形成的规则。波特[66]从产业竞争角度，提出了以产业群为基础的区域发展新框架。Morgan，Cooke[67]和Jin[68]等人从区域理论出发，把产业群与网络、技术和制度创新，以及社会文化等联系在一起，提出了区域创新系统、区域学习能力和学习区域等概念，并以此描述区域产业竞争优势的内生机制与经济绩效。③基于交易费用的新制度经济学视角。威廉姆森[69][70]从生产组织形式的角度认为企业集群是基于专业化分工和协作的众多中小企业集合起来的组织，是介于纯市场组织和层级组织之间的中间性组织；Grossman和Hart[71]对企业一体化中的契约关系进行了研究；Klein等[51]对企业横向一体化和纵向一体化问题进行了研究。

国有企业的并购重组长期存在于我国经济转型的过程中，并成为国有经济进退的重要通道和载体。2008年国际金融危机以来，国有企业并购正作为中央政府和地方政府整合产业资源、优化市场结构，实现产业振兴的重要抓手。那么，在经济转型期国有经济应该有怎样的产业进退路径，其在市场结构与产业结构调整中的作用机制与效应如何？如何才能实现资源的合理最优配置？对这一问题的理论分析和实证研究，既可以对政府产业振兴规划政策实施效果进行实证检验，也可以为国有企业的进一步改革提供可行的方向，为产业结构转型升级提供实证参考。

长期以来对国有企业并购问题的研究，大多数学者是从经济转型期产权制度改革的角度进行分析，关注国有企业改制对企业绩效的影响[39][40][41]；分析国有企业并购的制度动因，采用市场指标或财务指标对企业并购绩效进行分析[42][43][44]。上述研究基本是围绕所有制、产权问题展开的，从国企并购"改制"的视角，将国有上市公司的并购看作"二次改制"，是制度变迁中路径依赖的结果和体现[45]。而从产业视角分析国有上市公司并购的成果相对较少。李哲、何佳[46]运用计量方法实证研究了对国有上市公司进行产业相关或不相关并购的微观绩效，其结论是国有上市企业发生的多元化并购对公司的经营绩效有负面作用；刘毓[47]分析国有上市公司横向并购对市场结构的影响机制和实际效应。总体来看，学术界关于国有企业并购与产业市场结构的研究是相对分开进行的，而对国有企业并购对产业整合及市场结构的效应研究相对不足。从产业市场结构角度进行的并购研究大多将产业和市场结构作为外生的变量，分析其对企业并购行为的影响。在研究方法上，多数研究所采用的事件研究法或会计指标研究法都仅限于对公司并购绩效的研究，还没有从产业市场结构效应视角研究国有上市公司并购的文章。

依据上述产业集聚及其国有企业并购的相关理论，我们提出以下两个对立假设：

1A：国有企业并购有助于实现产业集聚、产业整合；

1B：国有企业并购无助于实现产业集聚、产业整合。

二 样本选取和研究设计

（一）样本选取

本节选取了 2003—2010 年所有上市公司并购事件中涉及制造行业的公司作为研究样本，即样本中的并购方、被并购方或者标的方中至少一方所属行业属于制造行业，根据 2001 年证券监督委员会的《上市公司行业分类指引》将制造行业分为九个二级行业进行考察。由于数据的可得性，本部分选取了并购方、被并购方或者标的方中至少一方为上市公司的并购数据。此外，如果并购方和被并购方是分别属于制造行业不同二级行业的上市公司，则优先选择并购方的所属二级行业作为此次并购发生所属的二级行业；如果被并购方和标的方是分别属于制造行业不同二级行业的上市公司，则优先选择被并购方的所属二级行业作为此次并购发生所属的二级行业。

在进行样本选取时，去掉了并购不成功的样本，还去掉了并购次数相对较少的三个二级行业，最终选择了制造业中的六个二级行业，分别为食品、饮料（C0），纺织、服装、皮毛（C1），石油、化学、塑胶、塑料（C4），金属、非金属（C6），机械、设备、仪表（C7），医药、生物制品（C8）。本书中涉及的并购和行业数据主要来源于 CSMAR 数据库和锐思数据库。

（二）变量设计及模型

1. 并购数据

本部分选取 2003—2010 年八年内制造业所发生的并购数据为样本，并将数据按照二级行业分类选取其中具有代表性的六类，即 C0、C1、C4、C6、C7、C8，分别从并购次数和并购金额两个方面来反映并购的活跃度。

2. 并购产业绩效指标

对于并购产业绩效指标，本部分从并购引起的产业结构变化以及产业绩效质量的变化两个方面来说明，产业结构的变化采用产业集中度（ACR4、ACR8）和赫芬达尔指数（AHHI），产业绩效质量的变化主要采用净资产收益率（AROE）表示。

3. 模型设计

为了考察企业并购对产业绩效的影响，本部分构建了如下的回归分析模型：

$$IP_{it} = a_0 + a_1 GNUM_{it}(GVAL_{it} \text{ 或 } ANUM_{it} \text{ 或 } AVAL_{it}) + a_2 SIZE_{it} + a_3 RISK_{it} + \varepsilon$$
$$i \text{ 代表行业}, i = 1,2,3,4,5,6; t \text{ 代表年度}, t = 1,2,\cdots,8。 \qquad (5-29)$$

IP_{it} 代表 i 行业 t 年度的产业绩效，产业绩效分别用产业集中度（ACR4、ACR8）和赫芬达尔指数（AHHI）表示，$GUNM_{it}$ 代表 i 行业 t 年度国有企业并购的次数，$GVAL_{it}$ 代表 i 行业 t 年度国有企业并购的金额，$ANUM_{it}$ 代表 i 行业 t 年度全行业并购的次数，$AVAL_{it}$ 代表 i 行业 t 年度全行业并购的金额，本部分控制了如下重要的行业变量，$SIZE_{it}$ 代表 i 行业 t 年度行业资产规模，$RISK_{it}$ 代表样本期间（2003—2010 年）行业总体销售收入的标准方差。

三　制造业并购及其对行业绩效的影响：现状描述

（一）制造业并购现状

制造业是指对制造资源（物料、设备、资金、技术等），按照市场要求，通过制造过程，转化为可供人们使用和利用的工业品与生活消费品的行业。制造业，作为我国国民经济的支柱产业，是我国经济增长的主导部门和经济转型的基础。根据 2001 年的上市公司行业分类指引，结合行业的并购次数和并购规模，本部分只研究制造业下的六大子行业，分别为食品、饮料（C0），纺织、服装、皮毛（C1），石油、化学、塑胶、塑料（C4），金属、非金属（C6），机械、设备、仪表（C7），医药、生物制品（C8）。

近年来，随着我国经济发展，企业发展到了一定规模，产业整合的趋势越来越明显，上市公司的并购方兴未艾，在并购数量和并购规模上都处在高位，图 5-6 和图 5-7 呈现了我国制造业中的上市国有企业 2003—2010 年所发生的并购情况。

1. 国有企业并购次数变化趋势

从图 5-6 制造行业上市国企的并购次数可以看出，整体的并购次数呈上升趋势，但是不同行业的并购次数波动性较大，各有不同的表现趋势，C4（石油、化学、塑胶、塑料）、C6（金属、非金属）和 C8（医药、生物制品）并购次数上升趋势比较明显，说明这三个行业的产业整合力度在不断加大；C1（纺织、服装、皮毛）并购次数上升趋势也很明显，但是在2012年并购次数只有11次，远低于2011年的并购次数50次，这可能是行业整合力度的短期回调，也可能是产业整合已接近尾声，还需要继续观察；而C0（食品饮料）和C7（机械、设备、仪表）并购次数的上升趋势不是很明显，波动性较大，但是整体来说，C7（机械、设备、仪表）是每年发生并购次数最多的行业。

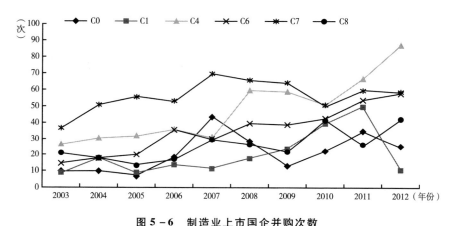

图5 - 6　制造业上市国企并购次数

资料来源：CSMAR 数据库。

从以上分析可以看出，并购次数的变化受不同行业所处发展阶段的不同以及本行业自身特点的影响，行业规模大小、行业中企业的数量多少都会影响到并购的次数。

2. 国有企业并购金额变化趋势

从图5 - 7制造业上市国企并购金额可以看出，制造业中的上市国企并购金额呈现波动性上升的趋势，也就是说，整体趋势是上升的，但是具有很强的波动性。C1（纺织、服装、皮毛）和C8（医药、生物制品）并购金额上升趋势明显，这跟并购次数的增加有很大关系；C4（石油、化学、塑胶、塑料）和C6（金属、非金属）呈上升趋势，但是分别在2007年和2008年有一个并购金额的高峰，这可能跟2008年的次贷危机有关系；C0（食品饮料）和C7（机械、设备、仪表）上升趋势不是明显，但是C0（食品饮料）在2007有一个并购金额的高峰，可能跟2008年的次贷危机有关，而C7

（机械、设备、仪表）并购金额一直处于高位，跟并购次数处于高位相一
致。

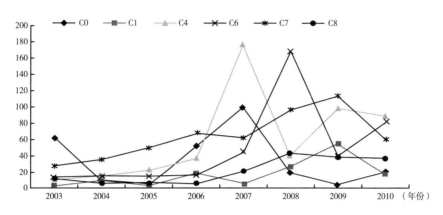

图 5 - 7　制造业上市国企并购金额

资料来源：CSMAR 数据库。

并购金额的变化跟并购次数有直接关系，也跟行业规模、并购所涉及的
企业规模有很大关系。

（二）并购产业绩效的衡量指标

并购的产业绩效主要表现在两个方面，一是并购产业市场结构的变化，
本部分主要使用产业集中度和赫芬达尔指数进行衡量；二是并购导致的产业
绩效质量变化，本部分主要采用产业的净资产利润率（ROE）来衡量。

1. 产业市场结构的变化

本部分采用产业集中度和赫芬达尔指数衡量企业并购的产业市场结构效
应。其中产业集中度分别采用 ACR4 和 ACR8 加以度量。

（1）产业集中度

①ACR4。

从图 5 - 8 产业集中度（ACR4）可以看出，产业集中度的变化趋势各有
不同，整体趋平稳。C1（纺织、服装、皮毛）呈现一种明显上升的趋势，
产业集中度在上升；C0（食品、饮料）、C6（金属、非金属）和 C7（机械、
设备、仪表）产业集中度基本没有什么变化，相对稳定，说明行业前四名
的市场份额相对平稳；而 C4（石油、化学、塑胶、塑料）和 C8（医药、生

物制品）的 ACR4 呈下降趋势，说明前四名的市场份额在下降，行业的集中度在下降。

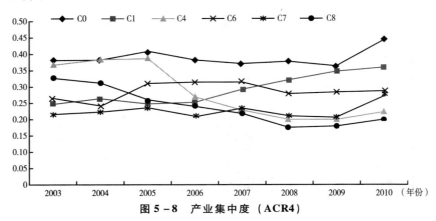

图 5－8　产业集中度（ACR4）

资料来源：锐思数据库。

从 ACR4 的指标可以看出，不同行业的前四名所占市场份额各有不同的变化，一定程度上也可以反映出产业集中度的变化，市场整合的不同。市场整合程度在上升的行业只有 C1（纺织、服装、皮毛）。

②ACR8。

所占市场份额的数量增加到前八名后，从图 5－9 产业集中度（ACR8）可以看出，基本变化趋势与 ACR4 相同，C1（纺织、服装、皮毛）呈现一种明显上升的趋势；C0（食品饮料）、C6（金属、非金属）和 C7（机械、设备、仪表）产业集中度基本没有什么变化；而 C4（石油、化学、塑胶、塑料）和 C8（医药、生物制品）的 ACR8 呈下降趋势。只是在集中程度的数值上 ACR8 要高于 ACR4，这是两者算法上的不同导致的。

这说明产业集中度这一指标具有相对的稳定性，可以衡量市场集中度的变化，具有一定的可信度。但是不可否认，产业集中度有自身的缺陷，过于简单，只能反映出前几名企业所占市场份额的变化，基于此，我们又采用了另一种指标来弥补产业集中度的缺陷，即赫芬达尔指数（AHHI）。

（2）赫芬达尔指数（AHHI）

从图 5－10 可以看出，各行业整体变化趋势趋于平稳，与前面 ACR4 和 ACR8 基本相同，各个行业的产业集中度的变化趋势也基本是相同的，在此不再赘述。

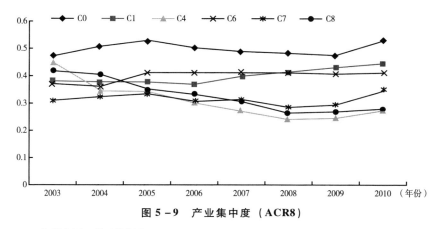

图5-9　产业集中度（ACR8）

资料来源：锐思数据库。

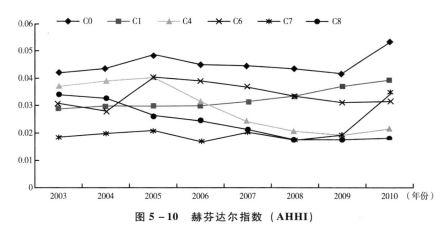

图5-10　赫芬达尔指数（AHHI）

资料来源：锐思数据库。

这样，对于产业市场结构的变化趋势，我们用了三个指标来衡量，ACR4、ACR8和AHHI。从这三种指标衡量的结果看，各个行业自身产业集中度的变化趋势基本相同，三种指标的结果可以相互印证。

综上分析，我们从产业市场结构变化得出的结论是，C1（纺织、服装、皮毛）呈现明显上升的趋势，产业集中度在增加，产业整合的程度在提高；C0（食品饮料）、C6（金属、非金属）和C7（机械、设备、仪表）产业集中度基本没有什么变化，相对平稳；而C4（石油、化学、塑胶、塑料）和C8

（医药、生物制品）的产业集中度呈下降趋势，还有待具体分析。

2. 产业绩效质量的变化

为了更全面地衡量产业绩效，除了前面介绍的产业市场结构的变化，我们还分析了产业绩效的质量变化，并购的产业绩效最终还是要落在利润及对股东带来的收益上，这里主要选取了行业利润与净资产收益率（AROE）两个指标。

净资产收益率是净利润与股东权益的百分比。该指标用来反映股东权益的收益水平，其指标值越高，说明投资带来的收益越高，产业质量也越高。

（1）利润变化趋势

从图 5 - 11 制造业利润变化趋势可以看出，整体上升的趋势非常明显，尤以 C7（机械、设备、仪表）行业上升趋势最明显。从 2003 年的 6 亿元到 2010 年的 43 亿元，C7（机械、设备、仪表）行业利润在 8 年间增长了 6 倍多；而 C8（医药、生物制品）上升趋势相对最小，相对平稳，跟医药、生物行业本身相关；其他的四种行业变化趋势基本一致，整体呈上升趋势，具有一定的波动性，2010 年的利润较 2009 年的利润都有不同程度上的下降，对于这一现象，还有待分析。

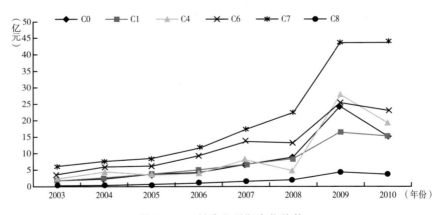

图 5 - 11　制造业利润变化趋势

资料来源：锐思数据库。

（2）净资产收益率（AROE）

从图 5 - 12 制造业的 AROE 可以看出，制造业中选取的这六个子行业

的变化趋势基本一致，整体呈上升趋势，都是在 2009 年净资产收益率达
到高峰后，2010 年都有不同程度的下降，与利润的变化趋于一致。这可
能与我们国家在 2008 年次贷危机后采取的 4 万亿计划带来的短期影响有
关系。

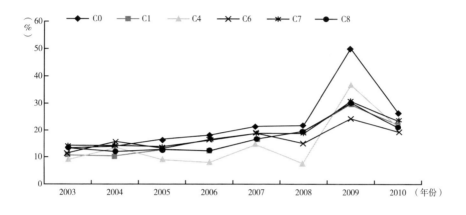

图 5 – 12　制造业的 AROE

资料来源：锐思数据库。

这里对于产业绩效质量的变化，采用了行业利润和净资产收益率两
个指标，整体变化呈明显上升趋势，这说明产业绩效的质量整体在
上升。

四　制造业并购及其对行业绩效的影响：实证分析

（一）相关性分析

该部分主要对样本期间内制造行业的产业绩效指标（产业集中度、赫
芬达尔指数、净资产收益率），制造业中的国有企业计算出的产业绩效指标
（产业集中度、赫芬达尔指数、净资产收益率），国有企业期间内的并购情
况（并购次数、金额），整个行业样本期间的并购情况（并购次数、金额）
进行相关性分析。

从表 5 – 18 相关性分析可以看出，ACR4、ACR8 和 AHHI 的相关性很
强，产业集中度的趋势变化基本一致，与前面的分析相符。而产业集中度指

标（ACR4、ACR8 和 AHHI）与 gnum（国企并购数量）、gval（国企并购金额）、anum（全行业并购数量）以及 aval（全行业并购金额）呈显著负相关，这与前文的 1B 假设初步吻合。当然，严谨的结论需要我们作进一步的计量分析得出。

表 5 - 18　相关性分析

	aroe	ACR4	ACR8	AHHI	gnum	gval	anum	aval
aroe	1							
ACR4	0.0270	1						
ACR8	0.0690	0.887 ***	1					
AHHI	0.0300	0.962 ***	0.907 ***	1				
gnum	0.182	- 0.435 ***	- 0.540 ***	- 0.507 ***	1			
gval	0.204	- 0.285 **	- 0.311 **	- 0.286 **	0.579 ***	1		
anum	0.0500	- 0.243 *	- 0.525 ***	- 0.283 *	0.446 ***	0.468 ***	1	
aval	0.251 *	- 0.321 **	- 0.483 ***	- 0.335 **	0.453 ***	0.370 ***	0.825 ***	1

（二）回归分析

按照前面模型的设定，我们进行了简单的线性回归，涉及并购分别与产业集中度、赫芬达尔指数和净资产收益率的线性回归。

1. 并购与产业集中度

从表 5 - 19 产业集中度（ACR4）回归分析可以看出，产业集中度（ACR4）与 gnum（国企并购数量）、gval（国企并购金额）、anum（全行业并购数量）以及 aval（全行业并购金额）成负相关关系，而且与 gnum（国企并购数量）、gval（国企并购金额）以及 aval（全行业并购金额）呈显著负相关关系，也就是说国有企业并购次数越多，并购的金额越大，产业集中度（ACR4）越低，这与 1B 假设是相合的，这将在实证总结具体解释。而且拟合优度 R^2 也较低，说明除了我们所涉及的解释变量和控制变量以外，还有其他变量在影响着产业集中度。

表 5 - 19　产业集中度（ACR4）回归分析

	（1）	（2）	（3）	（4）
VARIABLES	acr4	acr4	acr4	acr4
anum	- 1. 78e - 05 （1. 41e - 05）			
size	- 0. 000302 *** （0. 000102）	- 0. 000276 *** （9. 55e - 05）	- 6. 68e - 05 （0. 000141）	- 0. 000263 ** （0. 000107）
risk	0. 000395 *** （0. 000130）	0. 000359 *** （0. 000119）	0. 000297 ** （0. 000128）	0. 000449 *** （0. 000103）
aval		- 3. 58e - 06 *** （1. 28e - 06）		
gnum			- 0. 00167 ** （0. 000628）	
gval				- 0. 000354 * （0. 000198）
Constant	0. 277 *** （0. 0160）	0. 276 *** （0. 0155）	0. 301 *** （0. 0169）	0. 278 *** （0. 0149）
Observations	48	48	48	48
R - squared	0. 152	0. 181	0. 234	0. 174

注：＊、＊＊、＊＊＊、分别表示变量在 10%，5%，1% 水平上显著。

从表 5 - 20 产业集中度（ACR8）回归分析可以看出，与 ACR4 的结果基本相同，且 anum（全行业并购次数）与产业集中度（ACR8）呈显著负相关关系。拟合优度 R^2 要比产业集中度（ACR4）高一点。

表 5 - 20　产业集中度（ACR8）回归分析

	（1）	（2）	（3）	（4）
VARIABLES	acr8	acr8	acr8	acr8
anum	- 7. 39e - 05 *** （1. 13e - 05）			
size	- 0. 000304 *** （0. 000106）	- 0. 000332 *** （0. 000104）	1. 30e - 05 （0. 000167）	- 0. 000364 ** （0. 000137）

续表

	(1)	(2)	(3)	(4)
risk	0.000451 ***	0.000478 ***	0.000403 ***	0.000675 ***
	(0.000117)	(0.000110)	(0.000127)	(0.000137)
aval		−7.79e−06 ***·		
		(2.60e−06)		
gnum			−0.00298 ***	
			(0.000783)	
gval				−0.000511 *
				(0.000277)
Constant	0.410 ***	0.402 ***	0.445 ***	0.403 ***
	(0.0187)	(0.0181)	(0.0187)	(0.0177)
Observations	48	48	48	48
R − squared	0.339	0.309	0.373	0.224

2. 并购与赫芬达尔指数

从表 5 – 21 赫芬达尔指数（AHHI）回归分析可以看出，结果与产业集中度（ACR8）的回归结果基本相同。

表 5 – 21　赫芬达尔指数（AHHI）回归分析

	(1)	(2)	(3)	(4)
VARIABLES	ahhi	ahhi	ahhi	ahhi
anum	−3.11e−06 *			
	(1.66e−06)			
size	−5.37e−05 ***	−5.11e−05 ***	−5.67e−06	−4.78e−05 **
	(1.75e−05)	(1.71e−05)	(2.08e−05)	(1.83e−05)
VARIABLES	ahhi	ahhi	ahhi	ahhi
risk	8.41e−05 ***	8.03e−05 ***	6.31e−05 ***	9.36e−05 ***
	(2.08e−05)	(2.01e−05)	(1.95e−05)	(1.67e−05)
aval		−5.24e−07 **		
		(2.05e−07)		

续表

	（1）	（2）	（3）	（4）
gnum			− 0. 000334 *** （9. 08e − 05）	
gval				− 5. 84e − 05 * （3. 22e − 05）
Constant	0. 0339 *** （0. 00239）	0. 0337 *** （0. 00229）	0. 0387 *** （0. 00221）	0. 0341 *** （0. 00216）
Observations	48	48	48	48
R − squared	0. 218	0. 239	0. 366	0. 242

3. 并购与净资产收益率

从表 5 – 22 制造业的 AROE 回归分析可以看出，制造业的 AROE 与 anum（全行业并购次数）、gnum（国企并购次数）成负相关，与 aval（全行业并购金额）、gval（国企并购金额）成负相关，但是都不显著，且拟合优度 R^2 较差。

表 5 – 22　制造业的 AROE 回归分析

	（1）	（2）	（3）	（4）
VARIABLES	aroe	aroe	aroe	aroe
anum	− 0. 000685 （0. 00346）			
size	0. 0316 *** （0. 0111）	0. 0225 ** （0. 0110）	0. 0353 * （0. 0180）	0. 0267 ** （0. 0119）
risk	− 0. 0176 （0. 0146）	− 0. 00570 （0. 0146）	− 0. 0185 （0. 0169）	− 0. 0155 （0. 0177）
VARIABLES	aroe	aroe	aroe	aroe
aval		0. 000390 （0. 000363）		
gnum			− 0. 0321 （0. 112）	

续表

	（1）	（2）	（3）	（4）
gval				0.0141
				(0.0322)
Constant	15.03 ***	14.64 ***	15.43 ***	14.73 ***
	(1.723)	(1.651)	(2.806)	(1.765)
Observations	48	48	48	48
R – squared	0.087	0.119	0.088	0.090

注：*、**、***分别表示变量在 10%、5%、1%水平上显著。

五　结论与建议

综上可见，产业绩效与国有企业并购次数、国有企业并购金额整体成负相关，说明从制造业总体来看，企业并购没有提升产业绩效。需要注意的是，上述整体负相关关系，是由各个行业自身的相关关系整合得出的。为了避免加总的谬误，我们需要进一步进行分行业考察，见表 5 – 23。

从表 5 – 23 制造业各子行业相关性分析可以看出，产业绩效与并购的相关性各个行业有不同的特点。一方面，产业集中度的指标（AHHI、ACR4和 ACR8）整体与 *gnum*（国企并购数量）、*gval*（国企并购金额）、*anum*（全行业并购数量）以及 *aval*（全行业并购金额）呈负相关关系，但是对于C1（纺织、服装、皮毛）行业来说，却是全部呈正相关相系，这说明对于纺织、服装、皮毛行业，我们可以通过并购来实现产业绩效的提高。但是对于另外五个子行业来说，负相关关系说明，并不能简单地通过并购实现产业绩效的提升，对于并购还需要慎重。

表 5 – 23　制造业各子行业相关性分析

C0	AHHI	ACR4	ACR8	AROE
gnum	0.079	– 0.099	– 0.177	0.041
gval	– 0.179	– 0.262	– 0.352	– 0.310
anum	0.037	– 0.125	– 0.275	0.676

续表

C0	AHHI	ACR4	ACR8	AROE
aval	0.298	0.252	0.428	− 0.310
C1	AHHI	ACR4	ACR8	AROE
gnum	0.915	0.835	0.854	0.680
gval	0.637	0.679	0.567	0.838
anum	0.859	0.942	0.866	0.926
aval	0.442	0.417	0.300	0.597
C4	AHHI	ACR4	ACR8	AROE
gnum	− 0.818	− 0.780	− 0.765	0.529
gval	− 0.671	− 0.669	− 0.590	0.468
anum	− 0.936	− 0.887	− 0.822	0.660
aval	− 0.759	− 0.695	− 0.654	0.898
C6	AHHI	ACR4	ACR8	AROE
gnum	0.061	0.355	0.693	0.671
gval	− 0.131	− 0.021	0.388	0.095
anum	− 0.189	0.174	0.555	0.681
aval	0.355	0.463	0.504	0.018
C7	AHHI	ACR4	ACR8	AROE
gnum	− 0.189	− 0.174	− 0.370	0.421
gval	− 0.162	− 0.356	− 0.595	0.780
anum	0.288	0.102	− 0.259	0.864
aval	− 0.141	− 0.322	− 0.324	0.619
C8	AHHI	ACR4	ACR8	AROE
gnum	− 0.572	− 0.508	− 0.552	0.438
gval	− 0.834	− 0.820	− 0.835	0.835
anum	− 0.905	− 0.875	− 0.899	0.766
aval	− 0.406	− 0.337	− 0.380	0.288

另一方面，产业绩效质量的衡量指标，净资产收益率（AROE）与 gnum（国企并购数量）、gval（国企并购金额）、anum（全行业并购数量）以及 aval（全行业并购金额）整体呈很强的正相关关系。这说明，通过并购还是有助于净资产收益率的提高，有助于实现股东利益最大化，这也是企业层面积极实施并购增强企业实力的重要动因。

整体来说，产业绩效与企业并购呈负相关关系，说明要通过并购实现产业绩效的提高还需要付出很大的努力。要想实现产业绩效的提高，实现产业集聚，政府需要采取其他配套措施。

综上可见，国有企业并购这种方式有助于产业净资产收益率的提高，但是对于产业集聚的效果并不理想，对于更好地实现产业集聚，我们提出以下三点建议。

1. 仍然要重视并购在产业集聚中的作用

不同行业并购对于产业集聚的影响不同，不能笼统地只是进行简单的并购，要针对不同行业的特点，有侧重地选择并购方式实现产业集聚，例如前面分析中涉及的 C1（纺织、服装、皮毛）行业就可以采用并购方式。当然对于其他的行业并不是不能进行行业并购，而是说要慎重，对于并购对象的选择、并购时机的把握，以及并购后企业资源的整合，市场的开拓等要有缜密的考虑，要切实实现"1 + 1 > 2"的效果，这样才有利于产业整合、产业集聚。实证结果的负相关关系跟并购后的企业整合的效果不佳有很大的关系。

2. 要充分发挥政府在产业集聚中参与的多样性

政府在产业集聚中参与的方式有政府主导、政府参与和政府鼓励三种。政府要充分发挥这三种方式的作用，配合使用，除了政府主导产业集聚之外，政府可以以合作者的身份参与产业集聚，提升产业实力，政府也可以通过政策上的鼓励，创造良好的产业集聚环境，让市场的主体——企业，自主地进行企业并购，实现产业整合，充分发挥市场的基础性调节作用。

3. 要充分发挥政府调节资源的能力

要想充分发挥产业集聚的绩效，就需要有相关产业之间的协同合作。所以对于并购的选择，政府可以有侧重地选择相关产业集中程度较高的地方以及可以充分发挥协同效应的企业进行并购整合。

参考文献

[1] 杨林、白奉源：《区域产业结构趋同——个人理性与集体理性的冲突》，《兰州大学学报》（社会科学版）2002 年第 3 期。

[2] Young A., "The Razor's Edge: Distortions and Incremental Reform in the People's

Republic of China ，" *The Quarterly Journal of Economics* 4 （2000）：1091 – 1135.

［3］ 白重恩、杜颖娟、陶志刚：《地方保护主义及产业地区集中度的决定因素和变动趋势》《经济研究》2004 年第 11 期。

［4］ 王燕武、王俊海：《地方政府行为与地区产业结构趋同的理论及实证分析》，《南开经济研究》2009 年第 4 期。

［5］ 周黎安：《晋升博弈中政府官员的激励与合作》，《经济研究》2004 年第 6 期。

［6］ 梁琦：《中国制造业分工、地方专业化及其国际比较》，《世界经济》2005 年第 12 期。

［7］ 陈建军：《长江三角洲地区的产业同构及产业定位》，《中国工业经济》2004 年第 2 期。

［8］ 范剑勇：《长三角一体化、地区专业化与制造业空间转移》《管理世界》2004 年第 11 期。

［9］ 靖学青：《长三角地区制造业结构趋同的实证分析与理性思考》，《学习与实践》2006 年第 10 期。

［10］ 邱风、张国平、郑恒：《对长三角地区产业结构问题的再认识》，《中国工业经济》2005 年第 4 期。

［11］ 胡向婷、张璐：《地方保护主义对地区产业结构的影响》，《经济研究》2005 年第 2 期。

［12］ 陶然、陆曦、苏福兵、汪晖：《地区竞争格局演变下的中国转轨：财政激励和发展模式反思》，《经济研究》2009 年第 7 期。

［13］ 朱平芳、张征宇、姜国麟：《FDI 与环境规制：基于地方分权视角的实证研究》，《经济研究》2011 年第 6 期。

［14］ 杨晓丽、许垒：《中国式分权下地方政府 FDI 税收竞争的策略性及其经济增长效应》，《经济评论》2011 年第 3 期。

［15］ 周业安、章泉：《财政分权，经济增长和波动》，《管理世界》2008 年第 3 期。

［16］ Blanchard O，Shleifer A. ，"Federalism with and Without Political Centralization：China Versus Russia，" *National Bureau ofEconomic Research*（2000）.

［17］ 王永钦、张晏、章元、陆铭：《中国的大国发展道路——论分权式改革的得失》，《经济研究》2007 年第 1 期。

［18］ 周业安、宋紫峰：《中国地方政府竞争 30 年》，《教学与研究》2009 年第 11。

［19］ 平新乔：《政府保护的动机与效果——一个实证分析》，《财贸经济》2004 年第 5 期。

［20］ 蔡昉、王德文、王美艳：《渐进式改革进程中的地区专业化趋势》，《经济研究》2002 年第 9 期。

［21］ 周业安、赵晓男：《地方政府竞争模式研究》，《管理世界》2002 年第 12 期。

［22］ 黄玖立、李坤望：《对外贸易，地方保护和中国的产业布局》，《经济学》（季刊）

2006 年第 3 期。

[23] 冼国明、文东伟：《FDI，地区专业化与产业集聚》，《管理世界》2006 年第 12 期。

[24] 翁媛媛、高汝熹、饶文军：《地区专业化与产业地理集中的比较研究》，《经济与管理研究》2009 年第 4 期。

[25] 陈敏、桂琦寒、陆铭、陈钊：《中国经济增长如何持续发挥规模效应？——经济开放与国内商品市场分割的实证研究》，《经济学》2008 年第 1 期。

[26] 王文剑、仉建涛、覃成林：《财政分权，地方政府竞争与 FDI 的增长效应，《管理世界》2007 年第 3 期。

[27] 傅勇、张晏：《中国式分权与财政支出结构偏向：为增长而竞争的代价》，《管理世界》2007 年第 3 期。

[28] 张宇、黄静：《引资竞争下的外资流入与政府收益》《经济学家》2010 年第 3 期。

[29] 王丹、刘洪生、徐静：《加入招商引资行为的税收竞争模型》，《世界经济》2005 年第 1 期。

[30] Poncet S., "A Fragmented China: Measure and Determinants of Chinese Domestic Market Disintegration," *Review of International Economics* 3 (2005): 409 – 430.

[31] 黄玖立、李坤望：《对外贸易、地方保护和中国的产业布局》，《经济学（季刊）》2006 年第 3 期。

[32] Redding S., Venables A J., "Economic Geography and International Inequality," *Journal of international Economics* 1 (2004): 53 – 82.

[33] Poncet：《中国市场正在走向"非一体化"？——中国国内和国际市场一体化程度的比较分析》，《世界经济文汇》2002 年第 5 期。

[34] 马光荣、杨恩艳、周敏倩：《财政分权、地方保护与中国的地区专业化》，《南方经济》2010 年第 1 期。

[35] Imbs J., Wacziarg R. "Stages of Diversification," *American Economic Review* 5 (2003): 63 – 86.

[36] Mueller , D., *The Determinants and Effects of Mergers: An International Comparison*, Schriften Des Wissenschaftszentrums Berlin, 1980.

[37] Andrade, G., Mitchell, M., Stafford, E., "New Evidence and Perspectives on Mergers ," *Journal of Economic Perspectives* 15 (2001): 3 – 120.

[38] Djankov, S., Murrel, "Enterprise Restructuring in Transition: A Quantitative Survey," *Journal of Economic literature* 25 (2002): 739 – 792.

[39] 张维迎：《控制权损失的不可补偿性与国有企业兼并中的产权障碍》，《经济研究》1998 年第 7 期。

[40] 宋立刚、姚洋：《改制对企业绩效的影响》，《中国社会科学》2005 年第 2 期。

[41] 郝大明：《国有企业公司制改革效率的实证分析》，《经济研究》2006 年第 7 期。

[42] 夏立军、方轶强：《政府控制、治理环境与公司价值》，《经济研究》2005 年第 5

期。

[43] 潘红波、夏新平、余明桂：《政府干预、政治关联与地方国有企业并购》《经济研究》2008 年第 1 期。

[44] 方军雄：《政府干预、所有权性质与企业并购》，《管理世界》2009 年第 9 期。

[45] 李哲：《转型期中国国有上市公司并购重组的制度根源与实际绩效》，博士学位论文，上海交通大学，2007 年。

[46] 李哲、何佳：《国有上市公司的上市模式、并购类型与绩效》，《世界经济》2007 年第 9 期。

[47] 刘毓：《国有上市公司横向并购的市场结构效应研究》，《证券市场导报》2008 年第 5 期。

[48] Rumelt R. P. *Strategy*, *Structure*, *Economics Perforation*, Harvard University Press, 1974.

[49] Arrow J. K., "Vertical Integration and Communication," *The Bell Journal of Economics* 6 (1975): 173 – 183.

[50] Williamson Oliver, *Markets and Hierarchies*: *Analysis and Antitrust Implications*, New York, Free Press, 1975.

[51] Klein, Crawford and Alchian., "Vertical integration, Appropriable Rents and Competitive Contracting Process," *Journal of Law and Economics* 2 (1978): 297 – 326.

[52] 杜传忠：《寡头垄断市场结构与经济效率》，经济科学出版社 2003 年版。

[53] Mcgahan A., Poter M., "How much does Industry Matter, Really?" *Strategic Management Journal* 18 (1998): 15 – 30.

[54] Richard Caves, *American Industrial*: *Structure*, *Conduct and Performance*, Englewood Cliffs Press, 1987.

[55] Schmalensee, R., "Antitrust and the New Industrial Economics," *American Economic Review* 72 (1982): 24 – 28.

[56] 哈梅尔、普拉哈拉德：《竞争大未来》，王振西译，昆仑出版社 1998 年版。

[57] Chung, Kee H., Stephen W. Pruitt, "A Simple Approximation of Tobin's q," *Financial Management* 23 (1994): 70 – 749.

[58] Howe, K. M. and S. Vogt, "On 'q'," *Financial Review* 5 (1996): 265 – 286.

[59] 李琼、游春：《产业效应对中国上市公司并购绩效和并购动机的影响》，《技术经济》2008 年第 5 期。

[60] 陆国庆：《中国上市公司资产重组的产业效应分析——对 1999 年度沪市的实证分析》，《经济科学》2001 年第 1。

[61] Aiginger K., Davies S. W., "Industrial Specialisation and Geographic Concentration: Two Sides of the Same Coin? Not For the European Union," *Journal of Applied*

Economics 2 (2004): 28 – 37.

[62] Marshall A. , *Principles of Political Economy* (First Edition ed. , 1890), London: Macmillan. Retrieved 2012.

[63] Helpman, E. , Krugman, P. , *Market Structure and Foreign Trade: Increasing returns, Imperfect Competition and the International Economy*, London: MIT Press, 1985.

[64] Krugman P. R. , *Geography and Trade*, MIT press, 1991.

[65] Weber A. , *Theory of the Location of Industries*, trans. by CJ Friedrich from Weber' s 1909 Book, 1929.

[66] Porter M. E. , *Clusters and Competition: New Agendas for Companies, Governments, and Institutions*, Harvard Business School Press, 1998.

[67] Cooke P. , Morgan K. , "The Network Paradigm: New Departures in Corporate and Regional Develpment," *Environment and Planning D* 11 (1993): 543 – 543.

[68] Jin D. J. , Gross C. A. , "Mapping and Sequencing of Mutations in the Escherichia Colirpo Bgene That Lead to Rifampicin Resistance," *Journal of Molecular Biology* 1 (1988): 45 – 58.

[69] Hawkins R. A. , Williamson D H, Krebs H A. , "Ketone-body Utilization by Adult and Suckling Rat Brain," *Biochem. J* 1 (1971): 13 – 18.

[70] Williamson O. E. , *The Economic Intstitutions of Capitalism*, Simon and Schuster, 1985.

[71] Grossman S. J. , Hart O. D. , "The Costs and Benefits of Ownership: A Theory of Vertical and Lateral Integration," *The Journal of Political Economy* 5 (1986): 691 – 719.

第 六 章

政府竞争与相关并购：微观
绩效与宏观绩效研究

本章立足于相关并购，从企业并购绩效度量方法切入，引入政府竞争行为及其相关制度因素，首先将产业或市场结构作为外生变量，考察相关产业既有市场结构条件下的企业并购绩效及其影响因素，这是静态的微观绩效分析。其次，从市场化进程视角研究制度环境对相关并购绩效的影响机理。这是对微观绩效分析的宏观因素考量，也是对宏观绩效分析的基础铺垫。最后，将产业集聚问题内生化，立足政府角度，以产业地区集中度为宏观绩效度量指标，考察政府竞争下的企业并购对产业市场结构演进的影响，这是动态的宏观绩效分析。

第一节　相关并购绩效的一般研究方法

一　相关并购的概念界定

本节从产业关联角度将并购分为相关并购与混合并购两大类型。相关并购是产业相关的企业之间发生的并购行为，具体包括横向并购和纵向并购。横向并购是指发生在两个或两个以上生产和销售相同或相似产品公司之间的并购活动。横向并购对企业发展有重大影响。第一，横向并购可以扩大企业规模，通过规模效应降低生产成本，从而增强企业竞争力，提高市场份额。但是横向并购也有缺陷，它容易破坏自由竞争，导致垄断。纵向并购是指发生在生产过程或经营环节相互衔接、密切关联的企业之间，或者具有纵向协作关系的专业化企业之间的并购活动。纵向并购通过把市场交易行为内部化，既有助于减少市场风险，又有助于节省交易成本，同时又易于形成进入壁垒。但是纵向并购使企业生存发展在更大程度上受市场因素的影响，容易导致重复建设。

本章的重点在于对相关并购的绩效进行研究，这种绩效既包括微观绩效，也包括宏观绩效。这里所指的微观绩效是企业层面绩效，而宏观绩效是指产业层面绩效。

二　微观绩效的研究方法

（一）财务评价法

企业并购的财务绩效评价是针对企业并购后的各个财务指标进行评价。这种方法利用财务报表中的财务指标和具体的会计数据资料，通过不同的财务指标，或财务指标的组合，或根据多个财务指标进行因子分析，通过对并购前后企业对应指标进行比较研究，来检验并购绩效。

这种方法的优点是财务数据比较容易获得，且便于计算和理解，不足之处就是会计数据容易受到操纵。但大量实证研究表明企业经营业绩最终都会反映在财务报表上，即使人为操纵部分会计数据结果也只会是暂时的。因此，可以用这种方法对企业进行业绩评价。

会计指标的选择，可以借鉴财政部等 2002 年 2 月共同修订的《国有资本金绩效评价细则》中国有企业绩效评价指标体系。我们可以从企业偿债能力、资产营运状况、赢利能力、发展能力及现金流状况五个方面来选取指标反映企业的经营绩效。为了避免各行业的经营绩效和成长水平不一致对绩效评价产生影响，在选取这些指标时，应该分别减去该公司所属行业当年该指标的平均数，得到新的指标体系。还应构建一个综合得分函数将所有指标压缩成一个综合指标，来对并购前后公司的绩效进行比较。目前较为理想的综合评价方法是因子分析法，这种方法的核心，先是对若干个指标进行主成分分析并提取公共因子，再计算每个因子的得分，最后以每个因子的方差贡献率为权重，以各因子的权重与相应因子的得分乘积的和来构造得分函数。

冯根福和吴林江[1]指出，仅以某一个财务指标来衡量公司经营绩效会有很多缺陷，但是选取的财务指标过多又会造成重复甚至偏离，而且指标间相关性太小会对赋予权重的因子分析法的应用产生不便。他们选取了1995—1998 年发生的 201 起并购事件作为样本，采用主营业务收入/总资产、净利润/总资产、每股收益、净资产收益率四个财务指标，分析上市公司并购前后共五年的绩效变化情况。得出的实证结论是：并购当年和并购后第一年上市公司的业绩得到了一定程度的提高，但随后公司业绩又出现了下滑。

田敏和高柳[2]选取了 2001 年发生控股权转移的所有并购公司 2000—2003 年的年报财务数据，采用了股东权益比率、流动比率、总资产周转率、存货周转率、应收账款周转率、主营业务利润率共 6 个财务指标，采用综合评分法研究并购公司并购前后业绩变化，得出如下结论：并购后的上市公司经营业绩呈现增长趋势，但增长不明显；有 44.71% 的公司在并购后，其业绩没有得到改善，反而出现了恶化。

赵息和周军[3]选取我国 2001—2006 年发生并购的 56 家电力行业上市公司作为样本。采用净资产收益率、总资产收益率、成本费用利润率、主利润占收入的比重、主营业务收入增长率、主营业务利润增长率、市净率共 7 个财务指标，采用因子分析法研究上市公司在并购前后共五年的绩效的变化情况。其结论是上市公司并购后头两年业绩有所提高，但随后出现下滑。

还有一些学者并不认为并购绩效有显著提高。原红旗和吴星宇[4]以1997 年发生并购活动的公司为样本进行了实证研究，比较了公司的每股收益、净资产收益率、投资收益占总利润的比重、资产负债率这四个会计指标，发现并购当年样本公司的每股收益、净资产收益率和投资收益占总利润的比重较并购前有所上升，而公司的资产负债率则有所下降。孙铮和王跃堂[5]对同一样本的研究结论是：样本公司的业绩有显著提高，但业绩变化与并购各方是否存在关联关系无关。

可见，鉴于财务指标虽然易得但数量太多，选取不同的度量指标，可能会得出不同的结论。因此，选取合适的度量指标对于得出正确的实证结论至关重要。

（二）事件研究法

并购绩效的事件研究法又被称作股票价值法或股市价值法，是运用公司的股票价格数据计算公司的超常收益，从而测定某一特定经济事件对公司价值影响的方法。该方法把企业并购看作单个事件，确定一个以并购宣告日为中心的"事件期"（如 -1 天，+1 天），然后采用累计超常收益的方法来检验该并购事件的宣告对股票市场的价格波动效应。

事件研究法的主要优点是过程简单、思路清晰，且具有前瞻性，短期看超常收益率能够凸显事件对市场的影响，十分精确和直观。根据有关部门的规定，重组方案必须有财务上的改进，才可能获得批准。因此，上市公司很可能会进行财务报表式的重组，即公司的资产质量并无改进，但是报表上的财务业绩却有所改善。在这种情况下，如果仅运用会计研究方法可能会得出与事实不相符的结论，而事件研究法则能避免这个问题，由于股价是前瞻性的，如果市场意识到某一重组并没有创造价值，而只是财务报表式的重组，该股票的价格一般不会上涨[6]。事件研究法的有效运用是建立在两个基本假设之上：其一，资本市场是有效的；其二，市场参与者都是理性的。在市场非有效的情况下，如果盲目地使用事件研究法，就很有可能带来错误的研究结果。

超额收益 AR（Abnormal Returns）是事件研究法最重要的考察指标。$AR = R - E(R)$，其中 R 是有收购公告影响的某段时间内并购双方股东的实际收益，$E(R)$ 是无并购公告影响的时间内股东的正常收益。在超额收益法中，对实际收益 R 的计量一般是计算测量区间股价的变化和股息的支付；而对正常收益 $E(R)$ 的估算则较为复杂和困难。

最常用来估算 $E(R)$ 的方法是"市场模型法"（Market Model Method），即先通过个股收益与市场股票收益的关系构造回归模型，利用已知数据估计有关参数，进而以这些参数来计算个股的正常收益。市场模型法的基本公式是：

$$R_{it} = \alpha_i + \beta_i \times R_{mt} + \varepsilon_{it} \qquad (6-1)$$

其中：R_{it} 为股票的收益率，α_i、β_i 是根据估计窗内第 i 家公司收盘价数据应用回归模型得出，R_{mt} 是市场组合的收益率。

陈信元和张田余[7]以 1997 年发生并购的公司为样本，分别考查了这些公司在并购前 10 天和并购后 20 天的股价的超额收益率，发现并购公司超额收益率变化不显著。余光、杨荣[8]研究了 1993—1995 年发生并购事件的上市公司双方的经营绩效。最后发现在并购事件发生日，并购方企业的价值将不会显著上升，而随着时间的推延，目标企业在并购事件中价值增加，收购方企业价值略有下降。姬文龙[9]选取了 2000—2003 年我国 A 股上市公司作为主并方的 136 个并购事件作为研究样本，考察企业并购的绩效。研究发现，并购方公司股东并没有在并购中得到收益，而且并购事件损害了并购方公司的价值。

事件研究法在企业并购绩效检验中有一定的可行性，但其普适性仍要受到一些因素的制约和影响。事件研究法以股票市场的有效性为前提，但我国证券市场的有效性一直是学界争议不休的问题。尽管有一些研究认为中国股市已达弱式有效，但吴世农[10]指出，股票市场需要长期的发展才能得到完善，而我国股市在信息的完整性、分布均匀性和时效性方面与发达国家的股票市场还存在着较大差距，存在人为操纵股价等问题，因此他对中国股市已达弱式有效的结论提出了质疑。近几年股票市场存在绩差股价格高于绩优股的反常现象，即绩优不一定"价优"，而绩差也不一定"价差"。从这些方面来看，在我国目前的证券市场中应用事件研究法研究问题，还存在一定的局限性。

（三）其他评价方法

1. 临床诊断研究法

临床诊断研究法又称为个案研究法，通常是指对基于观察得到的小样本数据进行实证研究工作。分析中涉及的数据来源很多，有的来自对公开信息和公司内部文件的手工整理，有的来自对决策者的访谈。小样本可以是一个、几个或更多。小样本主要用于分析个案，深入观察特定并购案例的绩效动态变化过程，从而判断并购事件的影响。

临床诊断法在实际应用中有显著优势，把并购绩效考察与单个案例的特征信息联系起来，并将企业的各种特征信息作为一组条件变量应用于计量分析中，能够用来考察各种特征对并购结果的影响。相比较其他研究方法不考虑并购主体主客观条件，以偏概全地用样本结果来肯定或否定并购的有效性，临床诊断研究法较有说服力。

2. 问卷调查研究法

问卷调查研究法是预先设计一份标准的调查问卷，让发生并购的公司的当事人填写问卷，了解该并购事件对公司价值造成影响的各种非量化问题，然后通过对大样本的统计分析，得出普适性结论。由于传统的会计指标太过笼统，未能准确反映各种具体股东财富创造机制之间的差异性，因此许多学者选择使用问卷调查的方法来获取公司主管对公司并购创造公司价值与否的看法。这种方法的缺点是调查结果在一定程度上受公司主管的主观感觉影响，但通过结合公开的可得信息可以有效减少问卷调查中的噪音干扰，因此问卷调查法在研究中也经常被采用。

三　宏观绩效的研究方法

对相关并购产业层面绩效的研究有两条路径：一是从行业角度入手，在对各行业的企业数量、工业产值及职工人数等分析的基础上，讨论某行业的集聚水平及其进展；二是从地区角度入手，在对各地区中某行业的工业产值、销售额及职工人数等进行分析的基础上，讨论国家某行业的地区集中化水平及其进展。也就是说，前者关注到每一个企业，是行业水平上的集中；后者关注到每一个地区，是产业地区水平上的集中。

白重恩等[11]从行业的角度分析了产业地区集中度的变动趋势及其影响因素，认为外部性、规模经济、不同行业的利税率和国有成分比例是产业地区集中的重要影响因素，并且产业集中度随时间呈加强趋势。Jiangyong Lu和Zhigang Tao[12]利用中国制造业11年的数据分析表明，近年来中国各区域间的产业结构差异一定程度上可以用自然禀赋理论和外部效应理论给出解释。樊福卓[13]在比较了地区专业化系数和产业结构差异系数之后，发现中国33个行业的地区专业化水平自1985年以来有了较大程度的提高，如果忽略行业的相对规模来讨论地区专业化问题，则会高估地区专业化水平。

行业角度的实证分析结果是很广泛的。木材竹材采运业、石油天然气开采业以及煤炭加工等对资源依赖程度较高的行业，其产业地区集中度会较高[11]；农副食品加工业、石油加工炼焦、核燃料加工业及纺织产业等极具规模经济的产业，具有高的产业集中度规律；通信设备、计算机及其他电子设备制造业等技术水平较高的行业的集中度也特别高[14]。从地区角度的实证分析往往很难明确地具体分析到每个地区间差异产生的原因。蒋金荷[15]利用产业分工指数和区位熵，用实证的方法分析了我国11个省、市高技术产业的地区专业化问题，分析结果表明 1995—2002 年，总体上我国高技术产业的地方专业化趋势更加明显，但文章只将地方专业化趋势更加明显归因为这些地区有相应的高技术产业，而没有做出进一步分析。翁媛媛[14]研究了 29 个地区的专业化系数，认为专业化系数高的地区大部分都是自然资源禀赋丰富或者是从事高技术产业的区域，没有解释两种因素对地区专业化的影响程度以及两种因素的综合作用。

第二节　相关并购绩效的影响因素分析

一　微观绩效的影响因素

并购是企业外部成长的路径。美国著名经济学家、诺贝尔经济学奖得主斯蒂格勒在其著作《通向垄断和寡战之路——兼并》一文中指出："在美国，几乎所有的大公司都是通过不同程度和不同方式的并购扩张发展起来的，而不是仅仅依赖企业进行内部扩张发展壮大的。"可见，并购能使企业资产规模扩展，使资产结构在社会范围的配置得到优化。那么，影响企业并购绩效的因素有哪些？其具体的作用机制是怎样的？本部分结合学者们既有的相关研究，主要从以下几个维度进行阐述。

（一）企业维度

企业作为并购的主体，无论是并购企业，还是目标企业的管理风格、股权结构、治理结构、经营现状以及并购后的企业文化整合都直接影响着并购绩效。具体主要表现为以下三点。

第一，股权结构。股权结构是指股份公司总股本中，不同性质的股份所占的比例及其相互关系。股权即股票持有者所具有的与其拥有的股票比例相应的权益及承担一定责任的权利。股权结构是公司治理结构的基础，公司治理结构则是股权结构的具体运行形式。结构—行为—绩效（SCP）是产业分析的标准结构。其实，这种分析方法也适用于对微观个体——企业的分析。企业的股权结构（组织架构）决定企业的行为，企业的行为决定企业的绩效。

冯根福和吴林江[1]的研究结果显示：第一大股东持股比例与公司并购

以后的绩效关系不显著，但是与并购当年的绩效存在正相关关系；国家控股的公司并购绩效在短期内高于非国家控股的公司，但是从长期看二者并没有显著差异。李善民和陈玉罡[16]发现国家股和法人股比重较大的公司，通过并购行为能够增加股东财富，并购行为对流通股比重较大的公司的股东财富没有很大影响。高管持股比例对并购公司股东财富没有确定性的影响。李善民等[17]发现，第一大股东持股比重越大的公司并购绩效越好，国家股比重越小的公司并购绩效越好。李善民和朱滔[18]通过实证研究发现，在发生并购行为的一年内，收购公司国有股比例对公司绩效有比较显著的影响。黄海燕和李月娥[19]研究发现：第一大股东为国有股的公司并购绩效高于第一大股东为非国有股的公司，有高层持股的并购绩效低于没有高层持股的并购绩效。

第二，高管年薪报酬。高管薪酬是属于公司治理层面的影响因素，是指股东通过采取一些激励手段，消除由委托代理关系产生的利益矛盾，使高管在追求自己利益的同时、能够最大限度地实现股东价值的最大化。股东聘请管理人员来运营企业，股东与高管之间就形成一种"委托—代理"关系。这种委托—代理关系具有三个特征：一是，利益不一致。股东希望高管努力工作，实现股东价值最大化，而高管可能偷懒，追求自身收益最大化。二是，存在信息不对称。高管负责公司的日常事务，非常了解公司的运营情况，因此掌握很多股东不知道的内幕信息。三是，监督困难。股东无法时时刻刻观察到高管的行为，不了解高管的努力程度。上述三个问题的存在，促使股东采用提高高管报酬的方法来使股东和高管利益趋同，以提高公司绩效。

在企业并购过程中，高管薪酬在企业并购绩效的影响因素中也扮演着重要角色。李燕萍和孙红[20]在研究中发现，高管年薪报酬与公司绩效有显著的正相关关系，高管持股报酬与公司绩效相关性不显著。

第三，文化整合。企业并购后的文化整合也是影响企业并购绩效的一个重要因素。在这里我们把企业并购后的文化整合定义为不同企业文化在并购后相互吸收、调和进而趋于一体化的过程。当不同的企业文化被放在一起时，只有在它们相互吸收、融合、内容和形式上发生变化，并逐渐整合为一种新的文化体系时，公司才能在并购后有较好的发展。

有很多学者将企业并购后的文化整合作为一个影响因素，并研究其对并购绩效的影响，得出了很多有价值的成果。宋耘[21]针对 1999 年 12 月至 2002 年 12 月中国上市公司实施的并购事件，实证考察文化冲突程度与并购绩效之间的关系，得出以下的结论：文化冲突与目标企业的抵制程度有显著的正相关关系，即并购双方企业的文化冲突程度越大，被并购方企业的员工抵制程度越大。李安民[22]认为是文化的多样性、复杂性和可变性使得并购双方在并购中产生文化冲突，进而引起并购文化风险。而文化风险存在于管理的每一个细节中：它不但影响企业战略的制订和实施、企业内部的管理以及人际关系的处理，也影响到企业的扩张方式、经营成本和管理模式，从而最终影响并购绩效。

（二）政府维度

为打造具有国际竞争力的企业，2006 年国资委提出要削减中央企业数量，到 2010 年做不到行业前三名的中央企业将被国资委强制重组。中央企业为了保证其独立的地位，纷纷以并购方式快速扩张。在中央企业迅猛的并购浪潮中，大量地方国有企业被中央企业兼并，地方政府也很愿意中央企业到当地展开收购重组。我国地方官员的考核晋升制度，使得官员将注意力投放在 GDP、就业率、税收等指标上。且现阶段国有经济在大部分地区经济中仍然占据重要甚至是主导地位，办好国有企业，发展好国有经济，关乎地方官员的晋升之路。因此政府在企业并购中扮演着非常重要的角色。政府对企业并购的干预、政府的并购动机等都会影响企业的并购绩效。

地方政府干预、政治关联对地方国有企业并购绩效有一定的影响。由于地方政府承担了较多的政策性负担，为了增加财务税收，提高就业率以及地方政府官员的政治晋升目标，地方政府有动机，也有能力通过并购活动来掠夺或支持其控制的公司。潘红波等[23]通过实证检验结果证实了以上逻辑，并且得出这样的结论：地方政府干预对赢利的地方国有上市公司的并购绩效有负的影响；而对亏损的地方国有上市公司的并购绩效有正的影响。且政治关联对赢利的地方国有上市公司的并购绩效有正的影响；对亏损的地方国有上市公司的并购绩效的影响不显著。

Musgrave[24]、Stiglitz 和 Joseph[25]认为为了克服市场失灵的因素，政府对自由市场进行干预，形成了以"扶持之手"的政府模型为基础的政府干预主义思潮。根据"扶持之手"的模型的观点，不受约束的自由市场会导致诸多市场弊病，包括垄断定价、外部效应、失业、不完善的企业信贷供应以及地区发展的失败等。市场经济的有效运行，实质上需要"有形之手"和"无形之手"共同发挥作用，即"无形之手"发挥基础性作用，"有形之手"弥补"无形之手"的缺陷。在市场经济中，市场调节和政府干预是一种互补和不可替代的关系。不论政府干预还是市场调节都存在缺陷，需要互补；并且双方具有不同的作用，不可相互替代。现代市场经济是在政府调控作用下，市场在资源配置中发挥基础性的作用。如果政府干预是基于解决自由市场弊病的动机，那么企业并购后的绩效会有所提高。Shleifer 等[26]建立"掠夺之手"模型来分析政府行为，证明无论是独裁者还是民主政治中的政治家们，其目的都是追求自己的私利，而不是社会福利的最大化。基于这种动机的政府干预，一般不利于并购绩效提高。

（三）其他影响因素

1. 并购类型与并购绩效

如上所述，企业并购主要有相关并购和混合并购两大类型。很多研究认为混合并购属于多元化投资，风险较高，不易控制，政府主导下的并购行为主要是横向并购和纵向并购。如 Jensen[27]认为相同行业内的横向并购和纵向并购比混合并购更容易取得成功。效率理论认为，混合并购不能提高企业的经营效率。但是，这些观点在实证研究中并没有找到依据，如 Elgem 和 Clark[28]发现发生混合并购的公司收益高于发生非混合并购公司的收益。Agrawal 等人[29]的实证检验说明公司并购后很长一段时间内，发生混合并购的公司效益并不低于发生非混合并购的公司。他们考察了解 1955—1987 年的 765 起并购事件，发现并购后的 5 年内，混合并购和相关行业并购都具有负的长期超常收益，但前者的损失小于后者。

相比于国外学术界，国内对混合并购的研究起步较晚，且研究角度也相对窄一些。冯根福和吴林江[1]通过对 1994—1998 年发生的上市公司不同类型并购，采用以财务指标为基础的综合评价方法分析并购前后上市公司的业绩变动，其研究表明：并购绩效从整体上先升后降，但不同类型的并购在并购后不同时期内业绩并不一致。吴林江[30]和李琼、游春[31]的实证结果得出，纵向并购业绩最好，横向并购次之，而混合并购的并购绩效最差。

2. 行业状况与并购绩效

企业所在行业的整体状况也会影响企业的并购绩效。这主要体现在产业周期和产业效应两个方面。

产业周期决定着产业不同阶段的并购呈现差异性。科尔尼的三位研究人员 Graeme K. Deans，Fritz Kroeger，Stefan Zeisel 在其研究著作《科尔尼并购策略》中详细论述了产业各个阶段的特点、各个阶段并购发生的频繁程度以及并购绩效。在产业的初创阶段，市场的集中度非常低，开始出现第一批兼并者；到了规模化阶段，企业的规模变得越来越大，其重要程度也大大提高，产业的领导者开始领导整个产业进行整合，此时并购发生最频繁，产业集中度也进一步提升；接下来是产业的聚集阶段，在第二阶段中生存下来的成功企业开始关注核心产业，出售一些妨碍其战略的附属部门，此时的并购更多发生在势均力敌的对手之间；最后产业集中度不断上升，最终达到平衡，此时并购基本不再发生。

产业效应是影响企业并购绩效的另一个产业因素。Schmalensee 把产业因素作为一个整体来研究其对上市公司绩效的影响，试图找出某些产业的企业的平均绩效总是高于另一些产业的企业的原因，并以此提出了产业效应概念。他于 1975 年对 242 个行业的 456 家上市公司进行了实证研究，最后发现，产业效应在公司绩效影响因子中占 20% 的权重，其余 80% 都归因为干扰项。据此，Schmalensee 得出了产业效应是企业业绩变动的决定因素的结论。McGahan 和 Porter[32] 在 Schmalensee 研究基础上，得出的结论是不同行业的产业效应对企业业绩的影响力差别很大。他们将这种差别归因于不同产业结构的差异，并得出另一个重要结论：由于产业结构的变化相对稳定，因此产业效应比企业效应对企业绩效的影响力更为持久和稳定。Montgomery[33] 使用托宾 Q 值作为独立变量，得出了相同结论。

近几年国内学者开始关注产业效应对并购绩效的影响。窦义粟等[34] 综合分析了国内电子信息业、机械制造业、家电行业、交运行业，得出以下结论：除了电子信息业，其他行业的综合绩效在并购完成的当年都有所提升，但提升不显著。从长远来看，电子信息业的绩效会高出其他行业，也就是说不同产业之间的并购绩效是不同的。李琼和游春[31] 以我国上市公司作为并购方发生的并购事件为研究对象，结合相关数据，对此类并购事件做实证分析，得出了以下两点结论：第一，从整体来看，并购前后绩效并未出现显著差异；第二，从整体来看，产业效应对并购的影响可以忽略。

3. 宏观环境与并购绩效

企业并购活动与宏观环境因素相互影响，相伴相生。宏观因素具体包括经济体制、市场规模、市场的吸引力、竞争强度、环境复杂性、基础设施以及金融信贷制度、资源的可得性、法律上的保护或优惠、当地政府对外资的态度及有关的政策法规等。我们依据各部分研究重点，引入相关宏观环境因素进行分析。

二　宏观绩效的影响因素

（一）传统影响因素

1. 外部性

从外部性理论来看，产业空间集聚存在三个基本诱因：专业劳动市场、供给专用的投入品和商业知识导致的技术溢出[34]。高技术产业的生产要素主要包括以高科技、人力资本等为代表的知识资源。这使得同一地区同一行业的企业之间存在正的溢出效应，促进支持知识的溢出效应的渠道表明企业在集群中将更有效率地开发新的产品和服务。高技术产业园区将人才、信息、技术等多种生产要素在一定地域范围内有效"集聚"，会产生较高的外部性效应，对产业集中度有较强的影响。

2. 规模经济

透过 Krugman 的新经济地理理论，可以解释，像航空航天器制造业、纺织业这样具有较强规模经济的产业分别具有较强的成本联系、需求联系，使得这些产业具有高的产业集中度的现象。更重要的是，专业化分工和生产的不可分割性为企业带来了规模经济效应，使得这些企业可用相对较少的工厂为分散的用户集中生产，而类似医药制造业这样中度规模经济的产业其集中度要低一些。而高技术开发区的规模一般都比较大，能较快形成规模经济和效益。

（二）政府因素

能够影响到并购产业层面绩效的政府行为有很多，如地方政府的制度创新、教育医疗等公共服务投入，但在给定任期约束的条件下，政府官员往往并不重视这些能够带来长期绩效的手段，而是更加热衷于能够带来短期经济绩效的竞争策略，即吸引资本。资本是中国经济增长的重要动力，地方政府对资本的追逐体现为地方政府之间的招商引资竞争[35]。王丹等[36]的分析认为，当招商引资项目的投资对选址的敏感性变强或者公共产品的差异程度增大时，单纯靠减税并不能大量吸引投资。本部分主要考察地方政府常用的两种手段。

1. 设立高新技术产业园区

面向某些特定产业建设的开发区会提高投资对辖区差异的偏好，从而使辖区招商引资水平得到显著提高。因此地方政府可以通过创办开发区等方式突出自己的地方特色，培育自己的核心竞争力，从而走出竞相减税的怪圈，达到有效招商引资的目的。

我国高新技术产业开发区是以发展高新技术为目的而设置的特定区域，它通过实行高新技术产业的优惠政策和各项改革措施，实现软硬环境的局部优化，对于高技术产业投资具有较大的吸引力。争夺国家级园区建设可以有效提高本地的投资水平，提升短期经济绩效，因此政府官员有动机为国家级园区建设开展竞争，国家级高新技术产业园区个数可以作为衡量政府竞争的指标。

2. 财政科技支出

除招商引资外，众多学者的研究都证实了地方政府之间还存在着财政支出竞争。从资金投入的角度来看，高技术产业的发展对高技术成果的依赖性直接表现为高技术产业 R&D 经费与科技活动支出随着高技术产业的发展呈现不断加强的趋势，R&D 经费与其他投入一样，也具有边际效益递减的规律，要想保持高技术产业的增长，就必须加大 R&D 经费与科技活动投入。企业和金融机构贷款是我国高技术产业发展较好地区的科技经费的主要来源，也就是说，主要依靠政府资金的地区，其高技术产业发展水平要相对低一些。

第三节　相关并购绩效与制度环境：市场化进程视角

市场化是我国 30 多年来渐进式改革的基本取向，也是缔造中国经济增长奇迹的关键性制度安排之一。市场化改革的题中之义在于，市场作为资源配置的手段逐渐增强，而政府行为（计划）在资源配置中的作用逐渐弱化。因此，市场化与政府行为在一定程度上是一个问题的两个方面。20 世纪 80年代以来的财政包干和分税制改革打破了此前高度集权的财政管理体制，使地方政府逐渐拥有了对财政收入的剩余控制权。与财政分权相对应的是政治集权，这种基于政绩考核的制度性安排向地方政府提供了市场化的激励。正是经济分权和政治集权结合所形成的中国式分权制度，内生决定了地方政府之间必然会展开竞争。本节从市场化进程视角考量制度环境与并购绩效的关系，随后章节（本章第四节）将进一步阐释政府竞争对相关并购绩效的影响机制。

市场化进程作为企业并购的制度和市场因素，对其并购绩效有着重要的影响。我国从 1978 年起就开始了市场经济转轨过程。尽管这一转轨过程取得了举世瞩目的成就，但对于中国这一幅员辽阔的国家来说，各个地区之间的市场化进程并不平衡[37]。不同地区之间的公司可能面临着有明显差异的制度环境。由此引发的问题是，市场化进程这一制度环境的不同会给企业并购的绩效造成什么影响？

本部分选取 2009 年沪、深两市上市公司发生的并购事件为研究对象，按照一定标准筛选出 419 家公司为样本公司，运用主成分分析法对样本公司进行绩效分析，计算出每个公司在并购前后的综合得分，将得分作为其并购绩效。然后将绩效作为被解释变量，市场化进程作为解释变量，还选取了关联交易、国有股比例、同属管辖、并购规模、支付方式和行业相关性作为控制变量，进行回归分析，考察市场化进程对企业并购绩效的影响。

一 中国地区市场化进程对企业并购绩效的影响：理论研究

（一）中国市场化进程分析

1. 中国市场化进程的演进与现状

自 20 世纪 70 年代开始，我国的经济体制发生转变，由计划经济向市场经济转型。自党的十六届三中全会高度评价了我国十四大确定的社会主义市场经济改革目标以来，我国经济体制改革在理论和实践上取得了重大进展，并且明确提出将完善社会主义市场经济体制作为今后发展的中心任务，继续把市场化改革从广度和深度两个方面推进。时至今日，我国进入了从计划经济向市场经济的转轨和体制改革深化时期。下面就我国市场化进程的演进过程进行回顾。

自从党的十一届三中全会以来，我国正式步入了市场化改革的历史时期。回顾 30 多年的改革，可以将我国的市场化演进过程分为四个阶段。

第一阶段：市场化改革的起步阶段（1978—1984 年）。这一阶段的标志性事件主要有：党的十一届三中全会做出把工作重点转移到社会主义现代化建设上来和实行改革开放的伟大决策；安徽省凤阳县农民开始实施家庭联产承包责任制，有效地促进了农村经济的发展；国家开始向国营工业企业"放权让利"，使其获得初步的自主权；先后建立了 4 个经济特区。在这一时期，我国经济发展的前提仍然是计划经济，市场经济只是个别现象。

第二阶段：市场化改革的初步发展阶段（1984—1991 年）。经过第一阶段的实验，市场化改革进入初步发展阶段，主要表现在：企业改革得到进一步推进；对外开放 14 个沿海城市，设立海南省。

第三阶段：初步建立社会主义市场经济阶段（1992—2000 年）。随着市场化改革的不断发展，20 世纪末我国开始了初步建立社会主义市场经济的阶段。在此阶段，国有企业改革得到深化，股份制改造成为建立现代企业制度的主要方式。党的十四大和十五大进一步完善了我国的经济体制，明确了非公有经济的地位。

第四阶段：完善社会主义市场经济阶段（2000 年至今）。2001 年 12 月，中国正式加入 WTO，成为第 143 个成员，这标志着我国的对外开放进入新纪元。2002 年党的十六大报告指出，21 世纪头 20 年经济建设和改革的主要任务是完善社会主义市场经济体制，推动经济结构战略调整。

通过樊纲、王小鲁等人的《中国市场化指数：各地区市场化相对进程 2011 年报告》对中国各省、市、自治区市场化指数的测度，我们可以对 2000—2009 年中国地区市场化进程的演变过程及现状有个更形象的认识，根据该报告中的市场化指数，我们可以做出图 6-1。

通过图 6-1，可以发现中国各地区随着时间的推移市场化程度逐年增加，尤其是后五年，市场化程度有了突飞猛进的提高。经过十年的发展，大部分地区 2009 年的市场化指数比 2000 年翻了一番，甚至提高的更多。但与

此同时，中国各地区的市场化指数也存在较大差距，并且这种差距有增大的
趋势。

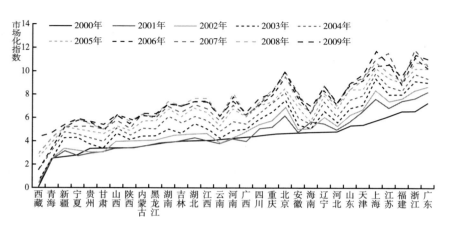

图 6 - 1　2000—2009 年中国各省、市、自治区的市场化指数

资料来源：《中国市场化指数：各地区市场化相对进程 2011 年报告》。

我国从市场化改革开始至今已经历了 30 多年的时间，目前我国已经成
功地从一个典型的计划经济体制的国家转变为初步建立市场经济体制的国
家。这场经济改革给我们带来了经济的迅猛发展，大大地加速了我国的社会
主义进程，然而巨大的繁荣背后同样隐藏着危机，各地区存在着资源、经济
政策等方面的差异，导致了空前的地区经济发展水平差距和各地区市场化水
平的差距。

长期以来我国施行行政区划的管理方式，各个行政区域对当地经济有很
强的控制力，使我国区域经济的发展呈现很强的"行政区经济"发展态势。
因此，我们在研究地区市场化进程时以各行政区划为单位。具体来说，我国
东部沿海省份的市场化进程普遍较高，其次是中部省份，西部省份最低。并
且我国各区域市场化差距在逐步拉大，不同的区域市场化发展呈现不同的特
征，其中，中西部省份"要素市场化""贸易自由度"的发展明显滞后于东
部省份[38]。

通过图 6 -1，不难发现，中国各地区的市场化指数随着时间的推移大
体呈现逐年增加的趋势，并且东部省份普遍高于中部省份，中部省份普遍高

于西部省份。目前我国东部沿海省份的市场化进程虽然具有绝对的领先优势，但是随着我国市场经济的不断完善，我国中部和西部省份的自然优势以及劳动力成本的优势都将逐步得到发挥，随之而来的地区间的市场化差距也会日益缩小。虽然我国的地区市场化进程在整体上展现出比较乐观的形势，但是实际上还存在着很多问题，比如我国的市场体系尚处于不完善阶段、要素市场的发展相对滞后、市场信用紊乱等。另外，政府职能的转变也会阻碍我国市场化程度的进一步深化。

2. 中国地区市场化进程差异的原因探讨

市场化进程是我国在经济转轨期所特有的现象，造成我国地区市场化进程巨大差异的原因可以从经济发展水平、经济的开放程度、制度结构、自然条件、社会习俗等方面进行分析。

（1）经济发展水平

经济发展水平是市场化程度的根本。纳克斯[39]提出了"贫困性循环论"，他认为发展中国家之所以长期贫困，不是因为资源的不足，而是因为在经济中存在着若干相互作用的"贫困恶性循环"。在我国地区市场化进程的发展中，"贫困恶性循环"表现在中西部省份经济发展水平基础差，居民支出水平低，市场发展诱因不足，导致市场化水平低。

（2）经济的开放程度

从上文我国市场化进程的演进过程，我们不难发现，最先开放的一批城市都处于东部沿海省份，这些改革开放的城市更早地享受了税收优惠政策，政策上的优势使东部省份得到优先发展，此时，中西部省份的资源也会流向东部省份，更加抑制了中西部省份的发展，导致地区间的市场化进程差距逐步拉大。

（3）制度结构

制度结构主要是通过产权、政策和法令等方式表现出来的，不同地区制度结构的不同导致各地市场化进程的不同。就从所有制结构来看，国有经济占比较大的地区受到更多传统体制的束缚，市场化进程通常较低。

（4）自然条件、社会习俗

在我国欠发达地区，由于自然条件和社会习俗等的约束，当地居民思想一直处于比较封闭自守的状态，重农抑商思想十分严重，竞争意识淡薄，安于现状，使市场经济在这些地区难以进行，市场化进程严重滞后。

（二）市场化进程和企业并购绩效的相关性研究

市场化进程是由地方政府干预、法治化进程等多个因素决定的，因而它作为一项复杂而重要的制度和市场环境，对企业并购的绩效有着十分重要的影响。国内许多学者也对此做了大量的研究。

孙铮等[40]认为在市场化程度较低的地区，银行公有或者企业公有的产权制度使得政府干预在一定程度上可以替代司法体系，从而使得政府干预可以降低债务契约的成本，在这种情形下具有政治关系的企业能够规避因缺乏完善的司法体系而带来的不利影响，较为容易地获得银行长期贷款的支持；相反地，在那些市场化程度较高的地区，尽管政府对企业与银行的控制得到放宽，但却无法规避缺乏完善的司法体系对企业所带来的利益的损害，使得企业很难通过银行的长期贷款获得支持，从而往往通过短债长借这种替代机制来谋求发展。

夏立军、陈信元[41]对不同地区的公司治理结果进行实证研究，得出以下结论：在市场化程度较高的地区，上市公司由政府持有的股份比例更低，而且更有可能是由低级别的地方政府控制；然而，管制性行业公司和规模很大的公司的政府持有股权比例较高，而且更有可能是由高级别地方政府所控制。在市场化进程较低的地区，政府直接持有大规模公司股份的可能性更小，而且这种现象在管制性行业与非管制性行业公司之间没有显著的区别。这些研究发现表明，地区市场化发展程度和中央政府采取的国企改革政策显著影响着公司治理结构。因为地区市场化程度的提升能够有效削弱地方政府对控制公司的经济动机，而国企改革政策则提高了地方政府控制大规模公司和管制性行业公司的政治动机。

房慧欣[42]选取了我国沪深两市 1998—2006 年的 A 股上市公司作为样本，用股权结构、市场化指数作为解释变量，建立了股权结构、市场化指数与企业并购数量、金额的回归模型并进行实证分析。结果表明：市场化指数与是否并购、并购数量和并购金额也具有明显的正相关性，我国国有控股上市公司发生并购的概率、并购数量和并购金额均低于非国有控股上市公司，并且市场化进程的推进可以促进上市公司并购行为的发生。

张志宏、费贵贤[43]以 2008 年金融危机爆发后我国上市公司作为主并方发生的 239 起并购事件为对象，研究发现市场化程度与企业的区域属性呈负相关，市场化程度高的地区对企业并购的干预程度显著低于市场化程度低的地区，企业实施跨区域并购的可能性更大；市场化程度与并购的行业属性呈负相关，市场化程度高的地区，非国有经济所占比重高，会更多选择多元化经营建立内部资本市场以弥补外部资本市场的不足。在金融危机的背景下，处于市场化进程高的地区的企业会更多地选择多元化并购以减少企业经营风险。

倪静、王成方[44]以我国深、沪两市 1998—2006 年所有发生并购行为的 A 股上市公司为研究样本，研究发现，随着市场化指数增加，非国有控股公司发生并购的概率、次数和金额都提高得更多。另外，不同地区的企业在选择并购模式时会有所不同，企业所处地区市场化进程越低，越倾向于进行相关并购和同区域并购；市场化程度越高，越有可能选择多元化并购和跨地区并购。

综上可见，已有的文献或者就市场化进程对企业并购绩效的影响做定性分析，或者就市场化进程对企业并购的数量和金额影响进行了阐释，鲜见对于市场化进程如何影响企业并购绩效进行研究的相关文献。因此本节以下部分对中国地区市场化进程对企业并购绩效的影响机制的探索，有助于深化和丰富这一领域的理论和实证研究。

（三）　中国地区市场化进程对企业并购绩效的影响机制：基于樊纲、王小鲁研究框架

本部分所研究的市场化进程主要是地区的市场化进程，对市场化进程的衡量借鉴了樊纲、王小鲁《中国市场化指数：各地区市场化相对进程 2011 年报告》中 2009 年全国各省、市、自治区的市场化指数。其中，市场化进程包括了五个方面：政府与市场的关系、非国有经济的发展、产品市场的发育、要素市场的发育、市场中介组织和法律制度环境。

首先，政府与市场的关系代表了政府干预程度。地方政府为了实现自身的政治、经济目标，有强烈的动机干预企业并购，导致其辖区内国有企业的并购活动承担了太多诸如扩大税收、促进就业、政治晋升、社会稳定等的政府目标，影响了国有企业并购的自主性。这样，国有企业的并购决策行为可能偏离利润最大化的目标，从而对企业并购绩效产生一定的影响。

其次，非国有经济的发展是指与国有经济相对的民营经济的发展。民营经济相对于国有经济有其独特的市场优势和体制优势。具体表现为以下两点：第一，民营经济是社会主义市场经济的组成部分，民营经济最适应市场经济，民营经济同市场经济有一种天然的联系，它是在市场中孕育产生进而发展壮大的。民营经济是以市场为基础、为导向的经济，是市场经济的先行者、开拓者，是市场经济真正的主体。第二，民营经济负盈又负亏，预算约束很强，机制十分灵活。国有经济由于其产权问题，不能对资源进行有效的配置，而民营经济虽然机制灵活，但是缺乏相应的资源，因此通过民营企业兼并国有企业，实现两者有机结合和对现有资源的有效利用，进而提高并购企业的绩效，便成为一种必然的趋势。

然后，产品市场和要素市场的发育状况，作为企业并购市场环境的构成要素对企业并购有着直接的影响。在完善的产品市场上，市场的价格决定机制更合理，地方政府对本市场的保护程度更低。在这种市场上企业可以根据自身的需求更好地进行并购，这种市场环境还为企业并购之后的经营发展提供了良好的条件，而完善的要素市场则可以为企业发生并购提供有利的资金等要素支持。

最后，市场中介组织和法律制度环境作为企业并购的客观条件，对企业的并购有着不可忽视的影响。银行等市场中介组织可以为并购企业提供良好的资本市场环境。在法律保护程度比较低的地区，可能会存在更多的"掏空"行为。而法律制度的不断完善，则可以更好地规范企业在并购活动中的行为，改变并购活动中操作不规范的状况，使企业在并购中能够有法可依，为并购双方提供法律保障，从而促使我国企业并购的健康发展。

市场化进程是由多个因素共同促成的，这些因素会直接对企业并购的绩效产生影响，而对于这些因素共同作用的结果，即市场化进程对企业并购绩效的影响机制，下面将进一步进行实证考量。

二　中国地区市场化进程对企业并购绩效的影响：实证考量

本部分采用会计研究法，计算每个样本公司在并购前后的综合得分，即并购绩效。然后将绩效作为被解释变量，市场化进程作为解释变量，选取了关联交易、国有股比例、同属管辖、并购规模、支付方式和行业相关性作为控制变量，进行回归分析，考察市场化进程对企业并购绩效的影响。

（一）研究设计

首先经过一系列的筛选条件选取 2009 年发生并购的 419 家上市公司作为研究样本，并对这些样本公司进行了区域划分，然后设计了被解释变量、解释变量、控制变量，进而构建适合的回归模型，考察市场化进程对企业并购绩效的影响。

1. 研究样本

选取 2009 年发生并购的上市公司作为样本，主要研究了并购前一年、并购当年、并购后一年和并购后两年的财务数据。并购事件样本来源于国泰安 CSMAR 数据库，公司财务指标数据来源于 CCFRR 数据库。对这三年发生并购的公司按照以下标准进行筛选，来剔除一些不符合要求的样本公司：①2009 年发生并购事件的主并购方公司，剔除了 S、ST、S＊ST、PT 上市公司，以免对实证结果造成影响；②并购公司为沪深上市的 A 股上市公司；③并购成功；④并购公司在检验期内有完整的年度财务数据，否则剔除；⑤同一并购公司在检验期内发生多次并购活动的，取规模最大的一次。根据以上条件，最终选择了 419 家公司作为研究对象。

2. 变量设计与研究模型

（1）解释变量

解释变量用市场化指数来表现，市场化指数主要借鉴了樊纲、王小鲁《中国市场化指数：各地区市场化相对进程 2011 年报告》中 2009 年全国各省、市、自治区的市场化指数。按照每个样本公司所处的经营省份不同，其市场化指数取值不同，具体取值如表 6 - 1。

表 6 - 1 各省份 2009 年市场化指数

省份	浙江	江苏	上海	广东	北京	天津	福建	山东	辽宁	重庆	河南
市场化指数	11.8	11.54	10.96	10.42	9.87	9.43	9.02	8.93	8.76	8.14	8.04
省份	安徽	江西	湖北	四川	湖南	河北	吉林	海南	内蒙古	广西	山西
市场化指数	7.88	7.65	7.65	7.56	7.39	7.27	7.09	6.40	6.27	6.17	6.11
省份	黑龙江	云南	宁夏	陕西	贵州	新疆	甘肃	青海	西藏		
市场化指数	6.11	6.06	5.94	5.65	5.56	5.12	4.98	3.25	0.38		

资料来源：《中国市场化指数：各地区市场化相对进程 2011 年报告》。

（2）被解释变量

本章首先利用主成分分析法计算出每个样本公司在并购前一年、并购当年、并购后一年、并购后两年的综合得分，分别记作 $Z_{(-1)}$、$Z_{(0)}$、$Z_{(1)}$、$Z_{(2)}$，并将其作为每个样本公司的并购绩效，即模型的被解释变量。

（3）控制变量

为了控制其他因素对并购绩效的影响，本部分还选取了并购规模（DS）、同属管辖（PAR）、关联交易（RD）、国有股比例（ST）、支付方式（PT）和行业相关性（IND）作为控制变量。具体说明如下。

①并购规模（DS）。

并购规模用并购公司并购目标公司的股权比例来表示。

②同属管辖（PAR）。

根据并购方和被并购方是否在同一区域，可分为是否同属管辖两种情况，如果是同区域并购取值为 1，跨区域并购取值为 0。

③关联交易（RD）。

上市公司的关联交易主要发生于母子公司之间、子公司之间、公司与关键管理人员之间。对是不是关联交易只能进行定性的分析，故将其设为虚拟变量，关联交易为 1，非关联交易为 0。

④国有股比例（ST）。

国有股比例是指并购公司国有股占其股本总数的比例，这反映了并购公司的股权结构。

⑤支付方式（PT）。

上市公司的支付方式有现金、股权等多种方式，本部分将其设为虚拟变量，现金支付为 1，其他支付方式为 0。

⑥行业相关性（IND）。

并购活动按并购双方所处行业的相关性分为同行业并购（记为 1）和非同行业并购（记为 0）。

（4）研究模型

利用上面定义的解释变量、被解释变量和控制变量，构建一个模型，并用 OLS 回归方法分析解释变量和被解释变量之间的关系。

$$Z = b_0 + b_1 MAR + b_2 RD + b_3 ST + b_4 PAR + b_5 DS + b_6 PT + b_7 IND + e \qquad (6-2)$$

其中，b_0 为常数项，b_1、b_2、b_3、b_4、b_5、b_6 和 b_7 为模型回归系数，e 为随机变量，表示可能影响并购绩效但是无法观测的其他因素。

（二）实证研究

本节主要是对已经选取的 419 家样本公司通过回归分析的方法来考察市场化进程对企业并购绩效的影响，其中，通过选取一些财务指标，利用主成分分析法，来计算每个样本公司的综合得分，将综合得分作为被解释变量企业的并购绩效。

1. 财务指标选取

根据国务院国资委 2006 年颁布的《企业绩效评价标准值》选取了一些能够反映企业核心竞争力的指标，各财务指标及其计算方法如表 6 - 2 所示。

表 6 - 2　企业绩效评价指标体系

类型	财务指标	计算公式
赢利能力	营业利润率 X_1	营业利润率 = 本期营业利润/本期营业成本
	总资产报酬率 X_2	总资产报酬率 = （利润总额 + 利息支出）/资产总额
	净资产收益率 X_3	净资产收益率 = 本期净利润/股东权益余额
营运能力	流动资产周转率 X_4	流动资产周转率 = 营业收入/期末流动资产
	总资产周转率 X_5	总资产周转率 = 营业收入/期末总资产
偿债能力	资产负债率 X_6	资产负债率 = 负债总额/资产总额
	产权比率 X_7	产权比率 = 负债总额/所有者权益
	速动比率 X_8	速动比率 = 速动资产/流动负债
发展能力	资本保值增值率 X_9	资本保值增值率 = 期末股东权益/期初股东权益
	总资产增长率 X_{10}	总资产增长率 = （期末总资产 - 期初总资产）/期初总资产

资料来源：《企业绩效评价标准值（2006）》。

2. 统计描述与分析

接下来通过选取的 10 个财务指标对样本进行主成分分析，计算样本公司并购前一年、并购当年和并购后一年、并购后两年的综合得分，来分析并购前后公司绩效的变化情况。

（1）描述性统计

本部分使用 SPSS18. 0 对样本公司并购前一年、并购当年、并购后一年以及并购后两年的财务指标进行描述性统计，具体见表 6 - 3。

表 6 - 3　财务指标描述性统计

财务指标	前一年	当年	后一年	后两年
营业利润率	0.07383768	0.02782016	- 0.02359979	0.02805885
资产报酬率	0.0603999	0.05719224	0.06536846	0.06586216
净资产收益率	0.06786897	0.04434081	0.10245996	0.0716198
流动资产周转率	1.81554814	1.56038029	1.66801443	1.66114095
总资产周转率	0.784935	0.6776716	0.73864435	0.76258578
资产负债率	0.52849118	0.54704472	0.5530298	0.55580192
产权比率	1.56549188	1.75041105	1.70060151	1.90023103
速动比率	1.05799009	1.01777286	1.21127605	1.41061865
资本保值增值率	1.12905048	1.18123582	1.18498073	1.15334557
总资产增长率	0.11192314	0.22798986	0.2161539	0.15592434

资料来源：国泰安数据库，结果由 SPSS18.0 统计软件得到。

（2）主成分分析

首先，进行变量相关性检验。运用 SPSS18.0 对公司的财务指标进行主成分分析。表 6 - 4 是样本公司在并购前一年、并购当年、并购后一年和并购后两年的 KMO 检验（Kaiser - Meyer - Olkin）和巴特利特球度检验（Bartlett Test of Spherieity）结果。

从表 6 - 4 可以看出，并购前一年、并购当年、并购后一年和并购后两年的 KMO 值均大于 0.5，并且 Bartlett 检验的 Sig 值均为 0，小于显著性水平 0.05，因此认为这四年的财务数据均适合做主成分分析。

表 6 - 4　KMO and Bartlett's Test

KMO 和 Bartlett 的检验		前一年	当年	后一年	后两年
Kaiser - Meyer - Olkin 检验		0.574	0.563	0.522	0.521
Bartlett 球形度检验	近似卡方	1410.937	1822.014	2323.277	2041.323
	df	45	45	45	45
	Sig.	0	0	0	0

资料来源：国泰安数据库，结果由 SPSS18.0 统计软件得到。

其次，提取公共因子。运用 SPSS18.0 对样本公司四年的财务数据进行主成分分析，最后得到各个主成分的得分函数，进而计算各个公司的综合得分。下面以并购前一年为例，进行主成分分析。

从表 6 - 5 中可以看出，通过提取 6 个主成分，累计方差贡献率达到 87.31%，即它们能一起解释问题的程度为 87.31%，因此认为这 6 个主成分可以反映并购前两年原变量的大部分信息。

表 6 - 5　并购前一年的公因子提取结果

成分	初始特征值			提取平方和载入			旋转平方和载入		
	合计	方差的%	累积%	合计	方差的%	累积%	合计	方差的%	累积%
1	2.641	26.413	26.413	2.641	26.413	26.413	1.936	19.36	19.36
2	1.931	19.308	45.72	1.931	19.308	45.72	1.8	17.997	37.357
3	1.714	17.14	62.86	1.714	17.14	62.86	1.795	17.95	55.307
4	0.958	9.578	72.438	0.958	9.578	72.438	1.117	11.166	66.473
5	0.842	8.416	80.854	0.842	8.416	80.854	1.069	10.691	77.164
6	0.646	6.456	87.31	0.646	6.456	87.31	1.015	10.146	87.31
7	0.545	5.45	92.76						
8	0.29	2.899	95.659						
9	0.25	2.503	98.162						
10	0.184	1.838	100						

注：提取方法为主成分分析。

最后，确定综合得分函数。在上面主成分的基础上得出旋转主成分矩阵和因子得分矩阵如表 6 - 6、表 6 - 7 所示。

表 6 - 6　并购前一年旋转主成分矩阵

指标	成分					
	1	2	3	4	5	6
营业利润率	0.641	-0.205	-0.252	0.148	0.451	-0.21
资产报酬率	0.836	0.183	-0.26	-0.016	0.151	0.085
净资产收益率	0.864	0.022	0.097	0.012	-0.073	0.224
流动资产周转率	0.016	0.935	-0.053	-0.047	0	-0.064
总资产周转率	0.071	0.913	0.048	0.168	-0.082	0.048
资产负债率	-0.179	0.036	0.841	-0.363	0.06	0.005

指标	成分					
	1	2	3	4	5	6
产权比率	− 0.042	− 0.033	0.942	0.015	0.04	− 0.057
速动比率	0.024	0.104	− 0.186	0.965	− 0.016	− 0.003
资本保值增值率	0.171	− 0.023	− 0.066	0	0.228	0.908
总资产增长率	0.099	− 0.043	0.13	− 0.044	0.88	0.28

注：①提取方法为主成分。②旋转法：具有 Kaiser 标准化的正交旋转法，旋转在 8 次迭代后收敛。

表 6 - 7   并购前一年因子得分系数矩阵

指标	成分					
	1	2	3	4	5	6
营业利润率	0.286	− 0.09	− 0.055	0.069	0.431	− 0.441
资产报酬率	0.437	0.085	− 0.061	− 0.129	− 0.016	− 0.054
净资产收益率	0.565	− 0.063	0.219	0.02	− 0.387	0.183
流动资产周转率	− 0.045	0.552	− 0.08	− 0.152	0.152	− 0.117
总资产周转率	0.009	0.497	0.066	0.106	− 0.008	0.044
资产负债率	0.019	0.042	0.434	− 0.14	0.046	− 0.017
产权比率	0.128	− 0.044	0.636	0.279	− 0.01	− 0.073
速动比率	− 0.05	− 0.023	0.144	0.941	0.006	0.047
资本保值增值率	− 0.059	− 0.028	− 0.038	0.026	− 0.072	0.939
总资产增长率	− 0.167	0.079	0.017	0.005	0.902	0.017

注：①提取方法为主成分。②旋转法：具有 Kaiser 标准化的正交旋转法。

从表 6 - 8 主成分协方差矩阵可以看出，所获得的 6 个主成分是不相关的，根据这 6 个主成分的得分和方差贡献率，可以得出 A 地区并购前一年的样本公司综合得分函数 $Z_{(-1)}$：

$$Z_{(-1)} = (26.413F_1 + 19.308F_2 + 17.14F_3 + 9.578F_4 + 8.416F_5 + 6.456F_6)/87.31。$$

同样地可以得到 A 地区并购当年的综合得分 $Z_{(0)}$、并购后一年的综合得分 $Z_{(1)}$、并购后两年的综合得分 $Z_{(2)}$：

$$Z_{(0)} = (25.146F_1 + 18.485F_2 + 17.816F_3 + 12.776F_4 + 11.195F_5 +$$

4.965F_6) /90.383;

$$Z_{(1)} = (27.372F_1 + 20.76F_2 + 16.663F_3 + 14.403F_4 + 8.561F_5 + 4.664F_6) /92.422;$$

$$Z_{(2)} = (27.731F_1 + 20.046F_2 + 14.791F_3 + 10.414F_4 + 9.742F_5 + 7.31F_6) /90.034。$$

通过 EXCEL2003 将四年的因子得分带入综合得分函数，可以计算出每个样本公司四年的综合得分。

表 6-8　并购前一年的主成分得分协方差矩阵

成分	1	2	3	4	5	6
1	1	0	0	0	0	0
2	0	1	0	0	0	0
3	0	0	1	0	0	0
4	0	0	0	1	0	0
5	0	0	0	0	1	0
6	0	0	0	0	0	1

注：①提取方法为主成分。②旋转法：具有 Kaiser 标准化的正交旋转法。

（三）实证结果和稳健性检验

1. 实证结果和分析

下面用 OLS 回归分析的方法深入研究市场化进程与上市公司并购绩效之间的关系。根据已有的并购相关理论以及前述的假设，以绩效 Z 作为因变量，分别用 $Z_{(-1)}$、$Z_{(0)}$、$Z_{(1)}$、$Z_{(2)}$ 代入；以市场化指数（MAR）为自变量对模型（6-2）进行回归分析，结果见表 6-9。

通过回归分析结果发现，市场化进程（MAR）和企业并购绩效显著正相关。在不同地区发生的并购行为，由于所在地区市场化指数的不同，并购绩效不同。具体来说，随着不同地区市场化指数的提高，企业的并购绩效也不断改善。在并购后的第二年，市场化进程的相关系数明显增大，说明市场化进程对企业并购绩效的影响越来越显著。并购后第一年市场化进程对企业并购绩效的影响较之前反而有所减小，这可能是由于在短期内并购企业需要一定的时间进行调整来适应整个市场环境。经过一年的适应整合，市场化进程对企业并购绩效的正效应逐渐显现出来。

并购规模（DS）和企业并购绩效正相关。这是因为并购企业的规模越大，往往具有更高的管理能力和规模经济所带来的优势，因此在并购行为中，相对于规模小的企业，更容易进行资源的整合，进而带来并购绩效的改善。

同属管辖（PAR）和企业的并购绩效正相关。由于处在同一个管辖区域的企业对彼此的经营环境有更多的了解，对对方的经营状况也能方便地获取更多的信息，这在一定程度上减少了信息不对称，因此统一管辖区域内的并购行为往往会取得更好的并购绩效。

关联交易（RD）和企业并购绩效正相关。因为关联交易主要发生于母子公司之间、子公司之间、公司与关键管理人员之间，他们之间的并购就减少了敌意并购的可能性，而且双方本身所具有的相关性带来了信息上的绝对优势，另外这种并购交易成本也比较低。

国有股比例（ST）和企业并购绩效负相关。国有股比例越高，往往表示政府对企业的干预程度越高。而政府的身份不仅仅是企业的所有者，它还扮演着社会管理者的角色，因此，政府对企业的管理行为通常会加入一些政治色彩，导致企业的并购绩效降低。

支付方式（PT）和企业并购绩效之间具有不确定性。在并购前一年、并购当年和并购后一年，支付方式和企业并购绩效负相关，即现金支付方式对企业并购绩效具有不利的影响，但是不显著。并购后的第二年现金支付却显现出了它的优势。

行业相关性（IND）和企业并购绩效正相关。这是因为对于同行业的企业，并购企业有更多的管理和经营经验，两者整合以后更易被管理。另外，相关性并购会带来规模经济，从而提高企业的并购绩效。

表 6 - 9　回归分析结果

变量	$Z_{(-1)}$	$Z_{(0)}$	$Z_{(1)}$	$Z_{(2)}$
MAR	0.026	0.075	0.016	0.087
	0.529 *	1.537 **	0.333 *	1.775 ***

续表

变量	$Z_{(-1)}$	$Z_{(0)}$	$Z_{(1)}$	$Z_{(2)}$
DS	0.079	0.014	0.004	0.085
	-1.601	-0.286*	0.081	-1.712
PAR	0.025	0.04	0.089	0.028
	0.454*	-0.721**	1.587*	-0.503**
RD	0.003	0.032	0.036	0.071
	0.06**	-0.64*	-0.72*	1.412
ST	-0.073	-0.131	-0.071	-0.023
	1.488*	2.691	1.449	0.473*
PT	-0.072	-0.045	-0.013	0.005
	-1.451	-0.916	-0.26	0.091
IND	0.101	0.119	0.002	0.013
	1.848	2.178*	0.038*	0.242
b_0	0.791	0.441	0.566	-0.125
	5.6	4.741	3.086	-0.322
调整 R^2	0.573	0.492	0.327	0.407
F	4.171***	2.212***	7.841***	3.156***

注：*** 表示相关系数在 1% 水平上显著，** 表示相关系数在 5% 水平上显著，* 表示相关系数在 10% 水平上显著。

资料来源：国泰安数据库，结果由 SPSS18.0 统计软件得到。

2. 稳健性检验

为了保证结果的可靠性，下面我们对模型进行稳健性检验。在上面的实证研究中，对市场化进程的衡量采用了樊纲、王小鲁的市场化指数，下面我们将借鉴郝娟对市场化进程的测度方法。郝娟[①]对市场化指数的衡量主要是通过选择政府行为规范化、要素市场的发育、企业市场化、贸易自由度四个方面作为一级指标来测量。其市场化指标体系如表 6-10 所示。

---

① 郝娟：《中国区域市场化进程的新特点——基于市场化指数的聚类分析》，《生产力研究》2006 年第 8 期，第 123—125 页。

表 6 - 10 市场化指数的指标体系

一级指标	二级指标	三级指标
1. 政府行为规范化	[1]政府规模	(1a)政府消费/GDP
		(1b)政府人员/城镇从业人员
	[2]政府对经济的干预	(2a)政府政策性补贴/GDP
		(2b)政府财政预算分配资金/GDP
2. 要素市场的发育	[1]劳动力流动自由度	(1a)外来农村劳动力/城镇从业人员
		(1b)非农业就业人数/乡村劳动力
	[2]技术成果市场化	(2a)技术市场成交额/本地专业技术人员
	[3]资本市场	(3a)外国资本投资/全部固定资产投资
		(3b)外方注册资金/外商投资企业总注册资金
	[4]收入市场化	(4a)非农业收入/农民纯收入
	[5]金融业的市场化	(5a)国有部门贷款/总贷款
3. 企业市场化	[1]非国有企业市场化程度	(1a)非国有经济固定资产投资/全社会固定资产投资
		(1b)城镇非国有单位从业人员/城镇从业人员
		(1c)非国有经济工业总产值/全部工业总产值
	[2]国有企业的企业运营	(2a)财政对国有企业的亏损补贴/GDP
		(2b)国有亏损企业数/国有企业数
4. 贸易自由度	[1]价格由市场决定的程度	(1a)社会消费品零售额中市场定价的比重
		(1b)农副产品收购总额中市场定价的比重
		(1c)生产资料收购总额中市场定价的比重
	[2]法律对公平贸易的保护	(2a)三种专利申请批准量/专业技术人员数
		(2b)三种专利申请受理量/专业技术人员数

资料来源：《数据透视——中国区域市场化进程比较》。

在计算不同省份的市场化指数时，要对指标进行无量纲化处理，郝娟选择了阈值法。

当 x_{ij} 为正指标时，该项指标得分 y_{ij} 为：

$$y_{ij} = \frac{x_{ij} - \min_{1 \le j \le n} x_{ij}}{\max_{1 \le j \le n} x_{ij} - \min_{1 \le j \le n} x_{ij}} \times 10 \qquad (6-3)$$

当 x_{ij} 为逆指标时，该项指标得分 y_{ij} 为：

$$y_{ij} = \frac{\max_{1 \le j \le n} x_{ij} - x_{ij}}{\max_{1 \le j \le n} x_{ij} - \min_{1 \le j \le n} x_{ij}} \times 10 \qquad (6-4)$$

其中 i 表示第 i 项指标，j 表示第 j 个行政区划，x_{ij} 表示 i 指标 j 行政区划的指标值，y_{ij} 表示 i 指标 j 行政区划的指标得分。然后采用简单算术平均法计算市场化指数。

按照重新定义的市场化指数，进行回归，结果发现市场化进程和企业并购绩效正相关，系数为 0.013，显著性水平为 10%，说明本部分的实证检验结果和结论具有较高的稳定性和可靠性。

三　小结

本节以市场化进程对企业并购绩效的影响作为研究主题，采用会计研究法获得企业并购绩效，并将其作为被解释变量，借鉴樊纲、王小鲁的《中国市场化指数：各地区市场化相对进程 2011 年报告》中的市场化指数作为解释变量，另外还选取了一系列的控制变量，通过回归分析的方法进行实证研究，结果表明，市场化进程和企业并购绩效显著正相关。但是由于我国经济市场化进程总体还不高，地区市场化程度差异比较大，此外企业并购过程在一定程度上受到政府部门以及其他因素的影响，因此企业并购绩效还有一定的提升空间。

上述研究发现具有一定的政策含义。第一，加强政府职能建设。由于我国目前仍然处于经济转型期，国内仍然存在大量的国有企业或国有控股企业，在这些企业的经营管理过程中，或多或少地存在政府干预的行为。政府自身不仅是企业的所有者，更是国家和社会的管理者，因此在企业的管理中，它可能会出于政治等原因，而偏离企业利润最大化的目的，因此为了促进市场化进程的不断推进，政府部门应该转变自己的角色，尽快由管制型政府向服务型政府转变，使其更快地适应市场经济。第二，加快要素市场的建设。目前，我国商品市场的市场化程度比较高，而要素市场则远远低于产品市场的发育程度，成为我国经济发展"短腿"，严重阻碍了经济的发展。但要素市场的发育程度直接决定了各种要素的分配状况，对企业的经营发展有着决定性的作用，因此必须要加快要素市场的建设。第三，健全和完善法律体系。目前，法律制度的改善是我国市场化进程中的一个薄弱环节，司法是否公正、透明和效率高低直接关系到我国能否建设一个良好的市场经济秩序。目前影响市场机制有效运行的一个重要因素是法律制度方面存在的问题。因此，建立一套完善的法律体系成为当务之急。第四，推进市场经济的国际化进程。市场化进程的推进，同时也是国内经济和世界经济不断接轨的过程。因此，在市场化的进程中，我们要继续坚持改革开放的指导思想，优化对外开放的区域布局，按照全国生产力合理布局的要求，形成地区之间的相互关联和有效配置，实现区域间相对的专业化、多元化和均衡化，把对外开放和经济发展提高到一个新的层次。

第四节 政府竞争与相关并购绩效的实证研究

一 政府竞争与相关并购的微观绩效

（一）样本与变量

1. 研究样本

为了分析政府竞争对企业相关并购绩效的影响，我们以 wind 数据库中并购目的为"横向整合"和"垂直整合"的并购事件为初始样本，样本时间跨度为 2006—2010 年。由于证监会发布的《上市公司行业分类指引》中的一级行业分类较为宽泛，而二级行业分类又较为细化，上下游之间的产业往往被划分不同的细分行业，不方便我们对纵向并购进行研究，因此我们采用申银万国行业分类标准对样本公司所属行业进行划分。我们按照如下原则对初始样本进行筛选。

①仅选取 A 股成功实施并购交易的上市公司。

②考虑到只有重大交易事项才会对公司业绩产生显著的影响，我们将重大交易事项定义为交易规模在 1000 万元以上，或者交易规模在 1000 万元以下但收购比例不低于 50% 的并购事件，并剔除不符合这一条件的样本。

③如果初始样本在一年之内发生过两起以上已经完成的相关并购，则仅选取交易规模最大的一次；如果初始样本的相关并购事件发生在不同年份，则记为多起事件。

④剔除掉样本公司所属行业为金融服务业和综合类的样本。

⑤剔除掉财务数据不完整的样本。

经过筛选，我们最终得到了 705 个样本，表 6 - 11 给出了样本的行业分布情况。

表 6 - 11 样本公司的行业分布

行 业	并购样本数	行业	并购样本数
农林牧渔	21	食品饮料	13
采 掘	37	纺织服装	16
化 工	59	轻工制造	28
黑色金属	7	医药生物	56
有色金属	42	公用事业	56
建筑建材	36	交通运输	30
机械设备	51	房 地 产	94
电 子	20	商业贸易	35
交运设备	26	餐饮旅游	8
信息设备	22	信息服务	32
家用电器	16		

2. 并购绩效的衡量

衡量上市公司业绩的指标有很多，仅选取一个指标不能够全面衡量并购绩效，而指标太多也会造成不必要的重复。我们选取五个具有代表性的财务指标，即总资产净利润率、每股收益、营业收入现金比率、总资产周转率和流动比率，这五个指标可分别衡量企业的赢利能力、股东获得能力、现金流量能力、营运能力以及偿债能力。另外考虑到行业周期因素可能会对这些财务指标产生影响，我们还计算出了各行业内所有上市公司财务指标的平均值，然后用各样本公司的财务指标减去样本公司所在行业的平均财务指标，以消除行业周期因素的影响。

由于采用五个指标不利于对绩效进行直观判断，我们还运用因子分析法将五个指标压缩为一个综合得分，用该综合得分来衡量企业并购的微观绩效。

首先，我们选取的财务指标如表 6 - 12 所示。

表 6 - 12　企业并购的微观绩效评价指标

指标	变量名	计算公式
赢利能力	总资产净利润率	净利润/总资产平均余额
股东获利能力	每股收益	净利润/总股数
现金流量能力	营业收入现金比率	经营活动产生的现金流量净额/营业收入
营运能力	总资产周转率	营业收入/平均资产总额
偿债能力	流动比率	流动资产/流动负债

冯根福和吴林江[1]指出，因子分析法是目前较为理想的综合评价方法。这种方法通过对若干个指标进行因子分析提取公共因子，再以每个因子的方差贡献率占比作为权数与该因子的得分乘积的和构造综合得分函数。因此，第 i 个公司的综合绩效得分可表示为：

$$F_i = \sum_k A_k \times Y_{ik} / \sum_k A_k \qquad (6-5)$$

其中，A_k 表示第 k 个因子的方差贡献率，Y_{ik} 表示第 i 个公司第 k 个因子的得分。

为了比较并购绩效的变化，我们分别对样本公司在并购前一年、并购当年、并购后一年以及并购后两年的财务指标进行因子分析，提取 5 个因子，然后根据每个因子的因子得分和方差贡献率，得到了如下的 4 个综合绩效得分函数。

并购前一年：

$$F_i^{-1} = 31.07 Y_{i1} + 22.66 Y_{i2} + 20.85 Y_{i3} + 14.88 Y_{i4} + 10.54 Y_{i5} \qquad (6-6)$$

并购当年：

$$F_i^0 = 29.21 Y_{i1} + 22.97 Y_{i2} + 18.61 Y_{i3} + 17.55 Y_{i4} + 11.65 Y_{i5} \qquad (6-7)$$

并购后一年：

$$F_i^1 = 28.64 Y_{i1} + 23.60 Y_{i2} + 18.22 Y_{i3} + 17.12 Y_{i4} + 12.43 Y_{i5} \qquad (6-8)$$

并购后两年：

$$F_i^2 = 33.75 Y_{i1} + 23.74 Y_{i2} + 18.18 Y_{i3} + 14.73 Y_{i4} + 9.59 Y_{i5} \qquad (6-9)$$

根据以上的 4 个综合绩效得分函数可计算出不同公司在并购前一年至并购后两年的综合绩效得分。

3. 政府竞争变量的衡量

(1) 税收竞争

地方政府之间的税收竞争会反映在企业实际税负（ETR）上，在税收竞争程度较大的行业，企业的实际税负水平一般较低，而在税收竞争程度较小的行业，企业的实际税负水平则会较高。实际税负水平不同的企业其并购绩效可能存在差异，因而税收竞争一般会影响到企业的并购绩效。

对于企业实际税负的计算，理论界存在较多的方法。曹书军等[46]提出，人们通常关注的税负是基于财务会计制度计算出来的会计收益，而利润总额反映了企业在支付股东及所得税之前的当期赢利情况，也是企业利用其与税负相对的所控制的总经济资源进行赢利活动的结果。基于这一思路，我们采用如下公式来计算企业实际税负：

$$ETR = (IT - DIT)/P \qquad (6-10)$$

其中 IT 表示企业的所得税费用，DIT 表示递延所得税贷项，整个分子部分反映了当期企业实际缴纳的所得税费用，分母 P 则反映了企业税前利润。我们以某个行业所有上市公司的平均 ETR 来表示该行业企业的 ETR 水平。由于我们的研究对象是 2005—2012 年公司的并购绩效情况，所以计算上市公司平均 ETR 的时间跨度也为 2005—2012 年，即以 2005—2012 年某行业所有上市公司的平均 ETR 来衡量该行业企业的 ETR 水平。我们从国泰安数据库中获得了上市公司的相关数据，经计算得到如下的行业企业平均税收负担数据（见表 6-13）。

表 6-13　各行业的企业平均税收负担

行　业	企业平均税收负担	行业	企业平均税收负担
农林牧渔	0.206	食品饮料	0.237
采　掘	0.272	纺织服装	0.265
化　工	0.445	轻工制造	0.200
黑色金属	0.207	医药生物	0.197
有色金属	0.204	公用事业	0.206

行　　业	企业平均税收负担	行业	企业平均税收负担
建筑建材	0.238	交通运输	0.229
机械设备	0.165	房　地　产	0.279
电　子	0.168	商业贸易	0.350
交运设备	0.196	餐饮旅游	0.247
信息设备	0.144	信息服务	0.167
家用电器	0.244		

（2）产业政策

地方政府间税收竞争对并购绩效的影响可能受到国家产业政策的制约。国家发改委颁布的《产业结构调整指导目录》是重要的综合性产业政策，是引导投资方向，政府管理投资项目，制定和实施财税、信贷、土地、进出口等政策的重要依据。《产业结构调整指导目录》由鼓励、限制和淘汰三类目录组成。对鼓励类投资项目，地方政府要给予有关税收优惠政策支持，各金融机构应按照信贷原则提供信贷支持；而对于限制类和淘汰类的项目，则要求地方政府采取相应的限制措施。地方政府对高利税行业的支持措施势必受到这类产业政策的影响。由于并购样本的时间跨度为2006—2010年，所以我们以2005年的《产业结构调整指导目录》为基础，将其中的条目按行业分类，然后分别赋予鼓励类、限制类和淘汰类政策2、-1和-2的权重，将这三类政策按行业进行加总，得到产业政策得分。如产业政策得分为正，说明政府对该行业持支持态度；如产业政策得分为负，说明政府对该行业持抑制态度；《产业结构调整指导目录》中未列出的行业为允许类行业，其产业政策得分为0。各行业的产业政策得分见表6-14。

表6-14　各行业的产业政策得分

行　　业	产业政策得分	行业	产业政策得分
农林牧渔	102	食品饮料	0
采　　掘	-8	纺织服装	-37
化　　工	-25	轻工制造	-162
黑色金属	-24	医药生物	20
有色金属	-17	公用事业	150

续表

行　　业	产业政策得分	行业	产业政策得分
建筑建材	− 18	交通运输	104
机械设备	86	房 地 产	40
电　子	0	商业贸易	0
交运设备	52	餐饮旅游	0
信息设备	0	信息服务	88
家用电器	0		

（二）并购绩效的统计分析

1. 税收竞争与相关并购绩效

我们将全部样本按照样本公司所在行业的税收竞争强度划分为两组，其中企业税收负担高于全行业平均值的为高税收负担组，低于全行业平均值的为低税收负担组，然后对两组样本在并购前后的绩效差值进行检验，检验结果如表 6 − 15 所示。

由表 6 − 15 的结果可知，高税收负担企业和低税收负担企业在并购绩效方面表现出了明显的差异。税收负担高于全行业平均值的企业在并购当年、并购后第一年以及并购后第二年的平均绩效都低于并购前一年的绩效；而税收负担较低的企业在并购绩效方面的表现则相反，并购当年、并购后第一年以及并购后第二年的企业平均绩效均高于并购前一年的企业绩效。从正值比率来看，低税收负担组中在并购当年以及并购后一年绩效得到提高的企业比例均超过了高税收负担组。由于在地方政府税收竞争较激烈的行业，企业往往具有较低的税负水平，根据表 6 − 15 统计分析的结果我们可以得到，税收竞争所导致的低税率有利于企业并购绩效的提高。

表 6 − 15　不同税收竞争强度下的并购绩效检验结果

组别	绩效差值	$F^0 - F^{-1}$	$F^1 - F^{-1}$	$F^2 - F^{-1}$	$F^1 - F^0$	$F^2 - F^1$
高税收负担	样本量	314	314	314	314	314
	均值	− 2.75	− 5.08	− 0.14	− 2.32	4.93
		（− 1.4）	（− 2.73）***	（− 0.07）	（− 1.25）	（2.94）
	正值比率	0.53	0.46	0.54	0.37	0.53

续表

组别	绩效差值	$F^0 - F^{-1}$	$F^1 - F^{-1}$	$F^2 - F^{-1}$	$F^1 - F^0$	$F^2 - F^1$
低税收负担	样本量	391	391	391	391	391
	均值	2.21	4.08	0.12	1.87	-3.96
		(0.75)	(1.3)	(0.04)	(0.68)	(-1.6)
	正值比率	0.54	0.50	0.46	0.42	0.49

注：① F^{-1}、F^0、F^1、F^2 分别表示并购前一年、并购当年、并购后一年、并购后两年的综合绩效；②括号中的数字为单样本 t 检验值；③正值比率是指绩效差值为正的样本占所在组总样本的比率；④ * 表示在 10% 的水平下显著，** 表示在 5% 的水平下显著，*** 表示在 1% 的水平下显著。

2. 产业政策与相关并购绩效

为了描述产业政策对相关并购绩效的影响，我们根据产业政策得分将全部样本分为正产业政策组、负产业政策组和零产业政策组，然后对三组样本在并购前后的绩效差值进行检验，检验结果如表 6-16 所示。

由表 6-16 可以判断，不同产业政策对企业并购绩效的影响也存在着较明显的差异。在受产业政策支持的行业，企业在并购当年、并购后第一年以及并购后第二年的绩效表现均明显优于并购前一年；而在产业政策得分为负的行业，$F^0 - F^{-1}$、$F^1 - F^{-1}$ 的值均为负，即并购后企业的绩效出现了明显的下降；对于未出台相关政策的产业，企业的绩效在并购当年有所提升，在并购后第一年和并购后第二年均出现了下降。从正值比率来看，产业政策得分为正的行业中并购后绩效提高的比例明显高于产业政策得分为负的行业。于是我们认为，正的产业政策对企业并购绩效具有促进作用，负的产业政策对于企业并购绩效具有抑制作用。

表 6-16　不同产业政策下的并购绩效检验结果

组别	绩效差值	$F^0 - F^{-1}$	$F^1 - F^{-1}$	$F^2 - F^{-1}$	$F^1 - F^0$	$F^2 - F^1$
正产业政策	样本量	403	403	403	403	403
	均值	3.28	8.78	7.82	5.50	-0.95
		(1.52)	(4.11)***	(4.26)***	(2.04)**	(-0.4)
	正值比率	0.55	0.54	0.58	0.45	0.54

续表

组别	绩效差值	$F^0 - F^{-1}$	$F^1 - F^{-1}$	$F^2 - F^{-1}$	$F^1 - F^0$	$F^2 - F^1$
负产业政策	样本量	188	188	188	188	188
	均值	−7.13	−15.51	−15.31	−8.37	0.19
		(−1.41)	(−2.96)***	(−2.84)***	(−3.48)***	(0.08)
	正值比率	0.49	0.40	0.37	0.30	0.45
零产业政策	样本量	114	114	114	114	114
	均值	0.17	−5.46	−2.41	−5.63	3.05
		(0.09)	(−2.23)**	(−0.84)	(−2.56)**	(1.03)
	正值比率	0.58	0.41	0.42	0.36	0.50

注：同表 6 - 15。

（三）并购绩效的多元回归分析

为了进一步验证税收竞争与产业政策对企业相关并购绩效的影响，我们进行了多元回归分析。多元回归模型中的因变量分别选用并购当年、并购后第一年以及并购后第二年的企业综合绩效与并购前一年企业综合绩效的差值作为因变量。

在自变量方面，我们选取税收竞争变量 $G1$ 和产业政策变量 $G2$ 来衡量政府竞争程度。其中 $G1$ 为由各样本公司所对应行业的企业平均税收负担构成的变量，$G2$ 为由各样本公司所对应行业的产业政策得分构成的变量。此外我们还选取了并购的交易规模（V）、被并购的股权占被并企业所有股权的比例（ER）、主并企业和被并企业是否属于同一地域（S）、主并企业是否为国有企业（$State$）、并购前一年主并企业的总资产（$SIZE$）、并购前一年主并企业第一大股东持股比例（OC）等控制变量。其中，S 和 $State$ 都为 0—1 变量，S 在主并企业和被并企业属于同一地域（省份）时取 1、否则取 0；$State$ 在主并企业为国有企业时取 1，否则取 0。对于交易规模 V 和并购前一年企业总资产 $SIZE$，我们取自然对数后纳入模型。运用最小二乘回归法，我们得到回归结果见表 6 - 17。

由表 6 - 17 的多元回归结果可知，企业所在行业的平均税收负担对其相关并购绩效的影响为负，即企业税收负担越高，其相关并购绩效一般越差。由于企业税收负担可以作为税收竞争程度的反映，税收竞争越激烈的行业，企业税收负担越小，因此可以认为税收竞争对企业相关并购的绩效有促进作用，不过这种促进作用并不显著。

相比之下，产业政策对企业相关并购绩效的影响则十分显著，回归结果表明，产业政策越支持某一行业，该行业的企业并购绩效越好。由于产业政策对企业的支持不仅包括税收优惠，还可以涉及行政审批等各个方面，因而产业政策对并购绩效的促进效果要优于税收竞争。

在控制变量方面，交易规模的对数（$\ln V$）对并购绩效的影响是负的，说明样本公司在并购时的交易规模越大，其并购后绩效的下降就越明显。被并购的股权占被并企业所有股权的比例（ER）对并购当年的绩效影响为负，而对并购后第一年和并购后第二年的绩效影响则为正，不过这种影响并不显著。主并企业和被并企业是否属于同一地域（S）这一变量对样本公司并购绩效的影响为正，说明同属并购的绩效是优于异地并购的。国有企业（$State$）变量对并购绩效的影响则为负，政府可能会出于行政目的而对国有企业的并购进行干预，因而国有企业的并购绩效不如非国有企业好。并购前一年主并方企业规模的对数（$\ln SIZE$）以及第一大股东持股比例（OC）对其并购绩效的影响都为正，说明主并方企业规模越大、第一大股东持股比例越高，其并购绩效则越好。

表 6－17　政府竞争对相关并购绩效影响的多元回归结果

变量	$F^0 - F^{-1}$	$F^1 - F^{-1}$	$F^2 - F^{-1}$
$G1$	−9.774 (25.86)	−27.47 (26.39)	−0.914 (25.70)
$G2$	0.0930 *** (0.0323)	0.167 *** (0.0329)	0.120 *** (0.0321)
$\ln V$	−1.179 (1.038)	−2.126 ** (1.059)	−1.239 (1.031)
ER	−0.000425 (0.00578)	0.00493 (0.00590)	0.0100 * (0.00575)
S	0.610 (3.959)	4.863 (4.040)	3.176 (3.933)
$State$	−8.655 ** (4.339)	−2.732 (4.428)	−2.602 (4.311)

续表

变量	$F^0 - F^{-1}$	$F^1 - F^{-1}$	$F^2 - F^{-1}$
lnSIZE	2.781 * (1.674)	2.274 (1.709)	1.837 (1.663)
OC	0.0282 (0.126)	0.149 (0.129)	0.205 (0.125)
Constant	-47.04 (34.99)	-36.03 (35.71)	-41.51 (34.76)
Observations	681	681	681
R - squared	0.022	0.057	0.036

注：①括号中的数字为标准差；②回归系数右上角的 * 表示在10%的水平下显著，** 表示在5%的水平下显著，*** 表示在1%的水平下显著。

二　政府竞争与相关并购的宏观绩效

相关并购的宏观绩效表现为产业地区集中度的变化，我们将以高新技术产业为例来分析政府竞争行为对高新技术产业地区集中度的影响。

（一）变量与度量

1. 产业地区集中度的度量

本章中我们选用的是樊福卓的行业地方化系数指标。樊福卓（2007）[13] 提出的指标 FI_j 表示行业的地方化系数，其计算式主要反映行业发生的地区间贸易的相对规模。理论研究表明，贸易有助于地区专业化的进一步发展，而地区专业化也将增加人们从贸易中获得的收益。在地区专业化与地区间贸易之间：地区专业化水平越高，地区间贸易的相对规模（用各地区输出或输入产值的总规模占全国总产值的份额来度量）越大；反之，地区间贸易的相对规模越大，则地区专业化水平也越高。

我们从《中国高新技术统计年鉴》《中国统计年鉴》《国家统计年鉴》等资料中收集了31个地区高新技术行业的相关数据，关于地区集中度的计算，使用的是相关的产出数据，用 m 表示所讨论国家的地区个数，i 表示其中的一个地区，则有 $i = 1$，$\cdots$，m；用 E_{ij} 表示 i 地区高新技术产业 j 年度的产值，R_{ij} 表示 i 地区 j 年度的工业总产值，R_{ij} 表示 j 年度的国家总产值，

用 $s_{ij}^e = E_{ij} / \sum_{i=1}^{m} E_{ij}$，得到 j 年度 i 地区高新技术产业产值占产业总产值的份额，$s_{ij} = R_{ij} / R_j$ 得到 i 地区总产值在全国总产出中所占的比重。则地区 i 的高技术行业的集中度为：$FI_{ij} = |s_{ij}^e - s_j|$，$FI$ 越大表明地区的集中程度越高。因为只有一个产业，FI_j 同样可由 Krugman 提出的行业分工系数得到。

2. 其他变量的度量

高技术产业的生产要素主要包括以高科技、人力资本等为代表的知识资源，并且知识的溢出效应表明企业在集群中将更有效率地开发新的产品和服务。关于高科技和人力资本的衡量一般来说用新产品开发的数量（产值）和技术人员比例来衡量，考虑到二者存在一定的相关性，我们只选取了一个与二者都相关的指标，即各地区拥有的专利数量。利用《中国高新技术产业统计年鉴》（2005 年、2009 年），我们构建了 31 个地区 1999—2009 年主要拥有发明专利数数据集，用 X_1 表示。

关于规模经济这一因素，我们使用高技术行业的平均规模来衡量，为保证与地区集中度方法的一致性，我们使用各地区高技术行业的产值，然后除以各地区高技术产业的企业数量来计算企业的平均规模。两种数据都来自《中国高新技术产业统计年鉴》（2005 年、2009 年）。我们构建了 31 个地区 1999—2009 年的平均企业规模数据集，用 X_2 表示。

相比园区的产值，园区数量更能体现地方政府的作用，因为在园区建设初期园区的申请和早期发展离不开地方政府的大力投入和优惠政策。由于对各地区省级园区设立的规章制度无法进行统一衡量，我们只讨论了国家级园区。关于国家级高新技术产业园区数量的数据可从中国科学技术部网站上获得，1988 年，中国设立了 11 个国家级高新技术产业园区，到 2009 年，这一数量增加至 56 个。我们分地区对国家级园区数量进行了统计，把 31 个地区 1999—2009 年的存量值以 X_3 表示。

对于财政科技支出的度量，考虑到财政科技支出主要用于科技活动经费的筹集，我们采用了科技活动经费筹集额中政府资金这一指标。数据来源于《中国高新技术产业统计年鉴》（2005 年、2009 年），将 31 个地区 1999—2009 年的有关数据用 X_4 表示。

（二）统计分析

图 6 - 2 是高技术行业地方化系数随时间的变化趋势。1999 年的行业地

方化系数是 0.27，在以后的三年内平稳上升，2003 年开始大幅上升，2004 年以后比较平稳，保持在 0.33 左右。这种趋势显示，中国高技术产业的地区集中度在 1999—2009 年的 11 年间有了很大幅度的提高。这与白重恩[11] 和樊福卓[13]的研究结果是一致的。

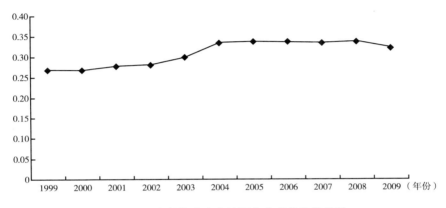

图 6 - 2　高新技术产业地区集中度的变化趋势

整体来看，高技术产业集中度较高的省份如表 6 - 18 所示，从 11 年的数据看出，广东、山东、北京、天津、上海、江苏等地高技术产业集中度较高，其中，最高的地区一直是广东，1999 年广东的高技术产业集中度是 0.12，到 2009 年上升到 0.15，最高的是 2004 年高达 0.17。

表 6 - 18　1999—2009 年我国高技术产业的主要集中地区

年份	P4	排名前四的集中地区			
1999	0.487978	广东	山东	北京	天津
2000	0.521553	广东	北京	山东	天津
2001	0.508576	广东	北京	山东	浙江
2002	0.523243	广东	山东	北京	浙江
2003	0.514175	广东	山东	浙江	上海
2004	0.502324	广东	山东	江苏	上海
2005	0.500082	广东	山东	上海	江苏

续表

年份	P4	排名前四的集中地区			
2006	0.490998	广东	山东	江苏	上海
2007	0.496912	广东	山东	江苏	上海
2008	0.514718	广东	江苏	山东	上海
2009	0.529773	广东	江苏	山东	上海

注：P4 为排名前四位的省份集中度占总集中度的比重。

（三）模型分析

在本节中，我们将对所提出的假设进行回归分析。我们构建了 1999—2009 年 31 个地区高新技术行业的数据，这包括产业地区集中度、各地区专利数量、企业平均规模、科技活动经费筹集额中的政府资金及各地区国家级开发区数据，使用这些数据我们可以估算产业地区集中度在多大程度上可以被上述其他变量所决定。我们采用的是面板数据，为了避免伪回归，确保估计结果的有效性，在回归之前需要检验数据的平稳性。我们采用两种面板数据单位根检验方法，即相同根单位根检验〔LLC（Levin – Lin – Chu）〕和不同根单位根检验（Fisher – ADF 检验）。检验结果如表6 – 19 所示。

由表 6 – 19 可知，高技术产业的地区集中度序列 Y 可以通过 LLC 检验和 Fisher – ADF 检验，说明高技术产业的地区集中度序列不存在单位根，是平稳序列。专利数量的序列 X_1 和平均企业规模数据序列 X_2 均不能通过单位根检验，一阶差分后可以通过，所以 X_1 和 X_2 是一阶单整。由于国家级园区的建设具有强烈的政策性，因此没必要对 X_3 序列进行单位根检验。科技活动经费筹集额中政府资金序列 X_4 可以通过 LLC 检验和 Fisher – ADF 检验，其不存在单位根。因为解释变量个数多于两个，被解释变量的单整阶数不高于任何一个解释变量的单整阶数，故可以进行协整检验。Kao 方法检验的 t 统计值为 – 11.07345，P 值为 0.0000，拒绝不存在协整关系的原假设，因此可以认为各变量之间存在着长期稳定的关系。

表 6 – 19 单位根检验结果

变量	序列属性	检验形式	LLC 检验		Fisher – ADF 检验		检验结果
			t 统计值	P 值	t 统计值	P 值	
Y	水平	N	– 8.68695	0.0000	91.3282	0.0091	平稳
X_1	水平	N	13.6444	1.0000	12.2101	1.0000	不平稳
	一阶差分	T&I	– 2.33376	0.0098	77.7952	0.0424	平稳
X_2	水平	T&I	– 6.06625	0.0000	46.4644	0.9294	不平稳
	一阶差分	I	– 9.98255	0.0000	123.654	0.0000	平稳
X_4	水平	T&I	– 4.08427	0.0000	97.1704	0.0017	平稳

注：T（trend）代表序列含趋势项，以 I（intercept）代表序列含截距项，T&I 代表两项都含，N（none）代表两项都不含。

通过协整检验以后要选择合适的方法进行回归。在回归方法上，因样本量不够大，采用 Beck 和 Katz（1995）[47] 引入的 PCSE（Panel Corrected Standard Errors，面板校正标准误）方法，该方法可以有效地处理复杂的面板误差结构，如同步相关、异方差、序列相关等。

在面板数据模型形式的选择方法上，采用似然比检验决定选用混合模型还是固定效应模型，然后用 Hausman 检验确定应该建立随机效应模型还是固定效应模型。研究角度有截面维度和时间维度，我们分别做了分析，时间维度的拟合效果要优于截面维度，因此选择了前者。

似然比检验拒绝了原假设（统计量 13.411188），选择了固定效应模型；Hausman 检验的统计值为 0.0000，P 值为 1.0000，不能拒绝随机影响模型中个体影响与解释变量不相关的原假设，因此应建立截面维度的随机效应模型，用 EVIEWS6.0 回归的结果如表 6 – 20 所示。

地区拥有专利数量（X_1）的系数是正的，统计水平显著，对拥有较高外部经济性的行业产业地区集中度较高这一假设是有力的支持。

企业平均规模（X_2）的系数也是正的，说明各地区高新技术行业的企业平均规模越大，其产业集中度越高。较高的统计显著性水平，对假设 2 提供了有力的支持。

国家级高新园区数量（X_3）的系数是正的，具有较高的显著性水平，这个结果支持第三个假设，说明地区内高技术园区数量越多，高技术产业地区集中度越高。

科技经费筹集中的政府经费（X_4）的系数是负的，显著性水平较高。这个结果支持第四个假设，说明较多依靠政府资金的地区，其高技术产业地区集中度较低，地方科技投入过多，对高技术产业地区集中造成来了负面影响。

总之，模型回归的结果是十分显著的，关于地方政府竞争的两个假设得到了有力的验证：高技术行业的产业地区集中度在高技术园区数量较多、地方政府财政科技支出比重较少的地区会比较高，这体现了地方政府有动机去增加地区内技术园区数量以及适当调整地方政府财政科技支出（地方政府之间的支出竞争不利于提高高新技术产业的地区集中度）。此外，结果为外部性理论和规模经济理论对高技术产业地区集中度的解释提供了有力的支持。

表 6 – 20   模型回归结果

解释变量	X_1	X_2	X_3	X_4
系数估计值	7. 21E – 06	0. 009366	0. 012489	– 2. 73E – 07
t 统计值	3. 058679	5. 142538	8. 312892	– 4. 443611
其他参数	$R^2 = 0.706335$ DW $= 0.258966$ F $= 164.7593$			
随机效应	各个时间面截距均为 0			

第五节   小结

本章在对相关并购绩效的研究方法和影响因素进行梳理的基础之上，从微观和宏观两个方面对并购绩效进行了研究，其中重点探讨的是政府竞争对并购绩效的影响机制。

在研究政府竞争对微观绩效的影响时，我们以《产业结构调整指导目录》为基础，创造性地构建了衡量地方政府政策竞争强弱的变量。利用2006—2010 年发生的相关并购的数据，我们得出的结论是，相对于税收竞争而言，地方政府之间的产业政策竞争能够给企业带来的不只是税收优惠方面的好处，更可能给企业提供行政审批等多方面的便利，因而产业政策竞争对相关并购微观绩效的促进作用更明显。另外还发现，交易规模以及国有企业变量对样本公司并购绩效有负的影响，而同属并购变量、并购前一年主并方企业规模以及第一大股东持股比例对并购绩效都有正的影响。

在研究政府竞争对宏观绩效的影响时，我们建立了 1999—2009 年 31 个地区高新技术行业的数据，这包括产业地区集中度、地区拥有专利数量、企业平均规模、科技活动经费筹集额中的政府资金及各地区国家级开发区数据，通过回归分析发现：高技术行业的产业地区集中度在高技术园区数量较多、地方政府财政科技支出较少的地区会比较高，这体现了地方政府有动力去增加地区内技术园区数量以及适当调整地方政府财政科技支出。此外，结果为外部性理论和规模经济理论对高技术产业地区集中度的解释也提供了有力的支持。

参考文献

[1] 冯根福、吴林江：《我国上市公司并购绩效的实证研究》，《经济研究》2001 年第 1 期。

[2] 田敏、高柳：《我国上市公司并购绩效实证研究》，《商业研究》2006 年第 13 期。

[3] 赵息、周军：《电力行业上市公司并购绩效实证研究》，《现代管理科学》2008 年第 5 期。

[4] 原红旗、吴星宇：《资产重组对财务业绩影响的实证研究》，《上海证券报》1998 年 8 月 26 日。

[5] 孙铮、王跃堂：《我国证券市场资产重组绩效之比较分析》，《财经研究》1999 年第 7 期。

[6] 张新：《并购重组是否创造价值》，《经济研究》2003 年第 6 期。

[7] 陈信元、张田余：《资产重组的市场反应》，《经济研究》1999 年第 9 期。

[8] 余光、杨荣：《企业购并股价效应的理论分析和实证分析》，《当代财经》2000 年第 7 期。

[9] 姬文龙：《我国上市公司并购绩效影响因素研究》，硕士学位论文，暨南大学，2006 年。

[10] 吴世农：《中国证券市场的效率分析》，《经济研究》1996 年第 4 期。

[11] 白重恩、杜颖娟、陶志刚、全月婷：《地方保护主义及产业地区集中度的决定因素和变动趋势》，《经济研究》2004 年第 4 期。

[12] Jiangyong Lu, Zhigang Tao, "Trends and Determinants of China's Industrial Agglomeration,"

Journal of Urban Economics 65 （2009）：167 – 180.

[13] 樊福卓：《地区专业化的度量》，《经济研究》2007 年第 9 期。

[14] 翁媛媛、高汝熹、饶文军：《地区专业化与产业地理集中的比较研究》，《经济与管理研究》2009 年第 4 期。

[15] 蒋金荷：《我国高技术产业同构性与集聚的实证分析》，《数量经济技术经济研究》2005 年第 12 期。

[16] 李善民、陈玉罡：《上市公司兼并与收购的财富效应》，《经济研究》2002 年第 1 期。

[17] 李善民、曾昭灶、王彩萍、朱滔、陈玉罡：《上市公司并购绩效及其影响因素研究》，《世界经济》2004 年第 9 期。

[18] 李善民、朱滔：《管理者代理动机与并购绩效关系研究》，《经济管理》2005 年第 4 期。

[19] 黄海燕、李月娥：《上市公司并购重组绩效及其影响因素分析——来自矿产资源类上市公司的实证研究》，《财会通讯》2009 年第 15 期。

[20] 李燕萍、孙红：《不同高管报酬方式对公司绩效的影响研究——基于中国上市公司的经验检验》，《经济管理》2008 年第 18 期。

[21] 宋耘：《论企业并购整合中的能力保护》，《广东发展导刊》2003 年第 6 期。

[22] 李安民：《危险的游戏：企业并购失败的文化深层分析》，中国社会科学出版社 2007 年版。

[23] 潘红波、夏新平、余明桂：《政府干预、政治关联与地方国有企业并购》，《经济研究》2008 年第 4 期。

[24] Musgrave, Richard A. , *The Theory of Public Finance*, New York：McGraw – Hill, 1959.

[25] Stiglitz, Joseph E. , On the Economic Role of the State, In A. Heertje, The Economic Role of the State. Oxford：Blackwell, 1989.

[26] Shleifer, Andrei and Robert Vishny, *The Grabbing Hand*：*Government Pathologies and Their Cures*, Cambridge, Mass：Harvard University Press, 1998.

[27] Jensen, "Agency Costs of Free Cash Flow Corporate Finance and Takeovers," *The American Economic Review* 76 （1986）：323 – 329.

[28] Pieter T. Elgers, John J. Clark, "Merger Types and Shareholder Returns：Additional Evidence," *Finance Management* 9 （19800：66 – 72.

[29] Agrawal, JF Jaffe, GN Mandelker, "Merger Performance of Acquiring Firms：A Re – examination of an Anomaly," *The Journal of Finance* 47 （1992）：1605 – 1621.

[30] 吴江林：《我国企业购并市场中的问题及思考》，《合肥联合大学学报》2001 年第 4 期。

[31] 李琼、游春：《产业效应对中国上市公司并购绩效和并购动机的影响》，《技术经济》2008 年第 5 期。

[32] A. M. McGahan, M. E. Porter, "The Persistence of Shocks to Profitability," *The Review of Economics and Statistics* 81 （1999）81：143 – 153.

[33] Montgomery, "Diversification Strategy and Systematic Risk," *Strategic Management*

Journal 5 （19880：181 – 191.

［34］ 窦义粟、于丽英、刘磊：《中国企业跨国并购绩效影响因素的实证研究》，《经济论坛》2007 年第 17 期。

［35］ 周业安、宋紫峰：《中国地方政府竞争 30 年》，《教学与研究》2009 年第 11 期。

［36］ 王丹、刘洪生、徐静：《加入招商引资行为的税收竞争模型》，《世界经济》2005 年第 1 期。

［37］ 樊刚、王小鲁、张立文、朱恒鹏：《中国各地区市场化相对进程报告》，《经济研究》2003 年第 3 期。

［38］ 郝娟：《数据透视——中国区域市场化进程比较》，《统计与决策》2006 年第 8 期。

［39］ Ragnar Nurkse, *Problems of Capital Formation in Underdeveloped Countries*, Oxford University Press, 1953.

［40］ 孙铮、刘凤委、李增泉：《市场化程度、政府干预与企业债务期限结构——来自我国上市公司的经验证据》，《经济研究》2005 年第 5 期。

［41］ 夏立军、陈信元：《市场化进程、国企改革策略与公司治理结构的内生决定——以中国地方政府控制的上市公司为例》，中国会计学会 2007 年学术年会，武汉，2007 年 7 月，第 82—95 页。

［42］ 房慧欣：《股权结构、市场化进程与企业并购》，硕士学位论文，中国人民大学，2008 年。

［43］ 张志宏、费贵贤：《控股权性质、市场化进程与企业并购模式选择》，《中南财经政法大学学报》2010 年第 5 期。

［44］ 倪静、王成方：《最终控制人性质、市场化进程与企业并购——基于中国上市公司的经验证据》，《中央财经大学学报》2010 年第 2 期。

［45］ 郝娟：《中国区域市场化进程的新特点——基于市场化指数的聚类分析》，《生产力研究》2006 年第 8 期。

［46］ 曹书军、刘星、张婉君：《财政分权、地方政府竞争与上市公司实际税负》，《世界经济》2009 年第 4 期。

［47］ Nathaniel Beck, Jonathan N. Katz, "What to Do (and Not To Do) with Time – series Cross – section Data," *American Political Science Review*, 89 （1995）：634 – 647.

第 七 章

政府竞争与混合并购：生命周期理论视角下的绩效拓展研究

本章引入生命周期理论，从企业周期视角切入，分析政府干预与企业并购绩效的关系，进而重点从产业周期视角研究政府竞争框架下企业混合并购对产业结构优化升级的影响机制，并以战略性新兴产业为例进行实证分析。这是并购绩效的拓展考察。

第一节　企业生命周期视角下的政府干预与并购绩效[①]

一　理论分析与研究假设

（一）企业生命周期理论

把企业的生命轨迹视为具有鲜明特征的不同阶段的集合是企业生命周期理论的核心思想。这一理论试图通过对企业存续期内各个阶段特征的描述来反映企业的发展过程，发现不同发展阶段的典型问题和解决方法，从而为企业制定合理的发展战略奠定理论基础。

目前关于企业生命周期阶段的划分一般有两类方法。一类是定性方法，即探讨企业生命周期发展的决定性因素并据此进行分析归类[1]；另一类是定量方法，即采用财务数据或企业年龄等数量工具进行分析归类[2]。

---

①　本节主要内容以《政府干预、企业生命周期与并购绩效》为标题，发表在《金融研究》2012 年第 12 期，作者：王凤荣、高飞。

目前理论界和企业界根据组织演化规律，一般将企业成长过程划分为创业期、成长期、成熟期、衰退期四个阶段。较有代表性的理论中，伊查克·爱迪思将企业生命周期分为成长阶段和老化阶段，并形象描述了企业整个生命周期的形态变化，依次将各阶段分为孕育期、婴儿期、学步期、青春期、盛年期、稳定期、贵族期、官僚期和死亡期[1]；陈佳贵等将企业生命周期划分为孕育期、求生存期、高速成长期、成熟期、衰退期、蜕变期六个阶段[3]。

（二）　政府干预和企业并购

地方政府干预辖区内国有企业并购的动机，一般可以通过两种理论来解释：地方政府的政策性负担和地方政府官员的晋升目标。

1. 地方政府的政策性负担

Lin 等的研究认为，转型经济中，国有企业的一个主要问题是其承担了政府的多重目标，如经济发展战略、就业、社会养老、社会稳定等，由此导致国有企业的政策性负担[4]。Shleifer 指出，地方政府利用政府所有权追求政治目标，这导致了国有企业的低绩效[5]。曾庆生和陈信元通过对 1999—2002 年健康运营的上市公司的研究，提供了国有控股公司的社会性负担多于非国有控股公司的证据[6]。

我国市场经济发展的过程中，政府的角色也发生了很大转变，地方政府在此过程中获得了经济管理权、财政自主权等，同时，诸如社会养老、社会稳定、就业等也是地方政府要考虑的社会目标。随着市场化程度的提高和民营企业的迅速发展，许多中小企业，尤其是国有中小企业，由于创新机制缺乏、公司治理落后、发展停滞不前甚至濒临破产，这严重影响了当地的就业和社会稳定。面对这种局面，地方政府通常采取以下两种措施进行干预：直接对企业进行补贴和收购经营不善的企业。一般说来，当地经济表现越差，政府干预动机越强烈[7]。

2. 地方政府官员的政治晋升目标

周黎安指出，不同地区的地方官员竞争不仅表现在 GDP 和利税方面，同时也表现在"官场"上晋升的竞争。这使得地方官员在考虑竞争利益时不仅需要计算经济收益，还要计算晋升博弈中的政治收益，而作为政府官员，政治收益或许更为重要[8]。Shleifer 和 Vishny 的研究表明，政治家除了利用政府所有权追求社会目标外，还会追求自身的政治目标，比如利用国有企业向其政治支持者输送利益[9]。

周黎安认为，政治晋升博弈会导致各种没有效率的重复建设问题，即不同地区竞相引入同一国家重点项目或一拥而上进入同一行业。这种重复建设问题会导致一些地区形成一个以大型上市公司为核心的产业集群或集团公司，进而导致地方政府有迅速做大相关上市公司的动机，而忽略了经营效率。这对处于快速成长期的企业尤其明显，而地方政府往往会利用并购重组这一手段在短时间内迅速扩大公司规模。所以，地方政府官员的政治晋升目标也是上市公司并购活动的潜在原因，这在地方政府干预较多的地区可能更加突出[8]。

以上分析表明，地方政府出于自身政策性负担和政治晋升目标等因素，有充分的动机干预辖区内企业的并购活动。对于非国有企业，地方政府并不具有对其直接控制的地位，对这些企业的经营决策影响较弱。相比之下，地方政府会更多地干预地方国有上市公司的并购行为，从而实现自身的政治目标。对于不同生命周期阶段的企业，政府干预的方向是不同的。对处于成长阶段的地方国有企业，地方政府有动机要求这些企业为实现当地经济快速发展和晋升目标进行并购活动，这违背了企业经营的市场原则，从而形成了地方政府对企业的"掏空效应"；对处于衰退期的地方国有企业，政府会利用并购向这些企业输送利益，避免衰退企业对当地经济产生消极影响，这形成了地方政府对企业的"支持效应"。此外，随着企业规模的扩大，政府的介入程度和关注程度会进一步提高[10]。由于成熟期企业比成长期企业有着显著的规模优势，对地方政府在 GDP 锦标赛中的胜出有着更为关键和直接的影响，因此相比较成长期企业，地方政府对成熟期上市公司更倾向于伸出"支持之手"。需要说明的是，本部分关于地方政府对企业的"掏空效应""支持效应"与潘洪波等对于"政府掠夺之手"和"政府支持之手"的界定标准不同。潘洪波等是从盈利与亏损这一企业截面特征来区分政府干预的方向与程度，可称为截面分析；本部分是从企业生命周期角度来分析政府干预的方向与特点，可称为时序分析。

基于以上分析，提出如下假设：

假设 1：政府干预对成长期企业并购绩效有消极影响；

假设 2：政府干预对成熟期企业并购绩效有积极影响或不显著；

假设 3：政府干预对衰退期企业并购绩效有积极影响。

二　研究设计

（一）样本选择及来源

本部分以 2006—2008 年宣告并购的上市公司事件为初选样本，按照以下规则进行进一步筛选：①选择交易地位为买方的并购企业；②选择买卖双方属于同一省级管辖范围的并购活动；③剔除非国有企业和央企；④剔除主并购方未获得目标企业绝对控制权的样本企业；⑤剔除 2005 年后上市的样本企业。由于本部分的研究中需要获得样本企业并购前一年到并购后三年的财务数据，所以实际所用样本时间跨度为 2005—2010 年。经过上述筛选过程最终选择了 133 个研究样本。并购样本及财务数据均来自国泰安数据库。表 7－1 为样本发生并购的年度分布情况。

表 7－1　样本年度分布

指标	2006	2007	2008	总计
样本数	36	54	43	133

（二）企业生命周期的划分

根据李业对生命周期的修正模型，由于销售额反映了企业产品和服务在市场上的实现价值，销售额的增长一定是以企业生产经营规模的扩大和竞争力的增强为基础的，所以销售额基本上能够反映企业成长的状况，故将营业额作为划分企业生命周期的标准[11]。鉴于我国对公司上市有着"持续经营三年以上""最近三个会计年度连续盈利"等要求，并且本部分所选样本上市时间距宣告并购当年最短为 3 年，所以本部分样本企业寿命都在 6 年以上，基本已不处在企业生命周期的出生期，这样我们将样本企业所处的生命周期划分为成长期、成熟期和衰退期[12]。将企业宣告并购前历年的销售收入绘成趋势图，按照以下方式划分：①如果趋势曲线处于明显的上升阶段，则将企业划入成长期；②如果曲线呈明显下降趋势，则将企业划入衰退期；③将以上两种情况之外的企业划入成熟期。表 7－2 显示了样本中处于不同生命周期的企业数量。

表 7 - 2　样本生命周期分布

指标	成长期	成熟期	衰退期	总计
样本数	75	43	15	133

（三）政府干预程度的界定

目前国内关于政府干预度量的研究主要有四类：李善民、朱滔采用公司国有股比例和法人股比例之和反映并购公司与政府间的关联程度[10]；利用樊纲、王小鲁构建的市场化指数中减少政府对企业干预得分来表示该地区政府干预程度（该得分与政府干预程度成反比）；通过上市公司是否由政府直接控股来判断干预程度；通过确定终极产权人的性质来判断政府干预情况。

由于樊纲、王小鲁编制的市场化指数体系较为完整且在学术界应用较多，所以本部分利用政府与市场关系中"减少政府对企业的干预"指标得分来划分不同政府干预程度。由于该指数目前只更新到 2007 年，但考虑到其具有一定的延续性，所以本节 2008 年并购样本所需数据由 2007 年的指数得分替代。另外，考虑到不同年份该指数局部变动对实证的影响，我们仅按照该指数划分政府干预高或低的组别，不采用连续变量来刻画政府干预。依据"减少政府对企业的干预"指数，当该得分大于其中位数时，定义为政府干预较低组；当得分小于中位数时，定义为政府干预较高组。

（四）样本特征变量的描述性分析

由于假设中指出在政府干预下并购绩效可能伴随企业生命周期的改变产生差异，所以我们首先通过描述性分析将不同生命周期样本的主要特征直观地表现出来，为之后的分析进行铺垫。

在度量企业绩效的诸多财务指标中，我们选取如下几个指标：①资产利润率，是评价企业资产运营效果的指标，度量企业在实体经济中的获利能力；②每股收益，是企业股东获利的评价指标，度量企业在资本市场中的绩效表现；③现金比率，是反映企业流动负债偿还能力的指标。与前两个指标采用权责发生制原则不同，现金比率指标采用收付实现制，因而可以客观度量企业的运营风险。在影响企业并购绩效的因素中，除本节旨在考察的政府干预、企业生命周期两个关键变量外，并购类型、企业规模、交易规模、并购规模、大股东持股比例等企业特征变量也会影响企业并购绩效，对此本节将其作为控制变量进行考察。表7-3给出了相关变量的定义与计算方法。

表7-3 变量的定义与计算方法

变量名称	变量符号	变量定义或计算方法
干预程度	GOV	高干预企业为1,低干预企业为0
资产利润率（并购前）	$PROA$	净利润/总资产
资产利润率（并购后）	ROA	
每股收益（并购前）	$PEPS$	净利润/总股数
每股收益（并购后）	EPS	
现金比率（并购前）	PCR	经营活动现金流/流动负债
现金比率（并购后）	CR	
企业规模（并购前）	$PLnSIZE$	公司总资产的自然对数
企业规模（并购后）	$LnSIZE$	
是否为相关并购	$TYPE$	相关并购为1,否则为0
交易规模	$SCALE_1$	收购的目标公司股权百分比(已剔除交易规模50%以下的样本)
并购规模	$SCALE_2$	并购资产占并购后公司资产比例
大股东持股	BIG	并购前一年第一大股东持股比例
并购综合绩效	F_i	$F_i = \sum_j \omega_{ij} f_{ij}$
资产周转率	G_1	营业收入/总资产
资产利润率	G_2	净利润/总资产
现金比率	G_3	经营活动现金流/流动负债
流动比率	G_4	流动资产/流动负债
每股收益	G_5	净利润/总股数

注：①并购前数据来自并购前1年至并购当年，并购后数据来自并购后第1年至第3年；②本部分中的相关并购指横向并购；③并购综合绩效 F_i 是运用因子分析法对 G_1 至 G_5 5个变量整合成的综合因子得分，由于其计算过程需要同一样本的多年数据，故将这里的资产利润率、现金比率和每股收益重新定义，以便与 ROA、CR 和 EPS 进行区分。具体计算过程将在后文中详细说明。

表7-4是按企业生命周期分组后的统计性描述，配对t检验只针对并购前后有差异的变量进行分析，该指标的显著性说明并购前后变量发生了显著变化。由于并购后可能直接影响企业规模，所以企业规模必然呈现显著变化；成长期和衰退期企业在并购后的盈利均有显著提高，成长期的现金流则显著恶化。可见，并购行为导致了企业自身部分特征的变化。

表 7 - 4   不同生命周期的企业特征指标比较

变量	成长期		成熟期		衰退期	
	均值	配对 t 检验	均值	配对 t 检验	均值	配对 t 检验
$PROA$	0.037	-0.153	0.040	0.203	0.011	-1.519
ROA	0.039		0.037		0.059	
$PEPS$	0.256	-1.706^{*}	0.244	-0.734	0.109	-1.660^{*}
EPS	0.359		0.282		0.424	
$PLnSIZE$	21.348	-6.922^{**}	21.388	-9.020^{**}	21.545	-4.621^{**}
$LnSIZE$	21.851		22.044		22.070	
PCR	0.263	1.952^{*}	0.166	-0.089	0.209	-0.019
CR	0.200		0.169		0.212	
$SCALE_1$	65.023		76.440		73.500	
$TYPE$	0.188		0.196		0.158	

注：配对 t 检验仅针对并购前后有差异的变量进行分析，故交易规模和并购类型没有该指标对应的结果；*、** 分别代表统计值在 10% 和 5% 统计水平上显著。

另外，将企业生命周期的 3 个阶段进行两两之间的独立样本 t 检验（见表 7 - 5），可以发现不同发展阶段企业间的特征呈现差异，特别是成长期与成熟期的企业特征差异最明显。特别是企业规模指标，结合表 7 - 4 可以发现并购前成熟期企业的规模明显大于成长期企业。正如前文分析，规模差异可能是导致政府干预对成熟期企业产生"支持效应"，而对成长期企业产生"掏空效应"的原因之一。

表 7 - 5   企业生命周期间的独立样本 t 检验

变量	成长期 - 成熟期	成长期 - 衰退期	成熟期 - 衰退期
$PROA$	0.936	0.945	0.475
ROA	-2.085^{**}	-1.403	-1.737^{*}
$PEPS$	0.358	1.113	0.982
EPS	1.112	-0.490	-1.503

续表

变量	成长期 – 成熟期	成长期 – 衰退期	成熟期 – 衰退期
$PLnSIZE$	– 1.657 *	– 0.777	– 0.825
$LnSIZE$	– 0.659	– 0.248	– 1.025
PCR	1.749 *	0.458	– 0.662
CR	1.203	0.088	– 0.686
$SCALE_1$	– 2.085 **	– 0.289	1.201
$TYPE$	0.291	0.448	0.285

注：*、** 分别代表统计值在 10% 和 5% 统计水平上显著。

总之，上述分析初步表明，企业特征变量呈现生命周期差异，并购绩效也随着企业生命周期阶段的变化而不同。如何综合度量并购绩效，政府干预对不同生命周期的企业并购有着怎样的影响机制与绩效差异，是需要进一步研究的问题。

（五）企业并购绩效得分模型构建

由描述性分析的结果发现，上市公司并购绩效的表现可以通过不同指标体现，而各指标的衡量和权重并不一致，仅以某一个指标来衡量无法全面反映公司状况，指标太多又会造成不必要的重复，本部分选取以下五个指标来综合衡量并购公司的绩效：G_1：资产周转率；G_2：资产利润率；G_3：现金比率；G_4：流动比率；G_5：每股收益。

这五个指标分别体现了企业的营运能力（G_1）、赢利能力（G_2、G_5）、现金流质量（G_3）和偿债能力（G_4），其中赢利能力从资产获利（G_2）和股权获利（G_5）两方面进行度量。一个企业的绩效基本可以从这四个方面得到全面的体现[12]。

由于各行业成长水平与经营状况不同，我们将以上五个指标分别减去不同行业的年度平均水平，以消除行业经济景气的影响。令 AIG_1、AIG_2、AIG_3、AIG_4 和 AIG_5 分别代表不同年度各公司所属行业的平均水平，得到五个新指标：$g_1 = G_1 - AIG_1$；$g_2 = G_2 - AIG_2$；$g_3 = G_3 - AIG_3$；$g_4 = G_4 - AIG_4$；$g_5 = G_5 - AIG_5$。

　　为便于对公司并购后的综合效益进行评价，本部分利用因子分析法将这五个指标压缩为一个综合得分。该方法将若干个指标进行因子分析并提取公共因子，再以每个因子的方差贡献率为权重与该因子的得分相乘，求和构造如下综合得分函数：

$$F_i = \sum_j \omega_{ij} F_{ij} \qquad (7-1)$$

　　其中 F_i 为第 i 个企业绩效的综合得分，ω_{ij} 为第 i 个企业第 j 个因子的方差贡献率，f_{ij} 为第 i 个企业第 j 个因子的得分。

　　根据以上方法，我们先通过主成分分析法对样本公司各指标按并购前一年、并购当年、并购后一年、并购后二年和并购后三年分别进行因子分析并提取公因子，最终我们提取了四个主因子，通过计算各主因子得分系数矩阵和在方差贡献率的权重，得出五个综合得分函数（受并购日期限制，并购后三年的分析样本数为 109）：

　　并购前一年：

$$F_i^{-1} = 0.27425 f_{i1} + 0.23251 f_{i2} + 0.19492 f_{i3} + 0.16641 f_{i4} \qquad (7-2)$$

　　并购当年：

$$F_i^0 = 0.32085 f_{i1} + 0.23251 f_{i2} + 0.18994 f_{i3} + 0.14718 f_{i4} \qquad (7-3)$$

　　并购后一年：

$$F_i^1 = 0.32107 f_{i1} + 0.213751 f_{i2} + 0.1991 f_{i3} + 0.14919 f_{i4} \qquad (7-4)$$

　　并购后二年：

$$F_i^2 = 0.36502 f_{i1} + 0.24392 f_{i2} + 0.20265 f_{i3} + 0.11443 f_{i4} \qquad (7-5)$$

　　并购后三年：

$$F_i^3 = 0.35078 f_{i1} + 0.21843 f_{i2} + 0.20189 f_{i3} + 0.14992 f_{i4} \qquad (7-6)$$

　　根据这五个函数计算出各样本企业并购前后相应年份的绩效综合得分。

三　实证结果及分析

（一）政府干预对不同生命周期企业并购绩效的影响：单变量描述统计分析

基于前文对样本企业生命周期的划分，本部分依次对成长期、成熟期和衰退期企业的并购绩效与政府干预的关系进行描述性统计分析。

表 7-6　成长期企业样本在不同政府干预下的均值检验及正值比率

F 差值		$F-F^{-1}$	F^1-F	F^1-F^{-1}	F^2-F^1	F^2-F^{-1}	F^3-F^2	F^3-F^{-1}
高干预	样本量	28	28	28	28	28	17	17
	均值	0.051	-0.047	0.048	-0.217	-0.115	-0.042	-0.001
		(0.877)	(-0.603)	(0.562)	(-2.918)**	(-1.084)	(-0.400)	(0.081)
	正值比率	0.571	0.536	0.393	0.321	0.429	0.353	0.412
低干预	样本量	47	47	47	47	47	32	32
	均值	0.086	0.028	0.058	-0.035	0.046	0.092	0.030
		(1.723)*	(0.449)	(1.018)	(-0.679)	(0.577)	(1.862)*	(0.334)
	正值比率	0.532	0.596	0.553	0.447	0.511	0.500	0.563

注：F^{-1}、F、F^1、F^2 和 F^3 分别表示并购前一年、并购当年、并购后一年、并购后二年和并购后三年样本公司的综合得分；正值比率是综合得分差值为正的样本公司个数占所在组样本的比值；括号内是 t 检验值，*、** 分别代表统计值在 10% 和 5% 的水平上显著。

表 7-6 给出了企业在成长期阶段下不同政府干预对并购绩效的影响。并购当年两个组别的绩效均为正，高干预组绩效均值略低于低干预组。并购后一年并购效果出现分化，高政府干预的企业绩效均值出现负值，绩效提高的企业相比并购前一年绩效提高只有不到 40%，而低政府干预的企业并购后保持着较稳定的绩效增长。从 F^1-F、F^2-F^1 和 F^3-F^2 的均值可以明显看出，存在高政府干预的企业在并购后的 3 年里绩效一直下降，有盈利的企业数量仅占三四成，在两个指标上远低于较少政府干预的企业。低干预组企业除并购后第二年绩效略有下降外，其他时间都处于增长状态。高干预组在并购后第二年的绩效在 5% 水平显著表现为负值，而低干预组在并购当年和并购后第三年均显著表现出正的绩效。可见，在企业成长期，并购行为对较

少政府干预的企业起到了积极作用，却使有高政府干预企业的绩效明显下降。假设 1 从统计分析角度得到了验证。

表 7 - 7　成熟期企业样本在不同政府干预下的均值检验及正值比率

F 差值		$F - F^{-1}$	$F^1 - F$	$F^1 - F^{-1}$	$F^2 - F^1$	$F^2 - F^{-1}$	$F^3 - F^2$	$F^3 - F^{-1}$
高干预	样本量	18	18	18	18	18	13	13
	均值	0.130	0.062	0.192	-0.015	0.177	0.159	0.438
		(0.572)	(0.394)	(1.802)*	(-0.116)	(0.757)	(0.953)	(1.290)
	正值比率	0.389	0.667	0.611	0.556	0.556	0.615	0.692
低干预	样本量	25	25	25	25	25	20	20
	均值	-0.028	-0.016	-0.044	0.094	0.050	-0.149	-0.143
		(-0.534)	(-0.243)	(-0.616)	(0.766)	(0.421)	(-2.230)**	(-0.990)
	正值比率	0.560	0.440	0.440	0.600	0.640	0.200	0.500

注：同表 7 - 6。

由表 7 - 7 中各均值数据可以明显看出，高干预组 F 差值仅有一个负值，而且在较小的范围，这说明成熟期企业的并购行为对高干预组绩效的提高有显著作用。可以明显看到有较高政府干预的企业在 $F^1 - F^{-1}$、$F^2 - F^{-1}$ 和 $F^3 - F^{-1}$ 的均值都出现了较高增长，而低干预组除了并购后第二年外，绩效在持续恶化；在正值比率方面，高干预组中绩效提高的企业比例完全超过低干预组。这两方面都显示了有着高政府干预的成熟期企业的并购能够得到更好的绩效体现。显著性方面，并购后第一年高政府干预企业表现出显著的正绩效，而低政府干预企业并购后第三年的绩效开始下降，并在 5% 水平上显著。总的看来，并购能使拥有高政府干预的成熟期企业较好地完成提高企业绩效的目的，这对于增长停滞、发展处于瓶颈期的企业提供了一个再次飞跃的途径。假设 2 也得到了统计性验证。

表 7 - 8 显示了衰退期企业并购绩效的变动情况。由于样本来源于上市公司的财务数据，处于衰退期的企业样本较少，从这一方面看，我国上市公司整体还有较大发展空间，并体现出了较高的活跃性。从样本正值比率的比较可以看出，衰退期企业并购后，绩效得到提高企业的数量明显增多，且增幅较成长期和成熟期大。这说明并购行为对处于衰退期企业的积极作用更加明显。对绩效变动均值的比较发现，高干预组与低干预组企业并购当年绩效

均呈下降状态，这说明并购行为并没有改变企业处于生命周期衰退阶段的趋势。但绩效从并购后一年开始逐渐改善，高干预组的增长具有显著性；而低干预组并没有体现出显著性特征，反倒是并购后三年又出现了下降的趋势。由此我们初步判断，衰退期企业在高政府干预的条件下，可以通过并购获得逆转自身生命周期的能力，产生较高的生命活力；低政府干预的企业更多地顺应了生命周期的趋势，单纯的并购行为无法为企业的再次发展提供动力。但由于衰退期样本数量的限制，此结论还有待进一步的论证，并不能得到支持假设 3 的充分证据。

表 7 - 8　衰退期企业样本在不同政府干预下的均值检验及正值比率

F 差值		$F - F^{-1}$	$F^1 - F$	$F^1 - F^{-1}$	$F^2 - F^1$	$F^2 - F^{-1}$	$F^3 - F^2$	$F^3 - F^{-1}$
高干预	样本量	6	6	6	6	6	2	2
	均值	- 0.659	0.347	- 0.312	0.151	- 0.161	0.426	0.251
		(- 1.043)	(2.135)*	(- 0.494)	(1.677)	(- 0.257)	(1.564)	(2.573)
	正值比率	0.333	0.833	0.500	0.833	0.500	1.000	1.000
低干预	样本量	9	9	9	9	9	6	6
	均值	- 0.0381	0.110	0.072	0.115	0.187	- 0.192	0.124
		(- 0.312)	(1.094)	(0.449)	(0.671)	(0.870)	(- 1.167)	(0.283)
	正值比率	0.444	0.667	0.444	0.667	0.667	0.333	0.833

注：同表 7 - 6。

（二）政府干预对不同生命周期企业并购绩效的影响：多元回归分析

上述均值检验及正值比率等描述性统计分析结果，在一定程度上验证了本部分提出的结论，为了进一步提高结论的可靠性，笔者建立了多元回归模型，综合分析生命周期、政府干预及企业特征等因素对企业并购绩效的影响程度。模型选取的因变量为企业并购绩效，分别对并购后第一年、并购后第二年、并购后第三年相对于并购前一年的绩效变化进行实证。模型选取的解释变量为：是否处于成长期 x_1（1 为是，0 为否）；是否处于衰退期 x_2（1 为是，0 为否）；政府干预程度 GOV；交叉项 $x_1 \times GOV$ 和 $x_2 \times GOV$，用于分析政府对不同周期的干预程度对并购绩效的影响程度；是否相关并购 $TYPE$（1 为相关并购，0 为非相关并购）；并购资产占并购后公司资产比例

$SCALE2$。同时，引入并购前企业规模 $PLnSIZE$、第一大股东持股比例 BIG 两个控制变量。因篇幅限制，这里仅列出实证结果，见表 7 - 9。

表 7 - 9　并购绩效的多元回归实证结果

解释变量	因变量			
	$F - F^{-1}$	$F^1 - F^{-1}$	$F^2 - F^{-1}$	$F^3 - F^{-1}$
C	0.2326 (0.6100)	- 0.2373 (0.0581) *	- 1.6610 (0.1000) *	0.8744 (- 0.0425) **
x_1	- 0.1166 (0.3622)	- 0.2806 (0.0314) **	- 0.1675 (0.0021) ***	- 0.1824 (0.0019) ***
x_2	- 0.0275 (0.1995)	- 0.0271 (0.0970) *	- 0.0911 (0.0750) *	- 0.0312 (0.0264) **
GOV	- 0.2686 (0.1327)	- 0.3987 (0.0057) ***	- 0.6050 (0.0013) ***	- 0.3542 (0.0009) ***
$x_1 \times GOV$	- 0.0218 (0.1668)	- 0.3255 (0.0605) *	- 0.2075 (0.0245) **	- 0.2106 (0.0018) ***
$x_2 \times GOV$	0.3016 (0.2657)	0.0648 (0.0083) ***	0.2610 (0.0524) *	0.3269 (0.0048) ***
$TYPE$	- 0.0646 (0.0926) *	- 0.0636 (0.0932) *	- 0.1133 (0.0519) *	- 0.0958 (0.0627) *
$SCALE2$	0.0288 (0.2101)	0.2186 (0.3038)	0.4354 (0.1160)	0.2196 (0.1082)
$PLnSIZE$	- 0.0110 (0.0349) **	- 0.0031 (0.0300) **	- 0.0844 (0.0684) *	- 0.0031 (0.0320) **
BIG	0.0411 (0.2645)	0.2660 (0.3635)	0.0097 (0.3411)	0.0917 (0.2915)
R^2	0.2329	0.4817	0.4613	0.5239

注：上面的数字为解释变量的估计系数，下面括号内的数字为 p 值，括号外的 *、**、*** 分别表示 10%、5%、1% 水平上显著。

表 7 - 9 显示，企业生命周期及政府干预程度等因素对并购当年的绩效没有产生显著性影响，但对并购后第一年、第二年和第三年相对于并购前一年的绩效变化产生了影响。从实证结果分析，企业生命周期参数 x_1 和 x_2 的估计系数均为负，其中，是否为衰退期参数 x_2 的估计系数接近于 0，而是否

为成长期 x_1 的系数显著为负，由此我们认为企业并购对成长期企业绩效有明显的负向作用，而对处于成熟期、衰退期企业的绩效改善作用不明显。同时，政府干预程度估计系数也为负，说明政府干预从总体而言，也不利于企业提高绩效。交叉项 $x_1 \times GOV$ 的估计系数为负，而且小于是否为成长期 x_1 的估计系数，说明对于处于成长期企业来说，较高的政府干预程度不利于并购绩效的提升；而交叉项 $x_2 \times GOV$ 的估计系数为正，与是否处于衰退期 x_2 的估计系数相反，说明，较高的政府干预程度对于处于衰退期的企业来说具有积极的作用。由于虚拟变量 x_1 和 x_2 实际上是以成熟期为参照而设置的，交叉项 $x_1 \times GOV$ 估计系数为负，$x_2 \times GOV$ 估计系数为正，说明政府干预对成熟期企业的并购影响是介于成长期和衰退期企业之间的，当我们将成熟期加入虚拟变量进行检验时，结果并不具有显著性，所以无法通过回归分析判断成熟期企业的并购绩效是否受政府干预的影响。以上结论进一步验证了假设 1；而回归分析得到的关于成熟期的结论，也验证了假设 2 的猜测；同时弥补了单变量分析的不足，使假设 3 得到验证。

（三）稳健性检验

对于企业生命周期和政府干预这两个关键变量的度量，我们采用有别于前文的方法进行稳健性检验。为使企业生命周期的划分更有说服力，我们在原分类基础上增加对企业净利润的考虑，将营业收入和净利润（平减掉行业波动影响）同时作为划分企业生命周期的标准[①]，分别定义为 x_1 和 x_2。同时，采用国有股比例来划分政府干预的高低[②]，将国有股比例高于 50% 的样本企业定义为高政府干预、低于 50% 的样本企业定义为低政府干预，用这种划分方法替代上文中按照樊纲、王小鲁"减少政府对企业的干预得分"评价政府干预程度的高低（GOV）的方法。其他变量不做变动。进行多元回归，得到的结果如表 7 - 10 所示。

[①]　Aswath Damodaran, " Corporate Finance: Theory and Practice," John Wiley & Sons Inc, 2nd International edition (2001): 512 - 518.

[②]　不同于李善民等将国有股比例和法人股比例之和反映并购公司与政府间的关联程度，本部分仅选取国有股比例作为考量公司与政府关联程度的指标。不再将法人股纳入政府关联影响因素的原因主要是随着股权分置改革的完成，法人股能够通过间接方式代表政府对上市公司进行控制的能力已经大大降低。

表 7 - 10 的实证检验结果得到了与表 7 - 9 同样的结论，即不同的政府干预程度对于不同生命周期的企业并购绩效具有不同的影响，新的生命周期划分方法也通过了稳健性检验。

表 7 - 10 稳健性检验结果

解释变量	因变量			
	$F - F^{-1}$	$F^1 - F^{-1}$	$F^2 - F^{-1}$	$F^3 - F^{-1}$
C	-0.1329 $(0.0792)^*$	-0.9217 $(0.0489)^{**}$	-0.1069 $(0.0042)^{***}$	-0.9700 $(0.0271)^{**}$
x_1	-0.1337 (0.2685)	-0.1972 $(0.0492)^{**}$	-0.1719 $(0.0128)^{**}$	-0.0974 $(0.0317)^{**}$
x_2	-0.0088 (0.1649)	-0.0718 $(0.0319)^{**}$	-0.0743 $(0.0085)^{***}$	-0.0291 $(0.0390)^{**}$
GOV	-0.0337 (0.1762)	-0.1926 $(0.0092)^{***}$	-0.5138 $(0.0026)^{***}$	-0.2435 $(0.0017)^{***}$
$x_1 \times GOV$	0.0096 $(0.0697)^*$	-0.0927 $(0.0016)^{***}$	-0.1936 $(0.0487)^{**}$	-0.2219 $(0.0024)^{***}$
$x_2 \times GOV$	0.0186 (0.1642)	0.1047 $(0.0620)^*$	0.2016 $(0.0491)^{**}$	0.2874 $(0.0094)^{***}$
$TYPE$	-0.0327 $(0.0091)^{***}$	-0.2917 (0.1023)	-0.2164 $(0.0390)^{**}$	-0.0012 $(0.0741)^*$
$SCALE2$	0.1927 (0.2910)	0.1920 (0.2008)	0.0381 (0.1260)	0.1294 (0.2218)
$PLnSIZE$	-0.0092 $(0.0417)^{**}$	-0.0314 $(0.0492)^{**}$	-0.0460 $(0.0296)^{**}$	-0.0219 $(0.0331)^{**}$
BIG	0.0798 (0.1796)	0.0619 (0.1142)	0.0071 (0.2600)	0.0049 (0.2016)
R^2	0.2794	0.4706	0.4319	0.4982

注：上面的数字为解释变量的估计系数，下面括号内的数字为 p 值，括号外的 $*$、**、*** 分别表示 10%、5%、1% 的显著性水平。

国有股比例包含多种经济含义，导致上述结果可能受到经理代理问题的影响。经理代理问题在企业并购上的典型表现是，经理人驱动企业并购的目的不是追求股东利益最大化，而是自利动机。在国有上市公司中，由于经理人多由政府任命，不持有其所管理上市公司的股份，经理人收益仅来自公司控制权，其驱动企业并购追求的可能是没有绩效的企业规模扩张[13]。对此，我们设定：①如果企业并购前绩效较差，而又发起了并购；②企业并购后比其并购前绩效更差，则存在着经理代理问题。为检验经理代理问题的影响，我们对相关样本进行了单变量描述性分析的稳健性检验。由检验结果发现，无论是不同干预程度企业的盈利均值趋势，还是并购前后赢利能力的配对样本检验，都不具有显著性的特征，所以经理代理问题不是影响并购绩效的显著因素。此外，考虑到不同地区经济发展水平的影响，我们将各生命周期的样本按发达、欠发达地区进行分类，得到的结果并不显著，所以不存在政府干预以外的经济因素替代效应。

四　结论与启示

综上研究发现，在地方政府竞争加剧背景下，地方国有上市公司成为政府干预的重要载体。政府干预下的企业并购绩效呈现生命周期差异。具体表现为以下三个特征。

首先，当地方国有企业处于成长期时，较高的政府干预程度会导致并购绩效的下降。该阶段的企业正处于全面发展时期，经营业绩、管理状况等都处在较理想的状态。地方政府为了完成政治业绩，往往把企业行为纳入自己的效用函数，地方国有上市公司成为政府干预的重要载体。在经济增长竞争的驱动下，地方政府追求把企业"做大"却没有耐心将企业"做强"，这与地方官员的任期制度有关①。地方国有企业在过多的政府干预下，很难继续实现利润最大化的企业目标，反而是用企业利益换取了政府官员的"政治目标"最大化。这也解释了为什么处于成长期的企业在较少政府干预的情况下能够获得更好的并购绩效。

其次，处于成熟期的地方国有企业，在较高政府干预情形下，并购后绩效得到显著改善。成熟期企业往往是地方政府长期依靠的税收来源和经济支柱，在规模、产量、收益等方面保持着较稳定的状态，但同时也暴露出缺乏创新能力和提升空间的隐患。地方政府对这类企业并购的干预，往往是积极的，地方政府会希望通过对这类企业的利益输送，使它们再次获得发展的动

---

① 徐现祥、王贤彬：《任命制下的官员经济增长行为》，《经济学》（季刊）2010年第4期。

力，在已有的基础上取得更大的发展。另外，从企业自身角度出发，成熟期企业在管理资源、管理能力等方面已经具备较完善的条件，有足够的能力和经验应对并购后可能出现的各种情况。相比成长期企业，成熟期企业更容易将并购行为作为其扩张路径。而政府干预较少的企业，更多受生命周期发展趋势的限制，在市场规律的作用下，有些企业通过并购获得了新的生机，有些企业则依然向着衰退的方向发展，这样使得并购的效果并不明显。

最后，由于衰退期企业样本数量的限制，虽然无法得出具有说服力的结论，但衰退期样本数据的缺少却可以从另一角度说明我国上市的地方国有企业的现状。一方面说明上市的地方国有企业较为年轻，这与我国股市发展阶段和改革开放进程有关；另一方面也说明成熟期企业在寻求突破生命周期限制方面取得了较好效果。

上述发现具有一定的政策含义。从地方政府角度看，政府要尊重企业自身的发展规律，依据企业生命周期，提升资源配置绩效。对于成长期企业，引导其实现充分的内涵式发展，不要强行干预企业的并购活动；结合样本数量的生命周期分布，成长期企业的并购数量最多，说明在这个阶段，外部成长也是企业发展的重要途径，但关键在于主动选择还是被动选择。对于成熟期和衰退期企业，需要通过外延式发展帮助企业走出成长的瓶颈期，这时政府就要充分体现出正确引导和恰当的中介作用。总之，政府在企业并购甚至整个社会的经济活动中，只能顺势而为弥补"市场失灵"，而不能替代市场甚至扭曲市场机制。

在理论上，不同于已有文献关于"政府掠夺之手理论"和"政府支持之手理论"的截面分析，本部分从企业生命周期角度探索的时序分析方法丰富和拓展了法与金融理论框架下的政府干预理论，也为政府干预理论的结构主义与新古典主义争论提供了经验支持。

第二节　产业生命周期视角下的政府干预与混合并购绩效

一　混合并购及其动因与效应

（一）企业混合并购的概念界定

混合并购（Conglomerate Merger）是指处于不同产业领域、产品属于不同的市场，且与其产业部门之间不存在特别的生产技术联系的企业并购，即两个或两个以上相互没有直接投入产出关系公司之间的并购行为，是跨行业、跨部门之间的并购[14]。混合并购是根据并购方与被并购方经营产品、所属行业以及所处产业链位置对并购方进行分类时，在横向并购与纵向并购之外的另一种并购方式。企业通过混合并购可以降低企业长期经营单一产业产品的风险，增加产品门类，资源互补，实施多元化经营战略，实现企业的快速成长与扩大。但是混合并购给企业带来的冲击比较大，如果企业无法短时间内完成后期整合，反而不利于企业协调发展。

另一种常见的混合并购定义方式与上述定义略有不同，它指的是既非竞争对手又非现实中或潜在的客户或供应商的企业间的并购[15]。从本质上来看，两种定义是相同的，都是在排除相同领域以及供应链联系之后的企业间发生的并购。

（二）混合并购的产业动因

关于混合并购动因的理论解释十分丰富。新制度经济学家、企业并购效率理论的突出代表威廉姆森认为，企业进行混合并购可以形成"内部资本市场"，发挥激励功能和流量调节功能[16]。威斯通等从"组织资本"的概念出发，认为混合并购能够降低企业内部资金成本，获取财务协同效应[17]。结合本章的研究主题，我们首先分析混合并购的产业动因与产业效应①，其次考察混合并购中的政府行为因素。

1. 产业效应

新产业组织理论认为，一个行业具有较高的超额利润率，行业内企业享有较大的市场势力和超额利润，则该行业具有产业效应。Schmalensee 最早研究了产业因素作为一个整体对公司绩效的影响，试图找出一些产业内企业的平均业绩总是高于另一些产业的原因，并以此提出了产业效应概念[18]。从根本上看，产业效应是由产业结构的内生因素如进退壁垒、产业生命周期

---

① 产业效应概念有广义与狭义之分。广义的产业效应是指并购对产业市场结构或产业结构产生的影响，而狭义的产业效应是新产业组织理论界定（Mcgahan A，Poter M.，1998）的现象。前者视产业结构为内生的，分析并购对产业结构变化的影响机制；而后者视产业结构为外生的，分析并购发生的产业动因。为便于区分，我们将广义的产业效应表述为产业结构效应，简称为"结构效应"。

等决定的，具有一定的持续性和可预见性。麦克盖翰等通过对美国上市公司
1981—1994 年业绩的实证研究发现，在上市公司业绩的全部影响因素中，
产业效应是最重要、最稳定的，用托宾 Q 测量达 1/3 以上[19]。因此，追求
产业效应成为企业进行混合并购的重要动因。

  然而，并不是所有的混合并购都可以获取产业效应，其先决条件是实现
产业创新。产业创新是企业突破既定结构化的产业约束，以产业先见或产业
洞察力构建未来产业轮廓以及通过培养核心能力推进新产业成形的过程。产
业创新的内容主要包括三个方面：一是竞争规则创新；二是重划产业界线；
三是创造全新产业[20]。随着科学技术的不断进步，传统产业技术逐渐落后，
经济环境发生了重大变化，大量传统企业随即失去了竞争优势，面临着被淘
汰的处境。以实现产业创新为目标的混合并购是防止企业陷入产业衰退陷
阱，并帮助企业进入新的成长轨道的重要途径。

  2. 进入壁垒

  企业如要进入新的产业部门，就需要组建新的生产能力，在新的市场中
进行开拓和竞争。而企业进入某一产业是存在成本的，这种成本即为进入壁
垒。

  构成进入壁垒的因素有很多，几乎所有文献都强调了"学习曲线"
（Learning Curve Effect）的重要性[17]。随着一个企业生产某种产品或从事某
项业务的数量的增加，经验不断地积累，其生产成本将不断地下降，并呈现
某种规律，学习曲线或经验曲线描绘的就是这种"学习过程"中成本递减
的规律。这种学习的过程不仅仅是知识的学习过程，更多的是生产经营和管
理效率的学习过程，是产业特有组织资本的生产过程[21]。当企业通过投资
新建途径进入某一行业时，由于没有学习经验，其成本要比原有企业大很
多。

  混合并购作为企业外部扩张的一种方式，一方面可以使主并企业获得被
并企业的组织资本和生产知识，获得原有企业的学习经验，以此节省经验积
累时的成本，降低经营风险；另一方面还能较快地实现企业的产业进入，获
得时间优势。

  （三）混合并购的结构效应

  影响产业结构的要素有很多，本部分侧重分析混合并购对产业结构的

作用机制。胡立君等指出产业结构与产业组织之间存在密切的互动关系，产业组织会通过推出撤资、兼并、一体化等产业组织工具，将产业组织的作用力传递到产业结构上，从而使后者发生变化[22]。而混合并购是产业组织变化的重要形式，它能够带动社会资本和资源的有序合理流动与高速有效配置，混合并购涉及多个产业，会对产业间结构产生作用，促进产业的调整。

本部分将产业调整分为两个部分，分别为产业的优化与升级。产业的优化是产业结构合理化的过程，通过对产业内部结构和产业间结构的协调，使各产业互相适应互相促进，进而促进经济发展。产业的升级是产业实现现代化进步的过程，大多数产业都存在周期性的特征，也都存在着成长与衰退的新陈代谢的过程，陈旧产业由于不适应产业和经济的发展被新兴产业代替，致使产业结构由低级向高级不断升级，与经济发展相互促进。

产业结构改变的过程就是资本在产业内和产业间流动配置的过程，因此，调整产业结构主要有两种途径：一个是改变增量资本在产业各部门间的分配比例；另外一个是改变存量资本的流动方向。

混合并购对产业优化的促进作用是通过企业内部不同部门实现的。通过混合并购，企业可以横跨两个以上不同产业，产业间的结构被纳入了企业内部，变成了企业内部的部门结构，企业通过对内部各部门的管理以及资源的配置即可完成对产业结构的影响。要实现对产业结构的优化，只需企业实现对其所跨行业的各个部门之间的优化。将产业结构内部化和微观化为企业部门结构之后，在企业实现其以促进企业长足发展为主要目的的企业内部优化的同时，伴随较低的成本，产业结构也得到优化。混合并购中，微观企业的企业内部以及企业间为企业自身优化而做出的各种决策对产业结构产生作用，因此，我们认为，混合并购带来的企业绩效的部分加总可以在一定程度上推演出对并购产业结构的影响。

混合并购对产业升级的作用过程主要是推动产业由夕阳产业向高新产业演变。混合并购实质是不同产业中的不同企业实现优势的互补。高新产业在起步时期往往会缺少实现高速增长的资本、生产要素以及管理经验，而处于夕阳产业的企业中不乏具有闲置资本且实力雄厚的企业。为了企业的长足发展，摆脱夕阳产业的束缚，实现企业所处产业的低成本转移，企业可通过混合并购将自身的资源以及管理优势运用到新兴产业中，既可使企业获得高新产业的高速发展优势，同时可以促进高新产业的形成与发展。同样，拥有高新技术的行业也可以并购一些有充足的剩余资本的企业，利用被并企业的资本和管理经验使新型技术得到迅速发展和广泛应用，逐渐促成新兴产业的形成。

（四）混合并购中的政府干预动因

混合并购横跨两个甚至多个产业，对企业和产业结构都会产生重要影响，因此免不了会有政府干预的存在。我国的混合并购中，不少受政府因素的影响，尤其是国有企业，其并购中的政府色彩最为浓厚。我们认为，政府对混合并购进行干预主要出于两方面的考量。

其一是产业政策动因。根据经济发展的需要，政府往往会制定相应的产业政策，通过并购调整产业结构，加快产业发展。第二次世界大战以后，全球经济结构发生了几次重大改变。20 世纪 50 年代，美国将钢铁、纺织等传统产业向日本、西德等国家转移，集中力量发展半导体、通信、电子计算机等新兴技术密集型产业。20 世纪 60 至 70 年代，日本、西德等国家转向发展集成电路、汽车等耗能耗材少、附加价值高的技术密集型产业。20 世纪 80 年代以后，全球产业机构又进入了新一轮以 "信息技术为核心的新技术广泛采用" 为特征的结构调整期[23]。我国从 1997 年开始，党的十五大对国有企业改革进行了重大部署，中央提出了一系列改革国有企业，调整产业结构的政策。笔者认为，出于产业政策的考量，政府对并购的干预往往表现在两个方面：一是调整产业内部结构，加快产业整合，提高产业集中度，如形成产业经济区或产业集群等；二是调整产业间结构，促进产业间结构优化与升级，如实现产业重心转移、扶持新兴产业等。对于混合并购来说，产业政策的推动主要是源于政府对产业间结构的调整，对衰退产业的战略性退出，以及对新兴行业的扶持，以便实现产业结构的优化升级。

其二是地方政府自身利益驱动，以及地方政府间竞争驱动。出于自身利益或者竞争考虑的政府在干预并购时，对并购后企业绩效和产业结构调整往往考虑较少，更多是为了谋求政府自身或者官员自身利益盲目进行并购。这在混合并购中体现得较突出。为了自身利益，政府干预混合并购往往出于以下动机：一是为谋求地方政府绩效而打造地方大集团大企业；二是为了防止地方企业亏损甚至破产，将其强制划拨给效益好的企业。基于政府竞争驱动，政府干预动因一方面是增加政府税收，增强竞争能力；另一方面为官员晋升考核加分[24]。地方政府以此为目的的干预产业因素考虑得较少，容易造成混合并购。

　　综上可见，混合并购会受到多种因素的影响和制约。从选择混合并购的动因来说，受到企业、产业和政府等多方面的影响。微观企业会基于产业效应、进入壁垒等动因进行混合并购；而企业进入或退出某一产业行为的持续或集中发生，会导致产业内或产业间资源的重新配置，产生（产业）结构效应；地方政府或出于产业政策原因，或出于中央与地方或地方与地方之间利益博弈考量而进行干预，影响混合并购的发生及其产业结构调整。在现实经济运行中，产业效应和结构效应相互作用，并受到政府行为制约。对此，下文将在实证部分进一步考察其作用机制与效应。

二　产业生命周期及其度量

　　如上所述，产业效应和结构效应是混合并购区别于其他并购方式的根本特征，而这两种效应的存在与产业生命周期有着内在本质的联系。基于产业生命周期的存在，处于不同生命周期的产业表现出有差异的投资机会及产业增长率。作用于产业内的企业，便呈现不同的企业赢利能力及绩效，即产业效应。为了获取产业效应，提升绩效和竞争力，企业会选择混合并购，而产业效应驱动的混合并购呈现的跨周期、跨产业特征在一定程度上引致着产业结构演化和产业生命周期的变迁。本节阐释产业生命周期概念、阶段划分及其度量方法，为后面的实证研究提供基础铺垫。

（一）产业与产业生命周期

　　产业是由提供相近的商品、服务，或在相同、相关价值链上活动的企业组成的具有某类共同特征的集合或系统，是一个介于微观经济个体和宏观经济整体间的一个集合概念。

　　产业生命周期（The Industry Life Cycle）是指某种产业从出现直至完全退出经济市场所经历的过程。产业生命周期一般包括初创期、成长期、成熟期和衰退期四个阶段，处于不同发展阶段的产业相应地被称为初创期产业、成长期产业、成熟期产业和衰退期产业。因此，产业生命周期的性质应该包括该产业不同的发展阶段的行为特征及其演化发展的总体行为模式。对于产业生命周期的定义，虽各种文献的描述略有差异，但基本一致；对于其分类，除了本节提到的四阶段划分法，常见的还有将初创期及成长期统称为早期的三阶段划分法。本部分主要采用四阶段划分法，将产业生命周期分为成长产业、集中产业、技术变迁产业以及衰退产业。

（二）我国产业周期阶段划分

1. 国内产业周期划分方式

尽管产业生命周期一般分为四个阶段，但四个阶段具有某些共性，并且不同产业又具有其特质，因此要找到其具体分界点并非易事。国内学者对产业生命周期的研究大多是将定性与定量相结合。定性方法主要是通过 S 形的生长曲线来定性分析产业周期，除此之外，还可以通过产业创新活跃度、产业集中度、产业规模、产业链、产业利润率和产业前景等方面定性刻画产业所处阶段[25]。定量方法使用相对较少，主要有以下两种角度：一是通过计量经济学模型研究，大多情况下，构建经济计量模型，通过某一个比较具有代表性的反映产业生命周期的变量作为因变量，以时间 t 为自变量构建的线性方程；二是通过构建指标体系来划分我国产业生命周期，虽然指标体系各有不同，但大体是在销售增长率、产业产出增长率、企业进入（退出）增长率、产业利润以及产业产值占 GDP 的比重这些指标中做选择，也有研究创新性地从产业演进趋势、区域产业竞争力、资源约束等维度进行研究，但该研究方法仅针对衰退产业，并没有被广泛应用到产业周期的各个阶段中。其中，在定量研究的指标构建方法中，产业产出增长率是国内运用较为频繁的研究方法。

2. 本节产业周期的扩展划分

Klepper 在总结行业周期变化特征时指出，在行业从新生到衰亡的过程中，行业内厂商数量和行业产出（用销售量表示）的变化是两个最主要的标志性指标[26]。本部分对我国行业周期的划分，以 Klepper 的标准为基础，同时参照了 Maksimovic 和 Phillips[28] 的研究方法，选取了行业内厂商数量变化和销售量的变化作为行业周期划分的依据，并且假定在研究期内被研究行业所处的周期阶段没有发生变化（见表 7 - 11）。

表 7 – 11　产业周期分类标准

产业周期	划分标准
成长产业	行业厂商数量增长率 > 所有行业厂商数量增长率的中值 行业产出增长率 > 所有行业的产出增长率的中值
集中产业	行业厂商数量增长率 < 所有行业厂商数量增长率的中值 行业产出增长率 > 所有行业的产出增长率的中值
技术变迁产业	行业厂商数量增长率 > 所有行业厂商数量增长率的中值 行业产出增长率 < 所有行业的产出增长率的中值
衰退产业	行业厂商数量增长率 < 所有行业厂商数量增长率的中值 行业产出增长率 < 所有行业的产出增长率的中值

注：划分标准取 1996—2010 年行业均值的年均增长率。

由于数据来源为上市公司数据，所以假设所有上市公司代表产业内企业，上市公司数量的增长代表行业内企业的增长。

根据我国的产业数据，按照证监会的行业分类标准，表 7 – 12 为进一步划分的产业周期分类结果。由于数据来源为上市公司数据，所以假设所有上市公司代表产业内企业，上市公司数量的增长代表行业内企业的增长。

从表 7 – 12 可以看到，成长行业样本量只有 17 个，印证了前文关于在以技术经济为主导的信息时代，市场很快进入成熟阶段的说法。以制造业为主的技术变迁产业占了很大比重。而我国十大产业振兴规划中，包括汽车、船舶、装备制造等制造业占了多数，这为我国的这一政策提供了依据，而这一政策是否真的对这类产业起到了积极作用，政府对技术变迁产业的影响如何，是我们接下来希望解决的疑问之一。

表 7 – 12　我国各行业的周期分类结果

单位：%，家

产业周期	行业分类	厂商数量增长率	营业收入增长率	样本企业数
成长产业	B 采掘业	18.34	30.64	11
	E 建筑业	17.40	24.87	6
	I 金融保险业	10.49	28.92	0

续表

产业周期	行业分类	厂商数量增长率	营业收入增长率	样本企业数
集中产业	D 电力、煤气及水的生产和供应业	8.85	22.63	18
	J 房地产业	3.78	28.56	4
	M 综合类	1.16	23.53	16
技术变迁产业	A 农林牧渔业	18.47	20.86	10
	G 信息技术业	12.99	20.54	10
	F 交通运输、仓储业	12.87	20.97	15
	C 制造业	12.22	19.58	129
衰退产业	L 传播与文化产业	8.97	21.34	3
	K 社会服务业	8.61	21.67	8
	H 批发和零售贸易业	4.61	20.70	15

三 政府干预视角下的产业生命周期与企业并购

(一) 产业生命周期与企业并购

作为影响企业发展的基础因素之一，产业生命周期是任何企业都必须遵循的客观规律。企业在制定发展战略时，必须充分考虑企业所处产业的生命周期阶段及特点，并进行合理的预测，通过发展战略的实施实现企业持续发展，达到实现企业价值最大化的目的。同时，产业周期的变化特征，也是政府的干预政策实施的重要影响因素。由于产业生命周期的客观规律对企业竞争力具有很大影响，企业所在产业层次以及未来的演变趋势就成为企业发展战略分析和规划的基础。企业应结合自身所处产业周期特点和演进趋势，提高企业竞争战略的精准度和前瞻性。

产业周期理论认为，初创、成长、成熟、衰退是产业生命的不同阶段，因而在某种程度上也可能代表组织生命周期的不同阶段。Klepper 总结了六条产业周期变化所表现出的特征，这六个特征主要描述了一个行业从出现到成熟再到衰退的过程中，行业内所表现出的厂商进入、退出、市场结构变化和技术变化的特征[26]。

随着越来越快的经济发展节奏，产业生命周期大大缩短，新兴行业很快就进入成熟期。此外，企业还会遭遇同业竞争者组织、产品、技术等各方面创新的冲击，竞争格局可能瞬息万变。当企业不能通过创新来维持竞争力、延续企业生命周期时，企业必将面临紧缩和衰退的局面。在这种情形下，企业常常需要借助诸如剥离、分拆、分立之类的重组来解决衰败困境。处于产业周期不同阶段的企业，其特性和竞争优势各有不同，因此我们认为产业周期将会对企业的并购绩效产生重要影响。正如 Weston 等指出，产业生命周期理论可以作为一种框架，用来指示在产业发展不同阶段中的并购在何时可能具备发生的基础[27]。

　　而并购作为现代企业发展的重要手段之一，在不同的产业生命周期阶段，实施并购之后能否达到企业预期的效果与目标，将直接影响到公司的发展规划与发展战略。这些因素均与企业所处的产业生命周期息息相关。Anand 和 Singh 最早将产业生命周期与并购类型结合起来，他们通过对处于衰退阶段的美国国防工业进行研究发现，衰退产业中的横向并购表现好于混合并购。Mskcimovic 和 Phillips 研究了产业周期对多元化企业内部资本市场效率的影响，他们发现在产业成长阶段，多元化企业的内部资本市场缓解了产业部门的财务压力，处于成长产业的企业在收购后经营效率得到了提高[28]。范从来、袁静首次尝试将产业生命周期理论应用于三种并购绩效的研究，初步证实了产业生命周期对企业并购方式及绩效的影响，得出了这样的结论：成长产业中，横向并购为公司带来的业绩提升远高于多样化经营带来的业绩提升；成熟产业中，企业纵向并购最有效率；而处于衰退产业的公司进行横向扩张是十分不利于绩效提升的[29]。黄娟、李青原运用生命周期评价原理，采用以财务指标为基础的因子分析法综合评价了自 2000 年以来我国沪深两地上市公司并购行为对不同产业生命周期和并购类型的公司经营绩效的影响，发现成长期产业中的公司并购绩效表现较好，其中纵向和混合并购绩效表现最好；成熟期产业中的公司并购绩效表现比较稳定，其中横向和纵向并购绩效表现最好；衰退产业中的公司并购绩效表现最差[30]。笔者认为，之所以各方面学者的研究结果存在较大差异，抛开数据资料选择和方法不同的影响，对政府干预这一因素的忽视是其原因之一。所以我们将在前人所做研究的基础之上，讨论产业周期中政府干预的作用研究。

（二）政府干预与并购绩效——不同产业生命周期下的研究假设

　　我国正处在制度转型期，政府干预行为对公司经营决策及发展的影响是一个颇有争议的话题。对政府干预持否定态度的学者认为，政府干预会导致公司的过度投资，从而降低公司的业绩和价值。这主要是因为政府干预的目标与公司的经营目标的不一致，即政府干预的目标是多重的，包括经济发展战略、税收、就业、社会稳定等，而这些目标往往难以直接与公司的经营目标画上等号。

具体到政府干预对企业并购绩效影响的研究，Shleifer 和 Vishny 的研究表明，政治家除了利用政府所有权追求社会目标外，还会追求自身的政治目标，比如利用国有企业向其政治支持者输送利益[31]。张新采用公司的社会净价值衡量并购绩效，提出"体制因素下的价值转移与再分配假说"，认为体制因素是导致中国企业并购绩效不高的原因[32]。我们认为，正是这种体制因素决定了政府必然会出手干预企业行为。李增泉等利用股票投资收益和会计收益来衡量并购长期绩效，并运用"掏空"与"支持"理论解释政府干预对并购绩效的影响与动机，认为控股大股东在公司治理中存在的委托代理问题同样适用于地方政府，但他们却忽略了地方政府在微观经济活动中的监管者身份[33]。周黎安在关于地方官员政治晋升的研究中发现，不同地区地方官员的竞争不仅表现在 GDP 和利税方面的竞争，同时也表现在"官场"上晋升的竞争[8]。这使得地方官员在考虑竞争利益时不仅需要计算经济收益，还要计算晋升博弈中的政治收益，而作为政府官员，政治收益或许更为重要，这就为政府官员用经济收益换取政治收益提供了充分的动机。潘洪波等在论证"政府掠夺之手"和"政府支持之手"的过程中发现，地方政府干预对盈利企业并购有负面影响，对亏损企业并购有正面影响[34]。因此，根据本部分对产业周期的划分，我们认为在产出增长率方面表现一致的行业受到政府干预的影响是类似的，并且地方政府干预对产出增长率保持较高增长的行业（成长产业、集中产业）有负面影响。

基于以上分析，提出如下假设：

假设 1a：成长产业中政府干预对企业并购绩效有负效应；

假设 1b：集中产业中政府干预对企业并购绩效有负效应。

在我国市场经济发展的过程中，尽管我国的行政和财政分权改革为地方政府发展经济提供了重要的经济激励，不过这在引发地区间为争夺财税而展开经济竞争的同时，还会最终导致市场分割和地方保护主义[35][36]。地方政府在此过程中获得了经济管理权、财政自主权，与此同时，政府的角色也发生了很大转变，诸如社会养老、社会稳定、就业等也成为地方政府需要考虑的社会目标，而这就需要转型中的国有企业承担政府的多重目标，由此导致国有企业的政策性负担[4]。这一方面，可能会出现我们推测的假设1的情形；另一方面，可能导致地方政府干预对产出收缩产业的不同影响。随着市场化程度的提高和民营企业的迅速发展，许多中小企业，尤其是国有中小企业由于创新机制缺乏、公司治理落后，发展停滞不前甚至濒临破产，这严重影响了当地的就业和社会稳定。面对这样的局面，地方政府一般可以采取直接对企业进行补贴或收购经营不善的企业的措施。

基于以上分析，提出如下假设：

假设2a：技术变迁产业中政府干预对企业并购绩效有正效应；

假设2b：衰退产业中政府干预对企业并购绩效有正效应。

（三）不同产业周期下并购绩效实证分析

1. 样本选择及来源

本部分并购样本及财务数据均来自国泰安数据库。我们以2005—2008年宣告并购的上市公司事件为初选样本，然后按以下规则进行筛选：①选择交易地位为买方的并购企业；②选择买卖双方属于同一省级管辖范围的并购活动；③剔除非国有企业和央企；④剔除主并购方未获得目标企业绝对控制权的样本企业；⑤剔除交易未成功的样本。另外，同一企业一年内发生多项并购时，视为当年只发生了一次并购。经过以上过程最终选择了245个研究样本。表7-13为样本发生并购的年度分布情况。

表 7-13 样本年度分布

年份	2005 年	2006 年	2007 年	2008 年	总计
数量	91	42	81	31	245

2. 并购绩效得分模型的构建

衡量公司并购绩效的常用方法有事件研究法和会计研究法，考虑到我国资本市场的特殊情况，本部分在冯根福等对并购绩效研究的基础上，采用因子分析法构建并购绩效得分模型。为消除行业经济景气的影响，将各样本数据分别减去对应行业的年度平均水平，用并购当年的综合得分来衡量并购绩效。

该方法将若干个指标进行因子分析并提取公共因子，再以每个因子的方差贡献率为权重与该因子的得分相乘，求和构造如下综合得分函数：

$$F_i = \sum_j \omega_{ij} f_{ij} \tag{7-7}$$

其中 F_i 为第 i 个企业绩效的综合得分，ω_{ij} 为第 i 个企业第 j 个因子的方差贡献率，f_{ij} 为第 i 个企业第 j 个因子的得分。

因子的选取如表 7-14 所示。

表 7-14　并购得分因子

因子		因子意义
偿债能力	流动比率	流动资产/流动负债
	现金比率	现金及现金等价物期末余额/流动负债
	营运资金比率	(流动资产 - 流动负债)/流动资产
发展能力	可持续增长率	销售净利率×总资产周转率×留存收益率×期初权益期末总资产乘数
	净资产收益率增长率	(本期净资产收益率 - 期初净资产收益率)/期初净资产收益率
股东获利能力	每股收益	净利润/总股数
现金流量能力	现金流量比率	经营活动现金流量净额/流动负债
	营运指数	经营活动现金净流量/经营所得现金
赢利能力	销售净利率	净利润/营业收入
	总资产净利润率	净利润/总资产余额
营运能力	营运资金周转率	营业收入/营运资金
	总资产周转率	营业收入/资产总额期末余额

3. 回归模型与变量定义

根据前文分析，我们构建如下模型，并使用多元回归方法检验本部分研究假设：

$$F_i - F_{i-1} = \beta_0 + \beta_1 State_i + \beta_2 Gov_i + \beta_3 Dev_i + \beta_S Size_i + \beta_5 Debt_i + \beta_6 Meet_i + \beta_7 Holder_i \tag{7-8}$$

目前国内关于政府干预度量的研究主要有四类：李善民、朱滔采用公司国有股比例和法人股比例之和反映并购公司与政府间的关联程[10]；利用樊纲、王小鲁构建的市场化指数中"减少政府对企业干预"得分来表示该地区政府干预程度，该得分与政府干预程度成反比；通过上市公司是否由政府直接控股来判断干预程度；通过确定终极产权人的性质来判断政府干预情况。此外，财政盈余、失业率也被用来度量政府干预[34]，但对政府干预的界定和标准并没有一致的结论。基于学术界应用较多的方法，本部分采用公司国有股比例和樊纲、王小鲁编制的市场化指数体系中的"减少政府对企业的干预"指标得分两个指标来度量政府干预的程度。

$F_i - F_{i-1}$是被解释变量，表示样本企业并购当年与并购前一年的绩效得分差值。解释变量的定义和主要变量回归系数的预期符号如表 7 - 15 所示。

表 7 - 15　变量定义和主要变量的预期符号

变量名	变量定义及主要变量预期符号
政府干预变量	
State	表示公司国有股比例。我们预期成长和集中产业中，$F_i - F_{i-1}$与 State 负相关；技术变迁和衰退产业，$F_i - F_{i-1}$与 State 正相关。
Gov	该变量为樊纲和王小鲁(2009)编制的 2007 年市场化指数中减少政府对企业的干预的得分，通过比较我们发现，该指数具有一定的延续性，所以针对 2008 年的样本我们依然用 2007 年的指数表示。由于该指数得分与政府干预程度成反比，所以我们预期对应样本中，Gov 与 State 反相关，即成长和集中产业中，$F_i - F_{i-1}$与 Gov 正相关；技术变迁和衰退产业中，$F_i - F_{i-1}$与 Gov 负相关。
控制变量	
Dev	表示样本企业所在省份是否为发达地区的虚拟变量。我们以样本企业所在省份的人均 GDP 为标准，将样本企业所在地区人均 GDP 大于均值的地区定义为发达地区，取值为 1；将人均 GDP 小于均值的地区定义为欠发达地区，取值为 0。
Size	并购宣告前一年末公司总资产的自然对数。
Debt	并购宣告前一年末公司的资产负债率。
Meet	并购宣告前一年，公司召开监事会、股东大会会议次数。
Holder	并购宣告前一年，公司股东大会参会股东数。监事会股东大会次数多、参加股东大会人数多，大股东可能受到其他股东相对较强的参与约束，从而减小代理成本。

注：发达地区为北京、天津、内蒙古、辽宁、上海、江苏、浙江、福建、山东、广东。

4. 并购当年多元回归的检验结果及分析

表 7 - 16 列出了不同产业周期的样本企业关于并购当年绩效的多元回

归结果。从全样本结果中看出，国有股比例和减少政府干预得分都具有较强的显著性，但是这两个指标的符号相同，而我们预测这两者的符号是相反的，产生这种情况的原因可能是全样本条件下，还有其他因素对政府干预和并购绩效的关系产生了影响。当我们按产业周期将样本分组重新检验后发现，State 与 Gov 符号的变化与预测一致了，这说明产业周期的不同，的确影响着政府干预与并购绩效间的关系，我们基本的理论假设是合理的。

下面我们进一步分析不同产业周期里，政府干预与并购绩效的关系。成长产业样本企业的绩效与 State 负相关、与 Gov 正相关，并且在 1% 和 5% 水平上显著。这说明随着政府干预的增加，成长产业的企业并购绩效变差，这个结果验证了假设 1a。集中产业中，企业并购绩效与 State 显著负相关，说明政府干预对并购绩效产生了负面影响，验证了假设 1b。

技术变迁产业和衰退产业的结果发生了变化。这两阶段企业绩效都与 State 显著正相关，技术变迁产业的企业绩效还与 Gov 在 10% 水平上负相关，这说明政府干预对并购绩效产生了积极的作用。这样的结果就验证了假设 2a 和假设 2b。

表 7 - 16　并购当年政府干预对并购绩效的检验结果

	全样本	成长产业	集中产业	技术变迁产业	衰退产业
截距	- 0.18 (- 2.02)**	- 1.28 (- 3.20)***	- 0.12 (- 0.47)	- 0.25 (- 2.41)**	0.05 (0.12)
State	0.35 (3.40)***	- 1.21 (- 3.22)***	- 0.34 (- 1.72)*	0.23 (1.77)*	0.83 (1.90)**
Gov	0.02 (2.43)**	0.16 (2.67)**	0.01 (2.22)**	- 0.02 (- 1.66)*	0.02 (0.56)
Dev	- 0.07 (- 1.62)*	0.72 (2.26)**	0.23 (1.43)	- 0.02 (- 0.25)	- 0.10 (- 0.41)
Size	0.00 (0.14)	0.07 (0.95)	- 0.09 (- 1.46)	- 0.01 (- 0.23)	0.17 (1.61)
Debt	- 0.01 (- 1.64)*	0.97 (1.69)*	- 0.21 (- 0.89)	0.00 (0.62)	- 0.46 (- 0.87)

续表

	全样本	成长产业	集中产业	技术变迁产业	衰退产业
Meet	-0.01 (-0.57)	0.13 (2.57)**	0.02 (0.71)	0.01 (0.64)	-0.10 (-2.18)**
Holder	0.00 (0.04)	0.00 (0.49)	0.00 (0.55)	0.00 (0.37)	0.00 (0.52)
N	245	17	38	164	26
F 值	3.28***	3.43**	1.87*	2.16**	2.42*
Adj $-$ R^2	0.06	0.52	0.14	0.11	0.28

注：*、**、***分别表示10%、5%、1%的显著性水平，括号内数字为 t 值。

综上，从产业周期划分的角度可以看出，在成长产业和集中产业中，政府干预对并购企业的业绩产生了消极影响；而政府干预对技术变迁产业和衰退产业则产生了积极影响。成长、集中产业的共性是行业产出的年均增长率都大于所有行业产出增长率的中值，而技术变迁、衰退产业的行业产出增长率都小于所有行业产出增长率的中值。所以我们认为，政府在对企业并购的干预中，更容易受到行业产出的影响，而产业周期划分的另一标准——行业内厂商数量的变化，并不会直接影响政府的决策。也就是说，政府的"掠夺之手"往往伸向产出持续增长的行业，"支持之手"则会扶持产出下降的行业。

第三节 产业周期与混合并购绩效——以战略性新兴产业为例

依据 2010 年 10 月的《国务院关于加快培育和发展战略性新兴产业的决定》，基于对当前国情和经济基础的考虑，我国将节能环保、新一代信息技术、生物、高端装备制造、新能源、新材料和新能源汽车七个产业划定为战略性新兴产业。

关于战略性新兴产业，很多学者都给出了不同的界定。我们认为，"战略性"是指在特定的技术、产业发展阶段，在政府政策主导下发展，产业内企业的策略选择与运行一定程度上都会受到政府的干预和政策的影响；"新兴"是指产业处于生命周期的初创期或者成长期，产业发展仍不完善，市场尚未形成规模，发展过程中会根据内外部环境变化进行调整，按照产业生命周期的基本规律进行演进。因此，战略性新兴产业具备政府导向和处于演进初期、发展潜力大的特点。

一　战略性新兴产业环境分析

从一般产业成长规律上看，推动产业发展有五种动力：技术、需求、资源、企业和政府，它们在产业成长中扮演着不同的角色，共同构成产业成长的主要推动力[37]。这些作用力大致可以分为内部和外部两种产业环境。战略性新兴产业的演化和发展就是在这两种环境的同时作用下进行的。

（一）外部环境

1. 政策导向与政府干预

政府对战略性新兴产业演进的影响主要通过两种方式，一种是中央及地方政府的政策导向，通过出台相关鼓励政策促进产业发展，加快战略性新兴产业向主导产业或者支柱产业升级；另一种是通过地方政府直接干预新兴产业的形成与发展。张忠寿、王世文依据战略性新兴产业形成与发展的主体不同，将其发展模式概括为：政府主导的外推模式、企业主导的内生模式、两者有机结合的混合模式[38]。笔者认为，当前发展新兴产业的主要模式是将二者有机结合的混合模式。政府的主导作用可以克服市场失灵，同时满足地区战略性发展的需要，进而产业的发展起点得到提高，发展速度提升，此外还获得政策、技术、资本等各方面的优势。

2. 经济发展与市场需求

虽然战略性新兴产业具有明显的政府导向，但是经济环境是产业发展的重要约束，而市场需求是产业发展的决定因素。由于经济基础和市场需求的不同，新兴产业的产业布局和投资额度存在着空间上的差异。截至 2010 年 7 月，江苏、浙江和广东 3 个东部省份已经对 7 个产业完成全覆盖，吉林、辽宁、北京、天津和福建 5 个东部省份完成 6 个产业的覆盖。东部省份各个产业的项目投资总额远高于中西部地区，相关产业投资额度较大的项目也绝大部分集中在东部[37]。

（二）内部环境

企业环境、技术环境以及行业资源配置是战略性新兴产业面临的主要的内部环境。企业环境既包括产业内企业的数量与质量，也包括企业间相互竞争的过程与结果。从现有文献来看，对于产业竞争环境的研究大多应用波特的"五因素模型"，即分析产业中五种基本的竞争力量：潜在进入者、替代品威胁、购买者讨价还价能力、供应商讨价还价能力以及现有竞争对手之间的抗衡。技术环境对于战略新兴产业尤为重要，新兴产业面临的困难不仅仅是技术方面的创新，还需要将技术创新商业化，创新与商业化是新兴产业的关键环节。行业内的资源配置状况直接关系到新兴产业的资本供给，新兴行业的资源一方面是存量资源的产业内配置，另一方面是增量资源的吸引和分配。存量资源的产业内配置主要通过新兴产业内的横向并购实现，而资源流入的吸引可以通过混合并购进行。

二　战略性新兴产业与混合并购

企业进入战略性新兴产业，主要可以通过下三种方式实现：一是传统行业上市公司参股组建新的企业；二是传统行业上市公司收购、兼并新兴产业企业，以克服产业进入壁垒；三是战略性新兴行业内企业主动并购其他行业企业获取资源、技术以加速扩张，实现资源的合理配置。由此可见，并购是战略性新兴产业的重要进入、发展方式。

从产业生命周期来看，战略性新兴产业处于产业初期和成长期，发展速度快，产业活力强；从政府环境来看，战略性新兴产业以产业政策为导向，并受到中央或地方政府各方面的扶持与促进。随着战略性新兴产业的不断发展，各产业开始以并购为主要手段进行产业的进入和扩张。

通过横、纵向并购，战略性新兴产业可以实现企业的扩张和产业内部调整；通过混合并购，战略性新兴产业可以通过获得产业外的闲置资源，实现企业和产业的扩张，而传统产业可以克服进入壁垒，可以以较低的成本快速进入新兴产业。进入新兴产业，主要存在四个方面的壁垒：第一是技术壁垒。由于战略性新兴产业大多是知识、技术密集型产业，技术含量高，并且多学科综合交叉，需要更高层次的知识水平与技术水平，传统产业难以在短时间内获得相关知识与技术。第二是资本壁垒。很多战略性新兴产业，比如生物制药、航空航天等高端装备制造行业，对厂房和机器设备等固定投资要求很高，使得这些行业的前期投入成本很高，传统产业通过混合并购便可轻易获得原有新兴产业的前期投资。第三是政策壁垒。战略新兴产业中的生物制药、高端装备制造、新能源等细分行业中，涉及一些民众健康或国家航空航天的特殊商品，其研发、生产、定价、销售等都受到严格的特殊法律的规范、控制和管理，比如生物制药行业，没有药证、生产许可证、GMP 规范认证的企业则无法进入医药市场，通过混合并购可以沿用被并企业的相关许可和认证。四是市场壁垒。在战略性新兴行业中，很多优势企业已经崭露头角。这些公司正逐步形成各自的技术特色，与行业后来者相比，它们具有一定的品牌优势、技术优势以及规模优势，而生产品种相对单一、缺乏创新能力的企业则面临困境，这无疑加大了后来者的市场进入风险[39]。

三　针对新兴产业的混合并购数量与绩效分析

根据上文所述，我国于 2010 年提出了发展战略性新兴产业战略，并在"十二五"规划中进行了进一步的细化和深化。政府从国家发展战略的高度明确了这七大新兴产业的地位，将其与我国现阶段产业结构优化升级的目标相结合。作为战略发展规划的落地举措，政府职能部门出台了一系列配套政策。这些政策或者为对应产业的发展保驾护航，或者为对应产业的发展提供催化激励，以引导社会的"聪明资源"更多配置到这些产业领域。另外在企业层面上，中国式的"血汗工厂"已经发展到了极致，依靠廉价劳动力和原材料为盈利基础的企业正在式微，投资机会减少，盈利期望降低，这促使着更多的企业投资于附加值高的、具有一定科学技术含量的行业。因此，新兴产业的发展已具备宏观制度支持和雄厚的微观基础。

那么，以产业促进政策出台为代表的制度变迁，对新兴产业的发展具有怎样的效应？本章从混合并购视角，考察战略新兴产业发展规划出台前后，进入新兴产业的社会资源配置变化。一方面，我们将通过考察政策前后混合并购数量的变化来衡量政策对产业结构调整的引导作用；另一方面，将在微观层面上对混合并购企业绩效进行考量，来分析现阶段我国针对新兴产业的混合并购是否有积极的效果。

（一）混合并购数量分析

根据战略新兴产业发展规划提出的时间，我们选择 2008 年为时间节点，统计 2008 年前后几年间针对新兴产业的混合并购发生的数量，为了能够更好地观测其变化趋势，时间段应该较长一些，因此我们统计了自 2003—2012 年这 10 年所符合要求的并购事件。行业方面，本节在七大战略新兴产业中选择新医药和信息技术两个行业为代表进行研究。所有并购数据来源于wind 并购数据库。

统计过程中，我们对一些样本进行了剔除，这包括以下几种情况：①跨国并购涉及国外产业，本部分不做研究，进行删除；②未完成的并购由于无法确定其进行程度，而且容易造成重复统计，因而剔除；③行业分类为综合类的行业，无法确定其具体行业，因此无法界定是否为混合并购，进行删除；（4）股权并购比例少于 10% 的并购事件。

通过对 2003—2012 年所有并购样本的统计，最终筛选出来了发生在医药和信息技术两个行业中的混合并购样本，并购数量的具体情况如表 7 - 17所示。

表 7 - 17　代表行业混合并购发生数量

单位：家

年份	信息技术	新医药	年份	信息技术	新医药
2003	3	6	2008	8	7
2004	6	7	2009	16	19
2005	8	10	2010	23	22
2006	6	8	2011	11	14
2007	6	10	2012	10	8

为了更直观地表现 2003—2012 年代表行业混合并购发生数量的变化趋势，我们利用折线图的形式将表中数据进行展示，结果如图 7 - 1 所示。

从图 7 - 1 可以很清晰地看出，针对这两个行业发生的混合并购数量变化趋势呈现很高的相似程度，2008 年以前的并购数量较小，一直保持相对较低的水平。这说明在新兴产业政策规划出台前，利用混合并购进入新兴产业的并购事件时有发生，但是规模很小，当然其带动资源流动的作用相应较小。我们再看 2008 年以后的情况，很明显，2009—2010 年针对代表行业的混合并购数量出现了大幅度增加，这与 2009 年前后新兴产业发展规划的出台日程相吻合。这说明了制度安排的资源配置效应，发展规划的出台一方面为真正在寻找投资机会的企业指明了方向；另一方面也刺激了市场中的游资，这些资本一旦发现政策层面的风吹草动，便会立即做出反应，以达到获利或炒作的效果。2011 年和 2012 年的并购数量明显下降。我们分析，这一方面来源于政策过后市场热度的正常下降，另一方面与投机资本在达到目的后的退出有关。

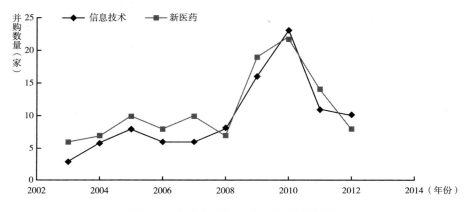

图 7 - 1　代表行业混合并购数量变化趋势

通过对以政策出台年份为划分界限的代表行业混合并购的数量比较分析，可以看出，新兴产业发展规划对社会资源配置具有引导作用，但是这种流动的效果如何呢？接下来我们对微观层面企业并购绩效进行实证检验。

（二）混合并购绩效分析

1. 研究方法

衡量公司并购绩效的常用方法有事件研究法和会计研究法，考虑到我国资本市场的特殊情况，本部分在冯根福等对并购绩效研究的基础上，采用因子分析法构建并购绩效得分模型。

第一步应当先选定若干个衡量企业业绩的指标，指标的选择并不是越多越好，本部分则选择了四个，分别是：g_1 为主营业务收入/总资产；g_2 为净利润/总资产；g_3 为每股收益；g_4 为净资产收益率。因子分析法是将这四个个衡量企业绩效的指标进行因子分析并提取公共因子，再以每个因子的方差贡献率为权重与该因子的得分相乘，求和得到该企业当年业绩的综合得分，即构造如下综合得分函数：$F_i = \sum a_{ij} f_{ij}$，从而能够将四个指标压缩、综合为一个。其中 F_i 为第 i 个企业绩效的综合得分，a_{ij} 为第 i 个企业第 j 个因子的方差贡献率，f_{ij} 为第 i 个企业第 j 个因子的得分。

我们根据因子分析法分别计算出企业并购前一年、并购当年、并购后一年、并购后两年企业绩效的综合得分，通过对企业并购前后的比较来衡量并购绩效。

2. 样本的选取

本部分关注针对新兴产业的混合并购绩效，因此我们只选择被并方属于七大新兴产业的并购事件。这里是通过企业的经营业绩来研究并购绩效的，这就要求被研究企业的经营状况是透明的、可信的，于是我们将样本限制在上市公司的范围之内。根据以上要求，结合删除原则，我们从 wind 数据库中筛选出了 2008—2010 年三年发生的 32 起符合要求的并购事件。

3. 实证结果与分析

限于样本量较小，我们将所得样本作为面板数据进行处理，即不管并购事件发生于那一年，都将企业 i 并购前一年的综合得分定义为 F_i^{-1}，并购当年的综合得分定义为 F_i^0，并购后一年、两年则分别为 F_i^1、F_i^2。得分的计算是这样的，首先对 g_1、g_2、g_3、g_4 四个指标进行因子分析，提取公因子，分别得到四个公因子 f_{i1}、f_{i2}、f_{i3}、f_{i4}，然后将根据因子分析所得到的每一个因子的方差贡献率 a_{ij} 作为该因子的权重进行加权，得到企业该年的综合得分，表 7 - 18 为通过主成分分析法所得到的方差贡献率。

表 7 - 18　方差贡献率

成分	初始特征值			提取平方和载入		
	合计	方差的%	累积%	合计	方差的%	累积%
1	1.632	40.805	40.805	1.632	40.805	40.805
2	1.172	29.288	70.094	1.172	29.288	70.094
3	0.93	23.254	93.347			
4	0.266	6.653	100			

根据方差贡献率，综合得分的计算公式为：

$$F_i = 0.40805f_{i1} + 0.29288f_{i2} + 0.23254f_{i3} + 0.06653f_{i4} \qquad (7-9)$$

单纯观察企业每一年的综合得分是没有意义的，我们想要知道的是并购前后企业业绩的变化，因此我们利用所计算出来的各企业每一年的综合得分，进一步计算 $F_i^0 - F_i^{-1}$、$F_i^1 - F_i^0$、$F_i^1 - F_i^{-1}$、$F_i^2 - F_i^1$、$F_i^2 - F_i^{-1}$，如果得分差值为正，则说明企业并购后的业绩是提升的，并购绩效好，反之，并购绩效差。

从表7-19中得分差值的统计结果来看，并购当年的业绩出现了出人意料的增长，这从正值比率和均值水平两项中可以得到体现，但我们认为在并购当年，并购事件对企业业绩的影响还不能够完全展现出来，因此这种因果关系的成立是受到质疑的，更有可能是企业正是因为当年的业绩较好才会选择进行并购的策略，而并购效果的好坏应该是在更长的时间内得以体现。

并购后的第一年相比并购当年，企业的业绩并没有显著的提升，业绩表现正负参半，均值甚至是负的，但是还是基本上好于并购前一年的业绩水平，可以说并购后一年的业绩并没有明显变化，只是大概保持了前一年的业绩水平。

对于并购后的第二年，其相比前一年的企业业绩水平有所下降，即使同并购前进行比较，业绩表现也并不出色。表7-19显示，$F_i^0 - F_i^{-1}$、$F_i^1 - F_i^0$、$F_i^2 - F_i^1$ 三组数据的均值分别为0.15279、-0.04642、-0.07764。可见，自企业混合并购发生以来，业绩呈现了逐年下降的趋势，另外，并购后两年与并购前综合得分的差值也只有0.02872了，正值比例为50%。综合起来，这意味着企业混合并购的绩效并不理想。

表7-19　得分差值统计

	N	正值比率	极小值	极大值	均值
$F_i^0 - F_i^{-1}$	32	0.5625	-0.95697	2.97679	0.15279
$F_i^1 - F_i^0$	32	0.500	-0.74747	0.61203	-0.04642
$F_i^1 - F_i^{-1}$	32	0.65625	-1.28290	2.51942	0.10636
$F_i^2 - F_i^1$	32	0.4375	-0.99237	0.97285	-0.07764
$F_i^2 - F_i^{-1}$	32	0.500	-1.08948	1.65634	0.02872

虽然近几年新兴产业混合并购没有表现出积极效应，但是也没有出现明显的消极作用，基本上保持了平稳的发展态势，这对于本身就具有较强不确定性的混合并购来说甚至是一个比较理想的结果了。对此，我们认为，一方面可能是由于所能够获得的研究数据有限，新兴产业混合并购发生的时间较短，还不能充分反映出混合并购对企业的影响；另一方面，由于我国新兴产业的发展才刚刚起步，其各行业还都处于开拓和尝试阶段，这本身就决定了这些行业还不应该具有丰厚的利润，更多的还是不断地投入，期待未来的回报，因此，对新兴产业企业的混合并购没有表现出短期的积极作用也是情理之中的。

即便混合并购的实证结果并没有给出有力的证据，但是根据前文的理论分析，我们依然认为混合并购是产业结构调整的有效手段，混合并购能够为落后产能的淘汰和夕阳产业的退出提供较为安全的途径，为新兴产业的发展添加宝贵的动力，为社会资源的流动开拓舒畅的渠道。

参考文献

［1］伊查克·爱迪思：《企业生命周期》，赵睿、陈甦、何燕生译，中国社会科学出版社 1997 年版。

［2］Black E. L. , "Life – cycle Impacts on the Incremental Value – relevance of Earnings and Cash Flow Measures," *Journal of Financial Statement Analysis* 4 (1998): 40 – 56.

［3］陈佳贵等编著《企业经济学》，经济科学出版社 1998 年版。

［4］Lin J. Y. , F. Cai and Z. Li, "Competition, Policy Burdens, and State – owned Enterprise Reform," *American Economic Review* 88 (1998): 422 – 427.

［5］Shleifer A. and R. W. Vishny, "Politicians and Firms," *Quarterly Journal of Economics* 109 (1994): 995 – 1025.

［6］曾庆生、陈信元：《国家控股、超额雇员与劳动力成本》，《经济研究》2006 年第 5 期。

［7］唐雪松、周晓苏、马如静：《政府干预、GDP 增长与地方国企过度投资》，《金融研究》2010 年第 8 期。

［8］周黎安：《晋升博弈中政府官员的激励与合作》，《经济研究》2004 年第 6 期。

［9］Shleifer A , Vishny R W. , "Politicians and Firms," *The Quarterly Journal of Economics* 109 (1994): 995 – 1025.

［10］李善民、朱滔：《多元化并购能给股东创造价值吗》，《管理世界》2006 年第 3 期。

［11］李业：《企业生命周期的修正模型及思考》，《南方经济》2000 年第 2 期。

［12］姚益龙、赵慧、王亮：《企业生命周期与并购类型关系的实证研究》，《中大管理研究》2009 年第 4 期。

［13］王培林、靳云汇、贾昌杰：《从并购行为剖析中国上市公司代理成本问题》，《金融研究》2007 年第 4 期。

［14］何怡萍：《产业生命周期与上市公司并购绩效研究》，硕士学位论文，暨南大学，2005 年。

［15］胡昌丽：《中国企业混合并购问题研究》，硕士学位论文，武汉理工大学，2003 年。

［16］威廉姆森、陈郁：《交易费用经济学：契约关系的规制》，《企业制度与市场组织——交易费用经济学文选》，1996 年。

［17］J 弗雷德·威斯通等：《兼并、重组与公司控制》，唐旭等译，经济科学出版社 1998 年版。

［18］Schmalensee R. , "Do Markets Differ Much," *American Economic Review* 3 （1985）：341 – 351.

［19］McGahan A. M. , "The Performance of US Corporations：1981 – 1994," *The Journal of Industrial Economics* 4 （1999）：373 – 398.

［20］哈梅尔、普拉哈拉德：《竞争大未来》，王振西译，昆仑出版社 1998 年版。

［21］张德亮：《企业并购及其效应研究——以上市公司为例》，浙江大学，2003 年。

［22］胡立君、石军伟、傅太平：《产业结构与产业组织互动关系的实现机理研究》，《中国工业经济》2005 年第 5。

［23］李晓洁：《企业并购中的政府行为》，《时代经贸》2013 年第 6 期。

［24］王凤荣、董法民：《地方政府竞争与中国的区域市场整合机制——中国式分权框架下的地区专业化研究》，《山东大学学报》2013 年第 3 期。

［25］郭志军：《基于生命周期理论的产业绩效研究——以中国工业 39 个子行业为例》，硕士学位论文，广西大学，2008 年。

［26］Klepper S. , "Entry, Exit, Growth, and Innovation Over the Product Life Cycle," *American Economic Review* 6 （1996）：562 – 583.

［27］*J. Fred Weston, Kwang S. , Chung Juan A. Siu*：《兼并、收购和公司重组》，东北财经大学出版社 1998 年版。

［28］Maksimovic V. , Phillips G. , "Do Conglomerate Firms Allocate Resources Inefficiently Across Industries?" *Theory and Evidence*, *Journal of Finance* 57 （2002）：721 – 767.

［29］范从来、袁静：《成长性、成熟性和衰退性产业上市公司并购绩效的实证分析》，《中国工业经济》2002 年第 8 期。

［30］黄娟、李青原：《基于产业生态周期的上市公司并购绩效分析》《生态经济》2007 年第 5 期。

［31］Shleifer A. , Vishny R. W. , *The Grabbing Hand：Government Pathologies and Their Cures*, Harvard University Press, 2002.

［32］张新：《并购重组是否创造价值》，《经济研究》2003 年第 6 期。

［33］李增泉、余谦、王晓坤：《掏空，支持与并购重组》，《经济研究》2005 年第 1 期。

［34］潘红波、夏新平、余明桂：《政府干预、政治关联与地方国有企业并购》，《经济研究》2008 年第 4 期。

［35］林毅夫、刘培林：《地方保护和市场分割：从发展战略的角度看》，北京大学中国经济研究中心工作论文，2004 年。

［36］平新乔：《政府保护的动机与效果——一个实证分析》，《财贸经济》2004 年第 5 期。

［37］牛立超：《战略性新兴产业发展与演进研究》，博士学位论文，首都经济贸易大学，2011 年。

［38］张忠寿、王世文：《对培育发展战略性新兴产业策略的探讨》，《宏观经济研究》2013 年第 2 期。

［39］易晖、陈德棉：《产业发展基于 Delphi 法的中国生物制药行业技术发展趋势预测分析》，《中国生物工程杂志》2005 年第 5 期。

第 八 章
结论、建议与展望

　　企业并购与产业整合是企业外部成长路径，是社会经济存量资源配置方式。既有的关于企业并购与产业整合研究，在理论上大都基于主流经济学的理论框架，遵从完全市场假设。在实证研究方面，对企业并购效应的分析多是局限于微观层面。有关产业市场结构角度的并购研究多是将产业和市场结构作为外生的变量，来分析其对企业并购行为及时机的影响。在转型经济条件下，政府是经济发展的重要行为主体，政府行为尤其是政府竞争是影响企业行为和产业整合的制度变量。基于这个理论与经验事实，本书创新性构建了转型期政府竞争条件下企业并购的产业整合理论分析框架。立足地方政府竞争视角，从转型期我国企业并购的本质问题切入，以"企业并购浪潮的存在性—政府竞争下的企业并购发生机制—政府竞争下的产业整合过程—企业并购的微观绩效与宏观绩效"为主线，揭示政府竞争范式下企业并购对产业经济结构与区域经济结构演进的作用机理和效应。同时以"政府竞争动因—政府竞争行为—政府竞争效应"为隐线，考量政府竞争的变迁路径及其影响机制。政府竞争的相关分析体现于企业并购与产业整合的逻辑框架中。

第一节　本书的主要研究结论

　　中国经济转型的制度变迁逻辑内生决定了地方政府竞争及其对企业并购和产业整合的作用机制。在中国转轨经济背景下，由财政激励和政治激励共同驱动的地方政府，具有市场上厂商的诸多特征，其追求自身利益最大化和区域利益最大化的目标取向内生决定了彼此之间的竞争关系。地方政府竞争的基本着力点是资本流动的区域性分割——吸引资本流入和限制资本流出。而企业并购与产业整合作为存量资源的配置机制，取决于市场因素和政府行为因素的共同作用。首先，政府竞争作为中国市场化发展路径的必然构件，是企业并购和产业整合发生的宏观动因；其次，地方政府竞争作为渐进式改革的关键性制度因素，与市场环境因素相互耦合，共同决定企业并购行为与产业整合机制，进而影响企业并购与产业整合绩效。政府竞争的产业整合效应因政府竞争方式和路径不同而呈现差异性。

一 关于中国企业并购浪潮存在性与政府行为关系的结论

中国企业并购史是国家经济转型中的一部宏伟而又神秘的画卷。中国是否存在并购浪潮？哪些因素会影响并购浪潮的发生与运行特征？政府行为在中国企业并购事件背后扮演着什么样的角色？理清这些问题是本书研究的事实和逻辑起点。对此，我们从总体上实证描述我国企业并购浪潮及其宏观动因，进而对构成并购浪潮的典型现象——地方国企民营化、地方国企对接央企和上市公司壳资源交易进行解构性分析，探究政府行为和制度环境对企业并购浪潮生成的作用机制。

（一） 中国企业并购浪潮是由市场因素、经济因素和制度因素共同驱动生成的周期性经济现象

既有关于并购浪潮存在性的研究方法主要有两种。一是使用马尔科夫区制转移模型对总体并购事件进行实证研究。马尔科夫区制转移模型虽能够从频域估计出真实并购浪潮中的周期性分量，但是不能从时域对并购浪潮给予周期性测定与动因分析。二是使用自回归模型，通过回归残差项研究了总体并购事件的周期性变化因素。为了测定中国总体并购事件的活动周期，我们先从大周期的并购浪潮概念入手，借鉴 Shughart、Tollison[1] 与 Golbe、White[2] 的方法，对中国并购活动进行 AR （1） 回归。

选取中国企业并购发生数量以及总交易额的月度数据为指标，并求得了中国企业并购的交易额均值发展趋势。既有文献与现实表明这三个指标能够很好地刻画中国企业并购活动的总体特征。本节将样本的时间区间选择为 1994 年 1 月至 2012 年 12 月，期间共 228 个月度样本数据。中国第一起通过

资本市场交易的并购案例发生于 1994 年，因此可以确保数据的连续性与完整性。数据来源为 WIND 资讯数据库中的国内 1994 年至 2012 年的所有并购案例记录。

经由实证检验得出结论如下：①中国在 19 年的并购历史中共产生了一个较为平稳的增长阶段以及两个较为完整的周期——并购浪潮，平稳期发生于 1994—2003 年，第一次并购浪潮发生于 2004—2008 年，第二次并购浪潮发生于 2008 年 2 月至今；②我国总体并购周期滞后经济周期约 1 年，然而，并购周期与周期相关性是较弱的，说明并购周期并不完全依赖于市场周期与经济周期，因此可以认为政府行为在并购活动背后充当了"另一只手"；③作为我国经济转型中由政府推动的两项重大制度变迁，WTO 和股权分置改革都显著影响了中国的并购市场。

总之，运用相关并购经典理论不能完全解释中国企业并购浪潮的存在性。"新兴"加"转轨"的资本市场为中国企业并购浪潮提供了市场基础，宏观经济周期是并购浪潮出现的经济基础，而体制环境和政府行为是中国企业并购浪潮存在的特有制度基础。中国企业并购浪潮是由市场因素、经济因素和制度因素共同驱动生成的。

（二）国有企业民营化过程中，地方政府控制权转移呈现二元动因，并出现由经济动因向政治动因过渡的趋势

自 20 世纪 90 年代以来，中国开始推行"抓大放小"和"战略调整"的国有企业改革策略，涌现出了大批国有企业民营化现象。以 2003—2009 年发生政府控制权转移的 211 家地方国有上市公司为研究样本，分别运用了 Logit 回归模型以及异方差多元回归分析，研究了我国地方政府转移国企控制权的动因因素。主要研究结论有以下两点。

1. 我国地方政府参与地方国企控制权转移的动因呈现二元性

出于经济动因，地方政府倾向于将经营业绩较差的国企转移出去或者民营化；出于政治动因，地方政府则更倾向于保留对规模较大、处于管制性行业的企业的控制权。

2. 我国地方政府控制权转移动因呈现由经济动因向政治动因过渡的趋势

本书按照股权分置改革将研究样本分为两个阶段分别进行动因实证检验。结果表明，在 2005 年股权分置改革以前，我国地方政府的干预动因以经济动因为主、政治动因为辅；而在股权分置改革以后，地方政府的经济动因明显削弱，而更多地体现出了自身的政治动因因素。这表明我国地方政府不再一味追求高经济增长率，而更多地转向以政治目标和社会目标为重，这体现了我国地方政府角色定位的转变。

（三）中央企业的规模扩张偏好与地方政府之间"为经济增长"而进行的竞争引发了地方国企"对接"央企热潮

在地方政府竞争的框架下，基于一个央企和地方政府参与的两阶段动态博弈模型，以及 2004 年以来我国 A 股非金融行业的地方国有上市公司的相关数据，从理论和实证两方面对我国国有企业改革过程中所出现的中央企业并购地方国有企业的现象进行了研究，所得到的主要结论有以下三点。

1. 中央企业并购地方国有企业现象发生的前提是中央企业具有强烈的扩张意愿

在国务院国资委要求央企做大做强的背景下，中央企业对企业规模的扩大有着强烈的偏好，因而能够对地方国有企业进行更多的投资，这一投资水平会超过项目投资收益最大化所决定的投资水平。为了争夺这种超额的投资，地方政府才会甘愿把地方国有企业交给央企。

2. 地方政府之间的竞争是导致地方国有企业控制权被转移给央企的主要动因

我国财政分权与政治集权并存的特殊制度，使得地方政府官员之间存在着"晋升锦标赛"，而具有绝对权威的中央政府又以地区经济增长这样一种较单一的指标来考核官员，所以地方政府会不惜代价地抢夺能够促进经济增长的流动资源，这其中就包括央企背后的投资。当央企投资所带来的地区经济增长能够弥补地方政府失去地方国企控制权的损失时，地方政府就会拿地方国企的控制权来换取央企的投资。外商资本在经济增长中的作用巨大，因而这一领域是地方政府竞争的重点，而一旦地方政府在争夺 FDI 的竞争中失利，就会激发它进行更大强度的竞争，地方政府也就更有可能用地方国企的控制权来换取央企的投资。从这一思路出发，本书构建了衡量地方政府竞争努力程度的"地区引资缺口"变量，并运用 2004 年以来非金融行业的地方国有上市公司的相关数据，实证分析了政府竞争对地方政府转移地方国企给央企的动机的影响，实证结果支持了本书的理论分析结论，即地方政府间竞争的强度越大，中央企业并购地方国有企业的现象就更容易发生。

3. 财政因素可能也构成地方政府转让地方国企的一个动因

本书的实证研究发现，转让前一年地区的财政自给率越低，地方政府转让地方国企的可能性就越大，不过财政因素的影响要远远低于政府竞争因素的影响。另外，地方国企的绩效越差，地方政府将其转让给央企的可能性也会越大。

（四）地方政府干预与地方保护对不同产权性质壳资源重组行为的发生具有异质性影响

在资本市场舞台上，上市公司壳资源重组是一道亮丽的风景。尤其在我国经济转型背景下，受制于证券市场的特殊制度安排，直接上市额度受到严格的限制。上市公司壳资源成为一种具有稀缺性与不易获得性的重要资本资源。由此，壳资源重组成为中国证券市场持续热议的问题。目前学术界对于壳资源问题的研究多集中于价值评估、重组绩效等方面，很少关注政府干预因素对其重组类型及绩效的影响。我们将政府因素加入壳资源重组行为的分析框架中，探讨政府干预的影响机制。根据壳资源的实际控制人性质将研究样本分为国有企业与非国有企业两类，进一步考察地方政府干预下不同产权性质壳资源对本地或异地重组选择的影响，并对本地重组绩效与异地重组绩效进行比较分析，以揭示地方政府干预壳资源重组的机制与效应。研究结论有以下两点。

1. 国有壳资源发生本地重组的概率与地方政府干预程度正相关，与地方保护程度正相关

地方政府干预程度越低，该地区国有壳资源发生本地重组的概率也越低；反之，地方政府干预程度越高，越易推动辖区内的国有壳资源发生本地重组。同时，地方保护指标取值越高，保护程度越小，该地区国有壳资源的本地重组概率就越低，反之亦然。在国有壳资源的自身特征因素中，资产规模越大，越容易促进异地重组的发生，这说明规模越大的企业，整体实力越强，越容易突破地方政府的干预与地方保护的封锁，而实现异地扩张。第一大股东的持股比例与本地重组概率正相关。这是由于政府对国有壳资源拥有最终控制权，其股权集中度越高，政府可以直接控制的力度就越大，越容易通过干预国有壳资源重组来实现自身目标，打造优势产业，推动本地经济的

发展。

2. 非国有壳资源的本地重组概率在很大程度上受到地方保护主义以及其自身资产规模与现金流质量的影响

地方保护程度越低，非国有壳资源发生本地重组的概率越高；而地方政府的干预程度则不会对其重组类型的选择产生明显影响。这说明在非国有壳资源重组中，地方政府的干预力度相对较小，重组类型的选择主要取决于企业自身的经济实力与重组动机。而且，地方政府给予非国有企业的扶持相对有限。在地方保护主义严重的地区，非国有壳资源的发展受到较大的制约。在此情况下，规模越大、现金流越充足的非国有壳资源，就越渴望冲破地方保护的枷锁，借助异地重组来获取其他地区的优质资源；在地方保护程度较轻的地区，商品市场相对发达，能够为本地企业的发展提供丰富的资源和机会，非国有壳公司的异地重组概率也就较低。

二 关于地方政府竞争对企业并购发生影响机制的研究结论

在我国转型经济背景下，资本跨区流动作为市场化资源配置方式，表征着市场化进展程度，同时受制于政府干预导致的行政壁垒和市场分割。本书旨在从税收竞争角度考察企业异地并购（资本跨区流动）的影响因素及其作用机制。长期以来，税收竞争的资本流动效应是公共经济学和投资理论研究的热点问题，在中国分权式背景下尤其受到近期研究的关注。前期实证研究显示，税收竞争对资本流动的规模与方式具有重要影响，但这些研究没有阐明其微观作用机理。我们认为，企业异地并购作为资本跨区流动的方式，也是地方政府招商引资的重要渠道。立足于企业角度，发生异地并购主要基于两类动因：成本动因与成长动因。前者旨在获取节税效应，后者则旨在获取环境效应。

本书运用因子分析法度量30个省份的税收负担和环境得分，以2009—2011年发生的国内上市公司收购非上市公司事件为样本，基于 Logistic 计量模型对上述观点进行了实证检验，得出以下主要结论。首先，从总体上看，地区间税收竞争显著影响了企业异地并购行为，引致了资本跨区流动。其次，立足于企业角度，选择税负较低地区的企业作为并购对象未获得节税收益，即基于节税效应的成本动因没有得到实证支持；进一步考察目标企业与并购企业所在地区域环境差异影响，税收因素变得不再显著，而区域环境因素对企业异地并购的发生影响为正且显著。可见，环境效应已成为企业异地并购的成长动因。最后，具体到不同并购类型来看，与股权并购相比，目标企业所在地区税收（环境）对资产并购的引资效应更为显著。

三　关于政府竞争对地区产业结构和专业化影响机制的研究结论

（一）　地方政府基于经济激励和政治激励驱动的标尺竞争引致了地区产业结构趋同

传统竞争理论中的标尺竞争是指同级政府管辖下的选民会通过相邻辖区之间的公共服务水平比较来做出选举投票决策，选民所在辖区的官员为了赢得竞选，就会考虑将相邻辖区的公共服务水平作为自己施政的参照。鉴于我国实施单一政治体制，并不存在基于选民监督的自下而上的标尺竞争，因此本书对标尺竞争的内涵进行扩展，研究我国地方政府基于政治因素和晋升激励而展开的"自上而下的标尺竞争"。

本书认为，标尺竞争的本质是地方政府在相互竞争中产生模仿行为，而这种模仿现象在同一经济区内的政府间尤为显著。政府间模仿行为的动因既有"自下而上"的经济驱动，又有"自上而下"政治激励。首先是地区经济发展以及公共服务建设，地区经济直接影响到居民生活水平以及政府财政收入，而公共服务水平关系到地区居民的总体福利以及政府财政支出，两个同级地方政府之间的竞争很大程度上会使它们在地区经济发展以及公共服务水平上产生模仿行为，这是在"自下而上"的经济以及政府财政等因素驱动下产生的。其次是政府官员的晋升激励，即政府官员会以中央政府的绩效考评为主要竞争驱动，围绕能影响当地政府晋升的指标展开竞争，在这种激励下也会产生政府间的模仿行为，并且是在"自上而下"的晋升驱动下产生。

在现行的政绩考评机制下，经济落后就意味着官员在晋升中处于劣势。因此，地方政府会选择与竞争地区保持类似的产业结构，不会承担在晋升博弈中相对位次下降的风险。如前所述，标尺竞争的本质是模仿，模仿的结果是趋同，地方政府出于两方面驱动产生的相互之间的模仿行为，是经济区产业结构趋同的直接作用力。

基于上述理论分析，结合三大经济区数据，选取四个指标衡量各个模式与动因下的政府竞争，在控制了其他影响因素之后，检验证实了政府竞争变量对产业结构趋同的影响。在此基础上，本书构造了两类模型，并且着重分析了分税制改革和国有企业改革前后的两种主要政府竞争方式对产业同构的影响。在加入二次项后，本书实证分析表明，政府竞争对产业结构的作用可能遵循 U 形曲线规律，不同竞争变量所处竞争强度不同，对产业同构现象的作用力度和方向也不同，吸引外商投资这一竞争方式有助于缓解产业结构趋同现象。

（二）地方政府竞争对地区专业化和区域间的市场整合具有双刃剑效应

本书基于中国式分权背景，探索政府行为在中国经济市场化演进中的作用机理及其逻辑框架：基于财政分权和政治集权驱动的我国地方政府，通过税收竞争或者开发区建设等手段对流动要素展开争夺会硬化国有企业的预算约束，耗尽地方政府的寻租所得，推动地区的专业化进程；相反，如果地方政府间采取"以邻为壑"的手段进行恶性竞争，处于相对封闭环境中的各地区将形成一种大而全的工业体系，这会阻碍到市场一体化和地区专业化的发展。可见，地方政府竞争对区域间的市场整合具有双刃效应。

在此基础上，本书用 Krugman 专业化指数作为衡量地区专业化水平的指标，构建外资企业相对实际税率和国家级开发区相对存量两个指标来刻画地方政府的竞争行为，用国有部门就业比重、政府消费支出占 GDP 的比重、政府财政收入占 GDP 的比重来表示地方保护主义的强弱，此外还控制了交通运输条件、国内市场容量、对外开放程度和经济发展水平等影响地区专业化的变量。GMM 估计结果显示，地方政府的引资竞争对地区专业化的影响显著为正，而地方保护主义则显著为负，后续的检验支持结论的稳健性，本书的理论命题得到了很好的验证。此外，本书还发现地方政府竞争对地区专业化的影响具有区域差异效应和跨时效应。

（三）国有企业的相关并购凸显了市场结构效应与产业结构效应

结合国有企业改制与产业结构调整的转型期背景，对国有上市公司并购的产业路径及绩效进行理论阐释，并对我国沪深股市 2003—2007 年国有控股上市公司股权收购的 314 个样本进行了实证检验。研究发现，在相关并购路径下，相比于劳动密集型和技术密集型行业，发生在资本密集型行业中的并购在提高国有上市公司绩效的同时，也提升了产业集中度；在非相关并购路径下，产业创新型并购比非产业创新型并购具有更高的产业效应，且并购绩效显著优于非产业创新型并购。这些发现凸显了国企并购的市场结构效应与产业结构效应，也揭示了国企进退的效率路径。

四　政府竞争与相关并购的微观绩效与宏观绩效研究结论

（一）　在政府竞争对微观绩效的影响因素中，产业政策竞争比税收竞争对相关并购微观绩效的促进作用更明显

在对相关并购绩效的研究方法和影响因素进行梳理的基础上，本书从微观和宏观两个方面对并购绩效进行了研究，其中重点探讨政府竞争对并购绩效的影响。

在研究政府竞争对微观绩效的影响时，我们以《产业结构调整指导目录》为基础，创造性地构建了衡量地方政府政策竞争强弱的变量。利用2006—2010年发生的相关并购的数据，实证得出的结论是，相对于税收竞争而言，地方政府之间的产业政策竞争能够给企业带来的不只是税收优惠方面的好处，更可能给企业提供行政审批等多方面的便利，因而产业政策竞争对相关并购微观绩效的促进作用更明显。另外还发现，交易规模以及国有企业变量对样本公司并购绩效有负的影响，而同属并购变量、并购前一年主并方企业规模以及第一大股东持股比例对并购绩效都有正的影响。

（二）　地区市场化进程作为重要的制度环境因素，与企业并购绩效显著正相关

我国从1978年开启了市场经济转轨过程。尽管这一转轨过程取得了举世瞩目的成就，但对于中国这一幅员辽阔的国家来说，各个地区之间的市场化进程并不平衡。不同地区之间的公司可能面临着有明显差异的制度环境。由此引发的问题是，市场化进程这一制度环境的不同会给企业并购的绩效造成什么影响？选取2009年沪、深两市上市公司发生的并购事件为研究对象，按照一定标准筛选出419家公司为样本，运用主成分分析法对样本公司进行绩效分析，计算出每个公司在并购前后的综合得分作为其并购绩效。然后将绩效作为被解释变量，市场化进程作为解释变量，还选取了关联交易、国有股比例、同属管辖、并购规模、支付方式和行业相关性作

为控制变量，进行回归分析，考察市场化进程对企业并购绩效的影响。研究结论有以下三点。

1. 市场化进程（*MAR*）和企业并购绩效显著正相关

在不同地区发生的并购行为，由于所在地区市场化指数的不同，并购绩效不同。具体来说，随着不同地区市场化指数的提高，企业的并购绩效也不断改善。在并购后的第二年，市场化进程的相关系数明显增大，说明市场化进程对企业并购绩效的影响越来越显著。

2. 并购规模（*DS*）和企业并购绩效正相关

并购企业的规模越大，越具有更高的管理能力和规模经济所带来的优势，因此在并购行为中，相对于规模小的企业，更容易进行资源的整合，进而带来并购绩效的改善。

3. 同属管辖（*PAR*）和企业的并购绩效正相关

处在同一个管辖区域的企业对彼此的经营环境有更多的了解，也能方便地获取更多关于对方经营状况的信息，这在一定程度上减少了信息不对称的程度，因此同一管辖区域内的并购行为往往会取得更好的并购绩效。

此外，研究还发现：关联交易（*RD*）和企业并购绩效正相关；国有股比例（*ST*）和企业并购绩效负相关；支付方式（*PT*）和企业并购绩效之间具有不确定性；行业相关性（*IND*）和企业并购绩效正相关。

（三）　政府竞争对宏观绩效——高技术行业的产业地区集中度的作用效应呈现手段差异性

在研究政府竞争对宏观绩效的影响时，我们搜集整理了1999—2009年间31个地区高新技术行业的数据，包括产业地区集中度、地区拥有专利数量、企业平均规模、科技活动经费筹集额中的政府资金及各地区国家级开发区数据。通过回归分析发现：高技术行业的产业地区集中度在高技术园区数量较多、地方政府财政科技支出较少的地区会比较高，这体现了地方政府有动力去增加地区内技术园区数量以及适当调整地方政府财政科技支出。可见，政府竞争对高技术行业的产业地区集中度作用效应呈现手段差异性。此外，实证结果也有力地支持了外部性理论和规模经济理论对高技术产业地区集中度的解释。

五　生命周期视角下的政府竞争与并购绩效的拓展研究结论

（一）企业生命周期视角下的政府干预与并购绩效研究

在地方政府竞争加剧背景下，地方国有上市公司成为政府干预的重要载体。政府干预下的企业并购绩效呈现生命周期差异。具体表现为以下三个特征。

首先，当地方国有企业处于成长期时，较高的政府干预程度会导致并购绩效的下降。该阶段的企业正处于全面发展时期，经营业绩、管理状况等都处在较理想的状态。地方政府为了完成政治业绩，往往把企业行为纳入自己的效用函数，地方国有上市公司成为政府干预的重要载体。在经济增长竞争的驱动下，地方政府追求把企业"做大"却没有耐心将企业"做强"，这与地方官员的任期制度有关[3]。地方国有企业在过多的政府干预下，很难继续实现利润最大化的企业目标，反而是用企业利益换取了政府官员的"政治目标"最大化。这也解释了为什么处于成长期的企业在较少政府干预的情况下能够获得更好的并购绩效。

其次，处于成熟期的地方国有企业，在较多政府干预情形下，并购后绩效得到显著改善。成熟期企业往往是地方政府长期依靠的税收来源和经济支柱，在规模、产量、收益等方面保持着较稳定的状态，但同时也暴露出缺乏创新能力和提升空间的隐患。地方政府对这类企业并购的干预，往往是积极的，地方政府会希望通过对这类企业的利益输送，使它们再次获得发展的动力，在已有的基础上取得更大的发展。另外，从企业自身角度出发，成熟期企业在管理资源、管理能力等方面已经具备较完善的条件，有足够的能力和经验应对并购后可能出现的各种情况。相比成长期企业，成熟期企业更容易将并购行为作为其扩张路径。而政府干预较少的企业，更多地受生命周期发展趋势的限制，在市场规律的作用下，有些企业通过并购获得了新的生机，有些企业则依然向着衰退的方向发展，这样使得并购的效果并不明显。

最后，受衰退期企业样本数量的限制，虽然无法得出具有说服力的结论，但衰退期样本数据的缺少却可以从另一角度折射我国上市的地方国有企业的现状：一方面说明上市的地方国有企业在享受股市发展和改革开放的红利；另一方面也说明成熟期企业在寻求突破生命周期限制方面取得了较好效果。

（二）产业生命周期视角下的政府干预与混合并购绩效

在地方政府竞争日趋激烈、产业结构调整不断深入的背景下，政府干预对企业并购的影响呈现产业周期上的差异性。本书采用公司国有股比例和樊纲、王小鲁编制的市场化指数体系中的"减少政府对企业的干预"指标得分两个指标来度量政府干预的程度。以 Klepper 的标准为基础，同时参照了 Maksimovic 和 Phillips[4] 的研究方法，将产业周期划分为成长产业、集中产业、技术变迁产业和衰退产业四个阶段。以 2005—2008 年发生的地方国有上市公司并购事件为样本进行实证研究，分别对处于不同产业生命周期的样本进行回归检验，并对结果进行分析，得出主要研究结论如下。

首先，处于产出扩张阶段即成长产业、集中产业内的地方国有企业，其并购绩效容易受到政府干预的负面影响。该阶段的产业正处在产出的上升期，企业的经营能力、管理效率等方面都处于较理想状态。这时政府干预行为对并购绩效的负面影响可以理解为，地方政府为满足执政和管理的需要，把过多的社会责任强加于相关产业内的企业，过分重视短期利益而忽视了产业的长期发展，甚至为实现"政治目标"而剥夺企业的经济利益。成长期产业是一个地区产业的发展方向，很可能会成为该地区未来的重点产业；集中期产业则是当地的支柱产业，代表着现阶段地方经济的有生力量。这两类产业在地方既是"门面"也是"基石"，地方政府如果不能恰当地利用政策的力量进行资源调配和结构调整，政府干预就很可能成为产业发展的阻力。

其次，处于产出收缩阶段即技术变迁产业、衰退产业内的地方国有企业，其并购绩效会受到政府干预的积极影响。这两个周期阶段的产业产出明显开始下降，地方政府很难再从它们身上"抽取"剩余价值，这些行业的萎缩反而制约了当地经济的发展，所以政府会倾向于为这些行业提供优惠政策予以支持，而并购中积极地干预就成了一种有效的手段，这时政府积极"求变"的态度可见一斑。同时我们得到的结论也说明地方政府确实有能力帮助这类产业中的企业走出困境。

六 对产业振兴规划政策效应的实证研究结论

（一）企业并购对产业结构变化及产业绩效质量的影响：基于制造业的实证研究

国有企业的并购重组是我国经济转型过程中的持续现象，并成为国有经济进退的重要通道和载体。特别值得关注的是，2008 年国际金融危机以来，国有企业并购正作为中央政府和地方政府整合产业资源、优化市场结构和实现产业振兴的重要抓手。那么，经济转型期国有经济进退的产业路径是怎样的，其在市场结构与产业结构调整中的作用机制与效应如何？如何才能实现资源配置的合理化甚至最优化？对这一问题的理论观察和实证分析，既是对政府产业振兴规划政策实施效果的实证检验，也可以为进一步的国有企业改革洞察和廓清方向，为产业结构转型升级提供实证参考。

本书选取 2003—2010 年制造业所发生的并购数据为样本，并将数据按照二级行业分类选取了其中具有代表性的六类，即 C0、C1、C4、C6、C7、C8。分别从并购次数和并购金额两个方面来反映并购的活跃度。对于并购产业绩效指标，运用产业集中度（ACR4、ACR8）和赫芬达尔指数（AHHI）表示产业市场结构绩效，净资产收益度（AROE）表示产业收益绩效。

由实证结果可见，产业绩效与国有企业并购次数、国有企业并购金额整体呈负相关，说明从制造业总体来看，企业并购没有提升结构绩效。需要注意的是，上述整体负相关关系，是根据各个行业自身的相关关系整合得出的。为了避免加总的谬误，我们进一步进行分行业考察。具体来看，一方面，产业市场结构的指标（AHHI、ACR4 和 ACR8）整体与 $gnum$（国企并购数量）、$gval$（国企并购金额）、$anum$（全行业并购数量）以及 $aval$（全行业并购金额）呈负相关关系，但是对于 C1（纺织、服装、皮毛）行业来说，却是全部呈正相关，这说明对于纺织、服装、皮毛行业，可以通过并购来实现产业市场结构的优化。但是对于另外五个子行业来说，呈负相关关系，说明仅仅依托并购不能优化产业市场结构。另一方面，净资产收益率（AROE）与 $gnum$（国企并购数量）、$gval$（国企并购金额）、$anum$（全行业并购数量）以及 $aval$（全行业并购金额）整体呈很强的正相关关系。这说明通过并购有助于提升产业收益绩效，这也是企业层面积极实施并购增强企业实力的重要动因。

综合来看，产业绩效与企业并购呈现负相关关系，说明仅通过简单的并购难以实现产业绩效的提高。要提高产业绩效，实现产业集聚，政府需要采取其他配套措施。

（二）混合并购的存量资源配置绩效：基于战略性新兴产业的考察

依据 2010 年 10 月《国务院关于加快培育和发展战略性新兴产业的决定》，基于对当前国情和经济基础的考虑，我国将节能环保、新一代信息技术、生物、高端装备制造、新能源、新材料和新能源汽车七个产业划定为战略性新兴产业，并在"十二五"规划中进行了进一步的细化和深化。政府从国家发展战略的高度明确了这七大新兴产业的地位，将其与我国现阶段产业结构优化升级的目标相契合。作为战略发展规划的落地举措，政府职能部门出台了一系列配套政策。

以产业促进政策出台为代表的制度变迁，对新兴产业的发展具有怎样的效应？本书从混合并购视角，考察战略新兴产业发展规划出台前后，进入新兴产业的社会资源配置变化。一方面，我们通过考察政策前后混合并购数量的变化来衡量政策对产业结构调整的引导作用；另一方面，在微观层面上对混合并购企业绩效进行考量，来分析现阶段我国针对新兴产业的混合并购有没有积极的效果。

通过观察 2003 年至 2012 年代表行业混合并购发生数量的变化趋势，可以看出，新兴产业发展规划对社会资源配置具有引导作用。为了进一步考察这种存量资源配置的绩效，我们根据因子分析法分别计算出企业并购前一年、并购当年、并购后一年、并购后两年企业绩效的综合得分，通过对企业并购前后的比较来衡量混合并购绩效。

从实证结果来看，发现尽管其微观绩效尚未显现，但混合并购作为产业结构调整的有效手段，其宏观绩效开始凸显。混合并购能够为落后产能的淘汰和夕阳产业的退出提供较为安全的途径，为新兴产业的发展添加宝贵的动力，为社会资源的流动开拓舒畅的渠道。

第二节　政府参与企业并购与产业整合的政策建议

中国经济转型的制度变迁，内生决定了地方政府竞争行为。基于财政分权和政治集权驱动的我国地方政府，通过税收竞争、规制竞争等手段对流动要素展开争夺，其行为方式与路径对微观主体行为和宏观经济布局具有重要影响。企业并购与产业整合作为资源配置方式，根本上是由市场力量驱动的。依据前文的研究结论，地方政府竞争对区域经济和产业经济整合具有双向效应。其顺市场的力量，会促进资源的合理流动与配置；反之，如果地方政府互相采取"以邻为壑"的手段进行恶性竞争，处于相对封闭的环境中的各地区将形成一种大而全的工业体系，会阻碍市场一体化和地区专业化的发展，出现产业"逆集中化"困境。因此，我们提出以下四点政策建议。

（一）政府应积极推进市场化进程，促进以并购为载体的资本自由流动

市场化是我国30多年来渐进式改革的基本取向，也是缔造中国经济增长奇迹的关键性制度安排之一。市场化改革的题中之义在于，市场作为资源配置的手段逐渐增强，而政府行为（计划）在资源配置中的作用逐渐弱化。因此，市场化与政府行为在理论上是一个问题的两个方面，在改革实践中更是如影随形。基于大样本实证研究发现，以企业并购为载体的国内资本流动具有技术外溢效应，并呈现渠道双向性，即资本流出方与资本流入方均会获得技术外溢效应，进而从总体上提升了我国经济增长的"质"。因此，地方政府应该顺应市场力量，积极促进企业并购和产业整合。以企业并购为载体的资本自由流动会通过影响工业基础设施、产业结构、提升科研竞争水平等途径提升资本流动对于地区的边际生产效率。而地方政府在资本流动上设置的保护主义壁垒则会降低对外溢技术的接受度，影响潜在产出效率增长。建议地方政府应该从长远利益出发，在一些非经济核心部门更大程度上的放松资本流动审核，积极与其他地方政府展开引资竞争，促进资本的自由流动，以更大程度上利用资本流动的正外部性，实现属地经济更好更快发展。

（二）地方政府应优化竞争方式与路径，实现区域经济可持续发展

对于地方政府来说，在经济全球化和区域一体化背景下，面对日趋激烈和复杂的竞争环境，通过财政支出改善区域环境，比仅仅依靠税收优惠的税收手段更为有效。在引资手段方面，相对于税收优惠手段，财政支出手段对企业成长和引资的效果更加明显，操作方式也更为灵活，因此地方政府应加强运用财政支出手段改善区域环境，促进当地企业成长和经济发展。同时，应适当调整引资方式，从注重绿地引资向绿地引资和并购引资并重转变。

此外，在中国分权式改革路径下，地方政府应着力于自身的专业化优势，弱化并摒弃地方保护主义举措，通过技术和制度创新等吸引要素流入，维持良好的竞争秩序，努力与周边地区形成一种合作竞争关系，提升地区专业化水平，实现区域经济可持续发展。

（三）政府干预应尊重生命周期规律，提升产业经济动态成长绩效

首先，要尊重企业自身的发展规律，依据企业生命周期，进行适度政府干预。对于成长期企业，引导其实现充分的内涵式发展，不要强行干预企业的并购活动；结合样本数量的生命周期分布，成长期企业的并购数量最多，说明在这个阶段，外部成长也是企业发展的重要途径，但关键在于主动选择还是被动选择。对于成熟期和衰退期企业，需要通过外延式发展帮助企业走出成长的瓶颈期，这时政府要充分体现出正确引导和恰当的中介作用。

其次，把握产业成长规律，科学定位政府干预。推动产业发展有五种动力：技术、需求、资源、企业和政府。它们在产业成长中扮演着不同的角色，共同构成产业成长的主要推动力。政府对产业发展的作用定位呈现层级差异。中央政府作为社会管理者和国有资产的最高代理人，其目标是实现产业结构的转型升级和产业市场结构的优化，提升中国经济增长质量和国际竞争力。而地方政府目标是追求地区利益最大化，进而干预区域产业发展及产业市场结构。正是由于中央政府与地方政府之间的目标函数不同，在中国式分权制度框架下引发纵向竞争与横向竞争，导致了诸如"光伏"等新兴产业投资过热现象。

我们认为，政府在产业发展中的基本定位应是克服市场失灵。对于处于幼稚阶段的新兴产业来说，政府应通过激励性制度安排将外部性内在化，孵化新兴企业与促进新兴产业的成长。随着产业发展，政府的干预力度应该逐渐减弱，倚重市场主导及产业内部竞争，企业的研发能力和创新能力得以提升并满足产业演进的需要，新兴产业进而成长为支柱型产业。

（四）中央政府应改进标尺竞争考核方式，优化政府竞争秩序

地方政府之间的标尺竞争，是导致区域经济同构、产业"逆集中化"现象的制度根源。我国财政分权与政治集权并存的特殊制度，使得地方政府官员之间存在着"晋升锦标赛"，而具有绝对权威的中央政府又是以地区经济增长这样一种较单一的指标来考核官员，所以地方政府会不惜代价地抢夺

能够促进经济增长的流动资源，进而导致资源配置的低效以及粗放经济增长问题。

因此，在中国式分权制度框架下，设置更为科学的地方政府绩效衡量体系是优化政府竞争秩序、提升经济运行质量的顶层制度安排。依据本书对政府竞争力指标体系的构建，建议从制度创新效率、技术创新效率、公共品供给效率、政府行政效率四个维度度量地方政府（官员）实现自身持续发展的综合素质或能力，对行政期间的边际贡献进行科学测度。

第三节　本书研究的不足之处与进一步研究展望

一　本书研究的不足之处

纵观本书的各个研究发现，项目研究取得了具有理论价值与重要现实意义的结论。但也存在一些不足之处，主要体现在如下两个方面。

首先，对我国行业周期的划分受数据所限存在不足。在本书研究的第七章，对我国行业周期的划分，以 Klepper 的标准为基础，同时参照了 Maksimovic 和 Phillips 的研究方法，选取了行业内厂商数量变化和销售量的变化作为行业周期划分的依据，并且假定在研究期内被研究行业所处的周期阶段没有发生变化。根据我国的产业数据，按照证监会的行业分类标准，对我国产业按照周期阶段进行了分类划分。由于对所有产业及其产业内企业的数量变化和销售量变化的数据获取困难，本书的数据来源为上市公司数据，假设所有上市公司代表产业内企业，上市公司数量的增长代表行业内企业的增长。这样对产业阶段的划分及其以此为基础的实证研究结论会出现偏颇，这是本书的不足之处。以后研究中可以进一步完善样本数据，以增强结论的说服力。

其次，本书选取的样本还无法全面代表我国各产业内企业的并购行为。企业作为经营个体，在信息公开方面只能局限在已上市的公司，对非上市公司的经营信息如何准确有效地获取，对整个经济领域乃至社科领域的研究都有重要意义。另外，对个别产业如二级分类广泛的制造业、颇受关注的新兴产业，本书都进行了针对性研究，但由于数据时间较短，加之样本企业数据所限，研究还不够深入，今后应继续跟踪并深化研究。

总之，依托课题构建的思路架构，本书努力将实证分析建立在文献和理论分析基础之上，对相关命题进行实证检验。但由于获取数据和资料的难度，个别研究中还存在不够完善之处。

二　进一步研究展望

在本书基于政府竞争视角，以"企业并购浪潮的存在性—政府竞争下的企业并购发生机制—政府竞争下的产业整合过程—企业并购的微观绩效与宏观绩效"为逻辑主线，对政府竞争范式下企业并购对产业经济与区域经济演进的作用机理与效应进行系统研究之后，发现以下几个方向可以展开延伸研究。

（一）进一步研究完善政府竞争（干预）的测度模型与方法

尽管本书在总结前人研究的基础上构建了引入政府行为的内生并购模型，尝试使用不同模型方法度量政府竞争（干预），但该领域仍缺少一套公认的度量政府竞争（干预）的标准。将政府竞争（干预）模型化、标准化将是进一步研究政府行为的关键，该变量如何适应时间和空间跨度的变化也将直接影响到政府行为的时序分析。

（二）选取样本行业深入研究政府竞争范式下企业并购的产业整合机制与效应

党的十八届三中全会明确提出，"推动文化企业跨地区、跨行业、跨所有制兼并重组，提高文化产业规模化、集约化、专业化水平"，"鼓励各类市场主体公平竞争、优胜劣汰，促进文化资源在全国范围内流动"。目前我国文化产业还处于初期发展阶段，国有与民营类文化企业在价值链上的位置歧视、政策差异、产权流转障碍等严重制约着现代文化市场体系和文化产业发展。因此，文化企业跨区域、跨行业、跨所有制兼并重组是解决文化市场地域分割、文化企业价值链不完整、投资主体单一等突出问题的有效途径。经济转型期中国式分权是经济发展的重要制度因素，内生决定了区域黏性现象，二者相互嵌套，影响企业跨区域并购及其产业市场整合，打破原有将产业和市场结构作为外生变量的研究范式，从政府竞争视角研究企业跨区域、跨行业、跨所有制并购的发生机制及其对文化产业市场结构演进的作用机理，其研究结论将对我国文化产业发展和文化企业成长具有重大的理论意义和现实价值。

（三） 对地方政府竞争影响资本流动机制及其经济增长效应进行深化研究

长期以来，地方政府税收竞争的资本流动效应问题是公共经济学和投资理论研究的热点问题。对这一理论问题的开创性探索，始自 Tiebout 从地方政府竞争吸引家庭迁移而引致 "人口资源" 流动假说[5]。沿着 Tiebout 分权模型的研究范式，学者们围绕税收竞争与资本流动的一般关系问题，发现在完全竞争条件下地方政府竞相降低税率可以吸引资本流动，但政府征收无效率的低税率，会导致地方公共产品供给不足[6]。更多的研究是集中于不完全竞争条件下税收竞争的资本流动效应。如 Thomas 和 Worrall[7] 的模型证明，税收优惠引起地方财力不足，理性企业预期地方政府未来有动力不信守承诺而对企业提高征税率，因而税收优惠并不必然引起外来投资的增加；Wilson[8] 发现，政府间的税收竞争导致资本在地区间的分布无效率，税率低的地区使用了过多的资本，而税率高的地区，资本使用过少。Fuest et al.[9] 认为现实中由于资本很难实现完全流动，因此根据来源地课税的税收竞争扭曲了国际层面的资本配置。Wildasin[10] 通过建立比较动态模型考察了税收竞争对地区间资本存量调整的影响，结果发现资本存量的调整成本不仅依赖于生产的互补或替代性，也取决于地方政府的税收政策和地方政府间的税收竞争。

从企业行为角度考察税收竞争的资本流动效应，学者们主要研究了税收激励政策对 FDI 企业组织方式和进入方式的影响机制。Bucovetsky 和 Haufler[11] 构建了两个对称性国家间的税收竞争序贯博弈，分析了企业选择跨国公司组织形式的节税动因。Buettnet et al.[12] 考察了税率较低国家跨国公司在德国的投资，发现 FDI 的税收敏感度可能会因向低税收国家转移收入而下降。Davies 和 Carsten 研究了税收竞争通过影响企业进入市场的方式影响资本流动[13]。在没有税收竞争时，企业会选择 FDI；如果存在税收竞争，企业则会以出口替代 FDI。近期研究开始进一步关注税制结构与企业投资行为的关系[14]。

综上可见，以往研究已初步分析了政府税收竞争的资本流动效应，但对政府竞争的其他手段如支出竞争、规制竞争的资本流动效应分析还相对欠缺，同时也鲜见从政府竞争视角对资本流动伴生的技术外溢及其俘获能力的影响机制研究。结合我国正在推进的财税政策改革创新，如清理规范税收优惠政策、大力发展 PPP 模式等，未来研究可以对此进行进一步的深入探讨。

近年来，对资本配置效率的研究主要有两个趋势。一是学者们试图将金融资本和实体资本两个层面结合起来分析资本配置效率。Eklund 等[15]认为在有效率的经济中，金融资本会从衰退型企业和部门流出寻找更佳的投资机会，这一过程受到公司控制权集中度的影响，并进一步影响资本配置效率。李青原等[16]基于实体经济运行的视角探讨了金融系统改善实体经济配置效率的功能。二是构建衡量资本配置效率的指标，通过跨国比较为理论研究提供经验证据。Wurgler[17]检验了资本市场流动的弹性，并以此构建资本配置效率指标；Eklund 等[15]在此基础上采用加速原则，依托 44 个国家的 12000 个企业数据测算了股市弹性。

资本配置效率既包含对增量资本的配置，也包括对存量资本的配置[18]。作为存量资本的重要配置方式，企业并购所产生的资本配置效应十分重要[19]。如本书前文所述，主流文献围绕企业并购的动因、价值效应及绩效等方面产生了丰富的研究成果，企业并购对资本配置效率的影响研究则相对较少。魏乐等[20]实证研究了跨区域并购对区域间产业重组和资本配置的影响。仅有的一些研究主要集中在微观层面的资本配置效应上，如潘红波、余明桂[21]研究了目标公司会计信息质量对企业并购绩效的影响；Wangerin[22]研究了并购对绩效与财务报表的影响；方明月[23]从兼并收购过程中权力配置的角度对企业并购的资本配置效率问题进行了探索。

伴随着中国经济转型从增量改革进入存量改革深水区，资本配置效率尤其是存量资本的配置效率已成为推进改革深化的关键。党的十八届三中全会强调，通过存量改革释放改革红利，同时对存量利益进行重组。企业并购作为存量资本配置的重要载体，是实体经济区域间和产业间资本配置的重要渠道，是"调结构、转方式"的微观抓手。但我国"双轨制"的金融资源配置和制度变迁影响着企业并购行为及实体经济资本配置效率演进。从转型期企业并购的金融本质问题切入，分析企业并购对总量维度和结构维度资本配置效率的作用机理，探索缓解融资约束、促进企业并购进而提升实体经济资本配置的模式与路径，将是未来研究的重要命题。

　　总之，基于政府竞争范式的企业并购与产业整合研究是一个具有理论意义和重大现实价值的领域。对相关问题的探索不仅可以为转型经济理论、政府竞争理论提供经验证据，而且基于大量调研实证的研究结论也将对现阶段我国优化区域经济和产业经济布局，匡正政府行为提供现实参考。本书的研究仅是对这一问题的初步探索，仍有很多有价值的问题等待研究者进行深入探讨。

参考文献

［1］ Shughart W. F. , Tollison R. D. , "The Random Character of Merger Activity," *The Rand Journal of Economics* （1984）: 500 – 509.

［2］ Golbe D. L. , White L. J. , "Catch a Wave: The Time Series Behavior of Mergers," *The review of Economics and Statistics* （1993）: 493 – 499.

［3］ 徐现祥、王贤彬：《任命制下的官员经济增长行为》，《经济学》（季刊）2010 年第 4 期。

［4］ Maksimovic V. , Phillips G. , "Do Conglomerate Firms Allocate Resources Inefficiently Across Industries?" *Theory and Evidence*, *Journal of Finance* 57 （2002）: 721 – 767.

［5］ Tiebout, C. , "A Pure Theory of Local Expenditures," *Journal of Political Economy* 5 （1956）: 416 – 424.

［6］ Oates, W. , *Fiscal Federalism* ［M］, New York: Harcourt Brace Jovanovich, 1972.

［7］ Thomas, J. , T. Worrall. , "Foreign Direct Investment and the Risk of Expropriation," *Review of Economic Studies* 1 （1994）: 81 – 108.

［8］ Wilson, J. , "Theories of Tax Competition," *National Tax Journal* 3 （1999）: 269 – 304.

［9］ Fuest, C. , B. Huber, J. Mintz. , "Capital Mobility and Tax Competition," *Foundations and Trends in Microeconomics* 1 （2005）: 1 – 62.

［10］ Wildasin, D. E. , "Fiscal Competition for Imperfectly – Mobile Labor and Capital: A Comparative Dynamic Analysis," *Journal of Public Economics* 11 （2011）: 1312 – 1321.

［11］ Bucovetsky, S. , A. Haufler. , "Tax Competition When Firms Choose Their Organizational Form: Should Tax Loopholes for Multinationals be Closed," *Journal of International Economics* 1 （2008）: 188 – 201.

［12］ Butttnet, T. , M. Overesch, U. Schreiber , G. Wamser. , "Taxation and Capital Structure Choice: Evidence from a Panel of German Multinationals," *Economic Letters* 3 （2009）: 309 – 311.

［13］ Davies, R. B. , E. Carsten. , "Tax Competition for Heterogeneous Firms with Endogenous Entry," *American Economic Journal*: *Economic Policy* 1 (2010): 77 – 102.

［14］ Devereux, M. P. , B. Lockwood, M. Redoano. , "Do Countries Compete Over Corporate Tax Rates?" *Journal of Public Economics* 5 (2008): 1210 – 1235.

［15］ Eklund, J. E. , Desai S. , "Ownership and Allocation of Capital: Evidence from 44 Countries", *Journal of Institutional and Theoretical Economics* 3 (2014): 427 – 452.

［16］ 李青原、李江冰、江春、X. D. Huang Kevin:《金融发展与地区实体经济资本配置效率——来自省级工业行业数据的证据》,《经济学》(季刊) 2013 年第 2 期。

［17］ Wurgler, J. , "Financial Markets and the Allocation of Capital," *Journal of Financial Economics* 58 (2000): 187 – 214.

［18］ 李治国、唐国兴:《资本形成路径与资本存量调整模型》,《经济研究》, 2003 年第 2 期。

［19］ Werden, G. J. , "Horizontal Mergers: Comment," *The American Economic Review* 4 (1991): 1002 – 1006.

［20］ 魏乐、张秋生、赵立彬:《我国产业重组与转移:基于跨区域并购复杂网络的分析》,《经济地理》 2012 年第 2 期。

［21］ 潘红波、余明桂:《目标公司会计信息质量、产权性质与并购绩效》,《金融研究》 2014 年第 7 期。

［22］ Wangerin, D. , "The Consequences of M&A Due Diligence for Post – acquisition Performance and Financial Reporting," Available at SSRN 2118836, 2012.

［23］ 方明月:《资产专用性、融资能力与企业并购——来自中国 A 股工业上市公司的经验证据》,《金融研究》 2011 年第 5 期。

索　引

图书在版编目(CIP)数据

政府竞争视角下的企业并购与产业整合研究/王凤荣等著.
—北京:社会科学文献出版社,2016.3
(国家哲学社会科学成果文库)
ISBN 978 - 7 - 5097 - 8860 - 8

Ⅰ.①政… Ⅱ.①王… Ⅲ.①企业合并 - 研究 - 中国 ②产业
调整 - 研究 - 中国 Ⅳ.①F279.21 ②F121.3

中国版本图书馆 CIP 数据核字(2016)第 046109 号

·国家哲学社会科学成果文库·
政府竞争视角下的企业并购与产业整合研究

著　　者／王凤荣 等

出 版 人／谢寿光
项目统筹／任文武
责任编辑／张丽丽　王　颉

出　　版／社会科学文献出版社·皮书出版分社 (010) 59367127
　　　　　 地址:北京市北三环中路甲 29 号院华龙大厦　邮编:100029
　　　　　 网址:www.ssap.com.cn
发　　行／市场营销中心 (010) 59367081　59367018
印　　装／北京盛通印刷股份有限公司

规　　格／开本:787mm × 1092mm　1/16
　　　　　 印张:25.875　插页:0.375　字　数:418 千字
版　　次／2016 年 3 月第 1 版　2016 年 3 月第 1 次印刷
书　　号／ISBN 978 - 7 - 5097 - 8860 - 8
定　　价／128.00 元